淄博市图书馆志

2013—2022

姜艳平　刘玉湘　主编

中国文联出版社

图书在版编目（CIP）数据

淄博市图书馆志 : 2013—2022 / 姜艳平，刘玉湘主编. -- 北京 : 中国文联出版社，2023.12
ISBN 978-7-5190-5369-7

Ⅰ. ①淄… Ⅱ. ①姜… ②刘… Ⅲ. ①图书馆事业－概况－淄博－2013-2022 Ⅳ. ①G259.275.23

中国国家版本馆 CIP 数据核字(2024)第 026607 号

主　　编　姜艳平　刘玉湘
责任编辑　贺　希　王九玲
责任校对　秀点校对
装帧设计　陈欣源

出版发行　中国文联出版社有限公司
社　　址　北京市朝阳区农展馆南里 10 号　　邮　　编 100125
电　　话　010-85923091（总编室）　　010-85923025（发行部）
经　　销　全国新华书店等
制　　版　山东根德文化产业有限公司
印　　刷　潍坊印之源文化发展有限公司

开　　本　787 毫米 ×1092 毫米　　1/16
印　　张　21
字　　数　502 千字
版　　次　2023 年 12 月第 1 版第 1 次印刷
定　　价　160.00 元

淄博市图书馆志（2013—2022）编纂委员会

主　　任　宋爱香

副 主 任　严　旭　姜艳平

编纂指导　郭能勇

编　　委　（按姓氏笔画排序）

丁　雷　朱桂红　刘玉湘　孙　凤　杨长新
狄加全　辛　丽　孟　芳　赵　美　姚秀穗
饶克俭　倪志坚　钱玉龙　龚立军　谭　巍

主　　编　姜艳平　刘玉湘

副 主 编　钱玉龙　丁　雷　狄加全

撰　　稿　（按姓氏笔画排序）

王长鸣　王安君　左文广　代秀丽　吕春燕
刘玉湘　刘肖霞　朱桂红　孙　凤　李　蕾
杨长新　杨振瑜　余冬青　辛　莉　张　娟
张文涛　陈　雪　孟　芳　赵　美　姚秀穗
聂小霞　高　宁　黄　静　龚立军　崔　哲
彭钰淇　董　娟　廉　冰　谭　巍

2013 年 11 月 29 日，淄博市图书馆建馆 60 周年庆祝大会在齐盛国际会议中心召开

2015 年 4 月 12 日，第八届淄博市读书节启动仪式暨第六届淄博市读书朗诵大赛决赛在市图书馆举行

2015 年 11 月 22 日，山东省政协原副主席王志民（左）与淄博市政府副市长张庆盈为“文化名城讲坛”揭牌

2015 年 12 月 22 日，淄博市图书馆第一届理事会成立大会召开

2016 年 2 月 16 日，山东省政协原副主席王志民（右）与中共淄博市委副书记于海田为“稷下书院”揭牌

2016 年 3 月 16 日至 18 日，全省公共图书馆馆长联席会在齐盛国际会议中心召开

2016 年 3 月 17 日，山东省文化厅副厅长李国琳（左二）视察淄博市图书馆

2016 年 3 月 18 日，全省各区县公共图书馆馆长参观淄博市图书馆

2016 年 3 月 18 日，国家图书馆副馆长魏大威（右一）莅临淄博市图书馆检查指导工作

2016 年 6 月 12 日，中共淄博市委书记、市人大常委会主任王浩（左一）视察市图书馆

2017 年 1 月 14 日，南开大学历史学院教授孙立群做题为《以史为鉴，感悟人生》公益讲座

2016 年 3 月 7 日，山东省文化厅厅长王磊（前排中）到市图书馆调研，市委副书记、市长周连华陪同调研

2017年3月10日，北京大学教授李国新莅临“文化名城讲坛”解读《中华人民共和国公共文化服务保障法》

2017年8月31日，市图书馆建设的“淄博市民学习中心”数字平台正式开通

2017 年 1 月 9 日，淄博市图书馆学会 2017 年会在博山区召开

2018 年 2 月 8 日，淄博市图书馆举行 2018 年迎新春职工联欢会

2018 年 3 月 2 日，淄博市图书馆举办第二届元宵灯谜会

2018 年 6 月 19 日，市委副书记、张店区委书记马晓磊（左三），市委常委、宣传部部长毕荣青（左一），副市长张庆盈（右一）在市文广新局党委书记、局长周茂松（左二）等陪同下调研市文化中心并视察市图书馆

2018 年 12 月 29 日，淄博市第一个城市书房——紫园城市书房（市图书馆紫园分馆）开馆

2019 年 1 月 12 日，淄博市图书馆召开 2018 年读者座谈会暨优秀读者表彰大会

2019 年 3 月 2 日，淄博市首家 24 小时城市书房——万科城市书房（市图书馆万科分馆）开馆

2019 年 7 月 20 日，淄博市图书馆首辆图书流动服务车投入使用

2019 年 8 月 24 日，第二届山东省少儿诗词诵读大赛淄博赛区决赛获奖选手合影

2019 年 9 月 19 日，由市图书馆与市公安局联合建设的“书香警苑”（市图书馆市公安局分馆）启动仪式在市公安局举行

2020 年 4 月 23 日，第十三届淄博市读书节启动仪式在市图书馆举行

2020 年 6 月 5 日，东营市文化和旅游局系统职工参观淄博市图书馆

2020 年 8 月 24 日，泰安市文化和旅游局局长苏雪峰一行参观考察淄博市图书馆

2020 年 12 月 24 日，淄博地方文献精品展暨淄博优秀文学作品展在市图书馆举行

2020 年 12 月 26 日，山东省图书馆党委书记、馆长刘显世（右一）为获得第三届全省少儿诗词诵读大赛先进集体的淄博市图书馆等单位颁奖

2020 年 12 月 26 日，淄博市图书馆新馆开放五周年工作总结暨表彰大会在市图书馆举行

2020 年 12 月 31 日，淄博市妇联开展“送奖到基层”活动，到市图书馆颁发“山东省三八红旗集体”奖牌

2021 年 1 月，“淄博地方文献精品展暨淄博优秀文学作品展”在淄博市第十五届人民代表大会第六次会议现场举办

2021 年 2 月 16 日，中共淄博市委常委、宣传部部长李新胜（左二）到市图书馆调研

2021 年 4 月 1 日，驻淄省安全生产专项督导组到市图书馆开展安全生产督导调研，市文化和旅游局党组书记、局长李晓红等陪同调研

2021 年 5 月 26 日，第六届淄博市公共图书馆业务竞赛在市图书馆举行

2021 年 9 月 29 日，著名学者、复旦大学图书馆原馆长、教育部社会科学委员会委员、中央文史研究馆馆员葛剑雄在市图书馆举办《读书之道：在读书中永恒》专题讲座

2022 年 1 月 28 日，市政府副市长李俊杰到市图书馆督导检查安全生产和疫情防控工作，市文化和旅游局党组成员、副局长丁德翠陪同调研

2022 年新春，市文化和旅游局党组书记、局长宋爱香到市图书馆检查疫情防控工作，并看望慰问在岗职工

2022 年 4 月 23 日，第十五届淄博市读书节启动仪式在市图书馆举行

2022 年 6 月 20 日，2022 年山东省暨淄博市第十九届社会科学普及周开幕式在市图书馆举行

2022 年 7 月 9 日，2022 年淄博市公共图书馆馆长联席会在市图书馆举行

2022 年 8 月 17 日，淄博市公共图书馆评估定级工作推进会在市图书馆举行

2021 年 12 月淄博市图书馆全体职工合影

全国古籍重点保护单位
中华人民共和国国务院公布
中华人民共和国文化部颁发
二〇一〇年六月

全民阅读示范基地
中国图书馆学会

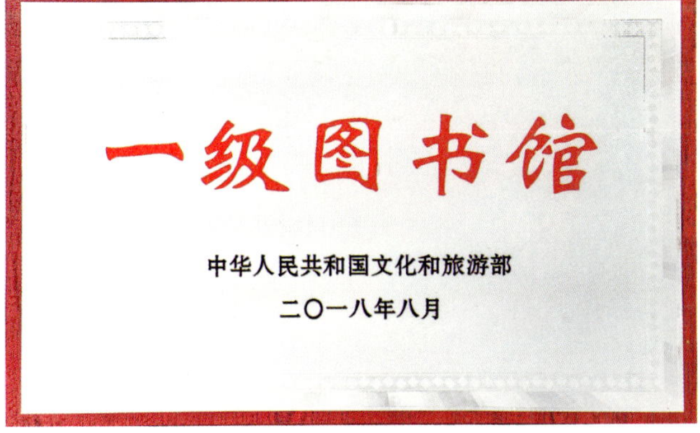
山东省第二届全民阅读
示范基地
山东省新闻出版广电局
二〇一七年四月

淄博“时代先锋”单位
中共淄博市委
二〇一七年七月

一级图书馆
中华人民共和国文化和旅游部
二〇一八年八月

山东省社会科学普及
教育基地
中共山东省委宣传部
山东省社会科学界联合会
二〇一八年十二月

2018—2019年度山东省社科普及
先进单位
中共山东省委宣传部
山东省社会科学界联合会
二〇二〇年一月

山东省文化和旅游系统先进集体
山东省人力资源和社会保障厅 山东省文化和旅游厅
二〇二〇年一月

2013—2022 年期间淄博市图书馆所获重要荣誉

序 言

文化是一个国家、一个民族的灵魂。文化兴则国运兴，文化强则民族强。图书馆是国家文化发展水平的重要标志，是滋养民族心灵、培育文化自信的重要场所，是促进社会进步和有利于人的全面发展的知识殿堂和精神家园。2023 年，全民阅读第十次写入政府工作报告，标志着书香社会建设已成为国家发展的重要战略部署。

淄博央居齐鲁，襟连海岱，是齐文化的发祥地，历史悠久，文脉绵长。齐风泱泱，淄水汤汤，这里不仅拥有南山北水、东古西商的优美自然风光和齐文化、陶琉文化、聊斋文化、商埠文化等繁盛人文景观，也向来不乏优良读书种子和鲜活文化基因。近年来，在淄博市委、市政府的坚强领导下，全市文旅事业取得长足发展，“书香淄博”建设多次列入政府工作报告和《淄博市国民经济和社会发展第十四个五年规划和 2035 年远景目标纲要》，并日益成为重要而亮丽的城市文化品牌。作为倡导全民阅读，建设“书香淄博”的主阵地，淄博市图书馆长期以来充分利用自身资源优势和职能特点，以书香为媒，在提升城市文化品位和公民思想道德素质，积极助力打造文化淄博中发挥着重要作用。

“行远自迩，笃行不怠。”淄博市图书馆于 1953 年 11 月建成开放，2023 年迎来建馆 70 周年。70 载筚路蓝缕，弦歌不辍；70 载铢积寸累，不懈奋斗。淄博市图书馆始终恪守“读者第一，服务至上”办馆宗旨，坚持“公益、均等、便捷、高效”服务理念，历经一代代图书馆人踏实苦干、辛勤奉献，以人为本，延长开放时间，拓展服务范围，丰富服务内容，提升服务效能，逐步发展成为全市重要的知识信息集散地和精神文明建设基地。2013—2022 的十年间，是淄博市图书馆发展史上不平凡的十年，也是具有里程碑意义的十年。自 2013 年 10 月位于淄博市文化中心的图书馆新馆完成基础建设，2015 年 12 月搬迁新址开放运行，至今恰是十载光阴。其间承载了市委市政府对于高品质公共文化服务的重托，也凝聚了全市人民满足阅读文化需求的期盼和厚望。新馆开放后，淄博市图书馆领导班子团结带领全馆同志，勇于面对各项挑战和机遇，励精图治，扎实工作，服务设施更新迭代，管理理念不断创新，事业发展接续递进，持证读者数量和社会效益连年攀升，年均图书流通册次、服务人次双双突破百万，新增读者数超过 14 万人，年均举办读者活动逾 1500 场次，实现建馆历史以来前所未有的跨越式增长。

文以载道，守正创新。淄博市图书馆始终坚持党建引领，不断强化岗位练兵，创新开展创优雅环境、优良资源、优质服务的“创三优”服务活动，坚持开放办馆、服务立馆、创新强馆、人才兴馆，设施建设、资源建设、业务建设、队伍建设等工作扎实推进。丰富优质文化产品供给，优化文献资源配置，在全省首创线下“你选书我买单”和线上“U 书快借”资源建设品牌；开通全省首家数字资源整合平台“淄博市民学习中心”，实现知识服务的蝶变转型；建设完善“地方文献资源库”“齐文化特色数据库”

等特色资源，加强古籍保护与利用，积极推进优秀传统文化“两创”标杆城市建设；擦亮“书香淄博”城市文化品牌，持续打造“淄博市读书节”、“淄博市读书朗诵大赛”、“彩虹”系列少儿阅读推广、稷下书院（尼山书院）“齐风”系列传统文化体验、文化名城讲坛、“换书大集”、“齐阅·城市领读者”、“书中淄味”等优质文化品牌，引领社会文明风尚，形成齐阅共读、书香润城的良好社会氛围，取得突出的社会效益。

以文化人，润物无声。淄博市图书馆用心用力用情做好读者服务工作，探索实施全龄段、零距离、分众化、精细化服务模式，将“一站式服务”“首问负责制”贯穿到日常工作，努力把读者服务工作做“细”、做“实”、做“深”、做“精”，以品牌促进阅读，以服务赢得读者，以创新引领发展，持续推进图书馆服务功能和读者体验再升级。不断健全现代公共文化服务体系，创新实施文化惠民、文化悦民工程。以群众喜闻乐见的形式开展“文明共携手 书香润淄博”知识资源“五进”志愿服务，合力共建青少年社会实践活动基地。积极推进全民阅读，以市图书馆、8个区县馆为核心，建立总分馆制，延伸服务半径，打造“城市书房 +”新型阅读空间，构建全市公共文化服务体系。全市已建成 48 家城市书房、300 余处淄图驿站、乡村书房、机关基层服务点、书香“阅读吧”，与图书流动服务车、“齐阅”图书漂流、智能书柜一起，织就亮丽的“城市书网”，实现通借通还，倾力打造“15 分钟阅读文化圈”，打通公共文化服务“最后一公里”，不断增强公共图书馆的辐射力、影响力、带动力和文化传播力。

云程发轫，踵事增华。如今的淄博大地，“全民阅读”蔚然成风，“书香淄博”融入百姓生活。全市公共图书馆迈入新时代，呈现繁荣发展的良好势头。回眸十载，成绩斐然。淄博市图书馆先后荣获国家“一级图书馆”“全国古籍重点保护单位”“全民阅读示范基地”“省级文明单位”“山东省三八红旗集体”“山东省社会科学普及教育基地”“山东省古籍保护工作突出贡献集体”等荣誉称号，连续三年获得山东省公共图书馆绩效评价“优秀单位”，连续八年荣获淄博市事业单位绩效考核“A级（优秀）单位”。2021 年被人力资源和社会保障部、文化和旅游部授予“全国文化和旅游系统先进集体”。

踔厉奋发，再展宏程。党的二十大报告指出，“推进文化自信自强，铸就社会主义文化新辉煌”。为更好地传承文明，服务社会，追忆难忘奋斗岁月与光荣发展历程，淄博市图书馆在纂修《淄博市图书馆志》的基础上，认真回顾总结近十年的工作成就，透视发生在身边的社会变迁，承担起续修 2013—2022 十年馆志的新使命，希望借此让广大读者进一步增进对图书馆事业发展的了解和认识，更好地踏上新的历史征程。我们衷心希望，在党的二十大精神指引下，在市委市政府的坚强领导下，经过全体图书馆工作者不断开拓进取，创新发展，接续奋斗，全力打造更加有温度、有活力、高品质、高效能的现代化智慧化图书馆，在未来征途上将会徐徐展开一幅幅更加绚丽多彩、生机勃发的淄图历史新画卷。

是为序。

2023 年 11 月

宋爱香　淄博市文化和旅游局党组书记、局长

凡　例

一、本志以马克思列宁主义、毛泽东思想、邓小平理论、“三个代表”重要思想、科学发展观及习近平新时代中国特色社会主义思想为指导，坚持辩证唯物主义和历史唯物主义，实事求是地记载淄博市图书馆的发展过程。

二、本志为《淄博市图书馆志》的续编，记事上限定于2013年，下限断至2022年12月。

三、本志体裁采用述、记、志、传、图、表、录等，以志为主。首设概述、大事记，中设各分志，末设附录。图表随文穿插，以求图文并茂。

四、本志按照横排竖写原则，结合业务分工、体现工作特点等因素，以编、章、节、目为记述层次。

五、人物设传略、简介两部分，收录本志断限时间段内在淄博市图书馆工作过且具有副高级以上职称或中层正职以上职务的、对图书馆事业发展做出过一定贡献的人物。

六、组织机构及其它一些过长的专用名词，第一次出现时使用全称，其后使用规范的简称。

七、本志资料以淄博市图书馆档案资料及淄博市图书馆职工工作记录为主，为篇幅所限，一般不注明出处。

目　录

概述

淄博市图书馆于 1953 年建馆，是新中国成立后山东省设立的首批地市级图书馆之一。设立时的馆址位于淄博市博山区范公祠，馆舍面积 600 平方米，藏书 4 万册，职工 11 人。1976 年 9 月，市图书馆由博山迁至张店共青团西路 10 号，馆舍面积 2000 余平方米。后经历年扩建，面积增加至 5600 平方米，至 2015 年再次搬迁时没有较大变化。随着时代变迁和政府投入的逐年增加，市图书馆馆藏总量及到馆读者也不断增加，馆舍面积不足的矛盾日益显现。从 1985 年开始，市图书馆即开始申请规划建设新馆。市政府及有关部门曾于 2003 年、2005 年、2006 年三次批准规划建设新馆，均因故未能实施。2010 年，市委、市政府决定启动重大文化工程项目淄博文化中心建设。2010 年 10 月 29 日，淄博文化中心奠基仪式隆重举行，第一建筑组团包括市图书馆、市档案馆及市城市规划展览馆先行施工，设计单位为德国柏林罗昂建筑设计有限公司。2013 年，淄博文化中心第一组团竣工交付使用。又经过两年的内部设施建设及搬迁准备工作，市图书馆于 2015 年 12 月正式迁入新馆。市图书馆新馆建筑面积 23800 平方米，是一座现代化程度较高的公共文化设施。从 2013 年年底准备实施搬迁新馆到 2022 年年底新馆逐步达到规范化运营开放，淄博市图书馆经历了一个为期 10 年的重要发展阶段。

一

淄博市图书馆新馆竣工交付使用后，如何运营好新馆使其发挥最佳社会效益，迅速成为全市市民关心的热点问题之一，也是摆在市图书馆全体职工面前的首要任务。2015 年，市政府分两次划拨搬迁经费共 1500 多万元。市图书馆开始集中招标采购图书、技术设备与专用家具。9 月，市图书馆关闭位于共青团西路 10 号的老馆，开始实施新馆搬迁。经过三个多月的紧张准备，至年底有 7 个服务窗口达到开放条件。12 月 16 日，市图书馆新馆开馆试运行。新馆如何建设与定位，市图书馆确定了五个建设目标，即把新馆打造成全市知识信息集散地、市民终身教育的学校、淄博地方文献宝库、地区图书馆服务中枢以及高雅的文化休闲中心。实现这一目标不可能一蹴而就，需要久久为功、长期不懈。作为工作抓手，市图书馆提出了深入开展以创“优雅环境、优良资源、优质服务”为主要内容的“创三优”服务活动，着力为全市人民打造一座温馨、典雅、舒适的多功能现代化公共文化服务新空间。短短几年内取得了显著社会效益，新馆日益成为淄博人共同享有的心灵家园和知识殿堂。

开展阵地服务，做好读者接待工作，是市图书馆的基础性工作。首先给读者营造一个高雅舒适的阅读空间，在馆内空间设计上，采用现代化的开放理念，强调宽阔、安静、平和；在环境营造上，突出典雅舒适，适宜读书、学习、研究的氛围。其次统筹规划功能区建设，前后分三次共开放 21 个服务窗口，包括 2 个成人借阅室、2 个少儿借阅室、电子阅览室、报刊阅览室、特藏文献阅览室、低幼活动区、视听文献室、视障阅览室、稷下书院（尼山书院）等。稷下书院是市图书馆特别打造的特色文化空间，具备国学展览、地方文化窗口展示、传统文化项目互动体验等功能。在软硬件建设上紧盯业界发展前沿，广泛采用自动化、智能化、网络化和数字化设备及管理系统。在业务管理与服务中采用 Interlib 智能图书管理系统与 RFID 相关设备相结合，实现了读者自助办证、自助查询、自助借还等功能。新购大型电子触摸屏报刊阅读系统、电子图书借阅机等现代化设备。管理上采用图创大数据分析系统及服务数据实时显示系统。实现全馆无线网络全覆盖，为读者提供免费上网服务。开通手机移动图书馆，使读者畅享更为便捷、愉悦的数字阅读体验。在运营好官方网站的同时，新开通一个微信公众号、一个服务号及官方微博、微信视频号、抖音号，利用现代化宣传手段向读者提供便捷的基本服务和海量数字资源服务。这些措施都大大方便了读者，获得读者的好评，也带来每年读者接待量的居高不下。从2013年至2022年，除2020年以后三年因新冠肺炎疫情导致读者数量略有下降外，其他每年接待读者都在100万人次以上。

二

资源建设是公共图书馆开展各项服务的基础。新馆开馆之初，市图书馆即综合利用市财政拨付的新馆搬迁经费及上级免费开放补助经费共700多万元，集中采购纸质图书18万余册，订购报纸80余种、期刊1000余种，使现有馆藏总量达到近540万册(件)，其中纸质文献110余万册(件)。新馆开放后，在市财政部门的大力支持下，市图书馆每年都维持了较高数额的图书资源购置经费，其中2019年最高达到600余万元。资源建设工作上了一个新的台阶，从2013年至2022年，纸质中文图书平均年入藏量达到6万册，2019年更高达11万余册。市图书馆馆藏文献建设遵循实用性、系统性、连续性、针对性、地方特色性建设原则，以满足广大市民的需求为方向，资源采购以“大众、普适”为准则。同时，加强地方特色文献的收集和整理，形成有淄博地方特色的馆藏文献。在载体类型上，注重建设多元化的文献资源体系。加大电子出版物、专题数据库、网络信息资源等数字资源的采集、整合与保存，建成传统馆藏和数字馆藏、实体馆藏和虚拟馆藏共同发展、互为补充的淄博市文献资源总库和文献信息资源中心。加大数字资源建设力度，通过采购、获赠、试用、自建等形式建设数字资源馆藏。先后投入资金600多万元，续购或新购清华同方、读秀学术知识平台等十几个主流数据库。经过十多年的建设积累，截至目前，市图书馆已采购或获赠资源库22个，试用资源库44个、自建资源库3个，实现自有及试用数字资源35TB，满足了读者的不同需求。为适应网络学习需求，市图书馆建设了“淄博市民学习中心”数字平台，实现了从资源型服务向学习型服务的转变。

三

在开展好常规开放服务的同时，市图书馆进一步挖掘潜力、整合资源，大力开展丰富多彩的读者活动，着力促进全民阅读工作，践行市委、市政府提出的“书香淄博”建设。从2016年至2022年，市图书馆每年开展读者活动不少于1300场次，有的活动长期坚持不懈，已经成为淄博市乃至全省重要的文化品牌。“文化名城讲坛”由市图书馆协助市文化和旅游局举办，该讲坛在弘扬优秀传统地域文化、树立齐文化品牌、推进淄博市文化名城建设方面发挥了积极作用。除协助市文化和旅游局办好“文化名城讲坛”外，市图书馆还每周独立举办一至二次公益讲座。讲座内容涉及传统文化、艺术欣赏、亲子教育、少儿科普、职业培训、卫生保健等方面，旨在“弘扬人文精神、发展公共文化、丰富市民生活、提升城市品位”。淄博市读书节到2013年已经举办了六届，此后每年举办一届，到2022年共举办十五届。每届读书节，市图书馆都会推出数十项读者活动，读书节的参与公众越来越多，影响也越办越大，已经成为淄博市重要的文化品牌。“彩虹”系列少儿阅读推广活动是专门面向低龄儿童打造的综合性阅读活动品牌。经过六年多的完善和发展，“彩虹”系列现已拥有彩虹故事会、彩虹小喇叭、彩虹小百科、彩虹小画廊、彩虹国学堂等10个成熟板块。2016年至2022年累计开展“彩虹”系列阅读推广活动2614场次，参与读者31万余人次。稷下书院(尼山书院)传统文化体验系列活动在弘扬齐鲁文化、传承儒学经典的基础上，注重“齐文化”“聊斋文化”“陶琉文化”等本土优秀地域文化的传承和发展，打造独具特色的城市文化品牌。2017年，稷下书院（尼山书院）创立了“齐风”系列阅读推广活动品牌，开设“齐风讲堂”“齐风传统文化项目体验”“齐风读书会”等系列读者公益活动，面向社会免费开放。2018年，稷下书院（尼山书院）“齐风讲堂”被山东省文化厅表彰为2017—2018年度山东省冬春文化惠民品牌活动。稷下书院（尼山书院）成为弘扬中华优秀传统文化、展示淄博风土人情和文化艺术魅力的文化阵地。其它特色活动如“换书大集”、“齐阅”图书漂流，为读者搭建起交换闲置图书的平台，盘活了社会闲置资源；“你选书刊 我买单”，更好地满足了读者个性化、多元化阅读需求；“U书快借”服务，大大提升了文献采购准确性和有限经费利用率；“齐阅·城市领读者”、“书中淄味——淄博人聊淄博书”引领全民阅读，打造地方文化品牌；中外优秀电影展播、全民读书月系列活动及各种公益培训、青少年学雷锋文化志愿服务等丰富多彩；多种形式和内容的展览让人流连忘返。淄博市图书馆走出了一条以品牌促进阅读、以服务赢得读者、以口碑扩大影响的阅读推广之路，得到社会各界和省市领导的一致肯定。

四

公共图书馆总分馆建设是促进公共文化服务均等化、打通公共文化服务“最后一公里”的重要举措。市图书馆积极贯彻落实《中华人民共和国公共文化服务保障法》《中华人民共和国公共图书馆法》的相关要求，根据国家、省市制定的一系列政策，积极推进淄博市公共图书馆总分馆体系建设。按照“政府主导、统筹实施，促进均等、提升效能，分级管理、资源共享”的原则，至2022年，基本建成以市馆为中心馆、区县图书馆为总馆、乡镇（街道）综合文化站为分馆、村（社区）综合性文化服务中心为服务点，城乡一体化、资源共享的四级公共图书馆总分馆服务网络。全市实现分馆覆盖率100%、各村居基层服务点覆盖率100%，建立了“上下联通、有效覆盖、服务优质”的总分馆制模式。2018年，为推动全民阅读，完善公共图书馆总分馆服务体系，市图书馆经过调研论证，提出在中心城区打造“城市书房”模式的图书馆总分馆服务体系方案。城市书房建设由政府主导，吸纳社会力量参与，依托市图书馆及各区县中心图书馆，通过一网互联实现图书馆阅读空间与服务一体化。按照“统一审核、统一标识、统一配置、统一监管、统一服务平台”的管理要求，纳入市图书馆或区县图书馆总分馆管理系统，实现市图书馆、区县图书馆及各城市书房之间的通借通还。城市书房建设是深化文化体制改革与提升基层公共文化服务水平的最佳切入点。截至2022年年底，市图书馆相继在张店中心城区建成“紫园”“云泰”“天鸿万象”“人民公园”“凯悦”“新华书店”“福园”“新空间”“城中社区”“MEMS”“海岱楼·钟书阁”11家高品质的直属城市书房，实现了市图书馆、城市书房及图书流动服务车之间图书通借通还，形成了覆盖城区的“城市书网”，满足了市民“便捷、高效、舒适”的阅读服务要求。

五

2013年至2022年，市图书馆多次受到各级政府及文化主管部门表彰。两次被中华人民共和国文化部（文化和旅游部）确定为“一级图书馆”；被中华人民共和国人力资源和社会保障部、文化和旅游部表彰为“全国文化和旅游系统先进集体”；被中国图书馆学会授予“全民阅读示范基地”称号；多次被山东省文化厅（山东省文化和旅游厅）表彰为“山东省古籍保护工作先进单位”；被山东省妇女联合会授予“山东省三八红旗集体”称号；被山东省人力资源和社会保障厅、山东省文化和旅游厅联合授予“山东省文化和旅游系统先进集体”称号；被山东省精神文明建设委员会授予2020年度“省级文明单位”。被中共淄博市委授予淄博“时代先锋”单位、“淄博市先进基层党组织”；被中共淄博市委、淄博市人民政府授予“担当作为、狠抓落实”先进集体；被淄博市委办公室、市政府办公室授予“全市提升群众满意度表现突出的集体”称号；连续七年被淄博市事业单位绩效考核委员会确定为事业单位绩效考核“A级单位”或“优秀单位”。

2013—2022
ZIBO LIBRARY
淄博市图书馆

大事记

2013 年

1 月 12 日，“淄博市暨桓台县 2013 年文化、科技、卫生‘三下乡’活动启动仪式”和“淄博市第六届农民文化艺术节开幕式”举行，市图书馆捐赠优质图书 350 余册，助力文化、科技、卫生“三下乡”活动 。

3 月 6 日，为满足读者借阅需求，调整扩大社科部新书借阅区，增加 20 多个书架，可容纳图书 1 万多册。

3 月 19 日，山东省公共文化服务体系建设督导组莅临淄博市检查，上午在市政府、市文广新局有关领导陪同下视察市图书馆新馆工程建设。

3 月 27 日，全市公共图书馆馆长联席会议召开，部署全国第五次公共图书馆评估定级工作。市文化广电新闻出版局副局长宓传庆出席并讲话。

4 月 12 日，市图书馆举办“庆祝淄博市图书馆建馆六十周年巡礼”展览。民主促进会淄博市委员会考察市文化中心和市图书馆新馆工程建设。

4 月 14 日，第六届“淄博市读书节”启动仪式暨第四届淄博市读书朗诵大赛在市图书馆举行，市委宣传部、市总工会、市妇联、市文广新局、淄博晚报社等有关领导参加。

4 月 20 日至 21 日，市图书馆举行开放日活动，精选上架 15000 册新书。第三届为沂源县山区留守儿童捐建“爱心书屋”活动同步启动。

4 月 21 日，在第八届全省读书朗诵大赛中，市图书馆选拔的参赛选手载誉而归，共获一个三等奖、两个优秀奖，淄博市图书馆获优秀组织奖。

4 月 22 日至 23 日，山东省公共图书馆评估定级初评工作组到淄博市进行评估定级初评工作，依次检查了市图书馆、桓台县图书馆及张店区少儿图书馆。

4 月，市图书馆被市文明委授予 2012 年度“全市未成年人思想道德建设工作先进单位”称号。

5 月 17 日，市图书馆召开《淄博市图书馆志》编委会全体会议，编委会顾问、市史志办原副主任郭能勇对馆志初稿提出了系统的修改意见。

5 月 28 日，山东省公共图书馆评估定级复评工作组到淄博市图书馆进行复评，采取听取汇报、现场查看、查阅档案资料等方式进行了综合打分。

6 月 5 日，2013 年山东省古籍保护工作会议暨全省古籍保护培训班在山东省图书馆召开，淄博市图书馆被省文化厅表彰为“2012 年度古籍保护工作先进单位”。

6 月 20 日，由淄博晚报社与淄博市图书馆联合举办的第六届淄博市读书节“爱心书屋”捐建仪式在沂源县张家坡镇中心幼儿园举行，沂源县委宣传部、县文化局、县图书馆等有关领导参加。

8 月 15 日，济宁市党政考察团参观淄博市图书馆新馆工程。

9 月 26 日，由市图书馆与市妇联联合开展的“捐建爱心书屋 情暖妇女儿童”活动在沂源县鲁村镇西徐家庄村妇女儿童家园举行。市图书馆为该活动捐献图书 1500 册。

10 月，第十届中国艺术节期间，淄博市重点文化惠民工程——市图书馆新馆工程竣工并通过验收。

10 月，淄博市图书馆学会被中国图书馆学会授予“2012 年全民阅读优秀组织奖”，成为全国 9 个获得该奖项的学会之一。

11 月 29 日，“淄博市图书馆建馆 60 周年庆祝大会”在齐盛国际会议中心召开。山东省图书馆馆长李西宁，市委常委、宣传部部长郭利民，市人大常委会副主任王法亮，市政府副市长张庆盈，市文广新局及市直文化系统党政主要负责人、局机关工作人员、市图书馆全体职工参加会议。会议由副市长张庆盈主持，省图书馆馆长李西宁为市图书馆颁发“一级图书馆”匾牌并讲话，市图书馆馆长刘玉湘介绍市图书馆六十年发展概况，市委常委、宣传部部长郭利民讲话。

11 月，《淄博市图书馆志》由中国文史出版社出版发行。《淄博市图书馆志》上限起于1953年11月22日，下限止于2012年12月31日，共七编二十二章。

11月，在文化部开展的第五次全国县以上公共图书馆评估定级工作中，市图书馆被文化部评定为“一级图书馆”，这也是市图书馆首次获评“一级图书馆”。

12月9日，市图书馆为淄川区太河镇北马鹿村捐建爱心文化书屋。馆长刘玉湘、党支部书记姜艳平带队前往淄川区太河镇西岛坪村看望慰问了由团市委分派的帮扶对象、11岁的贫困儿童肖宁，带去全馆职工捐款2000元及物品一宗。

12月11日，淄博市图书馆学会2013年会在淄博职业学院图书馆召开。

2014年

1月24日，2014年淄博市文化、科技、卫生“三下乡”活动暨第七届农民文化艺术节启动仪式在临淄区金岭回族镇综合文化站举行，市图书馆捐赠优质图书350余册助力文化、科技、卫生“三下乡”活动。

2月17日，全国政协教科文卫体委员会副主任王全书、文史和学习委员会副主任卞晋平一行在山东省政协和省文化厅有关领导陪同下莅临淄博市考察市文化中心和市图书馆新馆建设。

3月14日，济宁市总工会副主席段成军等一行考察淄博市图书馆新馆建设工作。

3月18日，“淄博市图书馆党的群众路线教育实践活动动员大会”召开，市文广新局督导组出席大会。市图书馆将“创三优”服务活动列为教育实践活动的“自选动作”。

4月3日，淄博市党的群众路线教育实践活动督导组第七组到市图书馆检查督导，市图书馆馆长刘玉湘汇报了本馆教育实践活动开展情况。

4月，淄博市机构编制委员会下发《关于精简市直有关部门和事业单位编制的通知》，市图书馆被精简4个编制，编制数缩减为56个。

4月8日，市图书馆工会和团支部组织开展的数字资源服务社会巡回活动启动。

4月12日，淄博市第五届读书朗诵大赛预赛在市图书馆新馆举行，全市200余名朗诵爱好者参赛。

4月13日，第七届“淄博市读书节”启动仪式暨“第五届淄博市读书朗诵大赛”决赛在市图书馆新馆举行，市委宣传部、市总工会、市文广新局、市文化市场执法局等有关领导参加。仪式由市文广新局副局长李玉福主持。

4月19日，市图书馆举办“我与图书馆的故事”征文颁奖及座谈会。全市获奖作者和参加图书馆开放日活动的《淄博晚报》小记者50余人参会。举行2012—2013年度优秀青少年志愿者颁奖仪式。

市图书馆举办“改进工作作风 密切联系群众——深入开展党的群众路线教育实践活动”大型图片展。

4月20日，市图书馆选拔的选手参加第九届全省读书朗诵大赛，获得成人业余组二、三等奖，市图书馆获优秀组织奖。

5月7日，市政府副市长张庆盈听取市图书馆馆长刘玉湘关于新馆搬迁工程预算方案的汇报。

6月，淄博市图书馆学会被中国图书馆学会授予“全民阅读优秀组织奖”。

6月25日，市图书馆援建的武警淄博市支队一中队、五中队、六中队和警勤中队图书流通站挂牌仪式在武警支队礼堂举行。

7月25日，市图书馆为淄博市消防支队援建的四所图书流通站挂牌仪式在市消防支队举行。

9月3日，中共淄博市委原书记李新泰向市图书馆、市博物馆捐赠著作仪式在市博物馆举行，副市长张庆盈出席仪式并讲话。

10月30日，淄博市图书馆党的群众路线教育实践活动总结大会召开，全馆职工参加。馆长刘玉湘作了活动总结，市文广新局党委副书记、局督导组组长张振香讲话。

11 月 6 日，《道法自然——徐金堤山水写生与创作》座谈会暨赠书仪式在市图书馆举行。徐金堤夫人黎卫华、市政协原副主席王颜山、市社联原主席孙衍喜等出席并讲话。

12 月，市图书馆自动化管理系统由 ILAS Ⅱ 开始更换为 Interlib 系统。

2015 年

1 月 15 日，淄博市图书馆学会 2014 年会在市图书馆召开，市社科联副主席司文秀、市文广新局副局长李玉福等出席。

1 月 21 日，市政府副市长张庆盈一行到市图书馆调研，馆长刘玉湘重点汇报了新馆搬迁存在的困难和问题。

1 月 22 日，淄博市图书馆移动图书馆上线，向读者提供丰富的电子文献、视频、音频、公开课等数字资源，读者用智能手机即可实现免费借阅。

1 月 26 日，市图书馆向市财政局正式提交调整后的新馆搬迁经费预算方案，预算额度 2000 万元（后市财政局分两次实拨 1500 万元），主要包括新馆技术设备、图书及书架桌椅采购费用等。少儿多媒体图书馆上线运行。

2 月 2 日，淄博市图书馆“尼山书院”建成向市民开放。书院位于四楼，面积 400 余平方米，设有国学讲堂、传统文化体验区等区域，以“图书馆 + 书院”服务模式，开展系列公益文化活动。

4 月 12 日，第八届淄博市读书节启动仪式暨第六届淄博市读书朗诵大赛决赛在新馆报告厅举行，市委宣传部、市总工会、团市委、市文广新局、市文化市场执法局等有关领导参加。本次朗诵大赛节目数达到 420 个，参赛选手 523 人，71 组选手和单位分获儿童组、少年组、成人业余组一等奖、二等奖、三等奖、优秀奖及优秀组织奖。

4 月 19 日，在以“共筑中国梦，好书伴我行”为主题的第十届全省读书朗诵大赛决赛中，市图书馆选送的三位选手分别获得二等奖。

4 月 21 日，市图书馆举办“伟大的胜利——纪念中国人民抗日战争胜利 70 周年”展览。

4 月 25 日，市图书馆举办开放宣传日活动，邀请市民体验移动图书馆、电子图书借阅机等新兴阅读技术，了解淄博历史名人、古籍装帧知识等。

5 月 5 日，市图书馆举办“民族的基因——中国优秀传统文化”大型图片展览。

6 月 12 日，淄博市图书馆网站启用新域名 www.zblib.org.cn，同时停用原域名 www.zblib.com.cn。

6 月 13 日，山东省古籍保护工作会议在省图书馆召开。淄博市图书馆被评为古籍保护先进单位。

6 月，市图书馆新馆设备与家具开始陆续招标采购，主要包括图书、网络中心机房设备、自动化设备、书架与阅览桌椅、报告厅设备及书库整合与搬迁等项目。

9 月 14 日，市图书馆召开新馆搬迁动员大会，馆长刘玉湘作搬迁动员讲话。

9 月 15 日，淄博市图书馆老馆正式闭馆，开始实施新馆搬迁。

11 月 9 日，市委副书记、市长周连华，市政府副市长张庆盈一行视察市图书馆新馆。

11 月 22 日，由市文广新局主办、市图书馆协办的“文化名城讲坛”揭牌仪式在市图书馆新馆报告厅举行，市政府副市长张庆盈、市政协副主席李敏等出席仪式。山东省政协原副主席王志民做了首场讲座《齐文化的历史贡献与当代价值》。

12 月 16 日，市图书馆新馆正式开放试运行。首批开放区域为总服务台、少儿借阅区、文学借阅区、综合借阅区、自习室、报刊阅览室及电子阅览室。新馆试运行首日共办理借书证 800 余个，接待读者 4000 余人，借阅图书 5000 余册。

12 月 23 日，市图书馆新馆迎来试运行后首个周末，2 天共接待读者近 32000 人次，办理借阅证 3000 多个，借出图书 15000 余册。

12 月 27 日，山东省图书馆副馆长周玉山一行到淄博市图书馆参观指导工作。

2016 年

1 月 5 日，淄博市图书馆微信公众平台全面开通。该平台可实现查询、读者证绑定、续借、馆内实时动态发布等功能，与官网链接。

1 月 6 日，市图书馆馆长刘玉湘、党支部书记姜艳平、副馆长丁雷做客淄博大众网《文化名城访谈》栏目，向社会推介新馆服务内容及下一步工作重点。

1 月 8 日，淄博市图书馆学会 2015 年会在市图书馆召开，市社科联副主席司文秀、市文广新局副局长李玉福出席并讲话。

1 月 14 日，淄博市图书馆第一届理事会正式成立并召开第一次理事会议。市文广新局副局长李玉福被市文广新局任命为理事长，市图书馆馆长刘玉湘被任命为副理事长。

1 月 17 日，市图书馆向持证读者开通电子资源远程访问权限，电子资源馆外访问系统启用。

1 月，淄博市图书馆荣获中国图书馆学会颁发的“全民阅读示范基地”称号，这是淄博市图书馆自 2012 年、2013 年连续两年获得“全民阅读优秀组织奖”之后的又一殊荣。

2 月 16 日，“稷下书院”成立揭牌及王志民、宣兆琦捐书仪式在市图书馆报告厅举行。市委副书记于海田、市政府副市长张庆盈、市文广新局领导班子成员、市图书馆领导班子成员参加。王志民、于海田为“稷下书院”揭牌，市文广新局党委书记、局长周茂松代表“稷下书院”接受王志民、宣兆琦捐书。山东省政协原副主席、齐鲁文化研究院院长王志民教授做题为《齐文化与孔子》专题讲座。

“稷下书院”为市图书馆建设的以弘扬齐文化为宗旨的传统文化互动体验场所，与“尼山书院”合并建设。

3 月 14 日，市委高校工委副书记，市教育局党委书记、局长赵新法向市图书馆捐赠书法专著《艺海游心——赵新法书法作品集》及书法作品两幅。

3 月 15 日，市图书馆新馆第二批读者服务窗口开放，包括 24 小时自助借还区、低幼阅览室、少儿电子阅览室、视障阅览室、基本书库、地方文献・参考文献阅览室等。

3 月 16 日至 18 日，由山东省图书馆主办、淄博市图书馆承办的 2016 年全省公共图书馆长联席会在齐盛国际会议中心召开。省文化厅副厅长李国琳，省图书馆馆长冯庆东、副馆长周玉山，市政府副市长张庆盈，市文广新局党委书记、局长周茂松及来自全省 17 个市的公共图书馆馆长 40 余人参加会议。张庆盈副市长致欢迎词，李国琳副厅长讲话。会议部署了 2016 年全省公共图书馆重点工作，各市馆就 2015 年工作进行了交流座谈。

3 月 18 日至 20 日，由山东省图书馆学会、山东省图书馆主办，淄博市图书馆承办的“第二届全省图书馆新媒体、新技术、新服务展示交流会”在淄博市图书馆召开。国家图书馆副馆长魏大威，武汉大学教授陆伟，山东省图书馆馆长冯庆东、副馆长周玉山，北京世纪超星信息技术有限公司副总经理叶艳鸣及来自全省各地市、县（区）公共图书馆馆长和全国新媒体行业知名厂商代表 260 余人参加会议。

3 月 29 日，山东省妇女儿童工作委员会莅临淄博市图书馆检查妇女儿童服务工作，淄博市文广新局党委书记、局长周茂松，副局长李玉福等陪同检查。

4 月 16 日至 17 日，第九届淄博市读书节在市图书馆启动。本届读书节由市委宣传部、市文明办、市总工会、团市委、市妇联、市教育局、市文化广电新闻出版局、淄博日报社、市文化市场执法局、市图书馆、淄博晚报社联合举办。

第七届淄博市读书朗诵大赛在市图书馆报告厅举行。本次大赛由市文化广电新闻出版局主办，淄博市图书馆、淄博晚报社、淄博市朗诵协会联合承办。参赛节目数521个，参赛人数650余人。

4月23日，由市图书馆与市新华书店联合举办的“你选书，我买单”服务活动启动，市文广新局副局长李玉福出席启动仪式。

4月，经市委编办淄编办〔2016〕40号文件批准，市图书馆信息资料部更名为特藏文献部（加挂淄博市古籍保护中心牌子），儿童部更名为少儿部（加挂淄博市少儿图书馆牌子），辅导电教部更名为辅导研究部，阅览部更名为报刊阅览部，社会科学部、科技部合并为图书借阅部，设置信息技术部（加挂全国文化信息资源共享工程淄博市支中心牌子）。撤销保卫科，设置阅读推广部、读者服务部。

5月20日，市委常委、宣传部部长毕荣青到市图书馆视察工作。

5月20日，2016年度全市可移动文物普查暨古籍普查工作协调会在市图书馆召开。

6月2日，淄博市第二期古籍普查编目人员培训班在市图书馆举办，全市古籍收藏单位20余名古籍普查编目人员参加培训。

6月8日，中国辞赋院院长、中国作协会员、国家一级作家、市作家协会主席王金铃和市作协秘书长苗露代表淄博市作家协会向市图书馆捐赠图书256册，馆长刘玉湘、党支部书记姜艳平代表市图书馆接受捐书。

6月16日，淄博市图书馆被山东省文化厅表彰为2015年度山东省古籍保护工作先进单位。

6月18日，市图书馆第一届换书大集活动举办，该活动意在盘活社会闲置图书资源，为读者提供图书交流平台。

6月21日，市委书记、市人大常委会主任王浩视察市图书馆，市委常委、秘书长尚龙江等陪同视察。同日，淄博市第五届公共图书馆业务竞赛在市图书馆举办。

6月，淄博市图书馆学会被山东省图书馆学会授予“2010—2015年度先进学会”荣誉称号，丁雷获先进学会工作者称号。

7月18日，市图书馆召开创建市级文明单位动员大会。

8月22日，市图书馆党支部召开换届选举大会，选举出新一届支部委员4名，分别是姜艳平、刘玉湘、钱玉龙、倪志坚。

9月22日，重庆市石柱土家族自治县政府考察团到淄博市图书馆参观考察。

10月15日，由市图书馆与市摄影家协会联合举办的首届“读书，让生活更美丽”摄影大赛颁奖仪式在市图书馆举行。

10月27日，淄博市图书馆与山东理工大学理学院共建大学生社会实践基地签约揭牌仪式在市图书馆举行。

11月8日，淄博市图书馆向国家图书馆申办的数字图书馆淄博分站开通。

12月1日，书香淄博 阅读冬季——淄博市图书馆2016全民读书月暨开馆一周年系列活动启动。

12月16日，市图书馆召开家谱征集工作座谈会 。“追溯家谱历史——馆藏精品家谱展”同日开展。

12月17日，全省公共图书馆评估定级及考核工作培训班在淄博举办。山东省文化厅公共文化处处长刘显世，山东省图书馆馆长李西宁、副馆长周玉山、辅导研究部主任陶嘉今出席开幕式。淄博市文广新局党委书记、局长周茂松致辞。

12月30日，淄博市图书馆学会2016年会暨第六届理事会换届大会召开，市社联副主席司文秀、市文广新局副局长曹丕祯出席。市图书馆馆长刘玉湘当选为学会第六届理事会理事长，山东理工大学图书馆馆长曲国庆当选为常务副理事长，市图书馆副馆长丁雷当选为秘书长。年会还签署了淄博地区图书馆讲座联盟协议及公共图书馆通借通还协议。

2017 年

1 月 9 日，为满足少儿读者阅读需求，市图书馆将原少儿借阅区分设为少儿文学借阅区和少儿综合借阅区，面积较原来扩大一倍有余。

1 月 11 日，淄博市图书馆微信服务号“淄博市图书馆服务大厅”上线运行。对注册读者实行阅读积分管理，读者大数据分析系统也同步启用，并在一楼大厅加装服务数据实时显示大屏。

1 月 14 日，淄博市图书馆邀请中央电视台《百家讲坛》主讲人、南开大学历史学院教授孙立群到馆，做题为《以史为鉴，感悟人生》的公益讲座。

2 月 11 日至 12 日， 市图书馆举办 2017 年新春灯谜会。

3 月 7 日，山东省文化厅厅长王磊一行到淄博市图书馆调研，市委常委、宣传部部长毕荣青，市政府副市长张庆盈陪同调研。

3 月 10 日，淄博市图书馆邀请北京大学著名学者李国新教授莅临“文化名城讲坛”，解读《中华人民共和国公共文化服务保障法》。市文广新局机关、市直文化系统单位、区县文化局及乡镇文化站有关人员参加。

4 月 8 日，第八届淄博市读书朗诵大赛开赛。

4 月 16 日，第十届淄博市读书节启动暨第八届读书朗诵大赛颁奖仪式举行。市委宣传部、市总工会、团市委、市妇联、市文广新局等有关领导参加。

4 月 24 日，中国图书馆学会第六次全国县级以上公共图书馆评估定级培训班（淄博站）举行。淄博市文广新局党委书记、局长周茂松致欢迎词，山东省图书馆馆长李西宁代表省图书馆学会致辞，中国图书馆学会副理事长李广建讲话。著名图书馆学专家、南开大学教授柯平到淄博市图书馆参观考察。

5 月 9 日，全市迎接全国第六次公共图书馆评估定级工作会在市图书馆召开，各区县文化局分管局长、市及区县图书馆馆长参加。

5 月 11 日，九江市文广新局考察学习团参观淄博市图书馆。

5 月 25 日，全市事业单位监督管理工作会议在齐盛国际会议中心召开，省编办副主任王振乾、市政府副市长杨洪涛到会。市图书馆就完善法人治理结构、业务范围清单化管理及绩效考核等内容做典型发言。

6 月 5 日，市图书馆面向少年儿童开展的“彩虹”系列少儿阅读推广活动被市政府列为 2017 年为全市妇女儿童办实事之一。

6 月 13 日至 17 日，特藏文献部副主任王长鸣被推荐为党代会代表，参加山东省第十一次党代会。

7 月 29 日，市图书馆与淄博晚报社联合举办第二届淄博市换书大集，本届换书大集以“分享阅读 交换快乐”为主题。

7 月，市图书馆党支部被市委“两学一做”学习教育工作领导小组命名为“时代先锋”单位。

8 月 31 日，市图书馆建设的“淄博市民学习中心”数字平台正式开通，该平台为面向全体市民的开放性网上终身学习平台，提供海量数字学习资源。

9 月 5 日，全国第六次公共图书馆评估定级复评专家组一行到淄博市图书馆开展复评工作。

11 月 27 日，根据 11 月《人民日报 · 政务指数微博影响力报告》，淄博市图书馆官方微博被评为全国十大图书馆微博。

11 月 30 日，市图书馆推出的特色服务活动“U 书快借”启动，该活动将部分图书采购权交给读者，

“读者读什么图书馆买什么”，受到读者热烈欢迎。

12 月 15 日，文化部第六次全国公共图书馆评估工作组莅临淄博市图书馆检查评估定级工作。评估组组长为国家图书馆馆长助理汪东波、副组长为武汉图书馆馆长李静霞，成员有国家图书馆研究院副院长申晓娟、首都图书馆副馆长邓菊英。山东省文化厅副厅长李国琳、山东省图书馆馆长冯庆东陪同检查。评估组现场查看了淄博市图书馆各功能区，听取了馆长刘玉湘的工作汇报。淄博市政府副市长张庆盈，淄博市文广新局党委书记、局长周茂松出席评估汇报会。

12 月 22 日，淄博市图书馆理事会 2017 年工作会议召开。党支部书记姜艳平代表市图书馆管理层汇报 2017 年主要工作，馆长刘玉湘报告 2018 年经费预算及重点工作安排。改选理事长，市文广新局任命副局长曹丕祯为新任理事长。

12 月 23 日，墨守初心·王佑学山水画展在市图书馆开幕。召开 2017 年读者座谈会暨优秀读者表彰会。

12 月 26 日，山东省文化厅举行首届山东文化惠民消费季品牌榜发布仪式，淄博市图书馆荣获“最受欢迎的文化消费地标”称号。

12 月 28 日，市图书馆举办新馆开放两周年座谈会。

2018 年

1 月 9 日，淄博市图书馆学会 2017 年会在博山区人立大厦召开。市社科联副主席司文秀、市文广新局副局长曹丕祯、博山区政府副区长康义文、博山区文化出版局局长王伟等出席年会。学会理事长、市图书馆馆长刘玉湘主持年会，主要任务是交流 2017 年工作，安排部署 2018 年工作重点。

1 月 29 日至 31 日，中国索引学会 2018 年第一次常务理事会工作会议在淄博市图书馆召开。学会理事长、复旦大学党委副书记刘承功，常务副理事长兼秘书长、复旦大学图书馆副馆长杨光辉，淄博市文广新局党委副书记张振香等与会。

2 月 8 日，市图书馆在报告厅举行 2018 年迎新春职工联欢会。

3 月 2 日至 4 日，市图书馆举办第二届元宵灯谜会有奖竞猜活动。

3 月 9 日，山东省文化厅副厅长付俊海一行到淄博市图书馆调研，淄博市文广新局党委书记、局长周茂松陪同调研。同日，淄博市图书馆阅读推广部荣获淄博市“女职工建功立业标兵岗”称号。

3 月 19 日，市图书馆与市特教中心“文明共建”活动启动。

3 月 23 日，刘宝万布头画展在市图书馆“稷下书院”举行开展仪式。市文广新局党委书记、局长周茂松，副局长曹丕祯，博山区文化出版局局长王伟及布头画艺术家刘宝万出席仪式。

3 月 26 日，淄博市图书馆工会换届选举大会召开。钱玉龙当选为工会主席，龚立军当选为工会副主席。

4 月 6 日至 14 日，市图书馆举办第九届淄博市读书朗诵大赛。本次大赛分儿童组、少年组与成人组，参赛节目数 719 个，参赛选手近 900 人。

4 月 15 日，市图书馆举行第十一届读书节启动暨第九届读书朗诵大赛颁奖仪式。团市委书记苏振华，市精神文明办副主任朱玉友，市总工会副主席刘蓬，市妇联副主席马召芹，市文广新局党委书记、局长周茂松等有关领导出席。

4 月 21 日，市图书馆与市摄影家协会举行第二届“我读书，我快乐”全国摄影大赛启动仪式。市文联主席王东宏，市文广新局党委书记、局长周茂松，市摄影家协会主席孙伟庆，市图书馆馆长刘玉湘等出席仪式。

4 月 22 日，市妇联、市图书馆共同举办“书香飘万家·阅读驻我家”亲子阅读活动。第三届淄博市换书大集活动启动。

5 月 11 日，市妇联与市图书馆联合举办“全国道德模范田秀英事迹报告会”。

5 月 20 日，市图书馆、市残疾人联合会在市图书馆举行全市残疾人数字阅读推广工程启动仪式。市委副书记兼张店区委书记马晓磊，市文广新局党委书记、局长周茂松，市残联理事长王长春等出席仪式。会后，市图书馆向全市残疾人发放价值 40 万元的 800 台智能听书机以及全民阅读卡，淄博市也成为全省第一家全面启动盲人数字阅读推广工程的地级市。

5 月 26 日，文化和旅游部公布了第六次全国县级以上公共图书馆评估定级上等级馆名单，淄博市图书馆、张店区少儿图书馆、周村区图书馆、临淄区图书馆、桓台县图书馆、沂源县图书馆 6 家图书馆获评国家一级图书馆。

6 月 1 日，市图书馆开通支付宝办证功能，读者足不出户即可在线办理读者证。“U 书快借”服务经优化后重新向读者开放。

6 月 8 日，淄博市图书馆被山东省文化厅表彰为 2017 年度古籍保护工作先进单位，特藏文献部高宁被表彰为先进个人。

6 月 14 日，淄博市图书馆“稷下书院 · 齐风讲堂”活动被省文化厅公布为 2017—2018 年度山东省冬春文化惠民品牌。

6 月 19 日，市委副书记、张店区委书记马晓磊，市委常委、宣传部部长毕荣青，副市长张庆盈等在市文广新局党委书记、局长周茂松等陪同下调研市文化中心并视察市图书馆，市图书馆馆长刘玉湘、党支部书记姜艳平陪同活动。

7 月 12 日，由市文广局主办，市图书馆、市图书馆学会承办的“全市《中华人民共和国公共图书馆法》知识竞赛”在市图书馆举行，全市五区三县公共图书馆及市图书馆 9 个代表队 44 人参赛。

8 月 4 日，根据 2018 年《人民日报 · 政务指数微博影响力报告》，淄博市图书馆微博以第五名成绩上榜全国十大图书馆微博。

8 月 19 日，市图书馆举办淄博市少儿国学知识大赛。

9 月 3 日，按照市直机关工委和市文广新局党委统一部署，市图书馆开展“知敬畏、存戒惧、守底线”主题廉政教育活动。

9 月 8 日，市图书馆举办锦灰堆学术交流展。锦灰堆为省级非物质文化遗产保护项目，有 800 多年历史。市文广新局、周村区文化局有关领导及锦灰堆第三代传人耿玉洲、第四代传人耿学知等参加展览开幕仪式。

9 月 26 日，市图书馆工会举办首届职工趣味运动会。

11 月 19 日，淄博市图书馆与济南万科淄博事业部举行城市书房建设长期战略合作协议签约仪式，双方将在张店华光路远通大厦建设首个 24 小时“城市书房”。

12 月 1 日，2018 年淄博市全民读书月启动，市图书馆举办十四大主题、百余场（次）阅读推广活动。

12 月 3 日，淄博市图书馆与淄博新东升置业有限公司签订城市书房建设长期战略合作协议，双方将在紫园社区建设首个城市书房。

12 月 5 日至 7 日，由中国盲文图书馆主办，山东省图书馆、山东省盲人协会承办，淄博市图书馆协办的“2018 年山东省视障文化服务与阅读推广培训班”在淄博开班。

12 月 8 日，市图书馆举办首届少儿微书评大赛。

12 月 29 日，全市第一个城市书房——紫园城市书房（市图书馆紫园分馆）开馆仪式隆重举行。省图书馆馆长李西宁，市政府副秘书长刘波，市文化和旅游局党组书记、局长周茂松，新东升置业总经理闫德刚，市图书馆馆长刘玉湘、党支部书记姜艳平等参加仪式。

2019 年

1 月 12 日，市图书馆召开 2018 年读者座谈会暨优秀读者表彰会。

1 月 26 日，市图书馆举行 2019“书香盈岁月，新桃换旧符”新春楹联征集活动颁奖仪式。

1 月 27 日，市图书馆与市书法家协会在“稷下书院”举行 2019 迎新春送楹联文化惠民活动，淄博市 10 余名书画家及社会公众 100 多人参加。

2 月 15 日，全市文化和旅游工作会议在市图书馆召开，市图书馆馆长刘玉湘在会上作交流发言。

2 月 19 日至 21 日，市图书馆举办第三届元宵灯谜会活动。本届灯谜会共设有 1600 余条谜语，分为传统文化、淄博地域文化、时政热点和阅读相关四大主题。

2 月 25 日，淄博市公布 2018 年度事业单位绩效考核结果，市图书馆被确定为考核优秀单位。

3 月 2 日，全市首家 24 小时城市书房——万科城市书房（市图书馆万科分馆）开馆仪式举行。作为全市第二家高标准城市书房，万科城市书房首次实现 24 小时开放。

3 月 4 日，市图书馆与市直机关第二幼儿园“文明共建”签约暨“爱柚”志愿服务基地揭牌仪式在市图书馆举行。

3 月 5 日，市图书馆邀请“雷锋班”第 22 任班长、中国雷锋文化博物馆馆长吴锡有同志举办以“携手新时代·共筑中国梦”为主题的专题报告会，追忆雷锋事迹，传承雷锋精神。

3 月 8 日，市文明办、市总工会、市妇联、市文化和旅游局联合举办的“三享读书杯”全市百万妈妈读书活动启动仪式在市图书馆举行。

3 月 11 日，市图书馆为市委机关建设的机关服务点建成开放。这是市图书馆为服务政府机关打造的首个服务点。

3 月 19 日，淄博市图书馆被山东省社科联命名为“山东省社会科学普及教育基地”，市社科联特在市图书馆举行授牌仪式。出席仪式的领导有市委宣传部副部长朱建伟，市社科联主席李建民、副主席司文秀，市文化和旅游局调研员荆茂彬等。

3 月 30 日至 4 月 13 日，市图书馆举办第十届淄博市读书朗诵大赛暨第十四届全省读书朗诵大赛成人组淄博地区选拔赛。本届大赛以“书香为伴，礼赞祖国”为主题，分为儿童组、少年组及成人组。

4 月 2 日，在山东省图书馆、山东省图书馆学会组织开展的 2018 全省市级（副省级）公共图书馆绩效评价考核中淄博市图书馆以优异成绩被表彰为“全省市级（副省级）公共图书馆绩效评价优秀单位”。

4 月 14 日，第十二届淄博市读书节暨第十届淄博市读书朗诵大赛颁奖典礼在市图书馆举行。省委宣传部出版管理处处长刘子文，市委宣传部副部长朱玉友，市文化和旅游局党组书记、局长周茂松及团市委、市总工会、市妇联、淄博日报社等有关单位领导参加。本届读书节期间市图书馆推出十余项主题、百余场读书及阅读推广活动。

4 月 20 日，淄博市文化和旅游局在重庆市石柱县文化馆召开“淄博——石柱公共文化业务交流座谈会”。刘玉湘代表淄博市图书馆向石柱县图书馆捐赠 600 册图书，价值近 2 万元。

4 月 20 日至 21 日，市图书馆举办第四届换书大集活动。本届换书大集以“分享阅读 交换快乐”为主题，交流图书 800 余册，参与读者 1100 余人次。

4 月 21 日，市图书馆和汉思塔国际私立美校联合主办的“彩虹杯”淄博市儿童涂色大赛颁奖典礼举行。本次涂色大赛共有 900 多名选手参加了初赛，365 名选手参加复赛。

4 月 24 日，济宁市残联党组书记付洪亮一行

25 人，在市残联党组书记、理事长张亮等陪同下考察淄博市图书馆无障碍设施建设。

4 月 26 日，市图书馆、市摄影家协会联合举办第三届“我读书，我快乐”全国摄影大赛。

4 月 27 日，由市文化和旅游局主办，市图书馆和淄博市鸿磊金石拓片艺术博物馆承办的“齐金臻妙”金石全形拓艺术交流展在市图书馆稷下书院开展。

6 月7 日，市图书馆与市诗词学会联合举办“情系端午，礼赞祖国”诗词吟诵演唱会。

6 月 17 日，市图书馆面向中小学生及家长举办以“古籍保护你我同行”为主题的雕版与活字印刷体验活动。

7 月 1 日，在建党 98 周年纪念日，市图书馆党支部组织全体职工参观市档案馆“淄博历史展览”，组织全体党员举行重温入党誓词活动。

7 月 4 日，市图书馆获“2017—2018 年全省图书馆文献资源共建共享先进集体”称号，采编部副主任张娟获先进个人称号。

7 月 11 日，市图书馆举行“齐文化数据库建设专家座谈会”，邀请市内部分齐文化专家就建设齐文化数据库提供建议和意见。

7 月 18 日，市图书馆在“尼山书院”举办“别有天地”清华大学美术学院绘画系写生作品展。

7 月 20 日，淄博市图书馆首辆图书流动服务车投入使用。该服务车可容纳图书 3000 多册，与市图书馆及各城市书房实现通借通还，每天定期停靠各服务点。至此，市图书馆在主城区基本建成以总馆为中心、城市书房为分馆、图书流动服务车为补充的总分馆服务网络。

7 月 26 日，全市公共文化服务业务培训班学员 100 余人到市图书馆参观考察。

8 月 14 日，市图书馆举办民间收藏古籍、碑帖鉴定活动，并邀请山东大学儒学高等研究院刘心明教授做“碑帖源流”专题知识讲座。

8 月 16 日，淄博市图书馆理事会 2019 年上半年工作会议在市图书馆召开，市文化和旅游局党组副书记张振香及理事会全体理事参加。馆长、副理事长刘玉湘做市图书馆上半年工作总结及下半年工作重点报告，党支部书记姜艳平做修改《淄博市图书馆章程》的报告。会议宣布市文化和旅游局决定，任命张振香为淄博市图书馆理事会理事长。

8 月 24 日，市图书馆承办的“风雅存诗意 · 古韵有新声”第二届山东省少儿诗词诵读大赛淄博赛区（济南、淄博、潍坊、泰安、滨州、德州、东营、聊城八市）决赛在市图书馆报告厅举行。

9 月 19 日，由市图书馆与市公安局联合建设的“书香警苑（市图书馆市公安局分馆）”启用仪式在市公安局举行。市政府副市长、市公安局局长申延军，市总工会常务副主席陆汉明，市文化和旅游局党组副书记张振香等出席仪式。

市图书馆党支部召开“不忘初心，牢记使命”主题教育工作会议。

10 月 29 日，《山东省县（市、区）级公共图书馆绩效评价标准》座谈会在淄博市图书馆召开。山东省图书馆副馆长周玉山、业务辅导部主任陶嘉今及全省部分市、区县图书馆馆长与会。

11 月 21 日，市政协副主席董学武及农业委员会主任李玲等一行到市图书馆调研。

11 月 26 日至 29 日，由山东省图书馆、山东省图书馆学会主办的“全省公共数字文化服务暨馆长履职与创新能力培训班”在淄博举办，山东省图书馆馆长刘显世，淄博市文化和旅游局党组书记、局长周茂松出席开班仪式。

12 月 2 日，市图书馆举办“全民读书月”系列活动。

12 月 15 日，市图书馆联合云泰商业集团、淄博鼎之力餐饮有限公司建设的云泰城市书房（市图书馆银泰城分馆）正式启用。

12 月 28 日，市图书馆举办 2019 年度优秀志愿者表彰暨迎新年联谊会。

12 月 30 日，由淄博市图书馆、山东理工大学美术学院联合举办的“稷下丹青——山东理工大学美术学院教师作品展”在市图书馆稷下书院开幕。

12 月 31 日，淄博市图书馆学会 2019 年年会在市图书馆召开。

2020 年

1 月 11 日，市图书馆召开 2019 年度优秀读者表彰及座谈会。

1 月 17 日，市图书馆举办 2020 年迎新春职工联欢会。

1 月 19 日，首届淄博市青少年读书故事会暨第二届全省青少年读书故事会淄博地区选拔赛举办。

1 月 21 日，三享之光城市书房暨淄博市图书馆经开区分馆开馆仪式举行。市委常委、宣传部部长毕荣青，市经开区管委会主任张承友，市文化和旅游局党组书记、局长周茂松参加仪式。三享之光城市书房（市图书馆经开区分馆）为市图书馆与山东聚米集团联合打造。

1 月 23 日，市图书馆被省人社厅和省文化和旅游厅表彰为“山东省文化和旅游系统先进集体”。同日，市文化和旅游局召开新型冠状病毒肺炎疫情防控紧急会议，传达市相关会议精神。根据市局要求，市图书馆紧急成立防控领导小组，馆长刘玉湘任组长，班子成员为组员，开始对进馆读者实施体温测控。

1 月 25 日，按照省、市疫情防控精神，市图书馆今日起闭馆。闭馆范围包括市图书馆总馆（含 24 小时自助借阅区）及下属各分馆（城市书房）。闭馆期间线下活动一律取消，“淄博市民学习中心”等线上服务正常开展。

3 月 5 日，市图书馆开展支援新冠肺炎疫情防控爱心捐款活动，全馆职工共捐款 27000 元。

3 月 7 日，第二届全省青少年读书故事会决赛在线上举行，市图书馆推荐选手获四个一等奖，市图书馆荣获优秀组织奖。

3 月 11 日，市委宣传部、市文化和旅游局下发《关于在全市范围内征集地方文献的通知》，市图书馆发布在全市范围内征集地方文献及全市抗击新冠肺炎疫情资料的公告。

3 月 23 日，根据省、市新冠肺炎疫情防控精神，市图书馆有序恢复开放。

3 月 26 日，淄博市原山林场向市图书馆捐赠一批珍贵地方文献。

4 月 2 日，淄博市图书馆被中国图书馆学会评定为“2019 阅读推广星级单位”。

4 月 3 日，市图书馆被市委、市政府表彰为“担当作为、狠抓落实”先进集体。

4 月 13 日，市图书馆“书香淄博”建设馆员论坛正式开讲。

4 月 22 日，“书香淄博·第十三届淄博市读书节作家新书见面会暨捐赠仪式”在市图书馆举行。市委宣传部四级调研员李成刚，市文联主席王东宏，淄博日报社党委书记、社长潘海涛，市文化和旅游局党组副书记张振香，齐文化研究院院长毕雪峰，市图书馆馆长刘玉湘及全市作家代表参加。

4 月 23 日，第十三届淄博市读书节启动仪式在市图书馆举行。市委常委、宣传部部长毕荣青，市政府副市长盖卫星以及团市委、市妇联、市文化和旅游局等部门主要领导参加。本届读书节以“书香淄博·全民阅读”为主题，全市联动，是历届读书节规模最大的一届。

5 月 7 日，淄博市疾病预防控制中心与市图书馆开展书香共建活动并捐赠图书。

5 月 26 日，市图书馆举行社科普及周系列活动。

5 月 30 日，天鸿万象城市书房（市图书馆体育场街道分馆）开馆仪式举行。市文化和旅游局党组书记、局长周茂松，党组副书记张振香，张店区政府副区长王旭，张店区文化和旅游局局长文士利以及体育场街道党工委领导参加。该书房由市图书馆与张店区体育场街道、山东天鸿大成置业有限公司联合建设。

6 月 5 日，东营市文化和旅游局系统职工 30 余人到淄博市图书馆参观考察，重点了解数字图书馆建设。同日，市机要保密局职工 20 余人在局长于国防带领下到市图书馆参观交流，市图书馆专题举办了数字资源利用知识讲座。

6 月 22 日，市图书馆党支部组织全体在职党员前往“一马三司令”的故乡周村区北旺村马耀南烈士故居参观学习。

6 月 25 日，市图书馆举办“我们的节日 · 端午节” 经典诗词诵读会。

6 月 29 日，市图书馆交警支队服务点正式启用。

7 月 10 日，淄博市文化和旅游局与杭州城市学研究中心在杭州签订长期战略合作协议。根据协议要求以及市委主要领导批示精神，淄博在杭州城市学图书馆内建设“淄博书房”一处，由淄博市图书馆提供本地地方文献。市图书馆经过广泛征集，为杭州“淄博书房”提供优质地方文献 600 多种 1200 多册。

7 月 30 日，市图书馆荣获 2019 全省公共图书馆绩效评价“优秀单位”称号。

8 月 8 日至 23 日，由市图书馆承办的第二届山东少年马拉松阅读大赛淄博赛区比赛开赛。

8 月 12 日，“淄博市——石柱县东西部扶贫协作文化旅游工作座谈会创业暨致富带头人培训班”在重庆市石柱县举行，淄博市图书馆向石柱县图书馆捐赠优质图书 2000 册。

8 月 24 日，泰安市文化和旅游局局长苏雪峰一行 13 人在淄博市文化和旅游局党组副书记张振香、公共服务科科长牟永波陪同下参观淄博市图书馆。

9 月 18 日，山东省无障碍环境创建工作验收组在淄博市残联领导陪同下，到淄博市图书馆检查指导工作。

11 月 11 日，市文化和旅游局组织的“市民代表看文化新风貌”活动走进市图书馆。市民代表由人大代表、政协委员、企业代表、社区工作人员代表、村民代表等 60 余人组成。

11 月 12 日，市妇联党组书记、主席于康梅一行到市图书馆调研“十三五”妇女儿童规划落实情况。

11 月 27 日，人民公园城市书房（市图书馆人民公园分馆）开馆仪式举行。市人大常委会副主任王树槐、市委宣传部副部长荣先锋、市文化和旅游局党组副书记张振香及市城管局、市城管服务中心有关领导参加。该书房由市图书馆、市城管服务中心及绿丝带公益组织联合建设。

12 月 24 日，“淄博地方文献精品展暨淄博优秀文学作品展”开幕。本届展览由市委宣传部主办、市图书馆与市作协联合承办，以“倡导全民阅读，共建书香淄博”为主题。

12 月 26 日，“淄博市图书馆新馆开放五周年工作总结暨表彰大会”在市图书馆举行。山东省图书馆馆长刘显世，淄博市文化和旅游局党组书记、局长周茂松参加。

12 月 30 日，山东省精神文明建设委员会发布《关于命名表彰省级文明村镇、文明单位、文明社区、文明家庭、文明校园的决定》，淄博市图书馆被授予“省级文明单位”称号。

11 月 18 日，淄博市图书馆获“山东省三八红旗集体”荣誉称号。

2021 年

1 月 7 日，市疾控中心党委书记王辉、工会主席刘伟一行代表市疾控中心向市图书馆捐赠《淄博疾控战役记》（上、下），党支部书记姜艳平代表市图书馆接受捐书。

1 月 13 日，凯悦城市书房（市图书馆黄金苑社区分馆）在凯悦黄金国际店正式开馆。

1 月 18 日，市图书馆党支部组织开展“强化理论武装争做学习达人”主题党日活动，通报表扬“‘学习强国’学习标兵”和 2020 年度“‘学习强国’学习之星”。

1 月 23 日至 28 日，“淄博地方文献精品展暨淄博优秀文艺作品展”在淄博市第十五届人民代表大会第六次会议现场成功举办。

2 月 4 日，新华书店城市书房（市图书馆新华书店分馆）在市新华书店中心书城举行开馆仪式。

2 月 16 日，新任市委常委、宣传部部长李新胜到馆调研，市委宣传部副部长荣先锋，市文化和旅游局党组书记、局长周茂松陪同调研。

3 月 17 日，市图书馆“党建云”平台正式上线。

3 月 26 日，市图书馆在 2020 年度全省公共图书馆绩效考核中再次蝉联优秀等次。

4 月 1 日，“王春荣聊斋诗意画展”在市图书馆稷下书院展出。

4 月 10 日至 17 日，市图书馆举办第十二届淄博市读书朗诵大赛。

4 月 23 日，第十四届淄博市读书节暨“百人千场”红色故事进社区活动正式启动。本届读书节市图书馆推出 80 多场阅读活动。

5 月 24 日，市图书馆“传承红色基因 弘扬先烈精神”党史学习教育“微党课”首次开讲。

5 月 26 日，由市文化和旅游局主办、市图书馆承办的第六届淄博市公共图书馆业务竞赛暨颁奖仪式在市图书馆举行。

5 月 28 日，在省文化和旅游厅主办，省图书馆、各市文化和旅游局承办的“颂红色经典，庆百年华诞”第十六届全省读书朗诵大赛家庭组比赛中，淄博选手吴晓莉、吴俊毅获一等奖；芦子卓、董雪梅获二等奖；王斯问、王靖获三等奖。

5 月 30 日，在省图书馆、省图书馆学会联合主办的“悦读齐鲁 ‘绘’就未来”全省首届中外绘本故事讲读大赛中，淄博选手于冉冉等 3 人合作参赛作品获一等奖，位金枝获二等奖，张悦等 6 人获得三等奖，孟继娟等 20 人获得优秀奖；市图书馆荣获先进集体。

5 月 31 日，市图书馆领导班子调整，姜艳平任馆长。

6 月 3 日，市图书馆藏明万历二十八年（1600）刻本《余学士集》、清赵执信稿本《赵庄田宅文契账目》分别入选和入围“山东省古籍普查十大新发现”，是全省唯一一家有 2 部古籍入选入围的收藏单位。

6 月 8 日，市图书馆与市退役军人服务中心、张店区退役军人服务中心共同举办“老兵永远跟党走”宣讲党史故事活动启动仪式。

6 月 22 日，市诗词学会、市图书馆举办庆祝中国共产党成立 100 周年文艺展演。

6 月 25 日，在中国盲文图书馆举办的“时刻听党话 永远跟党走”视障读者红色经典诵读比赛中，市图书馆选送的付欣冉、王美涵、张昊宸、张可欣、张玉芳获优秀奖，刘宝侠、王淑芸、张爱静获优秀指导老师奖，市图书馆获优秀组织奖。

6 月 30 日，市图书馆党支部被市委表彰为“淄博市先进基层党组织”。

7 月 9 日，市图书馆与新东升置业联合建设的福园城市书房（市图书馆福园分馆）试运行；市图书馆援建淄博经济开发区沣水镇张二村“党建驿站”，向该村捐赠价值 1.5 万元的优质图书 400 余册，张二村党支部书记刘光文向市图书馆捐赠《张赵村志》。

7 月 14 日，淄博六中副校长聂廷生与政协淄博市周村区委员会文史委主任马润凯向市图书馆捐赠《周村进士》一书。

7 月 15 日，市图书馆举办第三届淄博市少儿诗词诵读大赛。

7 月 18 日，市图书馆与市文联、市音乐家协会古琴专业委员会共同举办庆祝中国共产党建党100周年“琴咏春秋”古琴音乐会演出。

7月20日，市文化和旅游局党组书记、局长李晓红，党组副书记张振香一行到市图书馆调研工作，并召开座谈会。

7月21日至23日，“全省公共图书馆规范化建设推广项目”在淄博市举办。省图书馆副馆长周玉山、研究辅导部主任陶嘉今，以及来自全省各地市、县（区）公共图书馆馆长和业务骨干共100余人参加会议。市文化和旅游局党组副书记张振香致辞，北京大学信息管理系副教授张广钦授课。

7月22日，山东轻工职业学院副院长李玉红、图书馆馆长马雪梅一行5人来市图书馆参观调研。

7月23日，市图书馆举办第一届淄博市“我最喜爱的一本书”中小学生征文比赛。

7月29日，市图书馆举办馆藏红色革命文献展，展出具有稀缺性、代表性的馆藏红色文献105种150余册。

7月30日，市图书馆召开庆“八一”退役军人座谈会。

8月9日，市文化和旅游局党组书记、局长李晓红带队实地调研城市书房建设。

8月24日，市图书馆举办第三届淄博市少儿诗词诵读大赛暨第四届全省少儿诗词诵读大赛淄博地区选拔赛。

8月，北京师范大学（珠海分校）淄博籍学生丁钰玮用8000元奖学金购置图书100余册捐赠紫园城市书房。

9月1日，市委党史研究院、市文化和旅游局、市图书馆联合组织的“知淄博　爱淄博——党史史志成果走进城市书房”活动在人民公园城市书房启动。

9月7日至8日，全省公共图书馆馆长高级研讨班在日照举办。市图书馆馆长姜艳平应邀做题为《基于绩效评价体系的公共图书馆工作——淄博市图书馆的探索与实践》交流发言。

9月29日，山东省第八届公共图书馆业务竞赛结束，淄博代表队获团体三等奖，吕洁获得图书馆业务知识与规范项目个人三等奖；市文化和旅游局、市图书馆特邀著名历史地理学专家，复旦大学资深教授、中央文史研究馆馆员葛剑雄到文化名城讲坛，做题为《读书之道：在读书中永恒》公益讲座。

10月8日，市人大教科文卫委工作室主任杜春胜、科长丛昕实地调研张店主城区城市书房建设，市文化和旅游局四级调研员赵凌云，市图书馆党支部书记、馆长姜艳平，市文化和旅游局公共服务科科长黄磊陪同调研。

10月19日，市文化和旅游局邀请全市市民代表、政协委员、行业代表、企业代表、志愿服务者、媒体代表等50余人参观市图书馆以及人民公园、紫园、福园三处城市书房，体验现代化公共文化服务设施。

10月24日，在省图书馆、山东教育出版社、鲁网联合主办的“读红色经典　做强国少年”2021第三届山东少年马拉松阅读大赛全省总决赛中，淄博选手宋烨程获一等奖，郑健雅获二等奖，范佳仪、王秉霖、张若溪获三等奖。

11月11日，市图书馆、高新区文教与卫生事业中心、高新区四宝山街道新空间社区联合建设的新空间城市书房试运行。

11月16日，在中国盲文图书馆、中国盲文出版社、中国盲人协会、中国助残志愿者协会共同主办的首届文化助盲志愿服务项目专项赛中，市图书馆报送的“爱心相伴　悦读同行”文化助盲阅读推广工程服务项目获优秀奖，市图书馆获优秀组织奖。

11月19日，市图书馆召开团支部委员会换届选举大会，选举李蕾任新一届团支部书记，左文广任副书记。

11月30日，淄博市图书馆被人社部、文化和旅游部授予“全国文化和旅游系统先进集体”称号。

12月3日，市图书馆“全民读书月”启动，推出百余场（项）阅读推广活动。

12月6日，市图书馆首创推出“齐阅”图书漂流柜。首批10组漂流柜陆续在城市社区、机关办公楼、公交站、市民中心、城市综合体等地投放。

12月9日，市图书馆举办“美丽家园——刘统爱风光摄影展”。

12月14日至16日，“山东省公共文化服务体系建设高质量发展培训班”在淄博市举办。省图书馆、省文化馆及全省各地市文化和旅游系统与会人员到淄博市图书馆现场观摩。

12月16日，淄博市图书馆藏《兵垣四编》《毛诗注疏》等10部古籍入选学习强国平台。

12月22日，天鸿万象城市书房入选2021年山东省“创新阅读空间”。

12月29日，在第四届全省青少年读书故事会比赛中，市图书馆选送的6—9岁组刘桐凝、彭宋洋获金奖；山林婧、王羽晨、孙鑫然、杨智博获银奖；孔歆舒、金泽秀、韩雅淇获铜奖；10—15岁组王陌川获银奖。

12月，市图书馆开展首次专业技术岗位分级竞聘上岗工作。

2022年

1月6日，桓台县政协向市图书馆捐赠《记忆桓台》系列丛书及《桓台县政协志》等6套44册珍贵文献。

1月14日，市图书馆在线上举行2021年度工作总结暨表彰大会，表彰2021年度优秀读者、优秀志愿者、优秀志愿服务团队及优秀阅读推广人。

1月24日，市图书馆举办申会军书画作品捐赠暨荣誉退休仪式。申会军向市图书馆捐赠代表性书画作品20件，市图书馆向其颁发收藏证书，并召开座谈会，赠送荣退纪念品。

1月25日，市文化和旅游局党组书记、局长宋爱香到市图书馆检查指导疫情防控和节日安全工作；市图书馆举办2022迎新春职工联欢会。

1月28日，市政府副市长李俊杰到市图书馆督导检查安全生产和疫情防控工作，市文化和旅游局党组成员、四级调研员丁德翠，市图书馆党支部书记、馆长姜艳平等陪同。

1月，在由省文化和旅游厅主办、省图书馆及省图书馆学会承办的2021年“创新阅读空间”评选活动中，淄博市三家城市书房（书屋）入选，市图书馆天鸿万象城市书房上榜。

在省图书馆与山东沿黄河流域九市图书馆共同举办的“讲好黄河故事，传承优秀文化”线上读书故事会活动中，淄博市选送的选手获读者组一等奖和三等奖，市图书馆馆员分获馆员组一、二、三等奖。

2月25日，市委统战部组织部分优秀党外知识分子、留学人员在市图书馆召开学习贯彻市第十三次党代会和市“两会”精神座谈会。市委统战部副部长、市工商联党组书记吕爱国及参会人员参观市图书馆；市图书馆“书香伴成长”少儿阅读推广活动开启进校园、进班级的第一站，选送60册图书到淄博柳泉中学初一（6）班。

2月28日，市图书馆与张店区第八中学启动“好学之城 齐风传承 馆校共建 青春担当”学雷锋新时代文明实践活动。

2月，市图书馆开展专业技术岗位第二轮分级竞聘上岗工作。

3月5日，市图书馆与张店区华润实验小学开展“童心向党学雷锋 争做最美志愿者”新时代文明实践志愿服务活动。

3月7日，武警淄博支队某部中队指导员王清琳、排长梅笑从等一行三人到市图书馆参观学习并赠送“文化进军营　共建结硕果”锦旗。

3月8日，市图书馆与张店区第八中学“馆校融合文明共建签约暨青少年志愿服务活动基地揭牌仪式”在市图书馆举行，双方共同签署了《馆校融合发展文明共建协议书》。

3月12日，根据张店区委统筹疫情防控和经济运行工作领导小组（指挥部）办公室有关公告，自即日起临时闭馆。4月7日有序恢复开放预约限量入馆。

3月14日，市图书馆发出公告，开展抗击新冠肺炎疫情地方文献征集活动，见证“齐”心抗疫，“淄”强不息。

3月14日至5月底，线上举行“喜迎二十大·奋进新征程”第十三届淄博市读书朗诵大赛暨第十七届全省读书朗诵大赛淄博地区选拔赛。6月，在第十七届全省读书朗诵大赛中，淄博选手获得一等奖1项、二等奖5项、三等奖8项、优胜奖5项。

3月19日至4月2日，市文化和旅游局、市图书馆联合樊登读书淄博运营中心送出3万张线上读书卡，开展阅读增加免“疫”力，“线上听书打卡”共读营挑战活动。

3月，《淄博市图书馆藏书画集》重新整理、补充、修订后，由济南出版社出版。刘玉湘、姜艳平任主编，钱玉龙、丁雷、倪志坚任副主编。

4月16日，第1期齐文化线上小课堂上线，年内共推出50期。

4月23日，第十五届“淄博市读书节”在市图书馆启动。活动分线下启动仪式、线上特别节目直播两个环节。市图书馆推出第十三届淄博市读书朗诵大赛、“齐阅·城市领读者”全民阅读推广计划、“书中淄味——淄博人聊淄博书”系列讲座等200余场活动。

4月24日，首场“书中淄味——淄博人聊淄博书”云讲座举办，中国作家协会会员、淄博市散文学会会长刘培国授课，并向市图书馆捐赠《吉祥高地》《吃说》《鼓当》《促蛰》《连浆》《豆豉》《锡壶》7部作品。

4月26日至6月底，“淄博市首届少儿原创绘本大赛”以“童心绘祖国 喜迎二十大”为题，由市文化和旅游局主办，市图书馆、市漫画家协会联合承办。共收到500余件参赛作品。

4月，在省文化和旅游厅组织开展的“全省公共图书馆首届全民阅读推广品牌项目”和“全省公共图书馆首届全民阅读推广人”评选活动中，淄博市图书馆“文明共携手　书香润淄博”知识资源“五进”阅读推广服务活动被评选为山东省公共图书馆首届全民阅读推广品牌项目。

市委办公室、市政府办公室表彰2021年全市提升群众满意度工作表现突出集体和个人，市图书馆获“全市提升群众满意度工作表现突出集体”称号。

5月6日至6月30日，第二届“我最喜爱的一本书”中小学生征文比赛由市文化和旅游局主办，市图书馆、市新华书店承办。

5月10日，市图书馆“文明共携手 书香润淄博”知识资源“五进”阅读推广志愿服务活动走进市公安局。

5月17日，市图书馆党支部与淄博市中心血站第一党支部联合开展结对共建主题党日活动。

5月23日，市图书馆举办副馆长倪志坚荣誉退休仪式。

5月24日，市图书馆与山东理工大学图书馆开展新媒体业务交流活动。

5月26日，市图书馆组织举办共建城市书房服务品质提升座谈会，组织实施聚力服务品质提升“百日攻坚行动”。

5月31日，由市图书馆与张店区科苑街道联合建设的城中社区城市书房（市图书馆城中分馆）开馆。

5月，在第34个“图书馆服务宣传周”期间，市图书馆通过线上线下相结合的方式，组织举办首届少儿原创绘本大赛、第二届淄博市“我最喜爱的一本书”少儿征文比赛等51项活动。

6月9日，新城王氏文化研究会、新城王氏第九次续谱委员会向市图书馆捐赠《新城王氏世谱》（2021续修本）四函三十六册。

6月18日，市图书馆到党员“双报到”社区开展“我为群众办实事·走千村进万户”大走访大排查大提升活动。

6月20日，2022年山东省暨淄博市第十九届社会科学普及周开幕式在市图书馆举行。省社科联党组书记、副主席刘致福出席并讲话；市委常委、宣传部部长雷霞致辞。“山东省暨淄博市社科普及图片巡展”同日开展。

6月22日，淄博职业学院稷下研究院院长张森一行向市图书馆捐赠《稷下茶座》（第一辑60册）。

6月24日，“说说五音戏”——国家级非遗五音戏传承人霍俊萍艺术讲座在市图书馆报告厅举办。省人大常委、民盟省委专职副主委王睿等民盟省委领导，市委组织部副部长、市委老干部局局长刘伟，民盟市委主委、市政协外事委主任李玲，市文联党组书记、主席刘晓明，市文化和旅游局党组书记、局长宋爱香，市侨联主席江贵军，市民盟一级调研员林红霞等出席活动。

6月30日，市图书馆举办城市书房管理员培训班，来自市图书馆直属10家城市书房的20名管理员参加了培训。

7月8日，2022年山东省公共图书馆馆长联席会暨基层图书馆工作现场会在潍坊召开，市图书馆馆长姜艳平做题为《聚力建设以人为中心的高品质图书馆》创新工作经验交流。

7月9日，全市首家“淄图驿站·青荷书屋”揭牌。“淄图驿站”采取政府主导，积极吸纳社会力量参与的建设方针，由市图书馆负责配送图书并进行业务指导，由社会力量提供馆舍、设备，并负责管理运营。

7月12日，泰安市文化艺术中心副主任兼市图书馆党支部书记、馆长闫晨，副馆长张梅、马仁勇及中层干部18人来市图书馆开展业务工作对口交流活动。

7月19日，2022年淄博市公共图书馆馆长联席会在市图书馆召开。会上，市、区县图书馆共同签署“淄博市公共图书馆阅读推广联盟”“淄博市公共图书馆文化助盲联盟”协议。

7月20日，“山东手造·齐品淄博”走进公共阅读空间首场公益活动——手工刻瓷DIY在市图书馆稷下书院（尼山书院）举办。邀请中国民间工艺美术家、山东省民间手工艺制作大师、淄博瓷器雕刻艺术代表性传承人齐征现场授课。

7月23日，由市文化和旅游局主办，市图书馆、市书法家协会承办的“清风入怀——赵长刚扇面作品展”开幕并召开座谈会。国家一级美术师、中国书协草书专业委员会委员、山东画院山东书法院常务副院长、淄博市书法家协会主席赵长刚向市图书馆捐赠“读书是福”书法作品。

7月25日，市图书馆与市委党史研究院举行“淄博党史史志文献专架”启动仪式，在地方文献室设立党史史志文献专架。

7月28日，市图书馆召开2022年度庆“八一”建军节退役军人及现役军人家属座谈会。

7月至8月，市图书馆组织举办“风雅存诗意·古韵有新声”第四届淄博市少儿诗词诵读大赛暨第五届全省少儿诗词诵读大赛淄博地区选拔赛。

7月10日至9月16日，市图书馆举办第三届淄博市“书香小大使”视频征集大赛，评选出一等奖1名，二等奖3名，三等奖、优秀奖各10名。

8月8日，山东省公共图书馆评估定级督导组成员、省图书馆党委副书记、副馆长李西宁，省图书馆研究辅导部主任陶嘉今，济宁市图书馆党委书记、馆长纪文杰一行对博山区图书馆、高青县图书馆评估定级准备工作进行实地检查督导。

8月10日，潍坊市文化和旅游局党组成员、副局长苗庆安一行9人到淄博参观考察城市书房建设。

8 月 16 日，市图书馆与淄博职业学院联合举办“瞻仰不朽丰碑——纪念焦裕禄同志诞辰 100 周年精品文献展”。

8 月 17 日，在省文化和旅游厅主办、省图书馆承办的“风雅存诗意・古韵有新声”第五届全省少儿诗词诵读大赛中，淄博选手刘春垚、于亦敏《桃花源记》和吴俊毅《短歌行》分获亲子组和初中组一等奖；另外 4 组作品分获初中组二等奖、三等奖和优秀奖；市图书馆获优秀组织奖。

全市公共图书馆迎接第七次全国公共图书馆评估定级工作推进会在市图书馆召开。市、区县文化和旅游局分管局长、图书馆长及各图书馆负责评估定级工作骨干力量 40 余人参加会议。

8 月 21 日，在省图书馆、山东教育出版社、鲁网・泰山财经联合主办的“红船载初心　阅读启新程——2022 第四届山东少年马拉松阅读大赛”总决赛中，淄博选手孙业章获得全省第一名，共 4 位选手分别获得一、二、三等奖。

8 月 24 日，市图书馆党支部与市司法局机关第二党支部、山东长城长律师事务所党支部联合开展“弘扬焦裕禄精神 喜迎党的二十大”主题党日活动。

8 月 31 日，全国文化和旅游系统先进集体、先进工作者和劳动模范表彰大会在北京举行，231 个先进集体、401 名先进工作者、95 名劳动模范受表彰。淄博市图书馆被表彰为“全国文化和旅游系统先进集体”。

9 月 15 日，2022 年首期“淄博文化名城讲坛”特邀山东泰山文化和旅游规划院院长常德军以《新时代背景下淄博旅游产业如何提档升级》为题开展线上专题讲座。

9 月 25 日至 27 日，全市中青年党外知识分子代表人士培训班在市图书馆报告厅举办，市图书馆荣获“党外知识分子实践创新基地”称号，党支部书记、馆长姜艳平代表市图书馆作为优秀基地代表发言。

9 月，在山东省第二届全省绘本故事讲读大赛中，市图书馆推荐的选手获一、二、三等奖，市图书馆荣获“团体贡献奖”。

市图书馆线上线下陆续推出纪念焦裕禄诞辰 100 周年系列活动，包括焦裕禄影视作品图片展、事迹绘画作品介绍等。

10 月 1 日，市图书馆与山东钟书文化传播有限公司合作建设的海岱楼・钟书阁城市书房启幕运行。

10 月 9 日，市图书馆“文明共携手 书香润淄博”知识资源“五进”活动走进淄博市总工会。

10 月 10 日，“俺是山东娃”乡土文化教育系列活动走进淄博市柳泉中学。

10 月 12 日，《淄博市图书馆志（2013—2022）》续修工作启动，召开专题培训会。邀请原淄博市地方史志办公室副主任，山东省史志系统修志业务专家咨询组成员，资深地方史志专家、地域文化学者郭能勇进行馆志编纂专题培训。市图书馆原馆长刘玉湘就《淄博市图书馆志（2013—2022）》续修目录框架制定、修改过程以及编写注意事项和编纂要求进行详细说明。

10 月 13 日，首次淄博市公共图书馆文化助盲联盟线上业务培训举行，邀请浙江图书馆副研究馆员方洁就“视障文化服务浅析及案例分析”进行专题辅导，市图书馆与各区县公共图书馆约 40 名工作人员参加培训。

10 月 15 日，首期淄博市“齐阅・城市领读者”读书会线下活动在张店城中社区城市书房举行，特邀市朗诵协会副主席赵亮领读《康震讲苏东坡》《齐文化简明读本》。

10 月 16 日，市图书馆党支部组织全体干部职工认真收听收看党的二十大开幕会。

10 月 19 日，“淄博文化名城讲坛”第二期在线上举办。特邀山东省政协原常委、原山东省机械工业办公室副主任、山东省政府驻上海办事处主任、山东省委党校外聘教授李斌讲授《元宇宙和文创产品开发的理念创新》。

10 月 20 日，由市委宣传部、市文化和旅游局主办，市图书馆及各区县文化和旅游局承办的 2022 年“淄博市读书月”启动仪式举行。市图书馆组织优秀阅读推广人成立全市“城市领读者专家团”，打造“齐阅·城市领读者”全民阅读推广活动品牌。

第二期淄博市“齐阅·城市领读者”读书会活动在海岱楼·钟书阁城市书房举办，山东理工大学文学院副院长、文学博士、文学评论家翟羽佳领读经典名作《平凡的世界》。

10 月 26 日，淄川区水峪、宝泉周氏族人第三次续修的《周氏族谱》入藏市图书馆。

11 月 1 日，MEMS 城市书房（市图书馆高新区 MEMS 分馆）开馆运行。MEMS 城市书房由市图书馆、淄博高新技术产业开发区民政和文旅事业中心、淄博高新区技术产业开发区智能制造产业发展中心三方联合打造。

11 月 6 日，“山东手造·齐品淄博”走进公共阅读空间，“纸境·王继红聊斋故事剪纸作品展”在市图书馆稷下书院（尼山书院）开展。

11 月 14 日，市图书馆与市齐丰幼儿园举行“文明共建”签约暨“毛毛虫”志愿服务基地揭牌仪式。

11 月 17 日，市图书馆与市齐文幼儿园举行“文明共建”签约暨“小云雀”志愿服务基地揭牌仪式。

11 月中旬，市图书馆“打造全方位一体化服务的智慧图书馆案例”成功入选省大数据局举办的“2022 年新型智慧城市优秀案例扩面打榜活动”第二期上榜案例。

11 月 22 日，周村区政协向市图书馆捐赠《周村乡村记忆》《百年商埠·周村》《周村祥字号》等五种珍贵地方文献。

11 月，山东省文化和旅游厅发布《关于公布 2022 年度山东省“最美城市书房”“最美乡村书房”的通知》，淄博市 2 家城市书房入选山东省“最美城市书房”，市图书馆人民公园城市书房上榜。

线上线下推出深入学习贯彻党的二十大精神图文展。

《淄博市图书馆藏古籍目录暨珍贵古籍图录》由中华书局正式出版发行。

12 月 1 日，市图书馆举办全民读书月活动，推出第四届全市青少年读书故事会、第四届“少儿微书评大赛”等近百场（次）活动。

12 月 2 日，“文明共携手 书香润淄博”知识资源“五进”活动走进张店区齐悦实验小学，举办“一路书香一路爱”图书捐赠仪式，并开展送知识资源进校园线上直播活动。

12 月 13 日，省文化和旅游厅召开“2022 年度山东省古籍保护工作会议暨古籍保护线上培训班”，市图书馆馆长姜艳平以《多维度、立体化推进淄博古籍保护工作的实践和探索》为题作经验交流。市图书馆被评为“2021 年度山东省古籍保护工作突出贡献单位”，饶克俭被评为“2021 年度山东省古籍保护工作突出贡献个人”。

第一编

建制

第一章　机构与人员

第一节　领导班子成员

淄博市图书馆自 1988 年被确定为副县级事业单位，至 2022 年年底无变化。馆长、党支部书记为副县级干部，由市委组织部任免；副馆长为正科级干部，由市文化广电新闻出版局党委（2018 年年底改制为市文化和旅游局，设党组）任免。

一、行政负责人

馆　长　刘玉湘（2006.9—2021.5）
　　　　姜艳平（2021.5—）
副馆长　丁　雷（2006.6—）
　　　　倪志坚（2008.4—2021.3）
　　　　马光舜（2010.1—2011.8）
　　　　钱玉龙（2010.6—）
　　　　李方才（2011.11—2013.11）
　　　　狄加全（2022.7—）

二、党组织负责人

书　记　姜艳平（2011.7—）
副书记　刘玉湘（2006.9—2021.5）

第二节　机构设置及负责人

一、机构设置

2014 年 4 月，市机构编制委员会下发《关于精简市直有关部门和事业单位编制的通知》，精简编制数 4 个，市图书馆编制数被压缩为 56 个。

2016 年 4 月，市机构编制委员会办公室批复市文化广电新闻出版局《关于调整淄博市图书馆内设机构设置的批复》，同意将市图书馆信息资料部更名为特藏文献部（挂淄博市古籍保护中心牌子），儿童部更名为少儿部（挂淄博市少儿图书馆牌子），辅导电教部更名为辅导研究部，阅览部更名为报刊阅览部。同时，将社会科学部、科技部合并为图书借阅部，设置信息技术部（挂全国文化信息资源共享工程淄博市支中心牌子）；撤销保卫科，设置阅读推广部、读者服务部，均为市图书馆内设机构。

2022 年 12 月底，市图书馆共有 56 人，根据工作需要共设有 11 个科级部室，包括辅导研究部、采编部、图书借阅部、报刊阅览部、少儿部、特藏文献部、信息技术部、阅读推广部、读者服务部、办公室、财务科(内设科室,由办公室负责人兼任)。

二、市图书馆中层干部任职情况

至 2012 年 12 月底，市图书馆根据工作需要共设 10 个科级部室，每个部室设 1 正 1 副或 1 正

2 副职务。中层干部任职情况见下表。

2012 年 12 月—2022 年 12 月中层干部任职情况表

部门	职务	姓名	任职时间	备注
采编部	主任	谭巍	2009.3—	
	副主任	张娟	2009.3—	
外借部	主任	杨长新	2009.3—	2016.4 更名为图书借阅部
	副主任	赵美	2009.3—2019.7	2016.4 内部调整至少儿部主持工作
		张静	2009.3—2015.12	2016.4 更名为图书借阅部
		刘浩	2019.9—	
阅览部	主任	姚秀穗	2019.7—	2016.4 更名为报刊阅览部
	副主任	姚秀穗	2009.3—2019.7	2012.7—2019.7 主持工作
		丁建波	2019.9—	2016.4 更名为报刊阅览部
信息资料部	主任	饶克俭	2009.3—	2016.4 更名为特藏文献部
	副主任	王长鸣	2009.3—	
技术部	主任	朱桂红	2009.3—	2016.4 更名为信息技术部
	副主任	孙凤	2009.3—2019.7	2015.12 内部调整至读者服务部主持工作
		吕春燕	2019.9—	2016.4 更名为信息技术部
少儿部	主任	辛莉	2012.1—	2016.4 内部调整至阅读推广部任主任
		赵美	2019.7—	2016.4—2019.7 主持工作
	副主任	黄静	2009.3—	
辅导研究部	主任	孟芳	2009.3—	
	副主任	余冬青	2010.4—	
保卫科	科长	李雷	2009.3—	2016.4 撤销
	副科长	高云喜	2009.3—	
办公室	主任	杨晓铃	2001.7—2012.1	
		龚立军	2019.7—	
	副主任	龚立军	2012.1—2019.7	主持工作
		王晓青	2012.1—	
		张文涛	2019.9—	
阅读推广部	主任	辛莉	2016.4—	2016.4 新成立部门
	副主任	陈雪	2019.9—	
读者服务部	主任	孙凤	2019.7—	2015.12—2019.7 主持工作
	副主任	廉冰	2019.9—	2016.4 新成立部门

第三节　人员

一、人员编制

市图书馆原有编制60人，2014年4月，市机构编制委员会下发《关于精简市直有关部门和事业单位编制的通知》，市图书馆精简编制数4个，编制数缩为56人。

2013年，有工作人员53人，男26人，女27人。

2014年，有工作人员54人，男26人，女28人。

2015年，有工作人员56人，男27人，女29人。

2016年，有工作人员53人，男26人，女27人。

2017年，有工作人员55人，男26人，女29人。

2018年，有工作人员55人，男26人，女29人。

2019年，有工作人员54人，男25人，女29人。

2020年，有工作人员57人，男26人，女31人。

2021年，有工作人员59人，男26人，女33人。

2022年，有工作人员56人，男22人，女34人。

二、工作人员

据现存档案及有关资料统计，自1975年1月至2022年12月，先后有74名正式员工在市图书馆工作。本名录前的序号依据自1953年建馆后进馆工作时间先后编制，2022年12月31日以前退休人员未统计在内。在馆工作时间指在职时间，退休后不计。职务只列在本馆工作时间内担任的主要职务。

淄博市图书馆工作人员名录

序号	姓名	性别	在馆工作时间	党政职务
47	王　博	男	1975.12—2019.6	
54	刘国荣	女	1977.5—2013.9	
60	陈立文	男	1980.1—2013.3	服务部组长
62	王建鲁	女	1981.1—2013.11	采编部副主任
68	饶克俭	女	1982.10—	特藏文献部主任
76	李方才	男	1985.7—2022.6	副馆长
77	赵玉虎	男	1985.8—2022.4	科技部主任助理
82	王维运	男	1986.6—2015.2	副馆长
83	毛石林	男	1987.2—2014.11	办公室主任
91	张鸣凤	女	1987.7—2014.1	工会副主席
92	倪志坚	男	1988.3—2022.3	副馆长
94	余冬青	女	1988.5—	阅览部主任
98	孟　芳	女	1988.7—	辅导研究部主任
102	赵水红	女	1989.4—2013.3	
103	辛　莉	女	1989.3—	阅读推广部主任

续表

序号	姓名	性别	在馆工作时间	党政职务
104	申会军	男	1989.3—2022.1	
109	姜艳平	女	1990.8—1994 2000.4—	党支部书记、馆长
110	丁 雷	女	1990.8—	副馆长
111	朱桂红	女	1990.7—	信息技术部主任
115	杨晓铃	女	1991.4—2016.7	办公室主任
117	李 雷	男	1991.8—	保卫科科长
118	黄 静	女	1991.8—	少儿部副主任
120	谭 巍	女	1991.11—	采编部主任
121	王晓青	男	1992.1—	办公室副主任
122	杨长新	男	1992.7—	图书借阅部主任
123	刘召军	男	1992.9—2022.6	
125	高云喜	男	1993.8—	保卫科副科长
127	赵 艳	女	1995.3—	
129	张 宁	男	1996.1—1998.1 2005.5—2016.10	副馆长、党支部副书记
131	张 静	女	1997.9—	外借部副主任
135	董 梅	女	1998.4—	
139	孙 凤	女	2000.8—	读者服务部主任
140	张 娟	女	2002.6—	采编部副主任
141	赵 美	女	2002.9—	少儿部主任
142	姚秀穗	女	2002.9—	报刊阅览部主任
143	孙 镇	男	2002.9—	
147	龚立军	男	2003.12—	办公室主任
148	王长鸣	男	2004.1—	特藏文献部副主任
149	王大海	男	2006.4—	
150	刘玉湘	男	2006.8—	馆长、党支部副书记
151	陈 雪	女	2006.8—	阅读推广部副主任

续表

序号	姓名	性别	在馆工作时间	党政职务
152	张文涛	男	2006.8—	办公室副主任
153	王　冰	男	2006.10—	
154	张笑一	男	2006.10—	
155	廉　冰	女	2006.12—	女工委员会主任、读者服务部副主任
156	丁建波	男	2007.11—	报刊阅览部副主任
157	吕春燕	女	2008.8—	信息技术部副主任
158	狄加全	男	2009.4—2022.4 2022.7—	副馆长
159	赵锡环	女	2009.6—	
160	马光舜	男	2010.2—2022.4	副馆长
161	钱玉龙	男	2010.7—	副馆长、工会主席
162	刘　浩	男	2011.5—	图书借阅部副主任
164	郎爱武	女	2011.10—2016.5	
165	董　娟	女	2012.9—	
166	杨振瑜	女	2013.9—	
167	代秀丽	女	2013.9—	
168	高　宁	女	2013.9—	
169	董　畅	女	2014.9—2020.4	
170	李　蕾	女	2014.9—	团支部书记
171	王　琳	男	2014.9—	
172	刘肖霞	女	2015.9—	
173	王安君	男	2015.9—	
174	左文广	男	2015.9—	团支部副书记
175	温安琪	女	2017.9—	
176	彭钰淇	女	2017.9—	
177	沈兰妮	女	2020.1—	
178	邱　彪	男	2020.1—	
179	吕　洁	女	2020.8—	
180	聂小霞	女	2020.10—	
181	张娇娇	女	2021.6—	
182	赵东旻	女	2021.7—	
183	蒲艾琳	女	2022.6—	
184	崔　哲	男	2022.7—	
185	周栋涛	男	2022.11—	

2022年年底在编工作人员岗位状况一览表

部门	姓名	性别	出生年月	籍贯	学历	入馆时间	专业技术职务	职务
馆领导班子	姜艳平	女	1968.7	山东招远	硕士研究生	2000.4	研究馆员	书记、馆长
	刘玉湘	男	1964.7	山东潍坊	大学	2006.8	研究馆员	副县级干部
	钱玉龙	男	1965.11	山东淄博	大学	2010.7	副研究馆员	副馆长、工会主席
	丁　雷	女	1968.7	山东淄博	大学	1990.8	研究馆员	副馆长
	狄加全	男	1977.6	黑龙江绥滨	大学	2009.4	馆员	副馆长
采编部	谭　巍	女	1971.4	山东潍坊	大专	1991.11	副研究馆员	主任
	张　娟	女	1979.5	山东淄博	大学	2002.6	馆员	副主任
	董　梅	女	1969.1	山东淄博	大专	1998.4	馆员	
	杨振瑜	女	1985.11	山东淄博	硕士研究生	2013.9	馆员	
图书借阅部	杨长新	男	1970.7	山东济南	大学	1992.7	副研究馆员	主任
	刘　浩	男	1987.7	山东泰安	大学	2011.5	助理馆员	副主任
	王大海	男	1980.4	山东淄博	大学	2006.4	馆员	
	赵　艳	女	1975.6	山东淄博	大专	1995.3	馆员	
	孙　镇	男	1983.7	山东淄博	中专	2002.9	助理馆员	
	温安琪	女	1990.7	山东邹城	硕士研究生	2017.9	馆员	
报刊阅览部	姚秀穗	女	1981.11	山东淄博	大学	2002.9	馆员	主任
	丁建波	男	1972.9	山东淄博	大专	2007.11	馆员	副主任
	张笑一	男	1982.8	山东淄博	大学	2006.10	助理馆员	

续表

部门	姓名	性别	出生年月	籍贯	学历	入馆时间	专业技术职务	职务
少儿部	赵　美	女	1979.1	山东淄博	大学	2002.9	馆员	主任
	黄　静	女	1971.4	山东淄博	大学	1991.8	副研究馆员	副主任
	赵锡环	女	1977.9	山东章丘	大学	2009.6	馆员	
	王安君	男	1977.8	山东临沂	硕士研究生	2015.9	馆员	
	沈兰妮	女	1992.12	山东临沂	硕士研究生	2020.1	助理馆员	
	蒲艾琳	女	1994.2	四川南充	硕士研究生	2022.6		
特藏文献部	饶克俭	女	1967.4	安徽阜阳	大学	1982.10	副研究馆员	主任
	王长鸣	男	1981.9	山东淄博	大学	2004.1	馆员	副主任
	李　雷	男	1969.9	山东桓台	大专	1991.8	馆员	
	高　宁	女	1986.10	山东招远	硕士研究生	2013.9	馆员	
信息技术部	朱桂红	女	1970.7	山东茌平	硕士研究生	1990.7	副研究馆员	主任
	吕春燕	女	1982.5	山东淄博	硕士研究生	2008.8	馆员	副主任
	高云喜	男	1965.2	山东淄博	大专	1993.8	馆员	
	张　静	女	1974.8	山东潍坊	大专	1997.9	馆员	
	李　蕾	女	1988.8	山东沂源	硕士研究生	2014.9	馆员	
辅导研究部	孟　芳	女	1967.4	山东淄博	大学	1988.7	副研究馆员	主任
	佘冬青	女	1967.12	河北沧县	硕士研究生	1988.5	副研究馆员	副主任
	董　娟	女	1986.7	山东平度	硕士研究生	2012.9	馆员	
	左文广	男	1991.10	山东沂源	大学	2015.9	馆员	
	崔　哲	男	1996.2	山东桓台	硕士研究生	2022.7		
办公室	龚立军	男	1970.8	山东淄博	大专	2003.12	馆员	主任
	张文涛	男	1982.1	山东淄博	大学	2006.8	馆员	副主任
	代秀丽	女	1986.6	山东沂源	硕士研究生	2013.9	馆员	
	聂小霞	女	1994.11	河北康保	硕士研究生	2020.10	助理馆员	

续表

部门	姓名	性别	出生年月	籍贯	学历	入馆时间	专业技术职务	职务
财务科	王晓青	男	1963.11	山东邹平	大学	1992.1	助理会计师	科长（兼）、办公室副主任
	王 冰	男	1982.4	山东淄博	大学	2006.1	馆员	
	王 琳	男	1990.4	山东滨州	大学	2014.9	中级会计师	
阅读推广部	辛 莉	女	1965.4	山东济南	大学	1989.3	副研究馆员	主任
	陈 雪	女	1982.2	山东淄博	大学	2006.8	副研究馆员	副主任
	彭钰淇	女	1989.11	山东淄博	大学	2017.9	助理馆员	
读者服务部	孙 凤	女	1977.9	山东淄博	大学	2000.8	副研究馆员	主任
	廉 冰	女	1982.12	山东淄博	大学	2006.12	馆员	副主任
	刘肖霞	女	1986.10	山东德州	硕士研究生	2015.9	馆员	
在市文旅局帮助工作	吕 洁	女	1995.4	山东高青	硕士研究生	2020.8	助理馆员	
	邱 彪	男	1990.2	山东淄博	硕士研究生	2020.1	馆员	
	赵东旻	女	1992.7	吉林榆树	硕士研究生	2021.7	馆员	
	张娇娇	女	1993.9	山东德州	硕士研究生	2021.6	助理馆员	
	周栋涛	男	1988.2	四川宜宾	大学	2022.11		

第二章　馆舍 设备 经费

第一节　新馆建设及开放

2010年10月29日，淄博市文化中心工程奠基仪式隆重举行，市委书记刘慧晏、市长周清利及其他市大班子领导出席仪式。淄博市图书馆新馆建设工程同时启动。淄博市文化中心位于联通路以南、华光路以北、北京路西及上海路东，处于张店新区核心地带，总占地面积近35万平方米，总建筑面积20万平方米（含地下）。该项目原规划由四大建筑群组成，即图书档案规划展示中心、公共活动中心、文博展示中心和大剧院。实际建设期间又有调整，公共活动中心及文博展示中心调整为中国陶瓷琉璃博物馆、淄博市文化馆、陶瓷琉璃国艺馆及市总工会职工文化中心。其中图书档案规划展示中心即文化中心D组团最先开工建设，该组团包括市档案馆、市图书馆及市规划展览馆，总建筑面积6.4万平方米，预算投资2.2亿元。自2010年10月奠基，至2013年9月D组团进入建设方、施工方内部验收，标志着该工程基本竣工，即将进入内部装修阶段。市文化中心工程是淄博市有史以来最大的文化工程，市图书馆新馆建设也受到全市人民的关注。2013年5月，淄博日报社、淄博电视台、淄博人民广播电台等新闻媒体联合到新馆工地现场采访，就是为了回应广大市民对于新馆启用时间的重大关切。

市图书馆新馆工程竣工后，尽快实施新馆搬迁，让新馆早日投入使用就成为市图书馆的重要任务。2012年3月，市图书馆经过长期调研、考察，结合新馆的建设定位和目标，编制了总额度5200多万元的新馆搬迁经费预算方案。其中技术设备预算3300万元，主要包括计算机及网络设备、RFID自助借还设备、书架阅览桌椅等图书馆专用家具、视听及音像控制设备、文献数字加工与复制设备、图书防盗设备、图书消毒设备、视障阅览设备及图书流动服务车等。资源建设经费预算900万元，其中文献资源和数字资源建设专项经费500万元，搬迁新馆后年购书专项经费增至400万元（原购书经费每年50万元）。业务运行费用预算400万元，包括基础业务费、延伸服务活动费、网络自动运行费及古籍保护专项经费等。添置图书馆业务自动化管理系统模块，预算100万元。老馆搬迁预算150万元，包括设备拆装、图书上下架打包转运、书架拆装等。从2013年到2014年，市图书馆数次向主管部门提交申请报告，要求尽快实施新馆搬迁。市文广新局也多次向市政府、市财政局提交关于将市图书馆新馆搬迁经费列入财政预算的申请报告。2014年5月，市文广新局副局长李玉福、市图书馆馆长刘玉湘就新馆搬迁问题向市政府分管副市长张庆盈汇报。随后，市图书馆又通过市文广新局向市编办提交要求扩大工作人员编制数额的申请报告。5月底，市图书馆收到市财政部门回复，因为缺乏立项依据，市图书馆新馆搬迁经费无法列入2014年度财政预算。2015年1月，市图书馆馆长刘玉湘向市政府副市长张庆盈做专题汇报工作，汇报内容包括新馆搬迁、业务建设、班子队伍建设、政府投入、存在的困难及问题等。数日后，张庆盈副市长在市政府办公厅副主任赵博等的陪同下，专题到市图书馆调研。2 月，市图书馆按照市财政局要求，压缩搬迁预算方案，决定分两期申请经费，重新编制上报了总额为 2000 万元的首期经费预算方案。4 月，市财政局批复同意市图书馆进行新馆设备招标，第一期招标额度 700 万元。因为次年仍有预算，首期招标额度可上浮 200 万—300 万元。6 月，市图书馆经过论证与规划，编制了《市图书馆新馆设备与家具采购清单》，总额度 1100 万元，报市财政局审核通过，再报市财政局政府采购办公室，陆续开始实施招标采购。首期采购项目主要包括图书、网络中心机房设备、书架及阅览桌椅、多功能厅多媒体设备、自动化设备及书库整合等项目。8 月，市财政局追加新馆专项资金 800 万元，在已经招标 1100 万元的基础上，允许再招标 500 万元。至 9 月中旬，第一轮招标结束，采购的设备及家具陆续到馆开始安装。11 月 9 日，市政府市长周连华、副市长张庆盈视察市图书馆新馆搬迁工程，市文广新局党委书记、局长周茂松，副书记张振香陪同视察，市图书馆馆长刘玉湘汇报相关工作。到 11 月下旬，新馆一至四楼部分功能区设备、家具全部安装完毕，老馆的图书、部分设备也全部整合完毕，具备开放条件。在市文广新局主要领导的要求和部署下，2015 年 12 月 16 日，市图书馆新馆开馆试运行。首批开放的功能区共 7 个，依次是一楼总服务台，二楼少儿借阅区、文学借阅区、综合借阅区、自习室，三楼报刊阅览区、电子阅览室。其他功能区由于工作人员不足和后续设备尚未采购到位，暂不开放。12 月 19 日，市图书馆新馆迎来开放后首个周末，两天共接待读者 3.2 万人次，借阅图书 1.5 万册次，办理新借阅证 3000 多个，出现市图书馆历史上从未有过的读者摩肩接踵、人满为患的局面。

市图书馆开放场景组照

市图书馆开放场景组照

在积极争取市财政支持，解决新馆搬迁专项经费的同时，市图书馆在市文广新局的协调下，多次向市编办提交扩编申请报告。市图书馆新馆开放后，较老馆面积增加了4倍有余，服务窗口由7个增加为20余个，服务时长由原来的每周一上午闭馆、每日中午闭馆改为全年除春节除夕闭馆一天，其他时间全天开放。因此，新馆需要的工作人员也大大增加。按照服务窗口数量和开放时间、服务人群规模，经过测算，市图书馆工作人员需要在原来60个工作人员编制的基础上，增加到120人左右才能满足开放需求。限于政策原因，市编办无法满足市图书馆人员扩编要求。不仅不能扩编，还在原来基础上政策性减编4个。工作人员严重不足，成为市图书馆新馆开放后面临的最大困难。为了缓解这一局面，市文广新局曾组织本系统干部职工充当志愿工作者，每周到市图书馆开展服务。但由于人员不固定，特别是不专业，无法解决实际困难。2016年3月，经过市文广新局的协调和市图书馆的大力争取，市人社局同意将政府购买服务的一批公益岗工作人员交由市图书馆使用。这批工作人员原有25人，实际到位21人，服务合同时限两年。经过市图书馆培训，这批公益岗人员被分配至各服务窗口，暂时缓解了市图书馆工作人员严重不足的状况。此后，市图书馆又陆续开放了低幼阅览区、24小时服务区、视障阅览室、地方文献室、基本书库、少儿培训室及尼山书院（稷下书院）等功能区，使新馆基本实现满负荷开放运行。新馆经过一段时间的试运行，又对个别功能区进行了较大幅度的调整。如原少儿借阅区，位于二楼东部北侧，面积约600平方米。实际开放后，人满为患，特别是周末和节假日，曾创下日接待读者超万人的纪录。为适应开放需求，满足读者对读书学习氛围的要求，市图书馆决定将原少儿借阅区一分为二，分别设立少儿文学借阅区和少儿综合借阅区，使少儿借阅区面积扩大一倍余，基本满足了需求。2016年12月，经市编办批准，市图书馆招聘政府购买服务岗工作人员15人，经费纳入市财政预

算，由市图书馆独立管理、考核，经由第三方人事代理公司签订劳动合同。至 2017 年 8 月，这批政府购买服务岗工作人员陆续招聘到位。同时，作为解决工作人员不足的补充措施，市图书馆大力招聘社会志愿人员到馆进行短期志愿服务工作。几年来，市图书馆在这项工作上投入了很大精力，也取得了显著成效。大量社会志愿者，特别是青少年学生的加入，大大缓解了市图书馆工作人员不足的局面，同时青年学生也得到了社会实践锻炼，增长了才干和知识。至 2017 年，市图书馆新馆各项工作都纳入正规，每年的开放和业务建设都取得良好成绩。

第二节　设备

市图书馆按照业务开展的需求，不定期购置相关设备。2013 年至 2022 年间，因涉及 2015 年新馆建设以及 2018 年开始实施的城市书房建设，为满足中心机房、各开放部室功能拓展以及办公需求等，市图书馆购入了大量设备。

2013 年购置打印机 1 台、服务器 1 台、美国伊顿 UPS 1 台、扫描器 5 台、服务器硬盘 4 个、空调 1 台。

2014 年购置台式电脑 10 台、笔记本电脑 10 台、服务器 4 台、交换机 2 台、存储 1 台、切换器 1 台、空调 1 台、照相机 1 台、少儿触控一体机 1 台。

2015 年购置核心交换机 1 台、备份一体机 1 台、UPS1 台、负载均衡 1 台、防火墙 1 台、无线控制器 1 台、服务器 3 台、磁盘阵列 1 台、光纤交换机 1 台、存储扩容 10 台、交换机扩容 1 台、精密空调 1 台、机房配电柜 1 套、一体机电脑 92 台、POE 交换机 8 台、楼层汇聚交换机 12 台、信息发布显示大屏 1 套、舞台幕布系统 1 套、舞台灯光系统 1 套、舞台音箱系统 1 套、摄像机 1 台、LED 显示屏 1 张、笔记本电脑 1 台、激光投影机 1 台、矩阵切换器 1 台、投影幕布 1 张、电子书借阅机 5 台、自助办证设备 2 台、中央控制柱 1 个、自助借还机 8 台、安全门禁系统 8 套、RFID 馆员工作站 5 个、考勤机 2 个、读者导读机 1 台、触摸屏报刊阅读机 4 台、少儿自助借还机 2 台。

2016 年购置台式电脑 2 台、一体机电脑 33 台、一键式智能阅读器 1 台、远近两用智能电子助视器 1 台、盲文点显器 1 台、3.5 寸手持电子助视器 1 台、一体式开水机 3 台、计算机工作站 1 台、照相机 1 台、户外音响 1 台、激光打印机 1 台、平板电脑 6 个。

2017 年购置投影幕布 3 套、安检机 1 套、门禁 1 套、电脑 12 台、电视柜 1 个、功放 3 台、音箱 8 台、馆员工作站 1 台、听书机 30 台、尼山书院触控电子借阅机 1 台、摄像机 1 台、数字音乐留声机 5 台、投影仪 2 台、硬盘播放器 1 台、云 CD2 台、照相机 1 台、淄博全民阅读触控电子借阅机 1 台、组合音响系统 1 套。

2018 年购置智能听书机 800 台、投影设备 1 台、音箱 1 台、照相机 1 台、监控器材 1 套、电容话筒 4 支。

2019 年购置图书流动服务车 1 辆、浪潮企业级硬盘 4 台、网络出口防火墙 1 台、终端检测与响应平台 1 台、UPS 电源 1 台、RFID 单通道安全门 5 个、自助借还书机 9 台、笔记本电脑 2 台、便携式录播设备 1 套、电脑一体机 12 台、歌德电子书借阅机 7 个、客流计数器 5 台、迷你微型台式工控机 5 台、视频监控及抓拍系统 5 套、室内全彩显示大屏 1 个、视频拼接处理器 1 台、数字留声机 1 台、塔式服务器 1 台、台式电脑 1 台、图书馆客流服务数据显示设备 9 台、图书杀菌机 10 台、云书馆设备 5 台、针式打印机 1 台、直饮机 5 台、智能书写分享系统 1 套。

2020 年购置 LED 显示屏 1 张、RFID 单通道安全门 4 个、自助借还书机 4 台、电脑一体机 6 台、客流计数器 5 台、迷你微型台式工控机 4 台、视频监控及抓拍系统 3 套、图书馆客流服务数据显示设备 8 台、图书杀菌机 3 台、云书馆设备 4 台。

2021 年购置 RFID 单通道安全门 2 个、自助借还书机 2 台、V 型书车 2 个、笔记本电脑 2 台、打印机 2 台、复印机 1 台、高柜书架 1 个、交换机 1 台、客流计数器 1 台、迷你微型台式工控机 2 台、视频监控及抓拍系统 3 套、碎纸机 3 台、台式电脑 6 台、图书馆客流服务数据显示设备 5 台、图书漂流柜 10 个、图书杀菌机 2 台、无线抢答设备 1 套。

2022 年购置直播设备 1 套、存储硬盘 3 块。

第三节　经费

淄博市图书馆为全额财政拨款事业单位，主要收入来源为财政拨款。2013 年至 2022 年经费总计 15307.3 万元，其中基本支出 9798.14 万元，项目支出 5509.16 万元。基本支出主要为人员经费和公用经费；项目支出主要为部门预算项目、综合预算项目、上级转移支付项目，用于图书报刊资源建设、设备家具采购、阅读推广活动等费用支出。

2013—2022 年淄博市图书馆经费统计表

计量单位：万元

年度	总经费	基本支出	项目支出
2013	612.20	512.20	100.00
2014	730.84	550.14	180.70
2015	1726.40	788.26	938.14
2016	1367.49	761.28	606.21
2017	1820.60	997.68	822.92
2018	1668.05	1048.46	619.59
2019	2366.22	1191.60	1174.62
2020	1831.92	1204.14	627.78
2021	1505.72	1153.96	351.76
2022	1677.86	1590.42	87.44
总计	15307.3	9798.14	5509.16

注：按当年实际支出数据统计。

2013—2022年项目经费统计表

计量单位：万元

年度	项目名称	资金来源	金额
2013	购书经费	部门预算	50
2013	免费开放	部门预算	50
2014	购书经费	部门预算	50
2014	免费开放	部门预算	50
2014	“三馆一站”免费开放奖补资金	上级转移支付	60.7
2014	公共数字文化建设专项资金	上级转移支付	20
2015	购书经费	部门预算	50
2015	免费开放	部门预算	50
2015	新馆搬迁经费	综合预算	700
2015	新馆搬迁经费	上级转移支付	800
2015	“三馆一站”免费开放奖补资金	上级转移支付	50
2015	地方公共文化服务体系建设资金	上级转移支付	50
2016	报纸期刊、数字资源、移动图书馆续订	部门预算	50
2016	免费开放	部门预算	50
2016	新馆数字资源建设	综合预算	390
2016	“三馆一站”免费开放奖补资金	上级转移支付	50
2016	地方公共文化服务体系建设资金	上级转移支付	17.5
2017	报纸期刊、数字资源、移动图书馆续订	部门预算	50
2017	免费开放	部门预算	39
2017	图书馆运行	部门预算	45
2017	“三馆一站”免费开放奖补资金	上级转移支付	103
2017	地方公共文化服务体系建设资金	上级转移支付	52
2018	购书经费	部门预算	400
2018	免费开放	部门预算	50
2018	图书馆运行	部门预算	63
2018	城市书房建设	部门预算	200
2018	图书馆流动服务车购置	部门预算	60.39
2018	文化消费季奖励资金	部门预算	3

续表

年度	项目名称	资金来源	金额
2018	“三馆一站”免费开放奖补资金	上级转移支付	50
2018	地方公共文化服务体系建设资金	上级转移支付	138.5
2019	图书报刊资源购置费	部门预算	386.93
2019	免费开放	部门预算	50
2019	图书馆运行	部门预算	63
2019	城市书房建设	部门预算	100
2019	“三馆一站”免费开放奖补资金	上级转移支付	50
2019	地方公共文化服务体系建设资金	上级转移支付	128
2020	图书报刊资源购置费	部门预算	195
2020	公共图书馆免费开放	部门预算	29.27
2020	图书馆运行	部门预算	63
2020	“三馆一站”免费开放奖补资金	上级转移支付	50
2020	地方公共文化服务体系建设资金	上级转移支付	198.5
2021	公共图书馆免费开放	部门预算	82.11
2021	“三馆一站”免费开放奖补资金	上级转移支付	50
2021	地方公共文化服务体系建设资金	上级转移支付	219
2021	城市书房建设运维补助资金	上级转移支付	24.44
2022	公共图书馆免费开放及资源购置项目	部门预算	63

注：按项目实际支出数据统计。

2013—2022
ZIBO LIBRARY
淄博市图书馆

第二编

馆藏文献建设

文献资源是图书馆开展读者服务和各项业务活动的基础。市图书馆从建馆以来，一直十分重视文献资源建设工作。2013 年以前，虽然政府投入较少，每年购书专项经费有限，但市图书馆努力结合不同时期的任务和读者需求，有计划、有重点地建设馆藏，不断改进文献结构，提高馆藏质量。搬迁新馆后，政府投入大大增加，市图书馆抓住机遇，大力促进文献资源建设，逐步建立起系统、科学、合理的馆藏文献体系。

第一章　馆藏文献概况

2013—2022 年，淄博市图书馆十年间馆藏文献数量、质量上都得到较快发展。文献采购经费 2013 年为 60 余万元，2015 年新馆开放时为 143 万元，2019 年最高达到 600 余万元。资源建设工作上了一个新的台阶，其中纸质中文图书平均年入藏量达到 6 万册，2019 年达 11 万余册。

馆藏文献建设工作在原来馆藏资源基础上，继续遵循实用性、系统性、连续性、针对性、地方特色性建设原则，锚定本馆服务定位和发展目标，久久为功，持续不懈地推进资源建设。首先，以满足广大市民的需求为方向，资源采购以“大众、普适”为准则，同时加强“地方特色文献”的收集和整理，形成有淄博地方特色的馆藏文献体系。结合淄博重点产业和传统产业如陶瓷业，尽可能建设相对完整的重点文献体系。全面采购 22 大类图书有关基础理论和基本方法的著作，力争建成一套门类系统、齐全的基础馆藏。在载体类型上，注重建设多元化的文献资源体系。加大电子出版物、专题数据库、网络信息资源等数字资源的采集、整合与保存，建成传统馆藏和数字馆藏、实体馆藏和虚拟馆藏共同发展、互为补充的淄博市文献资源总库和文献信息资源中心。在服务读者类型方面，适当加大少儿图书采购比重，尤其是绘本图书的入藏量，此外对盲文图书及盲人读者的视听文献进行了充实。

第一节　馆藏文献的构成

市图书馆馆藏文献建设依据地市级公共图书馆的定位和功能，以满足市图书馆的定位和功能为前提。文献载体类型主要以印刷型文献资源（图书、报刊等纸质文献）、数字文献为主，另有部分视听文献（主要是光盘）。馆藏文献主要由以下几部分构成。

馆藏中文普通图书　截至 2022 年年底，市图书馆藏纸质中文普通图书 1251500 册，学科内容涵盖 22 大类。纳入计算机管理系统的中文普通图书有 987881 册（数据源于 Interlib 系统统计，统计途径为“文献流通类型”中的“中文图书”+“参考文献”+“盲文图书”的合计数，截止时间为 2022 年 12 月 31 日），其中有 38334 册的数据按无效数据（新馆搬迁时回溯建库的错误录入、以前非规范加工期刊数据误录入中文图书等）处理。有效数据中，社会科学类、自然科学类、综合类图书的比例为 80.64 ：17.85 ：1.50。其中，盲文图书 181 册。未纳入计算机系统的 26 万余册，基本为陈旧的下架图书，经过历次搬迁累积的统计数字，无法再进入流通环节为读者提供服务。

淄博市图书馆中文普通图书（Interlib 系统）分类统计

截至 2022 年 12 月 31 日

（索书号）	种数	册数	单价和（元）
A 马列主义	2250	6734	110155.97
B 哲　学	21619	46302	1987499.42
C 社科总论	5888	12793	553198.63
D 政治法律	13806	28987	1034945.56
E 军　事	2686	5607	263102.05
F 经　济	21008	43288	1830829.71
G 文科教体	25454	58131	1724819.7
H 语　言	14206	34747	870831.48
I 文　学	145769	393162	11883707.94
J 艺　术	23754	51889	2325146.67
K 历史地理	37749	84089	3963619.92
N 自科总论	2787	7430	229559.08
O 数理化	7655	19784	299398.3
P 天文地球	5383	11494	273956.41
Q 生物科学	6011	13344	428093.75
R 医药卫生	17018	35866	1509722.14
S 农业科学	5399	11941	258650.7
T 工业技术	30437	62757	2258888.85
U 交通运输	1822	3559	100159.74
V 航空航天	611	1302	47720.78
X 环境劳保	1004	2065	68176.58
Z 综合图书	5156	14276	1672068.26
其　他	13800	38334	225452.34
合　计	410699	987881	33919703.98

馆藏古籍　市图书馆馆藏古籍按往年统计数据为 23330 册（件），但能够提供证据统计在册的为 23004 册（件），与往年数据有 326 册（件）的误差。在第七次全国公共图书馆评估中，以“古籍室登记与财务部门的统计口径不同及历史演革造成的数字差异”作为解释。古籍善本 2021 年年底的年报为 870 册（件），在古籍普查工作中，根据新的认定标准，实际善本数量为 3028 册（件）。

馆藏中文报刊　根据年报统计数据，截至 2022 年年底，市图书馆馆藏中文报刊、报纸合订本 231013 册。其中纳入计算机系统管理的中文报刊有 124445 册，未纳入计算机系统的有 10 万余册，主要包括纸质报纸合订本、陈旧过时杂志合订本。

2013 年以来，市图书馆在原有中文报刊资源基础之上，本着注重报刊连续性的原则进行订购和收集。同时，根据经费多寡、读者需求、数字资源补充等因素适时做出调整，如增加大众普适类报刊，减少学术、资料类报刊等。2016 年，因经费相对充足，对报刊进行了大幅增订，订购杂志 1036 种、报纸 103 种，较 2015 年新增杂志 322 种、报纸 34 种。并增设“非邮发”订购渠道，订购了国际著名期刊，如美国出版的《财富》《读者文摘》，以及部分“港台类”杂志。2021 年，再次增订了原版美国《国家地理杂志》，香港繁体中文版《读者文摘》《镜报》等杂志。2023 年，因经费减少、书刊价格上升等原因，订阅报刊种类较 2022 年减少了 93 种。另外《国家地理杂志》《读者文摘》等外文报刊因种类较少，都按中文报刊进行管理。

馆藏视听文献　自 2013 年至 2022 年，市图书馆共新增视听文献 3124 件（数据来自计算机系统）。其中视听文献室有 2767 件，盲人阅览室有 330 件，地方文献室有 27 件。

市图书馆馆藏资源按照阅读对象又可分为成人书刊、少儿读物（含低幼读物）。已录入系统的成人书刊与少儿读物的比例为 75.6 ∶ 24.4。随着全民阅读活动的推广，少年儿童的阅读需求增长明显，馆藏少儿读物采购比例也不断加大。尤其是绘本图书，不仅在 2019 年专题采购 5000 余册，在其他年度也都保持了适度的采购量。2016 年增设低幼阅览室，为便于开展亲子阅读服务，改变少儿读物以往只入藏学龄后少儿读物的范围，开始入藏学龄前少儿读物，这部分图书基本都是绘本图书。2017 年开始订购学龄前低幼期刊 4 种，截至 2022 年年底，学龄前期刊为 8 种。2020 年起，对少儿期刊过刊定期进行加工，分配条码号、加入 RFID 芯片，可以进行外借流通。

第二节　馆藏文献的来源

淄博市图书馆馆藏文献历史上主要通过政府采购、上级调拨、社会团体和个人捐赠及文献征集、交流、交换、复制等方式获得。从 2013 年至 2022 年，馆藏文献的来源主要以采购为主，其次接受个人和社会团体的捐赠。另外，相关业务科室通过进行集中征集也获得了不少文献，尤其是地方文献。

政府采购是市图书馆馆藏文献资源增加的最基本、最主要的途径。

近十年来，市图书馆的图书采购呈现以下特点：采购经费大幅增长，馆藏文献在数量上、质量上得到大幅增长和提高；图书采购绑定图书加工；图书采购采取公开招标模式；图书采购增加 PDA 采购模式（Patron Driven Acquisitions，即读者决策采购模式）；图书采选工作引入社会力量，组建“资源建设咨询专家库”；家谱类地方文献的购置初具规模。

一、采购经费、馆藏文献大幅增长

市图书馆专项购书经费经历了一个从起初稳步增长，到新馆开馆前后翻番增长，再到 2020 年因新冠肺炎疫情影响有所下降的过程。从总体上看，2013 年至 2022 年购书经费增长幅度较大，馆藏文献不仅数量激增，质量上也得到了迅速提高。充足的经费保障，使采访人员得以放开手脚，从各个渠道获取图书出版信息、书评信息以及国内著名媒体的图书榜单信息，每年尽可能地把国内各主要出版社出版的适合公共图书馆收藏的图书采购入库。采购过程中也更加关注读者需求和社会热点，如 2013 年、2014 年专题采购了“2012 年度全国图书馆 50 种重点推荐图书”以及“2013 年国家新闻出版广电总局向全国青少年推荐百种优秀图书”，开启了专题图书采购的先例。采访部门每年根据社会热点、读者需求、开放科室的调研等进行多个专题图书的采购和推介。

2015 年新馆开放前后，市图书馆中文纸质图书采购支出为 1147314.73 元，采购图书 22858 种 50448 册。纸质报刊订购支出为 170459.28（2014 年预订）元。2016 年，除了继续扩大普通中文图书采购量，报刊也进行了大幅增订，并扩大增订范围。在当地邮政局提供的“邮发”范围外，2016 年与邮政部门协商，订购“非邮发”国际著名期刊，如美国出版的《财富》《读者文摘》中文版杂志，以及部分港台类杂志。2016 年订购杂志 1036 种、报纸 103 种，较 2015 年新增杂志 322 种、报纸 34 种。

2017 年起取消少儿报纸的订阅，增设低幼阅览室的期刊订阅。

2018 年，市图书馆开始规划建设城市书房，提出 3 年建成 10 个城市书房的目标，财政拨付专项资金 700 万元。城市书房图书配送本着大众普适原则进行，尽量不配送资料性、学术性图书。成人、少儿图书配送比例为 7 ∶ 3，后调整为 6 ∶ 4。随着城市书房、机关服务点以及流通服务网点的增加，采访部门一方面加大成人畅销书、少儿图书复册数采购，另一方面在采购环节扩大了对“资料性、学术性图书”的定义广度，对“资料性、学术性图书”采取“单复册”采购。该年度还为盲人读者选购 260 种视听文献。2019 年对少儿绘本图书进行专题采购，集中上架绘本图书 5000 余册。

2020 年至 2022 年，因新冠肺炎疫情影响全市公共财政，市图书馆采购经费开始缩减。图书采购方式也发生了改变，图书采选由以前的现场采访为主，改为线上采访为主。一方面借助图书供应商提供的线上平台进行线上采购，另一方面利用网络建立了“淄博市图书馆馆社联盟群”。该群由图书馆采编人员和各大出版社工作人员组成，图书出版信息由出版社以统一的规范格式定期上传，图书馆专人定期下载，再整合采选。

2020 年，市图书馆改变邮政公司作为报刊订阅唯一渠道的惯例，引入北京人天书店有限公司，与邮政共同供应期刊，报纸则继续由邮政供应。2021 年起期刊改由北京人天书店有限公司全部供货。新供货方的加入，扩大了订购选择范围，如增订了美国版《国家地理杂志》、香港繁体中文版《读者文摘》《镜报》等杂志。

2023 年，因经费减少、书刊价格上升等原因，报刊订阅种类减少 93 种。

淄博市图书馆普通中文图书年采购统计表
（2013—2022 年）

年度	种数	册数	码洋（元）	实洋（元）
2013	7185	17365	558089.06	410551.2
2014	2650	5834	213379.15	157144.31
2015	22558	50148	1618779.42	1150613.73
2016	28508	54175	1997779.01	1405209.9
2017	33235	58317	2298306.68	1627015.6
2018	52112	105024	4713361.51	3322612.94
2019	70779	142289	6414675.37	4501738.53
2020	31210	54749	2406144.65	1703685.274
2021	23487	44209	2264240.35	1582995.28
2022	30984	50264	2606257.45	1861238.3
合计	302708	582374	25091012.65	17722805.06

二、图书采购绑定图书加工

2012 年，市图书馆首次尝试图书加工外包，将图书加工有条件地委托给供应商北京人天书店有限公司承担。2015 年后，图书加工外包成为图书采购公开招标中竞标的必备条件。这种模式的采用，使采编人员从图书加工工作中脱离出来，把工作重心更多地放在图书信息的搜集、甄别、选购以及馆藏结构的分析、读者的阅读需求分析上。

三、图书采购采取公开招标模式

公开招标方式使图书馆可在全国范围内筛选优秀图书供货商，可采购到优质图书资源及良好的服务。图书供应商提供的服务包括图书加工、图书订单查重、大码洋（及特殊版本）图书订单二次确认已经图书采购线上平台，有的供应商近几年还在尝试提供馆藏数据分析服务。图书订单查重、二次确认等服务让采编部门提高了工作效率，减少了误采率。截至2022年，多次与市图书馆合作过的图书供应商有北京人天书店有限公司、山东新华书店集团有限公司、青岛新华书店有限责任公司、湖北三新文化传媒有限公司、辽宁北方出版物配送有限公司、山东中教产业发展股份有限公司等。

四、采用新的图书采购模式——PDA模式

2016年，市图书馆开始与市新华书店合作，利用手机APP“惠阅读”推出“你选书，我买单”的线下PDA图书采购模式。2016年全年参与288人次，购买图书708册次，入藏图书码洋24785.50元。后虽因第三方软件不成熟等原因没有继续开展下去，但也为后期改善此项服务提供了借鉴。2017年，市图书馆推出线上PDA采购模式（即“U书快借”服务项目）。读者登录“淄博市图书馆服务大厅”微信公众号，线上选书下单，快递邮寄到家，所需费用由市图书馆结算。“U书快借”项目一经推出，便得到广大读者好评，读者的参与热情一直很高。市图书馆“U书快借”项目是山东省内图书馆首例线上PDA采购模式，截至2022年年底，通过“U书快借”采购入藏的图书有4.27万册，码洋203.2万元。2017年年底，报刊预订工作也借鉴这一思路，推出“你选报刊，我买单”活动，在每年报刊预订前通过微信、网站、邮箱征询读者意见。

五、整合社会力量，为图书采购提供专业意见

为进一步提高文献资源建设工作质量，解决采访人员数量、专业知识有限与出版物门类繁多之间的矛盾，市图书馆自2019年起组建“资源建设咨询专家库”。面向全社会招募各领域专家、专业人士，为图书采选提供咨询建议和图书信息。例如2020年，市图书馆专门就计算机、金融投资方面的图书采选向有关专家进行了定向咨询。

六、地方文献的购置

市图书馆的地方文献大部分是通过捐赠、征集免费获得的，少部分通过采购获得。家谱收藏是市图书馆地方文献建设的一个特色，得益于本地一名热心人士张立辉，在全市范围内代为搜集各类家谱，十年内为市图书馆代购了家谱255种555册，形成了一定的规模和特色。

除政府采购外，市图书馆还常年接受社会公众及团体捐赠的图书，尤其是地方文献类图书，接受捐赠成为文献的重要来源之一。捐赠图书因其零星、非常规性、内容质量不确定性等问题，有不易管理的特点。市图书馆自2014年起开始对捐赠图书进行流程规范化管理，由专人分管、建档、网站公示、发放“收藏证书”、定期批量加工编目，出台了《淄博市图书馆图书捐赠办法》，一方面倡议社会各界积极向图书馆捐赠图书以丰富馆藏资源，另一方面也在捐赠细则中规范了捐赠流程和要求等，避免了因盲目捐赠而造成的图书运输、加工和收藏成本的浪费，同时也为不适合入藏图书的处置提供了依据。

淄博市图书馆接受捐赠图书统计（2013—2022 年）

	地方文献		非地方文献		小计	
年度	种数	册数	种数	册数	种数	册数
2013	55	144	76	110	131	254
2014	48	107	40	65	88	172
2015	58	154	69	122	127	276
2016	432	769	251	329	683	1098
2017	433	1102	170	235	603	1337
2018	560	1526	192	232	752	1758
2019	372	721	428	492	800	1213
2020	949	1815	227	304	1176	2119
2021	346	903	614	902	960	1805
2022	246	585	214	253	460	838
合计	3499	7826	2281	3044	5780	10870

第三节　馆藏文献的发展

从 2013 年至 2022 年，市图书馆的馆藏资源建设可分三个阶段，即新馆搬迁前、搬迁新馆后及新冠肺炎疫情暴发后。

新馆搬迁前即 2013 年至 2014 年，资源建设规模在 2012 年基础上略有增长，两年支出资源采购经费分别为 63.4 万元、83 万元，2014 年电子资源购置支出创新高，达 49.2 万元。资源采选尤其是纸质图书的采选，更加关注读者需求。在开放科室设立“读者需求图书登记册”，调研读者阅读倾向。关注有影响的媒体和机构图书评选信息，做图书专题采购，如 2013 年的“2012 年度全国图书馆 50 种重点推荐图书”、2014 年的“2013 年国家新闻出版广电总局向全国青少年推荐百种优秀图书”。

2015 年至 2019 年，市图书馆搬迁新馆后，适逢全市公共财政持续增长，市委、市政府提出打造“书香淄博”的目标，市财政拨付经费逐年提高。2019 年图书购置经费支出较 2014 年翻了近三番，2015 年至 2019 年的资源购置支出分别为 143.46 万元、212.85 万元、538.02 万元、408.61 万元及 617.89 万元。经费的相对充足，保证了每年可有四至六家图书供应商中标。一方面供应渠道的多元化保障了主要出版社和重点出版社图书的入藏，另一方面也使得一些价值较高的大套系书、制作精美的优质图书、大量的儿童绘本书得以入藏。

2020 年，新冠肺炎疫情在全国暴发，受疫情影响，市公共财政收入大幅度降低，市图书馆图书购置经费也较 2019 年大幅缩减。2020 年、2021 年的购置经费分别为 390.4 万元、176.63 万元。2022 年度图书经费虽为 0，但是资源建设并未止步，纸质普通图书本年度采购实洋 186.12 万元（往年招标后图书供应商未完成额度用于本年度供货）。无论是经费限制，还是防疫政策的实施都给图书馆工作造成了较大影响，但是馆藏资源建设工作仍尽量进行不断充实和改进。

市图书馆中文普通图书入藏统计
（2013—2022 年）

年度	种数	册数
2013	9631	23287
2014	3836	9496
2015	27621	59786
2016	34459	68599
2017	23962	41927
2018	47086	91877
2019	57055	114718
2020	42314	97407
2021	34445	66622
2022	31105	50276

第二章　馆藏文献分类、编目

对馆藏文献进行分类、编目，是为了对文献进行科学的组织和有效的揭示，便于业务工作开展和读者利用。市图书馆根据国家、省有关部门颁布的办法、条例和规则，结合本馆实际工作需要，不断改进文献分类、标引、编目、著录办法，逐步实现该项工作的制度化、条例化、规范化和现代化。

第一节　文献分编依据与款目制作

从 2013 年至 2022 年，市图书馆图书分类编目工作在基础理论方面较之以前没有大的变化。在图书分类方面，自 2013 年开始执行《中国图书馆分类法》（第五版）。在文献编目、标引方面，基本延续 2012 年以来所依据的几部规范和规则，但在编目著录具体实务中，结合本地区和本馆的工作实际做适当调整。

《中国图书馆分类法》（第五版）于 2010 年发行，市图书馆随即派出采编部门工作人员分别到国家图书馆、山东省图书馆参加学习和培训。在做好充分准备工作后，自 2013 年起开始执行新的图书分类法。文献编目则依据《中国文献编目规则》（第二版）、计算机编目著录格式依据《新版中国机读目录格式使用手册》执行。文献标引则以《中国分类主题词表》（第二版）为依据。

市图书馆的编目著录工作主要包括以下几个方面：对从 2023 年至 2022 年十年内所有入藏的纸质文献进行规范著录、编目并加工上架；根据市图书馆工作实际，在遵循全国联编中心统一规范的前提下，编制了个性化编目规则《淄博市图书馆编目个性化规定》《地方文献编目细则》及《盲文图书著录注意事项》，在保持稳定性和连续性原则下，不断修订和完善。自 2012 年图书加工外包后，通过监督、控制加工流程和加工质量，及时发现问题，制定了《淄博市图书馆数据外包加工注意问题》《淄博市图书馆图书外包加工流程》《淄博市图书馆图书物理加工要求》等，并以此为依据，对外包加工工作进行监督和指导。对于受赠、征集、购置的地方文献，在全国联编中心无数据下载者，则由采编人员进行数据原编。

关于编目加工中的重要节点及号段问题，2013 年开始执行《中国图书馆分类法》（第五版）。2013 年 4 月开始编目光盘文献，控制号起始号为“212013000001”，12 位，因视听文献不是每年都购买，所以不是每年启用新号段，一直沿用“212013******”。2016 年 11 月开始报纸编目工作，控制号起始号为“212016000001”，12 位，每年若有新增种类，继续沿用“212016******”。在从 2016 年 5 月开始英文读物的著录中，索书号开始采用组配号进行细分，组配号分到一级类目，例：319.4:I/ 种次号。

第二节　图书编目外包工作

图书馆图书编目外包在国内 2010 年前后被逐步采用，淄博市图书馆于 2012 年开始尝试这一模式，截至2022年，市图书馆95%以上的图书加工都通过外包完成，并日趋完善。市图书馆的图书加工外包工作经历了一个不断完善的过程。

一是尝试阶段。2012年，市图书馆首次与北京人天书店有限公司合作，其供货图书到馆后，由其加工团队到馆进行加工，本馆采编人员采取逐册进行审校的办法，把发现的问题进行记录、汇总、归纳。二是改进阶段。2013年至2014年，各图书供应商加工团队驻馆后，由采编人员对其进行本馆具体编目细则培训，并根据此前外包加工中出现的问题进行监督和指导。三是稳定阶段。2015年至2018年新馆开放前后，图书购置经费大幅增加，中标的供货公司增加多个，每个中标公司的加工团队也不止一个，有时会有两个以上不同公司的加工团队同时驻馆加工。采编部门根据以往工作经验，整理出台了《淄博市图书馆数据外包加工注意问题》《淄博市图书馆图书外包加工流程》《淄博市图书馆图书物理加工要求》等准则。以此对各加工团队进行岗前培训，并对加工工作实行每日抽检。四是进阶阶段。2019年以后，虽然每个加工团队驻馆后都进行岗前培训，但由于加工人员更替频繁，仍造成图书加工质量不稳定。图书在流通中发现加工错误，也只能由本馆采编人员进行善后。针对这一问题，自2018年起采编部门开始与本地供货公司——山东新华书店（淄博分公司）进行沟通，并尝试对其加工团队进行定向考察与培训，使加工团队相对固定，以保证图书加工质量。2019年，该加工团队全部完成本公司的加工任务。2020年，市图书馆所有中标公司85%的外包加工委托给该团队，至2022年，市图书馆所有外包工作都由该团队完成。加工团队的相对固定，一方面减少加工人员变动带来加工质量的不稳定，另一方面也减少了外地加工团队的驻馆成本，这也是外地供货公司乐见其成的。

第三章 文献管理与保护

文献管理与保护是图书馆文献典藏和读者服务的基础工作，科学合理的流程、布局、管理、处置与保护，可以使馆藏文献得到长期完整的保存和充分有效的利用。市图书馆历来重视馆藏文献管理和保护工作，根据馆藏文献构成、读者需求和馆舍实际情况，制定了合理的文献典藏、管理工作流程，较为科学地安排和调整文献布局，明确各存藏、借阅部门的职责与分工。同时，制定文献保护和处置规章制度，经常性地开展文献安全监督检查，不断加强文献管理与保护力度。

在 2013 年至 2022 年十年间，尤其是 2015 年 12 月新馆开放之后，市图书馆文献管理和保护工作与之前时期比较，有多方面的变化和进步。主要表现在：藏书空间大幅增加，书库和阅览室面积由 2100 平方米扩展至 12516 平方米，书架单层总长度由 7032 米增加到 24501 米；文献管理理念更为开放，主体借阅功能区实现借、阅一体化服务，书刊管理方式由闭架管理为主转变为开架管理为主；管理技术手段更加先进，馆藏文献除小部分古籍、过刊、过报、港台和外文图书外，全部纳入图书馆自动化管理系统，文献检索从卡片式目录转变为计算机、手机等电子检索方式；读者借阅文献更加方便，2016 年 3 月增设 24 小时图书自助借阅区，后期陆续建成多家以城市书房为代表的分馆、服务点，同时开展流动服务车借阅服务（详见本书第四编“读者服务”）；开放服务的文献类型更为丰富，2016 年 3 月开放绘本阅览室、盲文阅览室，2016 年 7 月开放地方文献和专题文献阅览室，设立古籍阅览室和音像室；更加重视文献保护工作，制定细化文献处置和保护工作制度，增置现代化的防火、防盗、防虫、杀菌消毒等文献保护装备，文献保护条件大幅改善。

第一节 文献管理的基本工作流程

市图书馆为加强对馆藏文献的管理与保护，针对不同类型的文献，制定和形成了文献管理的基本工作流程。

中文普通图书：通过采购、征集、受赠、交流、复制等方式入馆后，进入采编部，经过分编、加工、清点后，按照典藏布局拨交相关书库签收上架，提供借阅。各书库负责日常架位维护工作，读者还回图书及时归架。压架图书送交调节书库。破损图书在管理系统登记后，统一修补。丢失图书按照相关规章制度，采取“以书补书”方式或补偿书价处理。

期刊、报纸：2013 年至 2015 年 8 月，期刊、报纸按照报刊采访方针，由阅览部征订、采购、征集完成，由收发室直接分配至阅览部登记、整理上架阅览。阅览后的过刊、过报定期整理下架，加工装订成册，合订本统一交由信息资料部分编加工，上架保存。2015 年 9 月搬迁新馆后，期刊、报纸采购、征集工作交由采编部负责，由收发室直接分配到报刊阅览部进行签收、清点、登记、整理上架，提供阅览。过刊、过报定期整理下架，加工装订合订本进行数据回溯，再分编整理上架入过刊、过报库保存，提供查阅。少儿部订购部分少儿期刊，提供借阅服务，管理流程同上。

地方文献：通过采购和接受捐赠等方式入馆，经采编部加工后送交地方文献阅览室上架阅览。地方文献阅览室负责文献资料的日常维护工作，读者阅览后及时归架、破损及时修补等。

古籍：通过采购和接受捐赠等方式入馆，由特藏文献部进行纸质账簿登记、电子目录信息登记和索书号加工后，按序存入古籍书库进行专业管理和保护。

外文文献：市图书馆在20世纪90年代以前，通过采购、复制、受赠等方式购置有少量外文文献，以英文科技文献为主体，另有小部分俄文、日文等其他文种资料。后因资金、版权等问题，未再继续购置。该部分文献在20世纪90年代陆续分编加工上架，2015年9月新馆搬迁之后，存于市图书馆四楼西侧基本书库，未对外开放借阅。

视听文献、电子出版物：市图书馆购置有部分视听文献、电子出版物等多媒体文献，主要包括盲文视听资料、影视资料碟片等类型。该类文献未作详细分编加工，由采编部登记之后，交由各相关部室。盲文视听资料由视障读者阅览室收藏，供盲人读者利用。影视资料碟片由技术部下设的视听文献室保存利用，暂未提供外借服务。

第二节　文献布局与管理

市图书馆对书库划分与文献布局主要依据各时期文献构成的基本情况，并根据读者需求状况及馆舍条件积极进行调整。2013年至2022年期间，市图书馆历经许多内设机构和馆藏布局的变化。2015年12月，结合新馆开放需要，对文献典藏和读者服务部门做出大幅度调整。在这一时期，市图书馆文献布局、职能划分、文献管理和服务方式的调整主要历经以下沿革。

2013年年初，馆藏文献布局及具体分工如下：社会科学借书室、自然科学借书室（科技图书借书室）、新书借阅室为三个主要成人借阅室，归外借部管理，负责成人中文普通图书（含港台图书）的保存、管理和借阅服务。其中，新书借阅室主要存藏、借阅2007年以后新购置的中文普通图书。报刊借阅室，归阅览部管理，负责成人现刊、现报的征订、管理、阅览。少儿借阅室，归儿童部管理，负责适合初中及以下年龄段的少儿图书、报刊的借阅、管理。古籍书库，负责馆藏线装古籍、民国文献和拓片的收藏、管理、保护；参考工具书书库，负责中华人民共和国成立后影印古籍、重要参考工具书及其他特殊文献的收藏和管理；过刊库、过报库，负责过期期刊、报纸的收存、分编和管理；地方文献室，负责地方文献资料的征集、管理和利用，以上各书库归信息资料部管理，为读者提供查阅服务。外文室，负责外文文献存藏、利用，归外借部管理。电子阅览室，负责电子出版物、数据库资源以及网络信息资源的管理、开发、整理及查检、利用；视听资料阅览室（时附设于电子阅览室），负责视听文献资料的订购、编目、管理和利用，以上两室归技术部管理。视障读者阅览室（附设于阅览室），负责对盲文书籍及相关视听文献的管理与服务。

2014年4月，由于馆舍面积限制，外借部新书借阅室压架严重，为提高新书上架率，调整部分图书布局。其中，下架的大部分图书转至社会科学借阅室重新上架借阅，小部分流通率欠佳图书装箱封存于一楼仓库（原经营部办公室）。

2014年6月，阅览部根据馆舍条件对文献布局和管理方式做出优化调整，大幅增加开架报刊数量，订购期刊616种、报纸62种、政府信息公开4种，调整后开架期刊240种、报纸20种。

是年，外借部社科、科技借阅室完成在架流通图书的回溯建库工作。对1997年以前未实行计算机编目的图书加贴磁条、条码，核对编目信息，改正、补全书目数据错漏，并借此对在架图书进行全面整理和清查，总计完成图书回溯建库179344册。

2015年1月，儿童部“多媒体图书馆”上线开放，这是一款面向少年儿童、老师和家长三方人群的多媒体教育教辅产品，旨在丰富少儿读物类型。

2015年6月至9月，市图书馆搬迁新馆，根据事先制订的搬迁方案，全馆上下精心组织协调，同时借助外包公司，如期完成文献搬迁工作。搬迁完成之初，文献归置情况如下：

原外借部新书借阅室图书归入新设立的综合、文学借阅室；社科、科技借阅室图书及部分港台图书、外文图书归入基本书库；老馆下架存放的非《中图法》分类图书重新整理上架，归入基本书库；小部分内容陈旧、复本过多图书做文献处置处理。文献卡片式目录和目录柜因场地限制，留置于老馆，未予搬迁。

原儿童部部分图书归入新设少儿借阅室上架流通，部分破损、老旧图书置于新馆三楼北侧过报过刊室，管理系统记为“儿童基本书库”，不再提供借阅。

原阅览部报刊文献归入新设报刊阅览部，原归属信息资料部管理的过报、过刊转由报刊阅览部管理。

原信息资料部地方文献室和参考工具书书库图书归入地方文献·参考文献阅览室上架阅览，其中中华人民共和国成立后印刷的古籍文献资料归入古籍·国学阅览室存藏（暂未开放），部分参考工具书下架封存在室；过刊、过报归入报刊阅览室闭架查询阅览。

是年，市图书馆为筹备新馆开放，重新规划各部门职能，对文献典藏、读者服务部门做出较大调整，文献布局与管理发生较大变化。文献典藏及对外服务窗口设立图书借阅部、少儿部、报刊阅览部、特藏文献部、读者服务部、技术部等部门。其中，图书借阅部由原外借部改设而成，主要负责成人中文普通图书借阅工作，辖综合借阅室、文学借阅室、基本书库、24小时自助借阅区等4个服务窗口。各书库文献分布如下：综合借阅室存藏、借阅2007年之后出版的综合类中文普通图书；文学借阅室存藏、借阅2007年之后出版的文学类中文普通图书；基本书库存藏、借阅2007年之前出版的中文普通图书（不含古籍和特藏文献）；24小时自助借阅区提供24小时借阅服务，存藏文献5000册，以2007年之后出版中文普通图书为主。

少儿部由原儿童部改设而成，主要负责14岁以下少儿读者借阅工作，以少儿中文普通图书为主，亦有少量儿童报刊可供阅览。之后时期，少儿部职能有所扩阔。

报刊阅览部由原阅览部改设而成，主要负责报刊收藏、阅览工作，由报刊阅览室、过报库、过刊库三个功能区组成。其中，报刊阅览室开架存放现报、现刊与最近两年过刊合订本，提供读者阅览；过报库、过刊库闭架存放过报、过刊，提供读者查阅。原有期刊合订本全部进行回溯加工，计有期刊合订本97380册，报纸合订本11500册。

特藏文献部由原信息资料部改设而成，主要负责馆藏特色文献资料的征集、管理和服务工作，辖古籍书库、古籍·国学阅览室和地方文献·参考文献阅览室。各书库文献分布如下：古籍书库主要存藏古籍、民国文献和拓片；古籍·国学阅览室主要存藏中华人民共和国成立后印刷的古籍文献资料（暂未开放）；地方文献·参考文献阅览室主要存藏中华人民共和国成立后出版的地方文献资料和参考文献资料。

视障人士阅览室由读者服务部管理，主要负责盲文文献资料收藏、利用工作；音像室由技术部管理，主要负责视听文献、电子读物的收藏和利用（暂未开放）。

2015年12月16日，市图书馆新馆正式开放。

先期开放的各文献典藏书库和读者服务窗口分布如下：图书借阅部综合借阅室位于新馆二楼东南部，文学借阅室位于二楼西南部；少儿部位于二楼东北部；报刊阅览部位于三楼西南部。功能区全部采用借阅一体化管理，实行开架借阅，每个开放窗口配有2台自助借还机、2—4台检索机，书架设置醒目架标，方便读者检索、查找、借还、阅览馆藏文献。

2016年3月，市图书馆第二批开放基本书库、低幼阅览区、24小时自助借阅区和视障人士阅览室等功能区。基本书库位于四楼西南部，低幼阅览区绘本阅览室、视障人士阅览室位于一楼东北部，24小时自助借阅区位于一楼西南部。基本书库实行闭架管理，配置1台检索机，图书实行人工借还，后于2019年增设1台自助借还机。绘本阅览室、视障阅览室图书开架阅览，暂不外借。24小时自助借阅区图书提供成人综合和文学类图书，实行24小时开放，无人值守，读者自助借还，后于2019年增设阅览座椅。

2016年5月，为满足读者需求，适应文献布局与管理需要，图书借阅部综合借阅室由市图书馆二楼迁至三楼东南部。同时，少儿部分设少儿综合借阅室和少儿文学借阅室。少儿综合借阅室留置少儿部原地，少儿文学借阅室迁至二楼东南部（原图书借阅部综合借阅室）位置。少儿图书亦分为综合、文学两大类，分别由相关部门存藏、借阅。少儿部的分置、搬迁工作后于2017年1月全部完成。

2016年7月，地方文献·参考文献阅览室开放。地方文献·参考文献阅览室位于四楼东北部，所有图书资料开架阅览，配置检索机2台，读者凭身份证阅览。

2016年11月，暂存于淄博市博物馆文物库房内的图书馆古代字画保险柜（2个）运回古籍库房保存。

是年，回溯建库、整理完成部分按照《中小型图书馆图书分类法》分类的长期下架图书，重新上架，置于基本书库，在自动化管理系统中标记为“基本书库—1975”，计68177册，以“文化大革命”时期及之前图书为主体，暂时不对读者提供借阅。

2017年，为方便张店东部城区读者借阅，市图书馆在老馆原址一楼阅览室增设直属城中分馆借阅窗口，配置图书8000册，成为市图书馆总分馆服务体系建设的初步探索。后于2018年，因老馆馆舍被市政府征收，城中分馆撤销，其所属图书回返新馆相应部门，依类上架流通。

2018年12月，紫园城市书房（市图书馆紫园分馆）正式开放，这是淄博市第一家城市书房。至2022年年底，以城市书房、直属机关服务点、流动服务点与图书流动服务车为有机组成部分的市图书馆总分馆体系建设初见成效，形成一定规模。每个站点配备相应各类成人和少儿图书，数量不等，详见本书第四编“读者服务”第七章“公共图书馆总分馆建设”。

2019年5月，市图书馆自动化管理系统升级为ILAS III，文献典藏和管理功能更趋完善。

2019年之后，随着图书购置数量的不断增长，图书借阅部文学借阅室、综合借阅室出现馆藏文献压架现象，逐步将部分相对陈旧、复本过多的图书调整至基本书库。这部分图书在图书馆管理系统中被标记为“基本书库2006”，至2022年年底总计有39840册。

2020年2月至3月，由于新冠肺炎疫情蔓延，市图书馆闭馆，综合借阅室借机对所藏图书进行大规模倒架整理，共计18万余册，使文献布局更趋合理。

2020年4月23日，少儿部期刊由馆内阅览改为可供外借，外借数量与外借方式和馆藏图书相统一。

2022年4月，报刊阅览室增加电子阅报机1台，补缺纸质报纸资源。

2022年9月，市图书馆斥资10万余元购置5节智能书架，置于图书借阅部综合借阅室，与图书馆自动化管理系统相连接，探索图书架位智能管理新方式。

2022年年底，市图书馆馆藏文献布局及各相关部室职能分工如下：

图书借阅部负责成人中文普通图书（含港台图书及少量外文图书）的保存、管理和借阅服务，分设基本书库、综合借阅室、文学借阅室、24小时借阅区4个服务窗口。馆藏文献具体分布数量为，基本书库292480册，另有少量未回溯建库的外文、标准类文献；综合借阅室206785册；文学借阅室103580册；24小时借阅区1784册。

少儿部负责少儿中文普通图书（含绘本）的保存、管理和借阅服务，分设少儿文学借阅室、少儿综合借阅室、低幼阅览室3个服务窗口。馆藏文献具体分布数量为，少儿文学借阅室95670册；少儿综合借阅室75175册；低幼阅览室10453册。另有部分不对外流通图书，置于儿童基本书库，计33812册。

报刊阅览部负责报刊保存、管理和阅览服务，设立报刊阅览室服务窗口，提供现报、现刊阅览，另设过报、过刊两处书库，存放过报过刊。该部计有报刊合订本122683册。

特藏文献部负责馆藏特藏文献资料的征集、管理和服务工作，主要包括古籍、民国文献、拓片和古代字画的存藏、保护和管理工作；地方文献资料的征集工作；地方文献资料、参考文献资料和新印古籍文献资料的管理、阅览和咨询服务工作。馆藏文献分布数量为：古籍1468部13414册、民国文献321部2843册、拓片290部、古代字画195幅、现代字画76幅、新印古籍文献资料75700册、地方文献资料5156种9636册。

技术部负责音像室视听资料、电子读物的管理利用，计有相关资料1900余种。

读者服务部负责视障人士阅览室相关文献资料的管理使用，计有盲文图书181册，无障碍光碟329张，有声读物10大盒（内含101张CD），另30小盒。

第三节　文献处置与保护

文献处置旧称文献剔旧，是指公共图书馆根据工作需要，对纳入正式馆藏的文献信息进行产权转让或注销产权的行为。2022年4月，文化和旅游部发布《公共图书馆馆藏文献信息处置管理办法》，对该名词加以规范，统一称之为文献处置。市图书馆遵循相关规定，将文献剔旧工作修订为文献处置工作。文献保护，是指公共图书馆为保证馆藏文献安全、完整所采用的技术手段和措施。

文献处置与保护工作是图书馆文献管理的重要组成部分。审慎有序地开展文献处置工作，有利于提高公共图书馆科学化、专业化建设水平，提升馆藏文献信息保存质量，充分发挥馆藏文献信息使用价值，有效利用公共图书馆馆舍空间。文献保护工作可以使馆藏文献免遭自然的和人为的损毁，尽可能保持文献原有形态，延长文献保存期限和使用寿命。市图书馆历来重视文献处置和文献保护工作，制定相关工作制度，严格文献处置流程，加强文献保护措施。同时，增强工作人员和广大读者的爱书、护书意识，不断改进技术手段和管理措施，使馆藏文献得到较好的保存和利用。

2013年至2022年间，市图书馆为保持文献馆藏规模，开展文献处置工作相对审慎，文献处置数量相对较少。同时，市图书馆注重文献保护，有序做好文献修补工作。书库定期除尘、通风，安装防光防晒窗帘，在书库放置樟脑丸、灭鼠药，做好防火、防虫、防水、防霉、防鼠、防盗等工作。保卫科、办公室协同相关部室，坚持定期不定期安全检查，保障文献安全。

2013年之后，市图书馆破损图书修补工作交给专业公司执行，修补标准统一，修补质量有所提高。同时也存在一定问题，主要是修补周期过长，修补图书上架流通有迟缓现象。十年间，共修补图书 8000 余册，有效延长馆藏文献使用寿命。

2014 年 11 月，装箱存放于老馆北一楼仓库的部分新书借阅室下架图书，因二楼暖气漏水，小部分图书被浸湿无法修补，从馆藏中加以剔除，计 54 册。

2015 年，市图书馆严格清理无证借书，要求工作人员从自身做起，所有图书凭员工证借阅，对文献保护工作产生一定效果。

2015 年 6 月至 9 月，市图书馆搬迁新馆过程中，精心策划，细致组织，聘用专业外包公司，注重文献保护，保证了文献转运安全。

2015 年 9 月，为适应新馆开放需要，市图书馆修订《淄博市图书馆普通文献保护制度》，对文献保护的各方面工作做出详细规定。同时，修订《淄博市图书馆馆藏文献剔旧制度》，对馆藏文献剔旧原则、标准和范围、剔旧程序和剔旧方法做出具体规定，并建立由馆领导牵头、相关部室主任和学科专家组成的文献剔旧小组，负责文献处置工作的领导和具体实施。

2015 年 10 月至 11 月，刘玉湘馆长、姜艳平书记、丁雷副馆长亲自带队，组织相关人员，对由老馆未上架流通搬迁至新馆的近 10 万册书刊进行彻底清理。经过甄别、分类、整理，部分书刊重新加工上架；部分不适合流通书刊装箱封存（主要是淄博市文化系统单位赠书，以油印剧本为主）；部分内容陈旧、复本过多、破损严重无收藏价值图书（以科技类图书为主），依据馆藏文献剔旧标准做集中剔旧处理，并出具馆藏文献剔旧报告和清单，由馆领导和相关部室主任签字确认，共计 1997 册。本次清理中，发现少量民国时期出版物，具有较高收藏价值，移交特藏文献部保存。

2015 年 12 月，市图书馆新馆正式开放。相比老馆时期，文献保护设施、设备、技术、措施等大为改善。各开放部室安装防盗报警仪，有效减少丢书现象，同时部分部室实现读者进出人次实时统计；书库防火达到消防规范要求，消防设备设施配置完备。开展消防教育，定期进行消防演练；各书库光照充足，通风良好，虫、霉、潮等现象未见发生；馆舍较新，设备相对完好，鼠害、水害情况基本消除；窗户密闭良好，书架质量上乘，为文献除尘工作带来便利；购置安装防光防晒窗帘，有效消除光害。

2015 年新馆开放之后，各书库环境卫生、门窗、照明设备等由物业公司维护，大部分时间保持状况良好，为文献保护工作创造有利条件。

2019 年 12 月，根据文化和旅游部发布的《公共图书馆馆藏文献信息处置管理办法（征求意见稿）》，市图书馆及时修订相关制度，将《淄博市图书馆馆藏文献剔旧制度》改为《淄博市图书馆馆藏文献信息处置制度》，并依据《公共图书馆馆藏文献信息处置管理办法（征求意见稿）》的精神和内容，对文献处置标准、范围、程序和方法等方面加以修正。

2016 年至 2022 年，因为新馆开放不久，馆藏容量相对充足，未进行馆藏文献集中处置。对读者丢失缴纳罚款的部分图书和残缺破损无法修补的图书，进行常规处置。其中，于 2018 年年底处置图书 256 册，2019 年年底处置图书 340 册，2020 年年底处置图书 185 册，2021 年年底处置图书 305 册。

古籍文献和特藏文献处置和保护详见本编第四章。

第四章　特色馆藏建设

市图书馆特色馆藏建设始于建馆之初，历经图书馆数代人的努力，形成了较为科学、合理、系统的特色馆藏文献体系，尤其在古籍、古字画、地方文献馆藏方面有一定特色。搬迁新馆后，市图书馆在特色馆藏建设方面又掀开了新的篇章。

第一节　古籍文献专藏库房建设

古籍文献在传承和弘扬中华文明中扮演着中流砥柱的角色，古籍书库是图书馆建筑的重要组成部分，是古籍文献得到有效保护和利用的物质基础。设立专藏库房既是古籍保护工作的前提，又是防止古籍损坏的有效措施。淄博市图书馆建馆伊始，就重视古籍收藏与保护工作，精心设计、充分论证，逐步建立起符合科学保护要求的专藏库房，使馆藏古籍文献得到较好的管理与保护。

市图书馆对古籍文献专藏库房的建设改造因馆舍建筑时期不同，分两个阶段。第一个阶段是2007—2014年共青团路旧馆时期对古籍专藏库房的建设与改造。第二个阶段是2015年图书馆新馆对古籍专藏库房的施工建设。

一、共青团路旧馆古籍专藏库房建设改造

市图书馆共青团路馆舍是20世纪70年代建筑，总面积5300平方米，馆舍陈旧，面积狭窄。古籍库房设置在建筑顶层（四楼），面积80平方米。顶层的库房设置虽然对古籍文献能起到一定程度的防潮、防鼠效果，但由于书库缺少恒温恒湿设备，冬夏季温差大，加之顶层楼板年久失修，夏季有雨水渗漏的安全隐患，不利于古籍文献的长久保存。为加强古籍文献保护，从2008年开始，市图书馆陆续争取财政专款30余万元，对古籍书库进行了一系列维修与改造。

2008年10月，市图书馆投资1万余元对古籍书库的屋顶、门窗等外围环境进行了修缮加固，对屋顶进行了防渗漏处理，窗户加装防盗网。

2009年3月，为迎接国家、省古籍保护中心对古籍重点保护单位的验收工作，市图书馆累计投入5万余元，购置空调、温湿度仪、空气净化器、吸尘器等必要保护设备，安装电脑防盗监控系统，对古籍库房的设施环境进行了全面整治。4月，市图书馆顺利通过“山东省古籍重点保护单位”的评定验收，被山东省政府、山东省文化厅确定

馆藏古籍专用书橱

为“山东省古籍重点保护单位”。

2010年4月，市图书馆投资3.3万元，购置安装七氟丙烷气体自动灭火系统，使书库基本达到参评“全国古籍重点保护单位”的相关标准要求。4月23日，国家古籍保护中心裴秀清、周新凤，山东省古籍保护中心李勇慧、杜云虹一行对市图书馆申报“全国古籍重点保护单位”有关工作进行督导检查。在实地查看古籍书库改造、相关管理制度、人员配备等情况后对市图书馆近几年古籍保护工作给予了充分肯定。6月，市图书馆被国务院批准为“全国古籍重点保护单位”，在同年12月20日召开的全国古籍保护工作会议上被授予标牌。11月，市图书馆投资12.8万元，向江西远洋保险设备实业集团有限公司定制了32组64个封闭式香樟木搁板古籍书橱，对库房的多层开放式书架进行替换，解决了专藏库房古籍未能有效防尘、防虫、防紫外线的问题。

市图书馆被确定为“全国古籍重点保护单位”

2011年12月，为改善馆藏古籍存藏条件，市图书馆投入7.5万元，定制古籍函套（六合套）3100个，并于年内完成了古籍函套尺寸基础数据的测量工作。

2012年5月3日，市图书馆新馆建设专家论证会在齐盛国际会议中心举行。同年5月21日，市图书馆召开了新馆装修方案专家咨询会，会上就新馆古籍库房建设施工标准和设施配备问题进行了论证。规划将古籍保存借阅服务区设置在新馆四层，包括古籍书库、古籍阅览室、文献修复室等功能分区。

2013年3月25日，为迎接全国第五次公共图书馆评估定级工作，市图书馆结合古籍库房建设新动态，对前期制定的《古籍书库管理制度》《古籍安全保护制度》《古籍和民国文献保护制度》进行了重新修订并颁行实施。11月，市图书馆定制的古籍函套制作完成，经过整理编号，馆藏古籍的装具更换工作完成。

二、联通路新馆古籍专藏库房建设

2014年12月1日，国家标准《图书馆古籍书库基本要求》出台实施。

2015年7月，市图书馆新馆搬迁工作启动。为保证馆藏古籍搬迁和运输安全，市图书馆对古籍逐一编号、装箱。搬迁过程配备专人监管并由市公安局国保支队民警押车运送，保障古籍在搬迁过程中无一册损坏遗失。11月初，共青团西路旧馆存藏古籍、书橱、空气净化器等设备全部搬迁至新馆并安装摆放完毕。

2016年，新馆古籍库房设备调试完毕，达到使用要求。新馆古籍库房为独立专用库房，总面积110平方米。位于建筑北侧，无阳光直射，窗户加装遮光窗帘。设置防盗门窗、书库内部和门口配备监控视频探头。配备24小时恒温恒湿空调机组（温度16℃—22℃、相对湿度45%—60%）以及新风系统和空气净化器。消防采用火灾自动感应报警及七氟丙烷气体自动灭火系统。古籍文献全部存放于封闭式香樟木书橱和古籍函套中。书橱柜体内板及隔板采用樟木，具备防虫效果并有效隔绝鼠患。古籍库房附设古籍（国学）阅览室，仿古装修，配备博古架、阅览桌椅、文献书橱、珍品文献展柜等，提供30个阅览坐席，为读者提供古朴、庄重、优雅的阅读环境。阅览室存藏的文献资料包括中华传统文化与国学著作，明、清古籍线装影印本，《四库全书概要》，全套《文渊阁四库全书》及《山东文献集成》等。

2016 年 11 月，市图书馆决定将原存于市博物馆文物库房内的图书馆两个古代字画保险柜运回新馆古籍库房保存。市公安局国保支队民警协助押车运送，经清点查验，古字画保存完好，无遗失损坏。

市图书馆多年来对古籍专藏库房的建设与改造工作以《图书馆古籍特藏书库基本要求》为参照，设施设备均满足要求中的各项条件，为馆藏古籍提供有效保护。

第二节　古籍普查、保护与研究工作成果

古籍是中华优秀传统文化和中华文脉的重要组成部分，更是古为今用、再创中华文化辉煌的宝贵资源。2007 年，中华古籍保护计划启动，全国古籍普查和保护工作由此展开。淄博市图书馆从普查工作着手，逐步摸清家底，分级保护，全面细致地推进古籍保护各项工作向纵深发展。

一、淄博市古籍普查大事记

古籍普查是开展古籍保护的基础性工作。从 2007 年开始，淄博市在全市各级公共图书馆、博物馆、文管所等单位的共同努力下，古籍普查工作顺利开展，各单位逐步建立起系统规范的古籍保护规章制度，在摸清家底的基础上进一步深化对馆藏古籍的挖掘和整理，普查保护工作得以稳步推进。市图书馆在推进全市古籍普查和保护工作的同时，不断在职能履行、机制建立、人员培训、名录申报、宣传推广、开发利用等多项工作中取得阶段性成果。

2007 年 1 月 19 日，国务院办公厅下发《关于进一步加强古籍保护工作的意见》（国办发〔2007〕6 号），拉开全国古籍普查工作序幕。10 月 15 日，山东省印发《关于进一步加强古籍保护工作的意见》（鲁政办发〔2007〕81 号），建立由省文化厅牵头，省发改委、省财政厅、省教育厅、省科技厅、省民委、省新闻出版局、省宗教局、省文物局等部门组成的“山东省古籍保护工作联席会议”，成立由相关领域专家组成的“山东省古籍保护工作专家委员会”。11 月，淄博市图书馆在组织宣传发动的基础上对全市古籍存藏情况进行初步调查，确定全市公藏单位数量和基本情况。12 月 30 日，淄博市图书馆协助市政府办公厅起草下发淄博市《关于进一步加强古籍普查和保护工作的意见》（淄政办发〔2007〕115 号）。

2008 年 8 月 15 日，由市文化局牵头组织召开了淄博市古籍普查与保护工作会议，市及区县文化局、文物局、图书馆及其他古籍收藏单位负责人参加会议。

2009 年 4 月 21 日，淄博市图书馆被山东省人民政府命名为“山东省古籍保护重点单位”。

2009 年 1 月至 2012 年 12 月，市图书馆三次组织全市收藏单位参加国家和山东省珍贵古籍名录的申报和评选活动。经过专家评审，淄博市图书馆的《兵垣四编》《余学士集》《碧云仙师笔法录》分别入选第二、三批《国家珍贵古籍名录》，市图书馆、市博物馆、蒲松龄纪念馆、桓台县图书馆存藏的 54 部古籍入选《山东省珍贵古籍名录》。

2010 年 6 月，淄博市图书馆被国务院公布为第三批“全国古籍重点保护单位”。

2011 年 3 月 28 日，市图书馆根据文化部下发的《关于进一步加强古籍保护工作的通知》（文社文发〔2011〕12 号）文件要求，先后四次对已完成的古籍普查数据进行审校，保证数据质量的准确完整，

2016 年 4 月 11 日，“淄博市古籍保护中心”成立，挂靠淄博市图书馆，负责开展全市古籍普

查与保护工作。5月20日，市图书馆再次召开全市古籍普查工作协调会。会议要求各收藏单位按照《古籍普查登记表格整理规范》《全国古籍普查登记目录审校要求》进行普查著录，参考权威资源对古籍题名、卷数、著者、版本年代、版本类型、版式、装帧形式、存缺卷数、册数、批校题跋、索书号等16项内容进行全面审校并拍摄书影，确保普查数据全面规范。

2018年4月13日，全市16家公藏单位古籍普查登记任务全部完成，普查古籍1948部17071册，数据格式符合国家古籍保护中心的编目要求。普查数据全部提报省中心，会同其他地市联合出版区域古籍普查登记目录。

2019年8月14日，市图书馆举办“碑帖源流”专题知识讲座暨首届淄博民间收藏古籍、碑帖鉴定活动。邀请山东大学教授刘心明讲授碑帖源流知识，增加了市民读者对碑帖这一传统文化载体的认识和兴趣。11月，市图书馆组织撰写了《淄博市古籍保护中心古籍普查登记工作报告》。报告详细叙述了2007—2019年淄博市古籍普查历程，从背景、方案、经过、成果方面全面回顾工作经历，总结实践经验，是对全市古籍普查和保护工作的细致梳理和总结。

2019年8月14日，市图书馆举办“碑帖源流”专题知识讲座暨首届淄博民间收藏古籍、碑帖鉴定活动

2020年8月，市图书馆举办“传习经典 融古慧今——雕版（活字）印刷体验”活动。活动以特色晒书文化为主题，采用特色沙龙的形式，让学生和家长体验传统非遗项目雕版印刷、活字印刷的独特魅力。

2020年8月13日，市图书馆稷下书院举办“传习经典 融古慧今——雕版（活字）印刷体验”活动

2021年8月，市图书馆举办“珠还合浦 历劫重光——《永乐大典》的回归和再造”主题展览。此次巡展以线上、线下相结合的方式进行，由“大典犹看永乐传”“合古今而集大成”“久阅沧桑

惜弗全”“遂使已湮得再显”“珠还影归惠学林”五个单元组成，形象生动地将《永乐大典》的编纂历程、内容体例、流散与收藏、辑佚与回归等情况展现出来，揭示其珍贵的文献价值与深厚的历史内涵，营造全社会共同参与保护传承中华优秀传统文化的氛围。

二、淄博市古籍普查数据统计

淄博市古籍普查登记工作自开展以来，全市共普查古籍1948部17086册。其中张店区1570部14812册（淄博市图书馆1467部13413册、淄博市博物馆100部1367册、张店区文物管理所3部32册），博山区5部13册（博山区图书馆1部4册、赵执信纪念馆4部9册），淄川区97部602册（淄川区图书馆7部85册、淄川区博物馆60部208册、蒲松龄纪念馆30部309册），周村区91部579册（周村区文物管理所44部312册、蒲松龄书馆47部267册），临淄区94部580册（临淄区图书馆88部574册、齐文化博物院6部6册），沂源县29部234册（沂源县文物管理所29部234册），桓台县62部266册（桓台县图书馆3部13册、桓台县博物馆1部1册、王士禛纪念馆58部252册）。全市图书馆系统共收藏1566部14089册，文博系统收藏382部2997册。

在普查到的古籍中，按版本统计，其中刻本共1614部，套印本24部，抄本81部，稿本13部，活字本2部，钤印本2部，石印本174部，铅印本38部。按时代统计，其中明代古籍79部，清代古籍1869部。新编古籍共计97部612册，其中张店区（张店区文物管理所）3部32册，临淄区94部580册（临淄区图书馆88部574册，齐文化博物院6部6册）。图书馆系统88部574册，文博系统9部38册。

全市共计16家公藏单位参与普查，其中张店区3家（淄博市图书馆、淄博市博物馆、张店区文管所），临淄区2家（临淄区图书馆、齐文化博物院），博山区2家（博山区图书馆、赵执信纪念馆），淄川区3家（淄川区图书馆、淄川区博物馆、蒲松龄纪念馆），周村区2家（周村区文管所、周村区松龄书馆），桓台县3家（桓台县图书馆、桓台县博物馆、王士禛纪念馆），沂源县1家（沂源县文管所）；图书系统5家，文博系统11家。

三、淄博市古籍普查重要发现

全市古籍普查过程中发现了诸多地方名人的手稿、抄本和钤印本，如王士禛、赵执信、蒲松龄等，以及某些版本存世极少的古籍，具有重要的历史价值和学术价值。

蒲松龄纪念馆藏蒲松龄手稿《拟表九篇》37页（字体为行草体，2005年由南京博物院加衬装裱为册页）、《聊斋表文草》一册（1961年由北京图书馆加衬装裱为“金镶玉”），具有特别重要的历史资料和版本价值。

淄博市图书馆藏《赵庄田宅文契账目》一册，系赵执信记录康熙四十七年至五十一年间（1708—1712）赵庄田宅详细买卖情况的手稿。此手稿对于深入了解和研究赵执信生平具有重要意义。

淄博市图书馆藏《带经堂印谱》一册，计43页，辑清初著名诗人王士禛所用印章164枚次。该印谱系王启汧辑编而成。王士禛一生所用印章数百枚，现传世极少，此印谱对于全面深入地了解和研究王士禛生平具有重要意义。

淄博市图书馆藏《聂松岩印谱》五册，系聂氏自存钤印剪贴本，收录所刻印章2100余方，系目前发现收存聂氏刻印最多的印谱。前有其师张在辛、曹瀚（曹贞吉之子）、丁源淇［乾隆四年（1739）进士］、丁恺曾、周再庚、方学成等名流手书题记。此五册印谱题签“印谱”，题名为本馆据内容自拟，似未见于著录。

淄博市图书馆藏《兵垣四编》四册，明代闵声、闵映张编，闵氏刻套印本。套版印书，是雕版印书发展到一定程度的产物，是在雕版印刷技术基础上的重大革新。后世藏书家则因其雕印精美，便视其为不可多得的版刻艺术品，当作珍品收藏。经历300余年的流传，至20世纪前半叶，“闵氏刻本”已稀如星凤，具有极为重要的版本价值。

淄博市图书馆藏《余学士集》十册，明代余孟麟著，明万历二十八年(1600)刻本。目前所知该著作仅存于台湾“国家图书馆”、日本尊经阁文库和淄博市图书馆，并且现存的三个版本在内容、序文、版式、续集及其卷数上都略有差异。因而，淄博市图书馆所藏的这部《余学士集》，可能为海内孤本，极具珍稀性。

四、淄博市古籍普查与保护学习培训

为提高全市古籍普查和保护工作人员的专业素质，提高普查工作水平和编目质量，市图书馆积极组织全市各收藏单位古籍普查登记工作人员参加国家中心和省中心举办的鉴定、编目、修复培训班。2007年至2022年全市累计700余人次参与了古籍普查、文献保护业务学习班。除参加省市培训外，市图书馆还组织举办了两期全市古籍普查和保护工作培训班，对全市各公共图书馆、古籍收藏单位的古籍普查专业人员统一培训上岗。

2008年8月21日至22日，市文化局主办、市图书馆承办了首期“全市古籍普查和保护培训班”，来自市及各区县图书馆、文物局（文管所）、博物馆（纪念馆）等单位具体负责古籍普查和保护工作的28名专业人员进行了古籍普查登记著录、编目等相关内容培训。

2016年6月2日，市图书馆举办了第二期“全市古籍普查和编目人员培训班”，对全市12家古籍收藏单位的20余名工作人员进行古籍著录和审校内容培训。

五、淄博市古籍普查与保护工作成果

作为古籍普查与保护工作成果，通过不断挖掘、整理和研究古籍中的文化内涵，以数字化和整理出版的形式把古代典籍转化为百姓大众看得见、摸得着的知识工具，可以更好地推进中华优秀传统文化传承发展。因此，用古籍普查建立起来的编目数据基础推动淄博古代文献版本与目录学研究开发和综合利用就显得尤为必要。

一是整理出版馆藏古籍目录图录。市图书馆2018年开启了馆藏古籍和民国文献目录的编纂出版工作。编纂历时四年，六易其稿，多次就书籍体例、异体字、“四部”分类问题与出版机构协调修改。2020年年底，《淄博市图书馆藏古籍目录暨珍贵古籍图录》编纂完成，2021年11月由中华书局出版发行。全书416页，20余万字，依照传统的四部分类法将书目分为“经、史、子、集、丛”五类。收录馆藏古籍1788部，珍贵古籍书影141幅。著录内容涵盖题名卷数、著者信息、版本年代、装帧形式、批校题跋等16项内容，体例完备、著录规范，是淄博文献史上第一部古籍目录工具书，填补了淄博市尚未有行业性古籍整理目录的空白。

二是推进古籍数字化保护。推进图书馆古籍数字资源联合建设，可以更好地发挥图书馆的资源价值，丰富资源容量、提升服务质量。2019年4月，市图书馆在国家图书馆数字资源联建项目中，立项建设“齐文化特色资源库”，通过对《管子》《齐乘》等10部5000余页馆藏齐文化特色古籍进行数字化扫描方式，对齐文化特色资源进行优化整合并提供公众查阅利用。2021年10月，市图书馆在“智慧图书馆”建设项目中，投入专项资金19万元，对淄博地区古代方志进行搜集和整理，进行数字资源库建设。数字资源库分为基础文献库、细颗粒度标引库、知识资源库，包含民国前淄博地方志、淄博市志等文献。不仅支持多种分类图文内容的在线浏览阅读，也可以提供按照古籍文献结构进行细颗粒度标引数据以及抽取的知识化数据的可视化展示。2021 年 3 月，市图书馆对珍藏的古代字画进行了整理，重新对文徵明《西苑诗》、毕道远《设色山水轴》、萧逊《桃园图轴》等 11 种馆藏古字画进行拍照和数字化加工，并开发了文徵明《西苑诗行书卷》仿真复制的文化创意产品。补拍的馆藏古字画重新辑入《淄博市图书馆藏书画集》并于 2022 年出版。

三是积极参与“山东省古籍普查十大新发现”评选工作。2021 年 5 月，山东省古籍保护中心开展了“山东省古籍普查十大新发现”评选工作。市图书馆选送的两部古籍《余学士集》《赵庄田宅文契账目》，分别入选和入围“山东省古籍普查十大新发现”。

第三节　地方文献建设

淄博是历史文化名城，八百年“泱泱齐风”孕育了众多杰出人物，丰富的地域文化衍生出大量文献存藏，记录着淄博地区政治、经济、文化、科学、教育等领域的历史发展和现实状况，形成丰富的地方文献资源。淄博市图书馆历来注重地方文献的搜集和整理工作，曾先后多次开展地方文献征集活动。经过多年努力和社会各界热心捐赠，市图书馆地方文献存藏日益充盈，逐步形成史、志、谱齐全，地方名人著述丰富，地方出版物保存完整的馆藏地方文献体系。与此同时，以“齐文化”“聊斋文化”“红色淄博”为代表的地方文献专题收藏也颇具规模。截至 2022 年，市图书馆存藏纸质地方文献 6000 余种 11000 余册，地方古籍 70 余种 220 余册，古今书画名士作品、手稿 250 余幅（件）。设有专用地方文献阅览室一个，位于市图书馆四楼东侧，总面积 100 平方米，专职工作人员 4 人。

2013 年 3 月，市图书馆专门制定地方文献工作规划，规划将地方文献征集作为工作重点，强调市图书馆各部门之间相互配合，协同合作，严格按照计划开展工作。

2013 年至 2014 年，市图书馆以地方志书的集中征集为工作重点。两年时间新征集市志、区县志、厂矿志、村志 40 余种 96 册。

家谱是记载家族世系繁衍、人物事迹及相关资料的重要载体。2015 年至 2017 年，市图书馆加大谱牒文献的搜集整理力度，致力于家谱文献资源的建设工作，与省市谱牒学会建立合作机制，互通有无，使馆藏家谱数量得到显著增加。

2017 年至 2020 年，市图书馆以数字图书馆推广工程数字资源联合建设项目为基础，将馆藏地方文献数字化加工作为工作重点。四年内加工特色地方文献 20000 页，加工数据以专题数据库形式在网站供读者访问。

2020 年至 2022 年，为庆祝建党一百周年、讴歌抗击新冠肺炎疫情先进事迹，市图书馆重点对淄博红色文献和抗击新冠肺炎疫情文献进行了征集。

2013 年 5 月，市图书馆与“读秀学术搜索”合作建立淄博名人专题数据库，收录王渔洋、蒲松龄、赵执信等名人数据文献，在图书馆官方网站以地方文献专题数据库的形式服务读者。

2014 年，市图书馆积极开展地方史志的征集工作，多次发布文献征集公告，向全社会征集市区县志、镇街志、村志、行业志及企业志等。

2015 年，市图书馆积极开展地方文献的征集和利用工作，全年搜集和整理了大量本地和外地的家谱文献，其中纸质家谱 50 种、家谱书影 400 余拍、电子家谱 80 种 100G。11 月，市图书馆开启新馆搬迁工作，5400 余册地方文献图书被安全搬至新馆，搬迁新馆后地方报纸（《淄博日报》《鲁中晨报》《淄博晚报》等）和地方期刊转交报刊阅览室集中管理。

2016 年 5 月，市图书馆对 5400 余册地方文献进行再加工，粘贴蓝色书标，对书标脱落的文献进行修补整理。6月，地方文献资料整架完成。结合工作实际，对《地方文献阅览室读者须知》《地方文献管理制度》等相关规章制度进行了新的修订，使其适应新时代图书馆发展规律，保障地方文献工作科学有序。12月，市图书馆向社会发布了《淄博市图书馆家谱捐赠倡议书》，召开“淄博市图书馆家谱征集工作座谈会”，邀请全市近60名谱牒爱好者到馆座谈和现场捐赠家谱。同时举办“追溯家谱历史——馆藏精品家谱展”，展出近年来征集的80个姓氏218种家谱。是年共征集纸质地方文献192种965册。

2017年2月，市图书馆根据第六次全国公共图书馆评估要求，将地方文献征集工作作为年度重点工作，加大地方音视频资料、档案资料的征集力度。本年度共征集纸质地方文献740种1549册，征集地方文献音视频资料312G，地方档案（国家级非遗电子档案）1G，特色文献23种。3月，市图书馆与万方数据库合作建设2017年数字图书馆推广工程项目，对馆藏《淄博市志》《张店区志》《淄川区志》等8种19册15000页地方文献图书进行数字化加工。

2018年4月，市图书馆在地方文献的征集过程中，根据本地区历史文化特点，有意识、有重点地突出了齐文化、聊斋文化等特色文献的收藏，对各种《聊斋》版本和相关研究著作、齐文化相关历史研究、淄博历史文化名人生平著述及研究资料做重点搜集，如《管子学刊》《蒲松龄研究》等都已收集齐全。10月，市图书馆与市委宣传部联合举办“淄博市文艺创作精品展”，对2013年至2016年文艺创作专项资金立项扶持的重点文艺创作生产项目，包括图书、影视剧、戏剧、歌曲、广播剧五个门类的98部作品进行了集中整理和展示。是年，与万方数据库合作建设2018年数字图书馆推广工程项目，对馆藏《齐文化丛书》和《博山区志》进行数字化加工，共计24册15000页。

2019年1月，市图书馆与万方数据库合作建设2019年数字图书馆推广工程项目，对馆藏《齐

2019年1月27日，市图书馆与淄博市书协、淄博书画院联合举办了“2019迎新春送祝福文化惠民活动”

文化通论》《齐都名著》《齐国治国思想论集》等 26 种 43 册 15826 页地方文献图书进行数字化加工。是年，地方文献的征集工作持续进行，通过采购或个人、单位捐赠等方式征得纸质地方文献资料 178 种 259 册。

2020 年 2 月，市图书馆通过新闻媒体向社会发布了征集淄博相关地方文献资料的文献征集公告。截至 12 月底，共征集纸质地方文献 1577 种 2900 余册（包括图书、资料汇编、画册 、图集等淄博本土正式和非正式出版物），其中到馆捐赠和上门征集地方文献 700 余种 1500 余册，馆内购买加工文献 556 种 863 册。3 月，市图书馆发布《淄博市图书馆征集抗击新冠肺炎疫情文献资料的公告》。截至 12 月底，共征集各类文献资料（实物、纸质文献、影像数字资源等）407 种 20.8G，体裁包括诗词、散文、朗诵、沙画、山东快书、民间板话、歌舞、戏剧、绘画、书法等。12 月，市图书馆举办“淄博地方文献精品展暨淄博优秀文学作品展”，展出淄博市近年来的优秀文学艺术作品及市图书馆多年来征集、收藏的各类地方文献精品共 500 种。其中，优秀文学类作品 120 余种、社科类作品 60 余种，市图书馆地方文献精品馆藏 300 余种。 与万方数据库合作建设 2020 年数字图书馆推广工程项目，对馆藏 86 册 15500 页《蒲松龄研究》进行数字化加工。

2021 年 4 月，市图书馆发布《淄博市图书馆关于征集红色革命文献的启事》，面向社会各界广泛征集各类红色革命文献及党史资料，同时搜集整理相关文献书目，截至 12 月底，共征集红色文献 60 种 120 册。2021 年，市图书馆面向社会各界征集纸质地方文献 300 种 597 册，电子文献 2.5G。

2022 年 3 月，市图书馆向社会发布《淄博市图书馆抗击新冠肺炎疫情地方文献征集通告》，征集文献范围包括反映淄博各行各业特别是一线医护人员、公安干警、镇（街道）村（居）组等基层干部和广大群众抗击疫情的文档文件、文学艺术创作、有正能量的照片和视频等，截至 3 月底，共收到电子文献资料 8 种 50M。6 月，为进一步推动淄博新时代文明实践和社科普及工作，市图书馆与市社会科学界联合会联合举办“奋进新征程，喜迎二十大——淄博市社会科学优秀成果主题书展”，设社科文库、红色淄博、地域文化专题，共展出作品 100 种 118 册。6 月至 7 月，为贯彻落实《黄河文化保护传承弘扬规划》精神，进一步挖掘黄河文化的时代价值，市图书馆举办“传承黄河文化”系列活动，包括“万里黄河，盛世安澜——高青黄河文化主题线上展”，展出高青黄河图片 16 幅；“馆藏黄河文献线上推介”，分 3 个主题，共推荐黄河文献 10 余种。7 月，为进一步宣传和弘扬红色文化及淄博市党史史志工作取得的成果，市图书馆与市委党史研究院合作，在地方文献阅览室开设“淄博党史史志文献专架”，展出淄博市史志及红色文献 30 余种 300 余册。8 月至 12 月，为深入宣传和弘扬焦裕禄精神，市图书馆开展了纪念焦裕禄同志诞辰 100 周年系列活动。包括与淄博职业学院联合举办“瞻仰不朽丰碑——焦裕禄诞辰 100 周年文献展”，共展出相关文献（剧本、绘画、传记等）50 余种 90 余册；开展多场线上焦裕禄相关作品推介（焦裕禄著作 4 期、绘画作品 3 期、影视作品 2 期、戏剧作品 2 期等），共推荐焦裕禄相关作品 60 余种。是年，地方文献征集工作持续进行，共征集纸质地方文献资料 230 种 550 册，电子地方文献资料 2G。

附 录:

淄博市图书馆藏珍贵古籍图录

古籍文献是淄博市图书馆特色馆藏的重要组成部分。市图书馆自建馆以来，历来十分重视古籍搜集、整理、保护和利用工作，馆藏古籍数量和品质居全市公藏机构之首。其中，《兵垣四编》《余学士集》《碧云仙师笔法录》3 种古籍先后入选《国家珍贵古籍名录》，《明崇祯六年癸酉科山东乡试录》《铨部王先生文集》等 42 种古籍先后入选《山东省珍贵古籍名录》。有关文献图录举要如下。

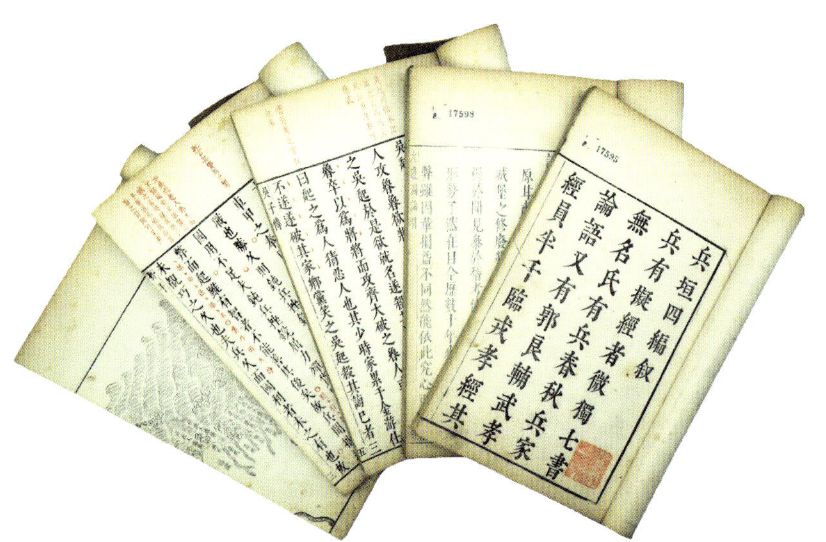

《兵垣四编》四卷附编二卷
（明）闵声、（明）闵映张辑 明天启元年（1621）闵氏刻三色套印本
半叶八行十八字，白口，四周单边。
框 20.5cm × 14.7cm
入选第二批《国家珍贵古籍名录》、第一批《山东省珍贵古籍名录》

《余学士集》三十卷

（明）余孟麟著 明万历刻本

半叶八行十六字，小字双行同，白口，四周双边，单黑鱼尾。

框 19.8cm × 14.2cm

入选第三批《国家珍贵古籍名录》、第一批《山东省珍贵古籍名录》

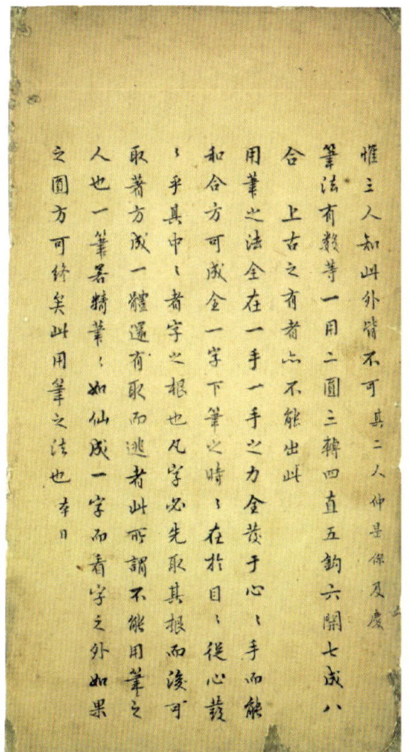

惟三人知此外皆不可其二人仲景保及虞
筆法有數等一用二圓三轉四直五鈎六開七成八
合
上古之有者亦不能出此
用筆之法全在一手一手之力全發于心心手而能
和合方可成全一字下筆之時時在於目目從心發
手其中中者字之根也凡字必先取其根而後可
取著方成一體還有取而逃者此所謂不能用筆之
人也一筆要精筆筆如仙成一字而看字之外如果
之圓方可紡矣此用筆之法也 本日

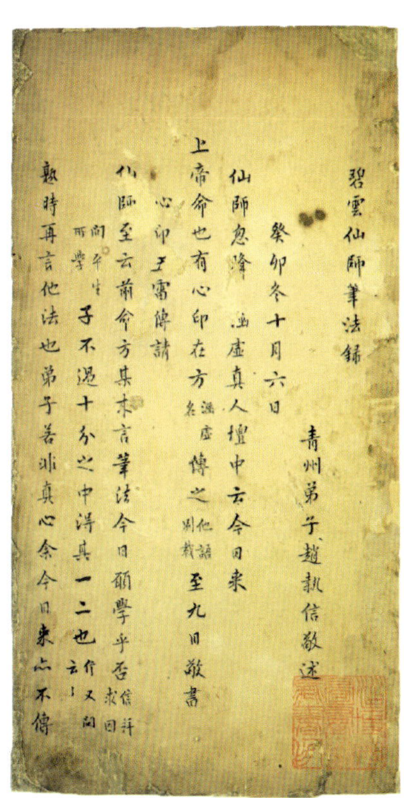

碧雲仙師筆法錄
青州弟子趙執信敬述
癸卯冬十月六日
仙師忽降涵虛真人壇中云今日來
上帝命也有心印在方名涵虛傳之他語則載至九日敬書
心印子需傳請
仙師至云前命方其未言筆法今日願學乎否信拜求回
問平生所學子不過十分之中得其一二也云云作又問
熟時再言他法也弟子善非真心余今日來亦不傳

《碧云仙师笔法录》一卷

（清）赵执信撰 清赵执信稿本

半叶九行二十字。

入选第三批《国家珍贵古籍名录》、第一批《山东省珍贵古籍名录》

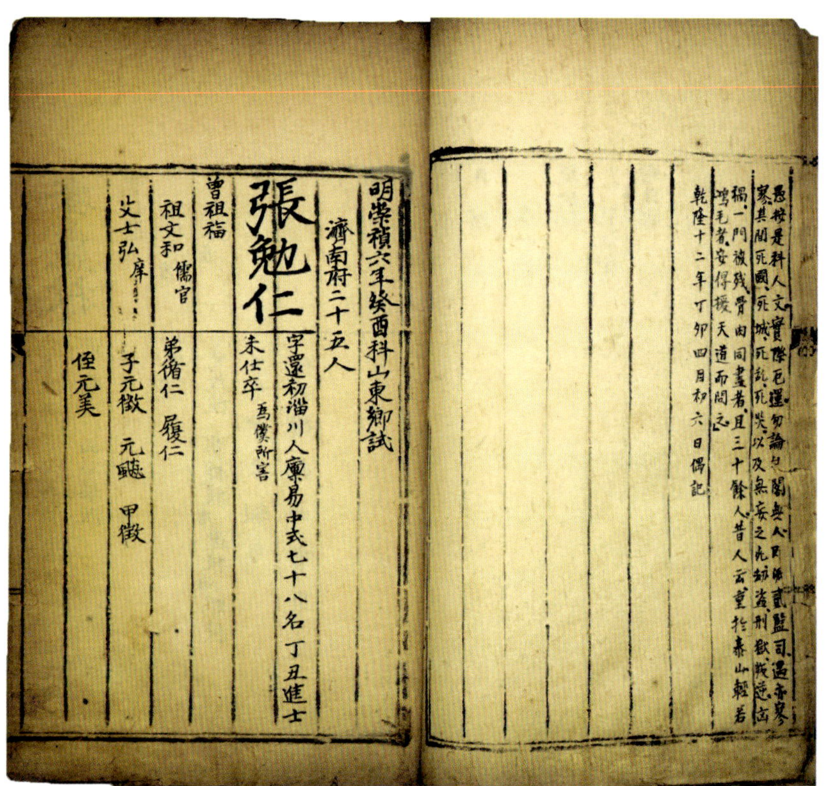

《明崇祯六年癸酉科山东乡试录》一卷

清钞本

半叶九行大小字不等，白口，四周双边，单黑鱼尾。

框 19.4cm × 13cm

入选第一批《山东省珍贵古籍名录》

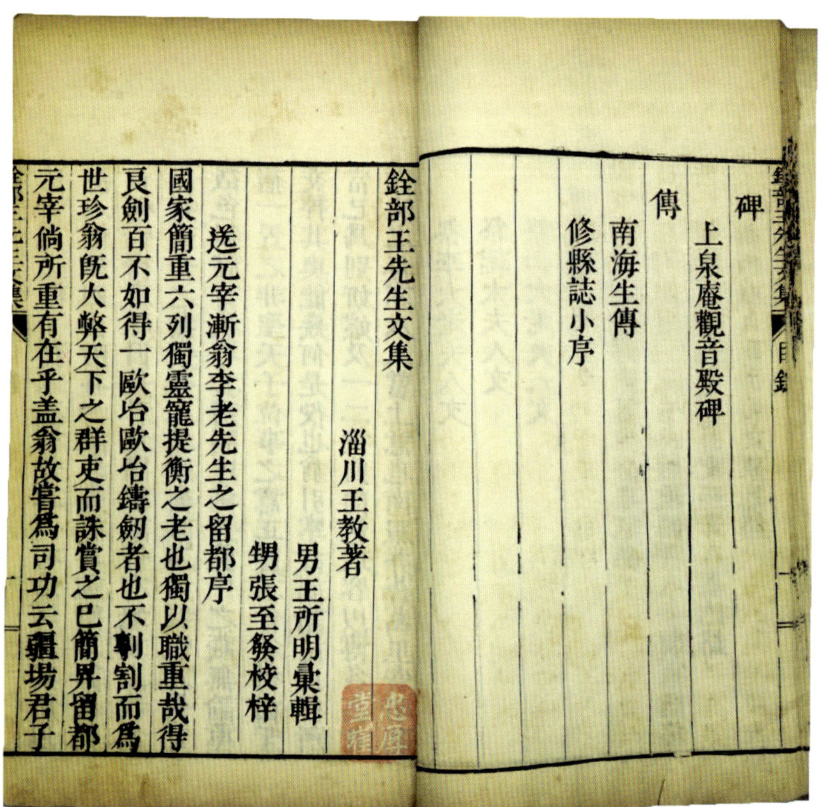

《铨部王先生文集》一卷

（明）王教著 （明）王所明辑 （明）张至发校梓 明万历四十四年（1616）张至发刻本

半叶九行二十字，白口，四周单边，单黑鱼尾。

框 22.7cm × 15.4cm

入选第一批《山东省珍贵古籍名录》

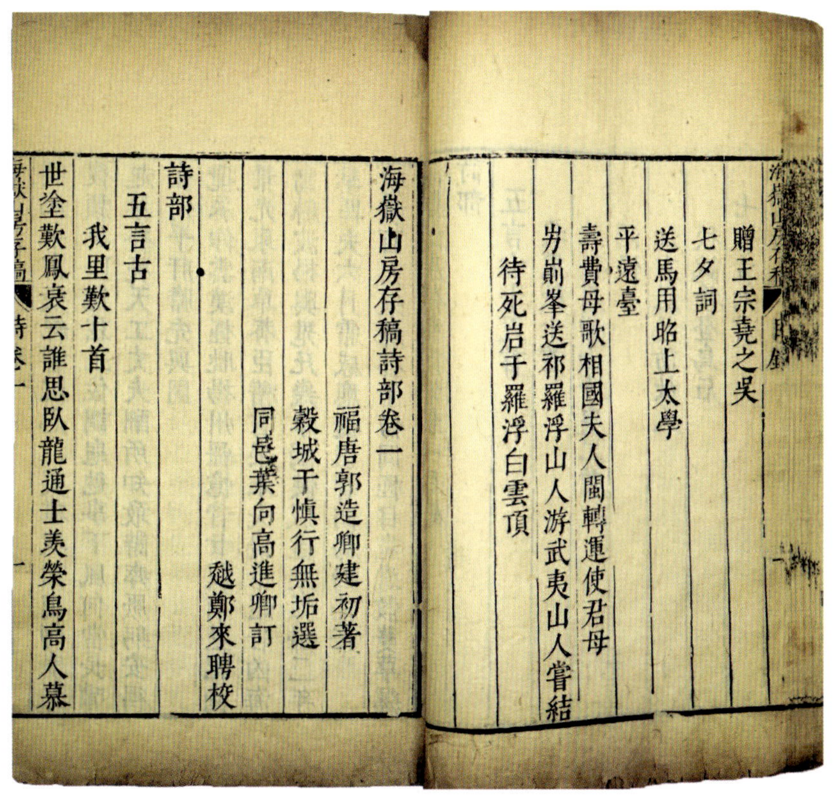
贈王宗堯之吳
七夕詞
送馬用昭上太學
平遠臺
壽費母歌相國夫人閩轉運使君母
屴崱峯送祁羅浮山人游武夷山人嘗結
待死岩于羅浮白雲頂

海嶽山房存稿詩部卷一
福唐郭造卿建初著
穀城于慎行無垢選
同邑葉向高進卿訂
越鄭來聘校
詩部
五言古
我里數十首
世垒歎鳳哀云誰思臥龍通士美榮鳥高人慕

《海岳山房存稿》存诗部五卷
（明）郭造卿著（明）于慎行选
（明）叶向高订 明万历三十五年（1607）师古斋吴勉学刻本
半叶九行十八字，小字双行同，白口，左右双边，单黑鱼尾。
框 19.8cm×14cm
入选第一批《山东省珍贵古籍名录》

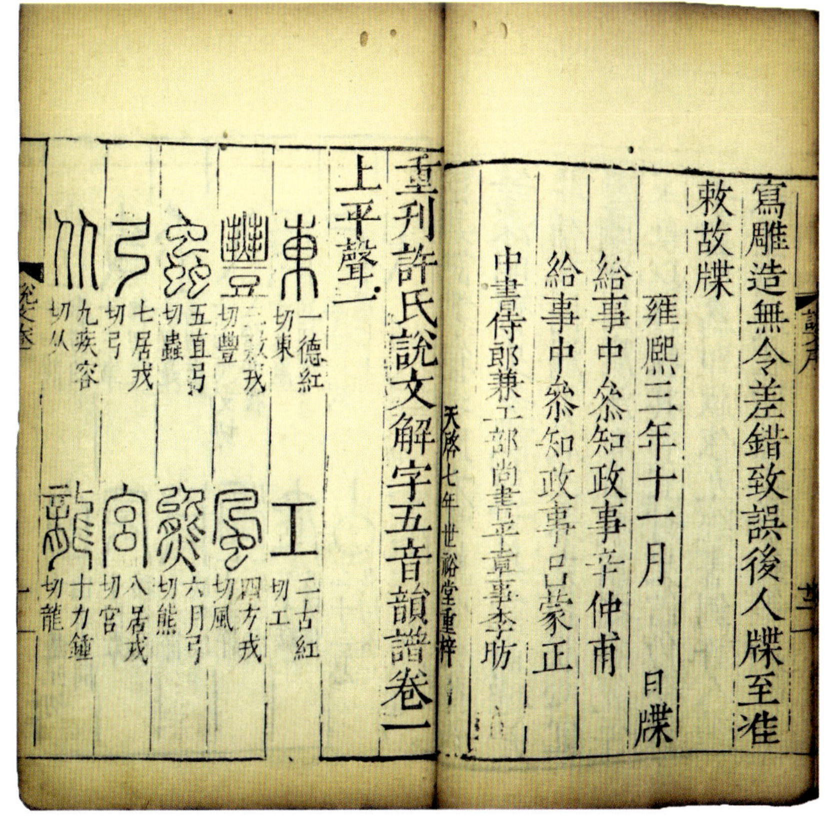
寫雕造無令差錯致誤後人牒至准
敕故牒
雍熙三年十一月　日牒
給事中參知政事辛仲甫
給事中參知政事呂蒙正
中書侍郎兼工部尚書平章事李昉
天啓七年世裕堂重梓

重刊許氏說文解字五音韻譜卷一
上平聲一

《重刊许氏说文解字五音韵谱》十二卷
（宋）李焘撰（宋）徐铉等校定 明天启七年（1627）世裕堂刻本
半叶七行大小字不等，白口，四周单边，单黑鱼尾。
框 19.6cm×14.8cm
入选第一批《山东省珍贵古籍名录》

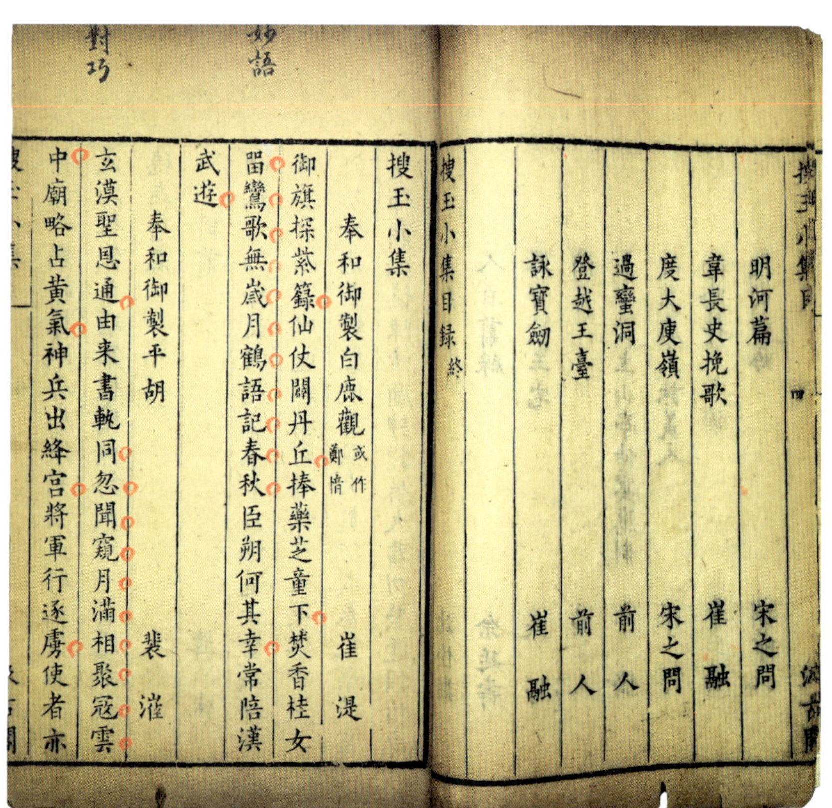
搜玉小集目
明河篇　宋之問
章長史挽歌　崔融
度大庾嶺　宋之問
過蠻洞　前人
登越王臺　前人
詠寶劍　崔融
搜玉小集目錄終

搜玉小集
奉和御製白鹿觀或作鄭愔　崔湜
御旗採紫籙仙仗闢丹丘捧藥芝童下焚香桂女
留鸞歌無歲月鶴語記春秋臣朔何其幸常陪漢
武遊
奉和御製平胡　裴漼
玄漢聖恩通由來書軌同忽聞窺月滿相聚寇雲
中廟略占黃氣神兵出絳宮將軍行逐虜使者亦

《唐人选唐诗》二十三卷
（清）毛晋编 明崇祯元年（1628）毛氏汲古阁刻本
半叶八行十九字，小字双行同，白口，左右双边。
框 19.3cm × 13.6cm
入选第一批《山东省珍贵古籍名录》

《战国策谭棷》十卷
（宋）鲍彪校注 （元）吴师道补正 （明）张文燿集评 **附录一卷**（明）张文燿辑 明万历刻本
半叶九行十八字，小字双行同，白口，左右双边。
框 21.6cm × 14.5cm
入选第一批《山东省珍贵古籍名录》

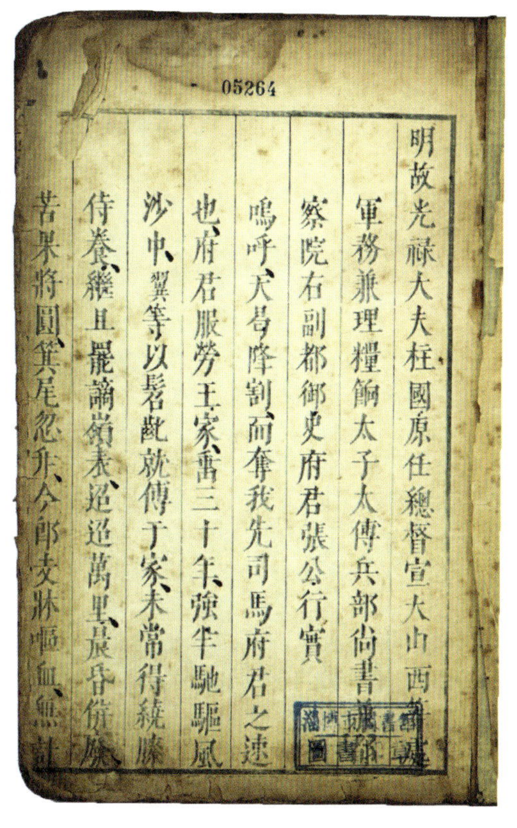

《张晓行实》一卷

（明）钟羽正等撰 明崇祯刻本

半叶八行十八字，白口，四周单边，单黑鱼尾。

框 22cm×14.5cm

入选第一批《山东省珍贵古籍名录》

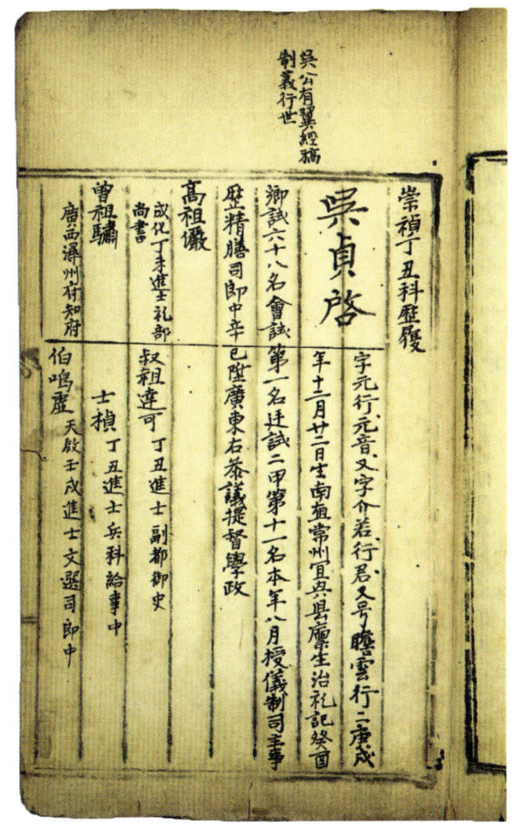

《明崇祯十二年山东乡试录》一卷

清钞本

半叶九行大小字不等，白口，四周双边，单黑鱼尾。

框 19.4cm×13cm

入选第一批《山东省珍贵古籍名录》

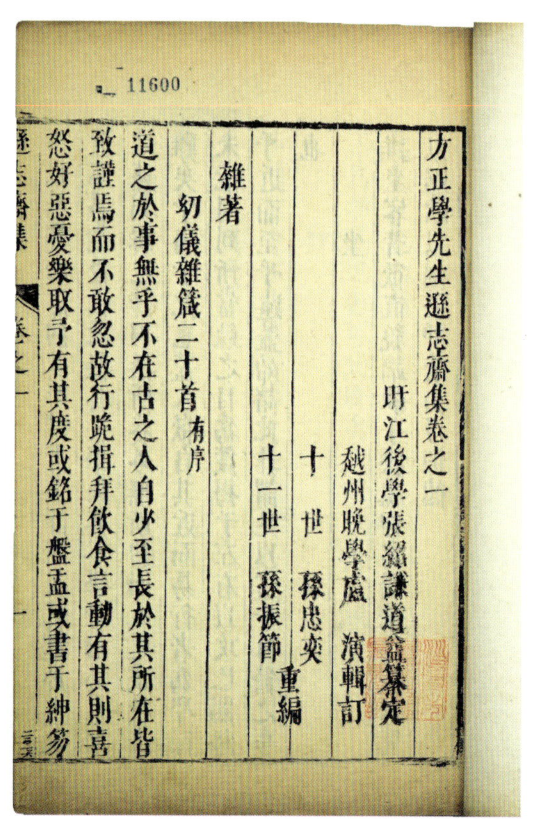
11600
方正學先生遜志齋集卷之一
盱江後學張紹謙道益纂定
越州晚學盧 演輯訂
十 世 孫忠奕
十一世 孫振節 重編
雜著
幼儀雜箴二十首 有序
道之於事無乎不在古之人自少至長於其所在皆
致謹焉而不敢忽故行跪揖拜飲食言動有其則喜
怒好惡憂樂取予有其度或銘于盤盂或書于紳笏
遜志齋集 卷之一 一

《方正学先生逊志斋集》二十四卷拾补一卷外纪一卷
（明）方孝孺撰 （明）张绍谦纂定
（明）卢演辑订 年谱一卷
明崇祯十六年（1643）张绍谦刻本
半叶十行二十字，白口，四周单边，单黑鱼尾。
框 21.4cm × 15cm
入选第一批《山东省珍贵古籍名录》

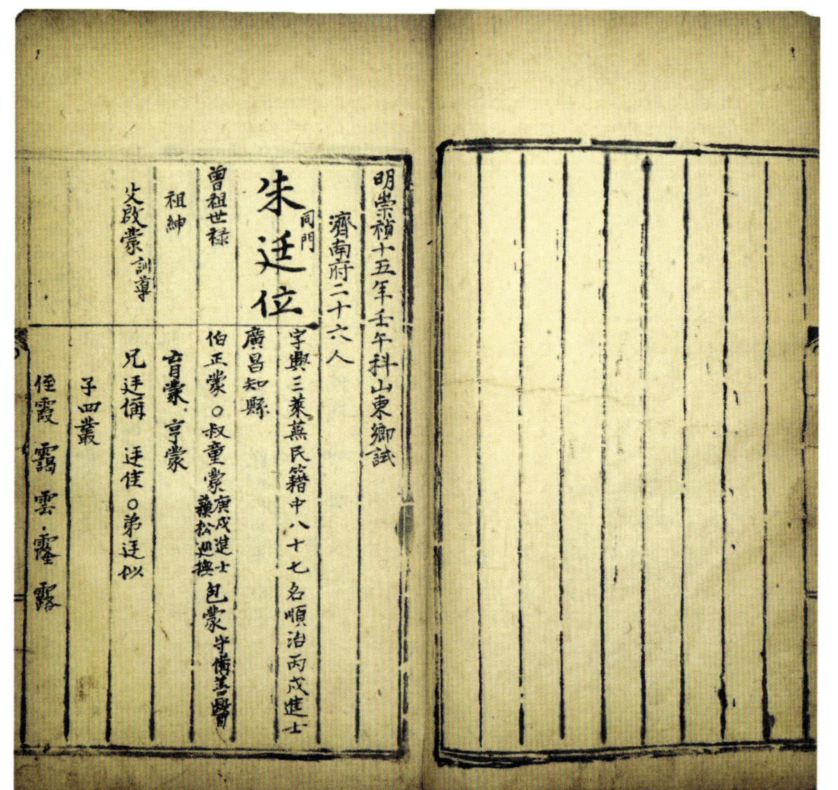
明崇禎十五年壬午科山東鄉試
濟南府二十六人
朱廷位 同門
字輿三萊蕪民籍中八十七名順治丙戌進士
廣昌知縣
曾祖世祿
伯正蒙 ○叔童蒙庚戌進士 包蒙守備善醫 蒙松迎撫
祖紳
育蒙 亨蒙
父啟蒙訓導
兄廷俌 廷佳 ○弟廷似
子四叢
侄霞 靄 雲 靂 露

《明崇祯十五年壬午科山东乡试录》一卷
清钞本
半叶九行大小字不等，白口，四周双边，单黑鱼尾。
框 19.4cm × 13cm
入选第一批《山东省珍贵古籍名录》

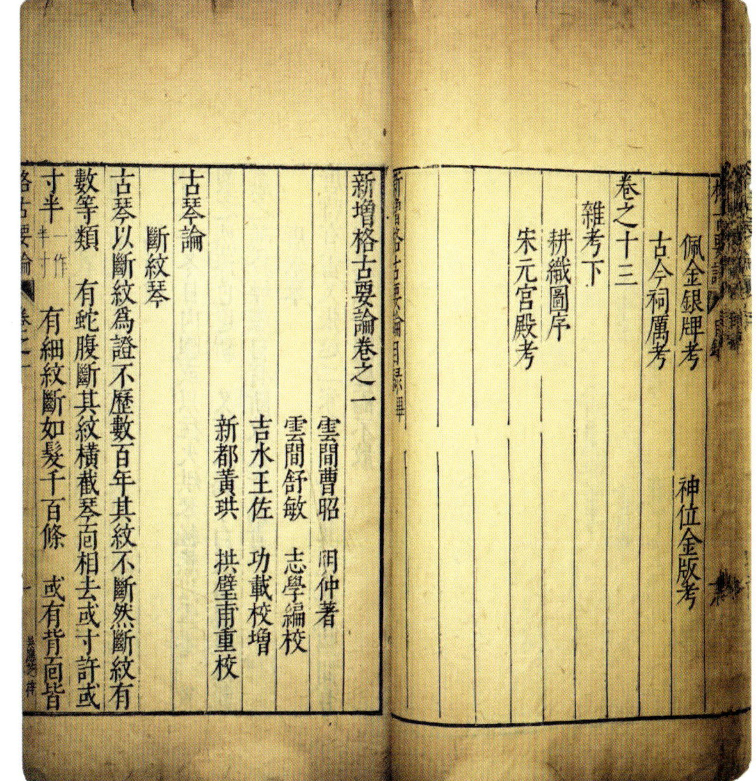

新增格古要论十三卷

（明）曹昭著（明）舒敏编校

（明）王佐校增（明）黄珙重校

（明）黄珙刻本

半叶十行二十字，白口，四周单边，单黑鱼尾。

框 19.4cm × 12.4cm

入选第一批《山东省珍贵古籍名录》

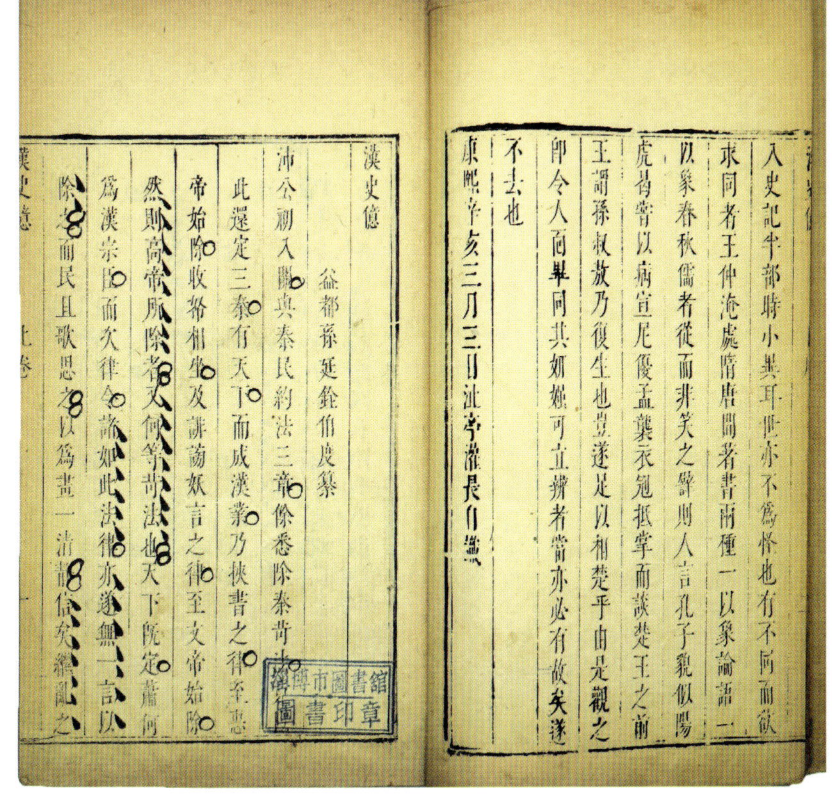

《汉史亿》二卷

（清）孙廷铨纂 清康熙刻本

半叶八行二十字，白口，四周双边。

框 18.4cm × 12cm

入选第一批《山东省珍贵古籍名录》

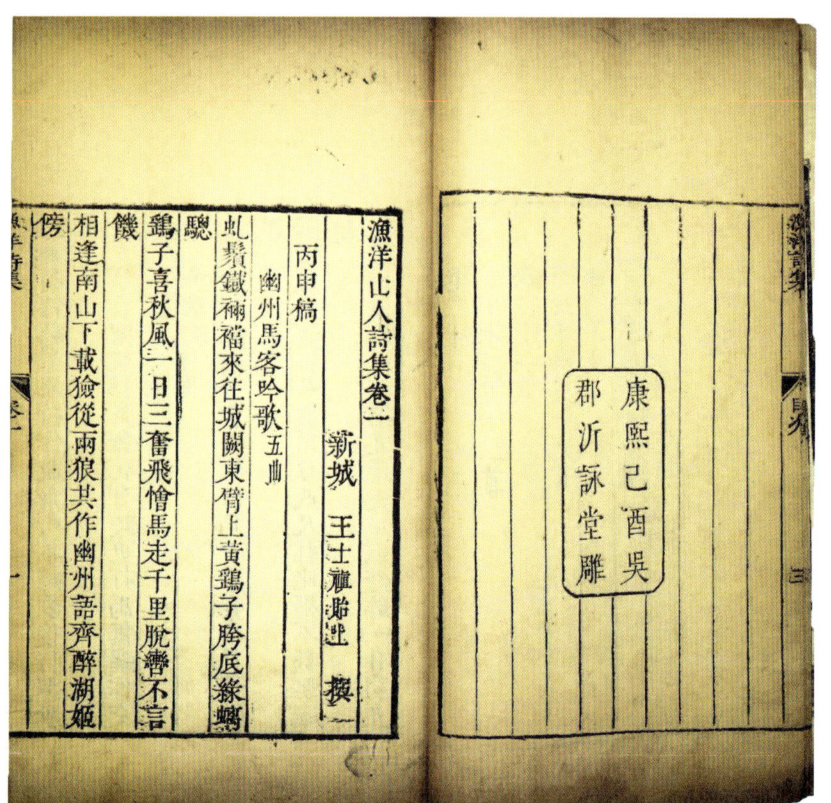

漁洋山人詩集卷一
新城 王士禛貽上 撰
丙申稿
幽州馬客吟歌五曲
虬鬚鐵裲襠來往城闕東臂上黄鷂子膀底綠螭驄
鷂子喜秋風一日三奮飛愶馬走千里脫轡不言饑
相逢南山下載獫從兩狼共作幽州語齊醉湖姬傍

康熙己酉吳郡沂詠堂雕

《渔洋山人诗集》二十二卷
（清）王士禛撰 清康熙八年（1669）吴郡沂咏堂刻本
半叶十行十九字，小字双行同，白口，四周单边，单黑鱼尾。
框 17.8cm × 13.7cm
入选第二批《山东省珍贵古籍名录》

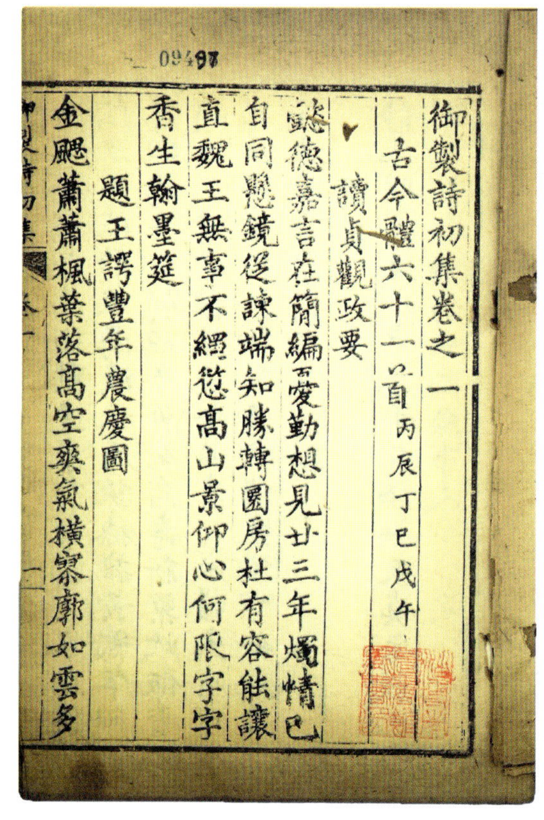

御製詩初集卷之一
古今體六十一首 丙辰丁巳戊午
讀貞觀政要
懿德嘉言在簡編爰勤想見廿三年燭情已自同懸鏡從諫端知勝轉圜房杜有容能讓直魏王無事不繩愆高山景仰心何限字字香生翰墨筵
題王翬豐年農慶圖
金飈蕭蕭楓葉落高空爽氣横寥廓如雲多

《御制诗初集》四十四卷目录四卷
（清）高宗弘历撰 清乾隆十四年（1749）内府刻本
半叶九行十七字，小字双行同，白口，四周双边，单黑鱼尾。
框 20.4cm × 14.1cm
入选第一批《山东省珍贵古籍名录》

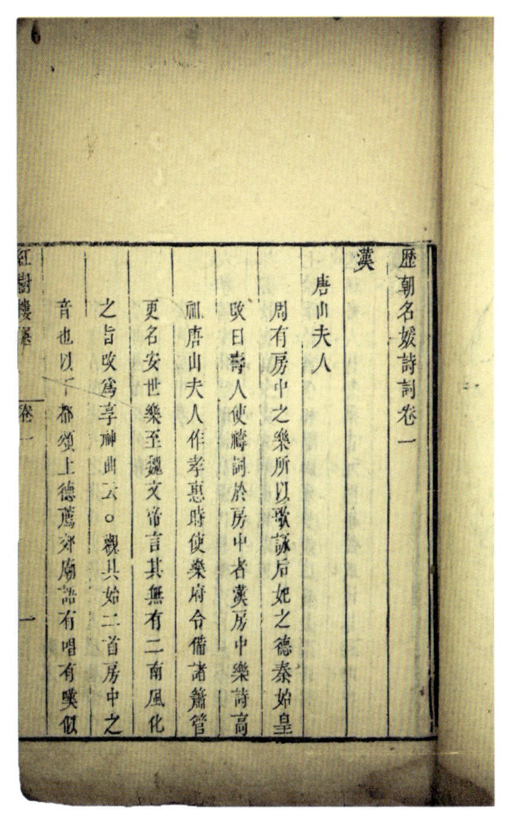

歷朝名媛詩詞卷一

漢

唐山夫人

周有房中之樂所以歌詠后妃之德秦始皇改曰壽人使禱詞於房中者漢房中樂詩高祖唐山夫人作孝惠時使樂府令備諸簫管更名安世樂至魏文帝言其無有二南風化之旨改爲享神曲云。觀其始二首房中之音也以下都頌上德薦郊廟語有唱有嘆似

紅樹樓選　卷一　一

《历朝名媛诗词》十二卷

（清）陆昶辑 清乾隆三十八年（1773）刻本

半叶九行十九字，白口，左右双边。

框 15.7cm × 13.3cm

入选第一批《山东省珍贵古籍名录》

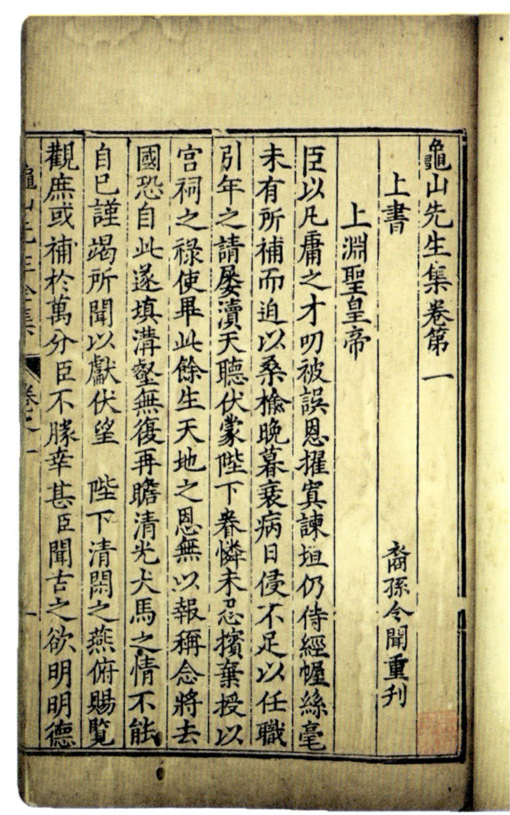

龜山先生集卷第一

上書

裔孫令聞重刊

上淵聖皇帝

臣以凡庸之才叨被誤恩擢寘諫垣仍侍經幄絲毫未有所補而迫以桑榆晚暮衰病日侵不足以任職引年之請屢瀆天聽伏蒙陛下眷憐未忍擯棄授以宮祠之禄使畢此餘生天地之恩無以報稱念將去國恐自此遂填溝壑無復再瞻清光犬馬之情不能自已謹竭所聞以獻伏望　陛下清閒之燕俯賜覽觀庶或補於萬分臣不勝幸甚臣聞古之欲明明德

龜山先生全集　卷之一　一

《龟山先生集》四十二卷

（宋）杨时撰 清顺治八年（1651）杨令闻刻本

半叶十行二十字，白口，四周双边，单黑鱼尾。

框 19.8cm × 13.7cm

入选第二批《山东省珍贵古籍名录》

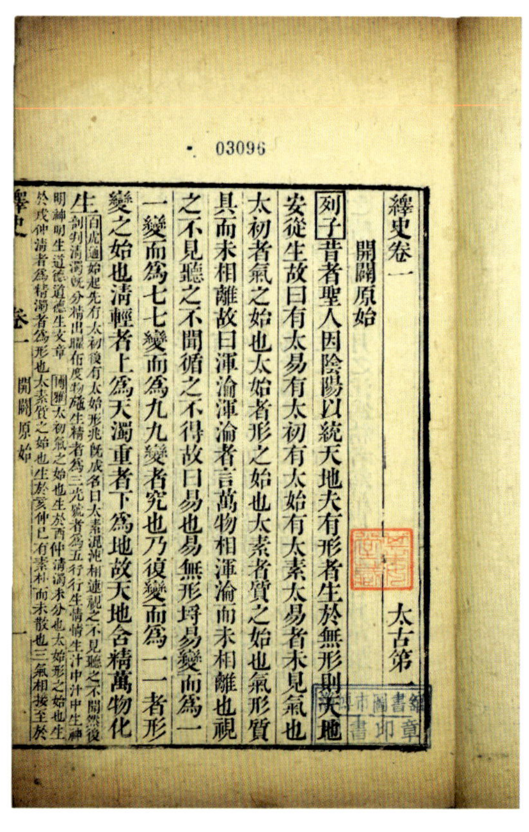

繹史卷一

開闢原始　太古第一

列子昔者聖人因陰陽以統天地夫有形者生於無形則天地安從生故曰有太易有太初有太始有太素太易者未見氣也太初者氣之始也太始者形之始也太素者質之始也氣形質具而未相離故曰渾淪渾淪者言萬物相渾淪而未相離也視之不見聽之不聞循之不得故曰易也易無形埒易變而為一一變而為七七變而為九九變者究也乃復變而為一一者形變之始也清輕者上為天濁重者下為地故天地含精萬物化生

《绎史》一百六十卷《世系图》一卷《年表》一卷

（清）马骕撰 清康熙刻本

半叶十一行二十四字，小字双行三十六字，白口，左右双边。

框 19.8cm × 14.4cm

入选第一批《山东省珍贵古籍名录》

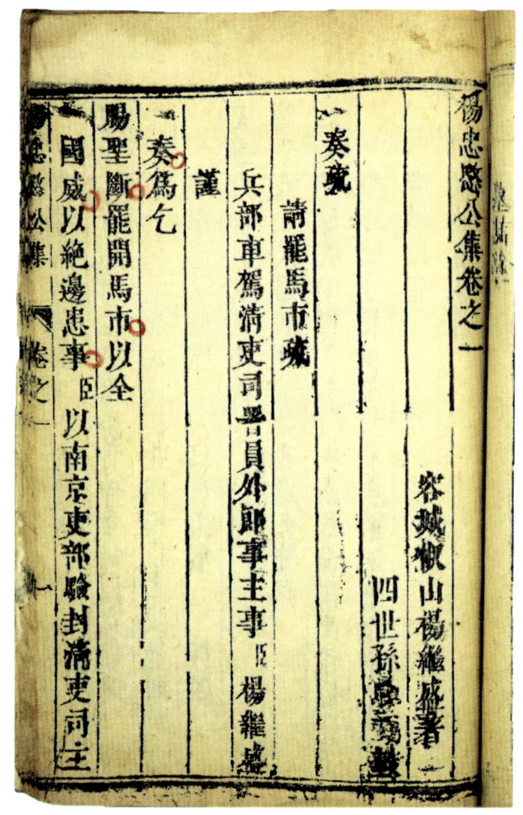

楊忠愍公集卷之一

容城椒山楊繼盛著

奏疏

請罷馬市疏

兵部車駕清吏司署員外郎事主事臣楊繼盛

謹

奏為乞

賜聖斷罷開馬市以全

國威以絕邊患事臣以南京吏部驗封清吏司主

《杨忠愍公集》四卷

（明）杨继盛著 清康熙十二年（1673）杨聪福刻本

半叶十行二十字，小字双行同，白口，四周双边，单黑鱼尾。

框 21.7cm × 14.5cm

入选第二批《山东省珍贵古籍名录》

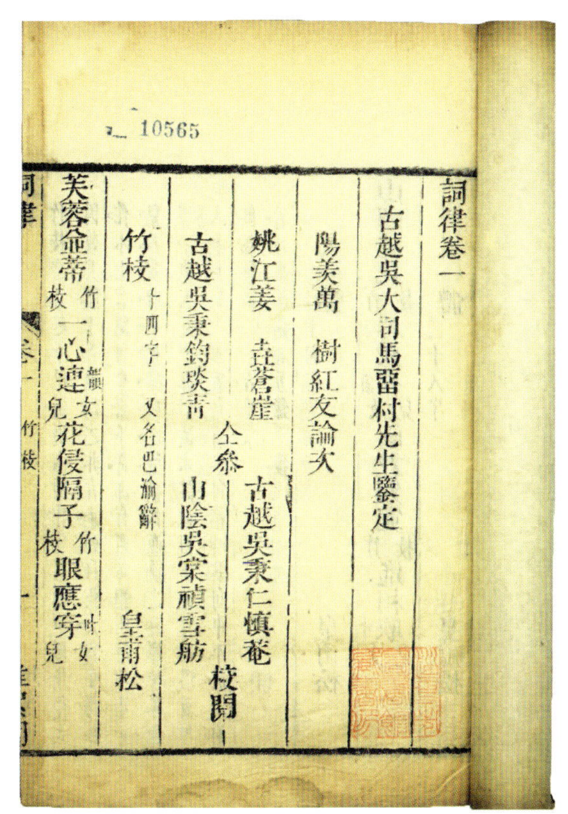

10565

詞律卷一

古越吳大司馬留村先生鑒定

陽羨萬　樹紅友論次

姚江姜　垚蒼崖　仝參　古越吳秉仁慎菴

古越吳秉鈞玖青　山陰吳棠禎雪舫　校閱

竹枝　十四字　又名巴渝辭　皇甫松

芙蓉並蒂竹枝一心連女兒花侵隔子竹枝眼應穿女兒

《词律》二十卷

（清）万树论次　（清）吴兴祚鉴定

清康熙二十六年（1687）万氏堆絮图刻本

半叶七行二十一字，小字双行同，白口，左右双边，单黑鱼尾。

框 17.4cm × 14.1cm

入选第二批《山东省珍贵古籍名录》

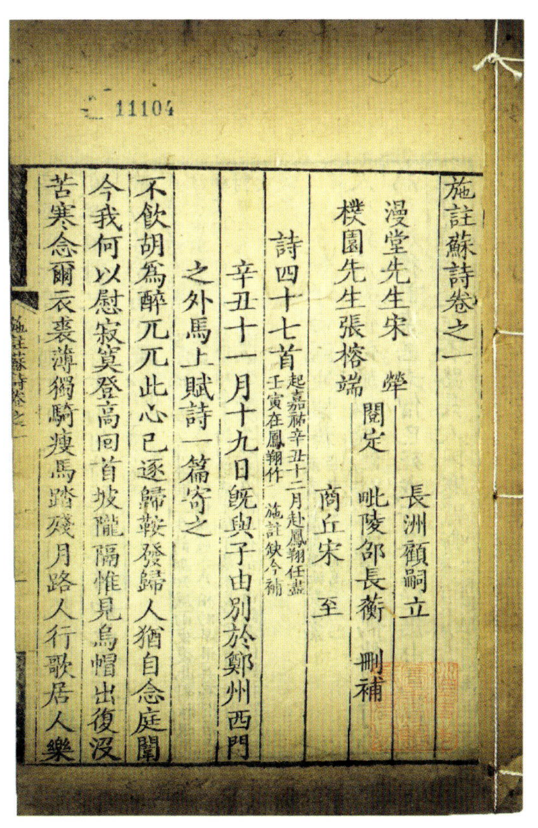

11104

施註蘇詩卷之一

漫堂先生宋　犖　長洲顧嗣立

樓園先生張榕端　閱定　毗陵邵長蘅　刪補　商丘宋　至

詩四十七首　起嘉祐辛丑十二月赴鳳翔任盡壬寅在鳳翔作　施註缺今補

辛丑十一月十九日既與子由別於鄭州西門之外馬上賦詩一篇寄之

不飲胡為醉兀兀此心已逐歸鞍發歸人猶自念庭闈今我何以慰寂寞登高回首坡隴隔惟見烏帽出復沒苦寒念爾衣裘薄獨騎瘦馬踏殘月路人行歌居人樂

《施注苏诗》四十二卷首一卷总目二卷补遗二卷

（宋）苏轼撰　（清）宋荦　（清）张榕端阅定　（清）邵长蘅等删补　清康熙三十八年（1699）宋荦刻本

半叶十行二十一字，小字双行三十一字，黑口，四周单边，单黑鱼尾。

框 18cm × 14.2cm

入选第二批《山东省珍贵古籍名录》

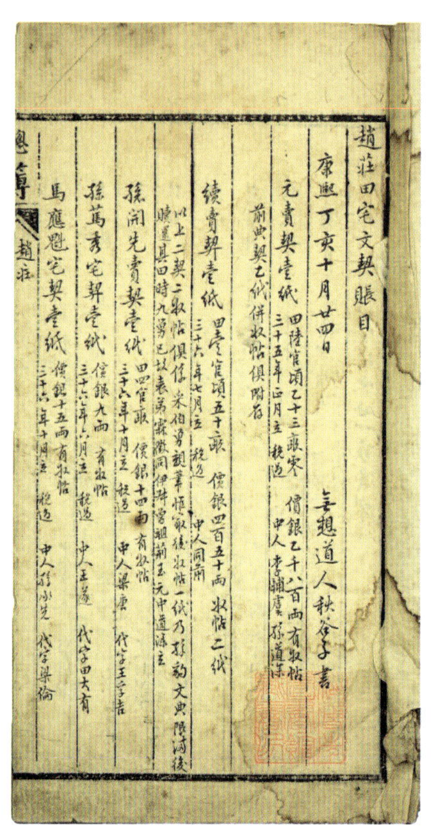

趙莊田宅文契賬目
康熙丁亥十月廿四日　善想道人秋谷子書
元賣契壹紙　田陸官頃乙十三畝零　價銀乙千八百兩　有收帖
三十五年正月立　稅過　中人李輔虞　孫道洙
前典契乙紙併收帖俱附存
續賣契壹紙　田壹官頃五十畝　價銀四百五十兩　收帖二紙
三十六年七月立　稅過　中人同前
孫開先賣契壹紙　田四官畝　價銀十四兩　有收帖
三十六年十月立　稅過　中人梁唐　代字王子吉
孫萬秀宅契壹紙　價銀九兩　有收帖
三十六年六月立　稅過　中人王蓬　代字田大育
馬應魁宅契壹紙　價銀十五兩　有收帖
三十六年十月立　稅過　中人孫小先　代字梁倫

《赵庄田宅文契账目》一卷
（清）赵执信编（清）赵执信稿本
半叶九行大小字不等，白口，四周单边，单黑鱼尾。
框 19.7cm × 10.8cm
入选第二批《山东省珍贵古籍名录》

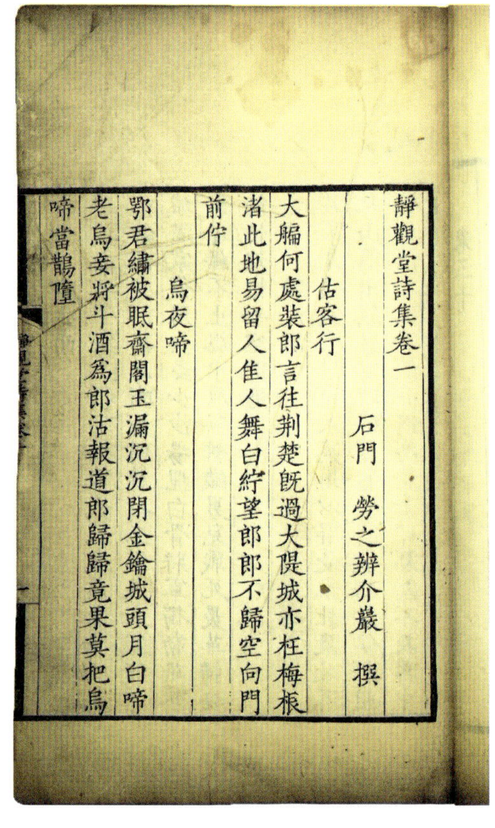

靜觀堂詩集卷一
石門　勞之辨介巖　撰
估客行
大艑何處裝郎言往荆楚既過大隄城亦枉梅根渚此地易留人佳人舞白紵望郎郎不歸空向門前佇
烏夜啼
鄂君繡被眠齋閣玉漏沉沉閉金鑰城頭月白啼老烏妾將斗酒爲郎沽報道郎歸歸竟果莫把烏啼當鵲噪

《静观堂诗集》三十卷
（清）劳之辨撰 清康熙四十年（1701）刻本
半叶十行十九字，小字双行不同，黑口，左右双边，单黑鱼尾。
框 17.4cm × 13.9cm
入选第二批《山东省珍贵古籍名录》

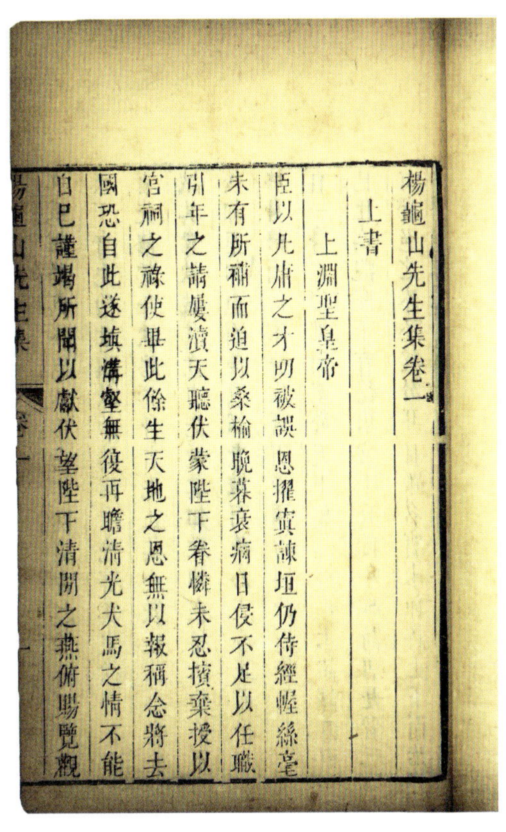
楊龜山先生集卷一

上書

上淵聖皇帝

臣以先朝之才叨被誤恩擢寘諫垣仍侍經幄絲毫未有所補而迫以桑榆晚暮衰病日侵不足以任職引年之請屢瀆天聽伏蒙陛下眷憐未忍擯棄授以宮祠之祿使畢此餘生天地之恩無以報稱念將去國恐自此遂填溝壑無復再瞻清光犬馬之情不能自已謹竭所聞以獻伏望陛下清閒之燕俯賜覽觀

《杨龟山先生集》四十二卷

（宋）杨时撰 清康熙四十六年（1707）延平杨氏刻本

半叶九行二十字，白口，左右双边，单黑鱼尾。

框 20cm × 13.7cm

入选第二批《山东省珍贵古籍名录》

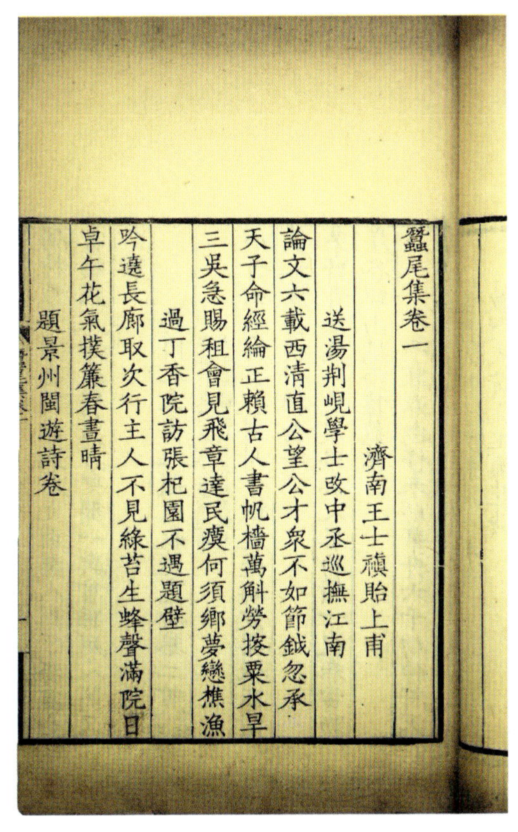
蠶尾集卷一

濟南王士禛貽上甫

送湯荆峴學士改中丞巡撫江南

論文六載西清直公望公才衆不如節鉞忽承天子命經綸正賴古人書帆檣萬斛勞輓粟水旱三吳急賜租會見飛章達民瘼何須鄉夢戀樵漁

過丁香院訪張杞園不遇題壁

吟遶長廊取次行主人不見緑苔生蜂聲滿院日卓午花氣撲簾春晝晴

題景州闓遊詩卷

《蚕尾集》十卷续集二卷后集二卷

（清）王士禛撰 清康熙刻本

半叶十行十九字，小字双行二十九字，黑口，左右双边，单黑鱼尾。

框 16.5cm × 13.3cm

入选第二批《山东省珍贵古籍名录》

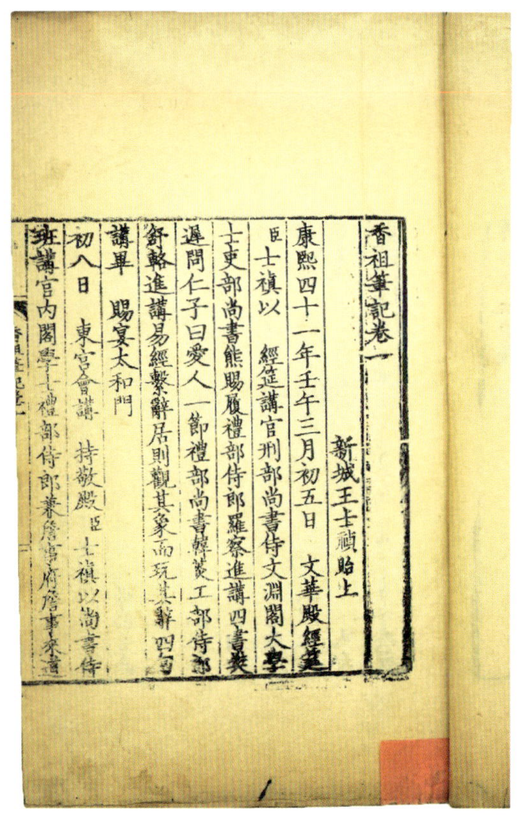

《香祖笔记》十二卷
（清）王士禛撰 清康熙刻本
半叶十行十九字，小字双行不同，白口，左右双边，单黑鱼尾。
框 15.9cm × 13.4cm
入选第二批《山东省珍贵古籍名录》

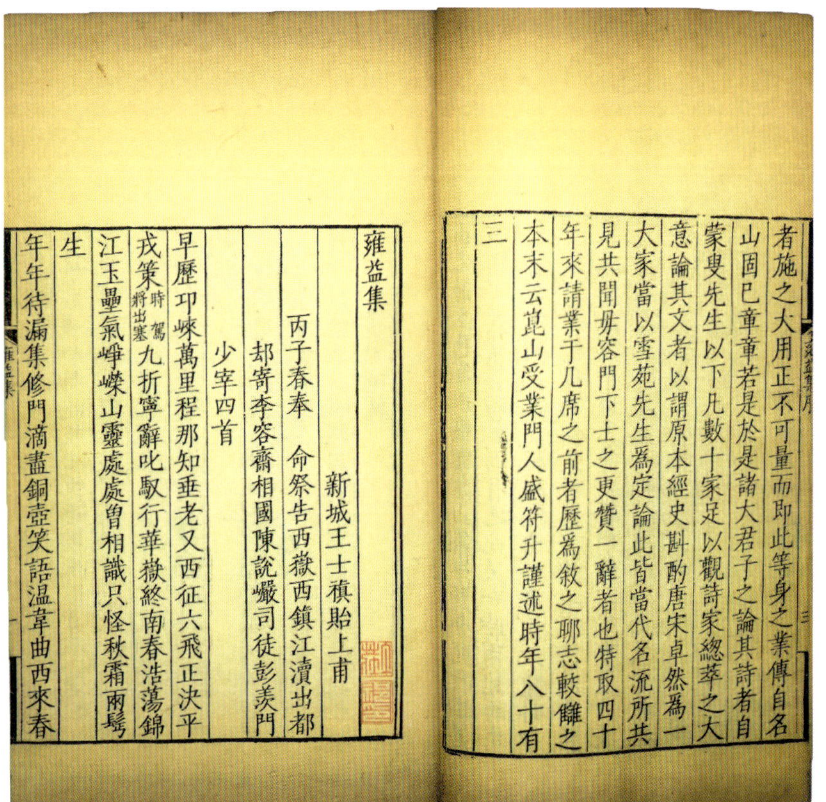

《王渔洋遗书》
（清）王士禛撰 清康熙刻本
半叶十行十九字，小字双行不同，黑口，左右双边，单黑鱼尾。
框 16.8cm × 13.4cm
入选第二批《山东省珍贵古籍名录》

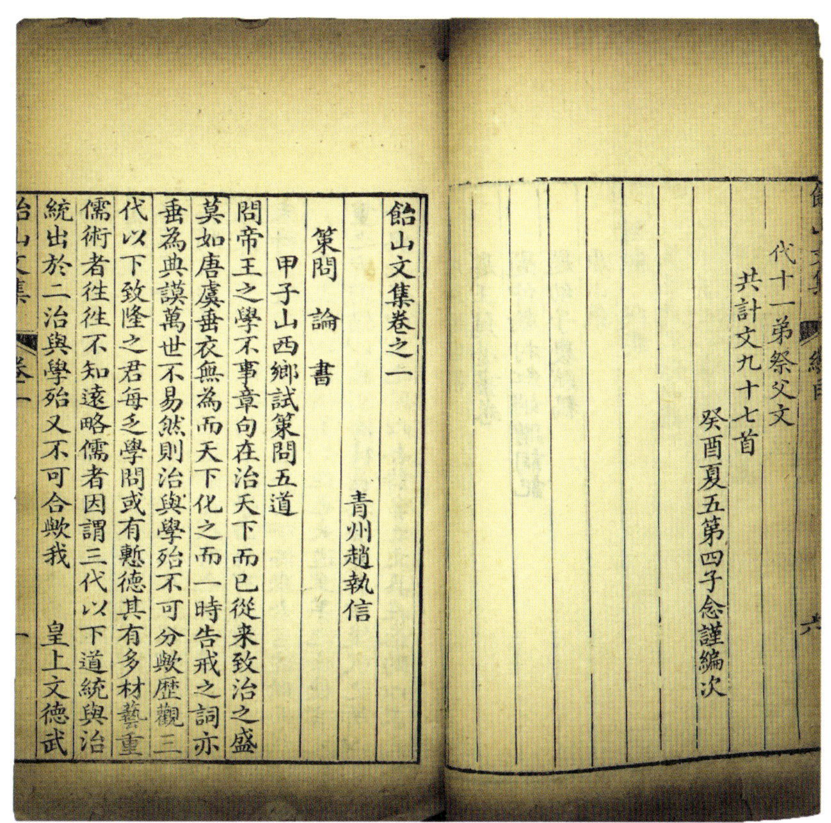

代十一弟祭父文
共計文九十七首
癸酉夏五第四子念謹編次

飴山文集卷之一　　青州趙執信
策問　論　書
甲子山西鄉試策問五道
問帝王之學不事章句在治天下而已從來致治之盛
莫如唐虞垂衣無爲而天下化之而一時告戒之詞亦
垂爲典謨萬世不易然則治與學殆不可分歟歷觀三
代以下致隆之君每乏學問或有懋德其有多材藝重
儒術者往往不知遠略儒者因謂三代以下道統與治
統出於二治與學殆又不可合歟我　皇上文德武

《饴山文集》十二卷附录一卷礼俗权衡二卷

（清）赵执信著 清乾隆三十九年（1774）刻本

半叶十行二十一字，白口，左右双边，单黑鱼尾。

框 17.7cm × 12.3cm

入选第二批《山东省珍贵古籍名录》

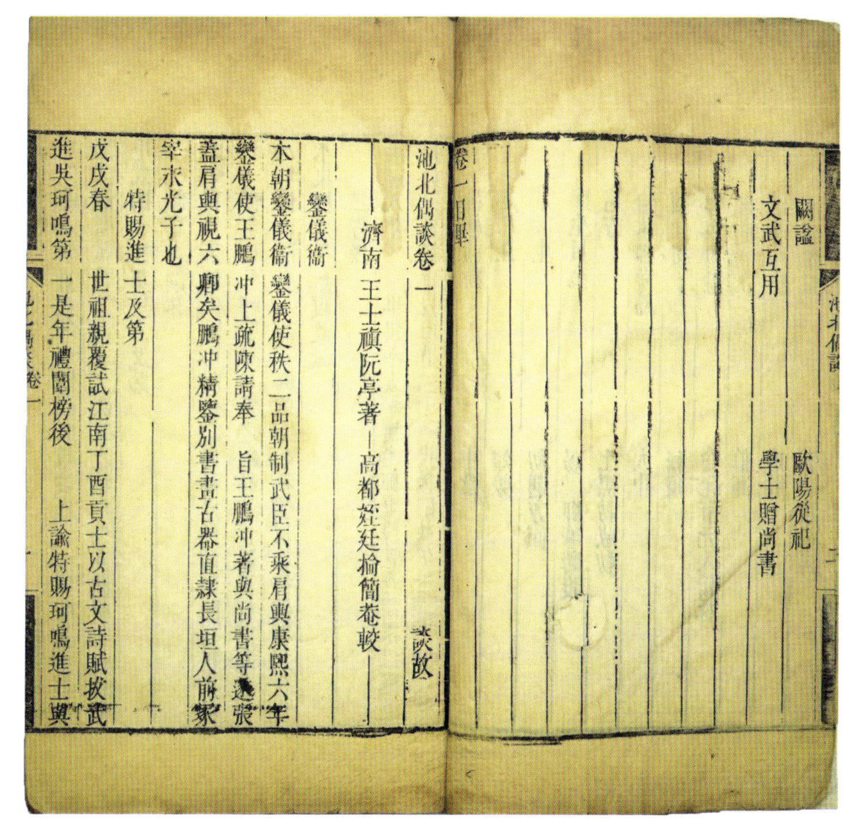

關論
文武互用
歐陽袞祀
學士贈尚書

池北偶談卷一　　談故
濟南王士禛阮亭著　高郵姪廷掄簡菴較
鑾儀衛
本朝鑾儀衛鑾儀使秩二品朝制武臣不乘肩輿康熙六年
鑾儀使王鵬冲上疏陳請奉　旨王鵬冲著與尚書等[illegible]張
蓋肩輿與視六卿矣鵬冲精鑒別書畫古器直隸長垣人前冢
宰永光子也
特賜進士及第
戊戌春　世祖親覆試江南丁酉貢士以古文詩賦拔武
進吳珂鳴第一是年禮闈榜後　上諭特賜珂鳴進士與

《池北偶谈》二十六卷

（清）王士禛著（清）王廷抡校

清康熙三十九年至四十年（1700—1701）临汀郡署刻本

半叶十一行二十三字，黑口，左右双边，单黑鱼尾。

框 19.3cm × 14.6cm

入选第二批《山东省珍贵古籍名录》

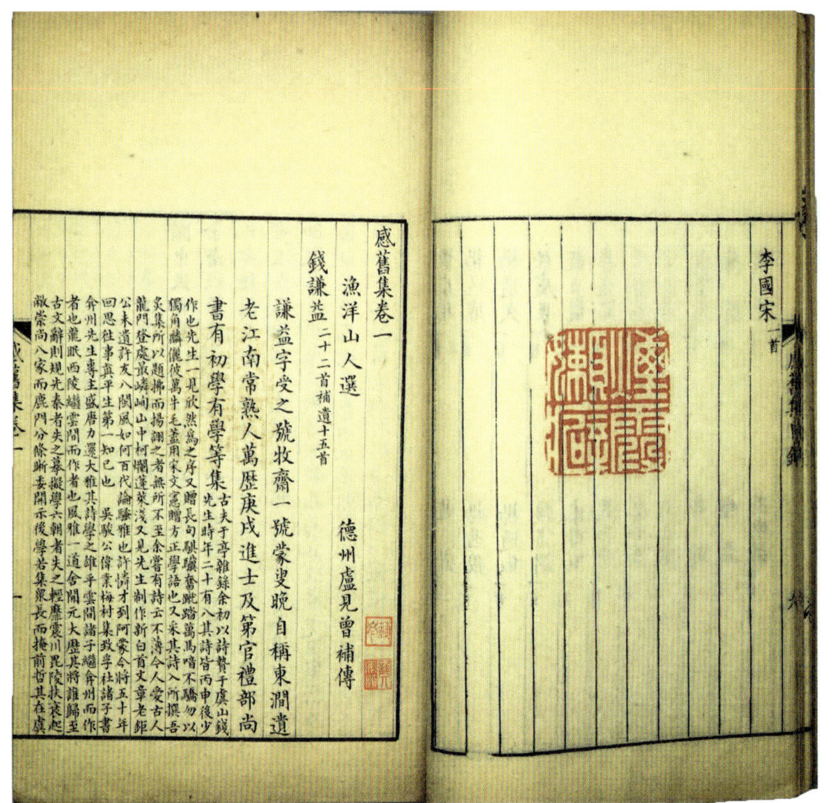

李國宋一首

感舊集卷一

漁洋山人選　德州盧見曾補傳

錢謙益 二十二首補遺十五首

謙益字受之號牧齋一號蒙叟晚自稱東澗遺老江南常熟人萬歷庚戌進士及第官禮部尚書有初學有學等集 古夫于亭雜錄余初以詩贄于虞山錢先生時年二十有八其詩皆丙申後少作也先生一見欣然爲之序又贈長句驊騮奮蹴踏萬馬喑不驕勿以獨角麟儷彼萬牛毛蓋用宋文憲贈方正學語也又采其詩入所撰吾炙集所以題拂而揚詡之者無所不至余嘗有詩云不薄今人愛古人龍門登處最嶙峋山中柯爛蓬萊淺又見先生制作新白首文章老鉅公未遺許友八閩風如何百代論騷雅也許憐才到阿蒙今將五十年回思往事真平生第一知己也　吳駿公偉業梅村集致孚社諸子書弇州先生專主盛唐力還大雅其詩學之雄乎雲間諸子繼弇州而作者也龍眠西陵繼雲間而作者也風雅一道舍開元大歷其將誰歸至古文辭則規先秦者失之摹擬學六朝者失之輕靡震川毘陵扶衰起敝崇尚八家而鹿門分條晰委開示後學若集衆長而掩前哲其在虞

《感旧集》十六卷

（清）王士禛选（清）卢见曾补传
清乾隆十七年（1752）刻本

半叶十一行二十一字，小字双行三十一字，白口，左右双边，单黑鱼尾。

框 18.4cm×14.5cm

入选第二批《山东省珍贵古籍名录》

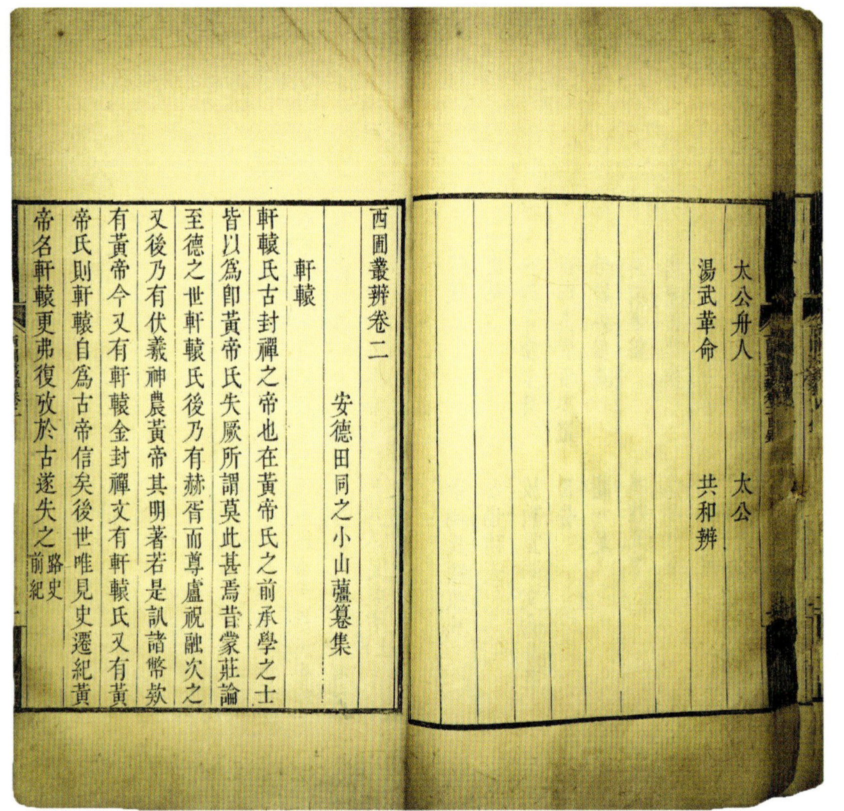

太公舟人　太公
湯武革命　共和辨

西圃叢辨卷二

安德田同之小山蘊篹集

軒轅

軒轅氏古封禪之帝也在黃帝氏之前承學之士皆以爲卽黃帝氏失厥所謂莫此甚焉昔蒙莊論至德之世軒轅氏後乃有赫胥而尊盧祝融次之又後乃有伏羲神農黃帝其明著若是訊諸幣欵有黃帝今又有軒轅金封禪文有軒轅氏又有黃帝氏則軒轅自爲古帝信矣後世唯見史遷紀黃帝名軒轅更弗復攷於古遂失之 路史前紀

《西圃丛辨》三十二卷

（清）田同之纂集 清乾隆十九年（1754）李世垣刻本

半叶十行十九字，小字双行同，黑口，左右双边，单黑鱼尾。

框 15.6cm×13.4cm

入选第二批《山东省珍贵古籍名录》

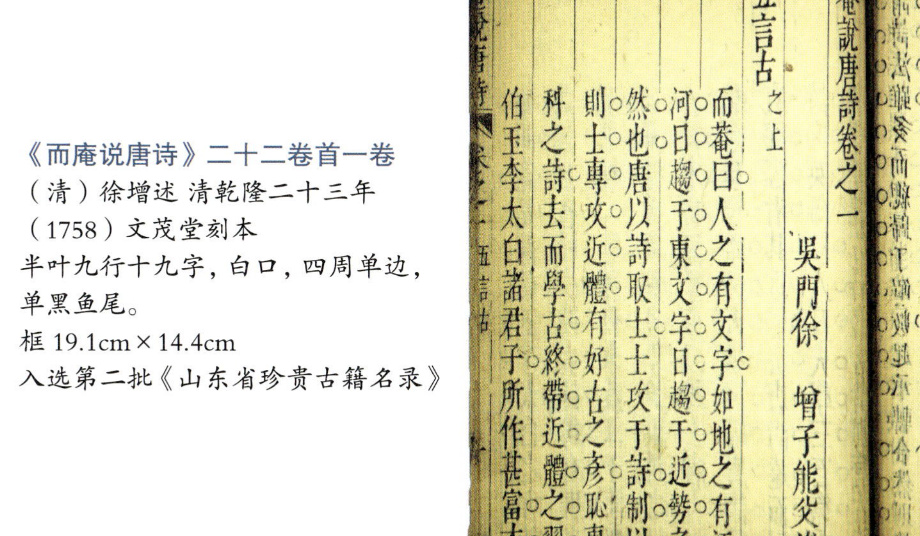

《而庵说唐诗》二十二卷首一卷
（清）徐增述 清乾隆二十三年（1758）文茂堂刻本
半叶九行十九字，白口，四周单边，单黑鱼尾。
框 19.1cm × 14.4cm
入选第二批《山东省珍贵古籍名录》

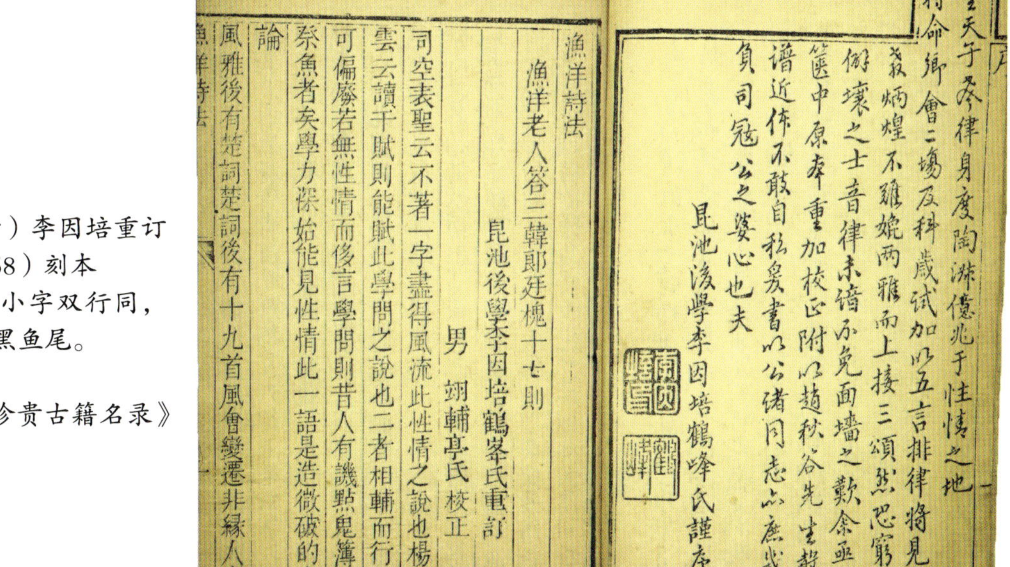

《渔洋诗法》三卷
（清）王士禛撰 （清）李因培重订
清乾隆二十三年（1758）刻本
半叶十行二十一字，小字双行同，白口，四周双边，单黑鱼尾。
框 18.1cm × 14.1cm
入选第二批《山东省珍贵古籍名录》

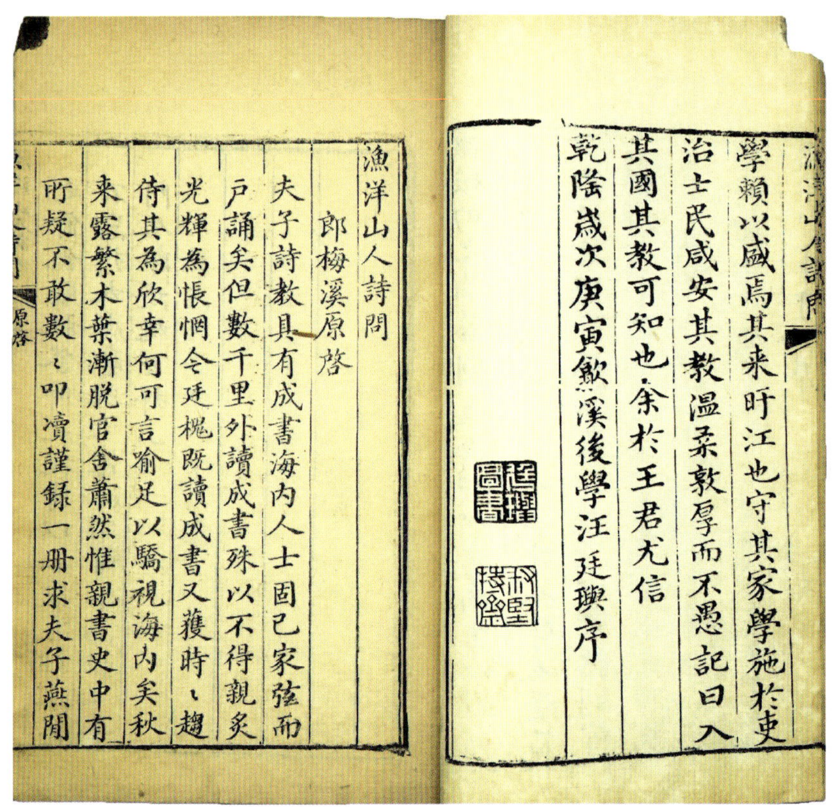
學賴以盛焉其来旴江也守其家學施於吏
治士民咸安其教温柔敦厚而不愚記曰入
其國其教可知也余於王君尤信
乾隆歲次庚寅歙溪後學汪廷璵序

漁洋山人詩問
郎梅溪原啓
夫子詩教具有成書海内人士固已家弦而
戶誦矣但數千里外讀成書殊以不得親炙
光輝為悵惘令廷槐既讀成書又獲時時趨
侍其為欣幸何可言喻足以驕視海内矣秋
来露繁木葉漸脱官舍蕭然惟親書史中有
所疑不敢數數叩瀆謹録一册求夫子燕閒

《渔洋山人诗问》二卷

（清）王士禛撰 （清）郎廷槐辑略（清）王祖肃校订 清乾隆三十五年（1770）王祖肃刻本

半叶八行十八字，白口，左右双边，单黑鱼尾。

框 18.5cm × 12.4cm

入选第二批《山东省珍贵古籍名录》

河洛精蘊卷之一
婺源後學江永慎修著
內篇
凡論圖書卦畫之原先天後天之理著策變占之法俱載此
篇是爲河洛之精

《河洛精蕴》九卷

（清）江永著 清乾隆三十九年（1774）刻本

半叶九行二十五字，小字双行同，白口，左右双边，单黑鱼尾。

框 18.7cm × 14.1cm

入选第二批《山东省珍贵古籍名录》

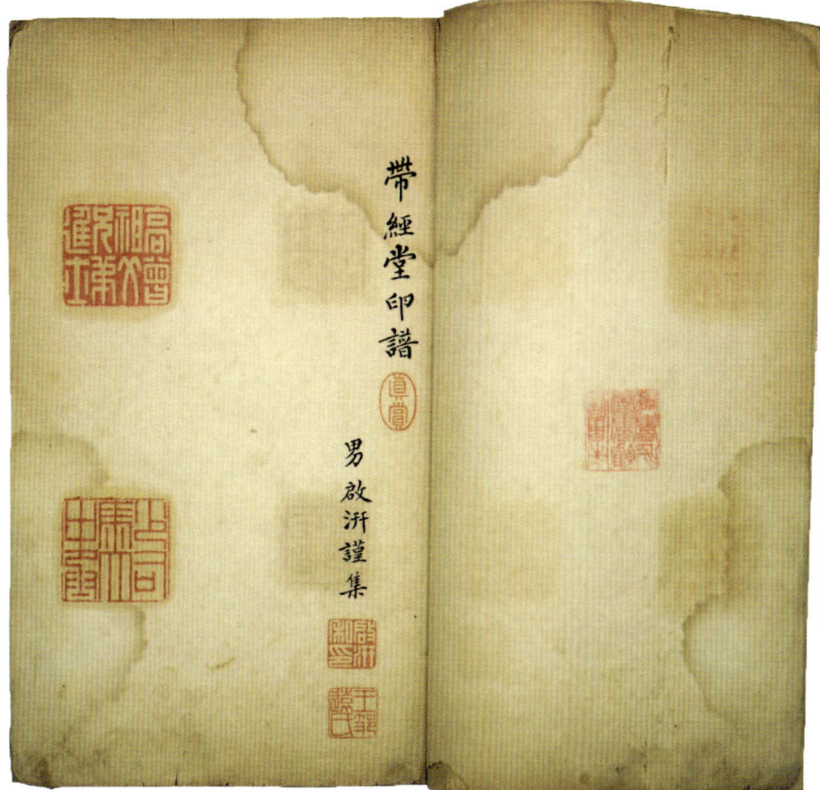
帶經堂印譜

男啟汧謹集

《带经堂印谱》一卷

（清）王启汧集 清康熙钤印本

开本 27.6cm×17cm。辑清初著名诗人王士禛所用印章共一百六十四枚次

入选第三批《山东省珍贵古籍名录》

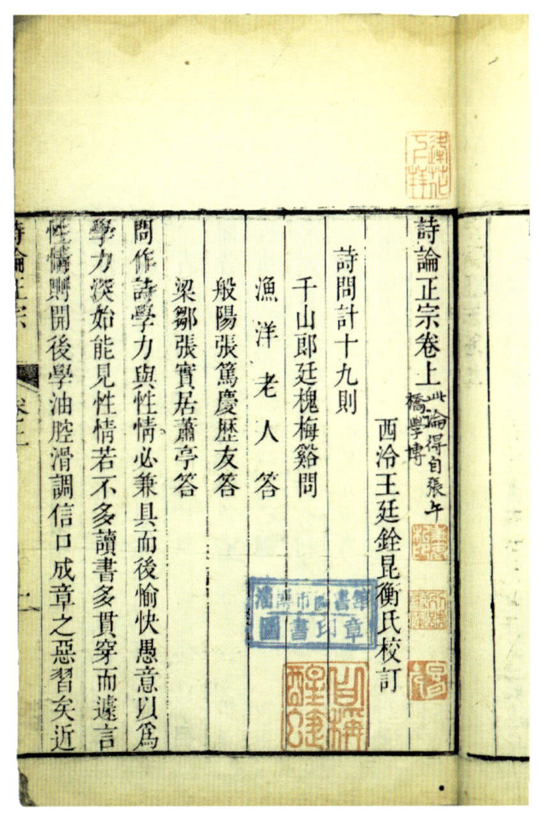
詩論正宗卷上　此論得自張午橋學博

西泠王廷銓昆衡氏校訂

詩問計十九則

千山郎廷槐梅谿問

漁洋老人答

般陽張篤慶歷友答

梁鄒張實居蕭亭答

問作詩學力與性情必兼具而後愉快愚意以爲學力深始能見性情若不多讀書多貫穿而遽言性情則開後學油腔滑調信口成章之惡習矣近

《诗论正宗》二卷

（清）郎廷槐问 （清）王士禛等答

（清）王廷铨校订 清乾隆西泠王氏式榖堂刻本

半叶十行十九字，白口，左右双边，单黑鱼尾。

框 17.5cm×13.9cm

入选第二批《山东省珍贵古籍名录》

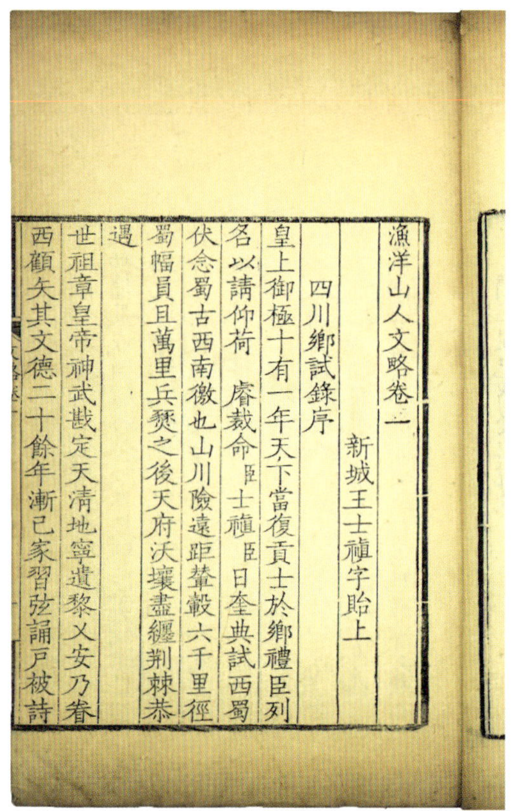
漁洋山人文略卷一
新城王士禛字貽上
四川鄉試錄序
皇上御極十有一年天下當復貢士於鄉禮臣列
名以請仰荷　睿裁命臣士禛臣日奎典試西蜀
伏念蜀古西南徼也山川險遠距輦轂六千里徑
蜀幅員且萬里兵燹之後天府沃壤盡纏荆棘恭
遇
世祖章皇帝神武戡定天清地寧遺黎乂安乃眷
西顧矢其文德二十餘年漸已家習弦誦戶被詩

《渔洋山人文略》十四卷
（清）王士禛撰 清康熙刻本
半叶十行十九字，黑口，左右双边，单黑鱼尾。
框 16.4cm × 13.3cm
入选第二批《山东省珍贵古籍名录》

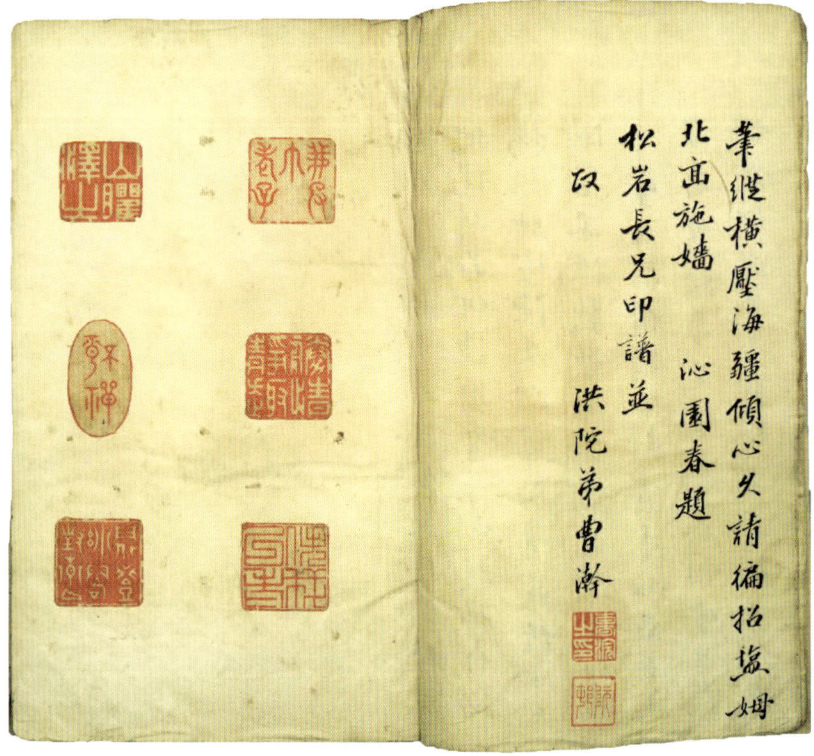

《聂松岩印谱》不分卷
（清）聂际茂篆刻 清钤印本
开本 26cm × 16.5cm
入选第三批《山东省珍贵古籍名录》

第五章　数字资源建设

淄博市图书馆注重数字资源建设，每年通过采购、获赠、试用、自建等形式建设数字资源馆藏，经过十多年的积累，目前已采购或获赠资源库 22 个，试用资源库 44 个、自建资源库 3 个。

第一节　外购数字资源

市图书馆数字资源建设的主要途径是依据本馆服务职能和服务对象，投入资金购置国内开发建设的优质数字资源库。2013 年，市图书馆续订了“中国知网数据库”“读秀学术搜索”“超星电子书”和“点击动漫网”，新购置了“新东方多媒体学习库”和“VIP Exam 考试学习资源数据库”，另外新增试用资源“汇法网法律数据库”“乐儿数字资源平台”“淄博市全民阅读数字平台”“上海上业科技系列资源”等。5 月获赠使用爱迪科森公司的“职业全能培训库”和“网上报告厅”。同时，上新了“淄博市聊斋文化全文数据库”，并将本馆自建资源“淄博籍作者作品书目数据库”“淄博市图书馆地方文献书目数据库”和“聊斋文化全文数据库”上传网站，充实到电子资源中去。另外，借全国公共图书馆评估之际，5 月采购了视听资料光盘 1900 张，总数达到了一级图书馆要求。

2014 年，市图书馆续订了数字资源“超星数字图书馆”“中国知网数据库”“世博海宝漫画电子书”“大众图创电子资源”“爱迪科森网上报告厅”“数字动漫书库”，获赠“县级数字图书馆赠送数字资源”1TB，新增“中科 VIP Exam 考试学习资源数据库”，内容包括外语专辑、计算机专辑、考研专辑、公务员专辑、司法专辑、职业资格专辑、财经专辑、医学专辑、建筑与机械工程、专升本专辑、自考专辑数据库平台共 11 大专辑 962 个考试科目，2005—2014 年 79500 套试题。

2015 年，市图书馆续订了“中国知网数据库”“VIP Exam 考试学习资源数据库”和“读秀知识库服务平台”；新增数字资源“超星蔚秀”镜像学术视频和学术报告讲座 4000 集、“超星移动图书馆”一套、“爱迪科森国学视频数据库”772 篇、“国学启蒙数据库”1106 篇。其中“国学启蒙数据库”配合少儿多媒体触控系统使用，便于少儿阅读，增强趣味性。另外，新增试用资源“知识视界”“正保多媒体资源库”“天天微学习中心”等。

2016 年，市图书馆续订了“中国知网期刊博硕论文全文数据库”“超星移动图书馆、学习通平台”“读秀学术搜索”“VIP Exam 考试学习资源数据库”。开通了“博看微刊”“博看人文畅销期刊”“雅昌艺术图书数据库”“中文在线‘书香淄博’互联网数字图书馆”“易趣少儿漫画馆、动画馆、才智小天地”等数字资源的试用。省图书馆购买了“国研网”数据库，向包括本市在内的三个市实行了免费开放。下半年，市图书馆向国家图书馆申请并于 10 月开通了“数字图书馆移动阅读平台分站”，读者可以通过市图书馆微信订阅号“常用服务”中的“资源推荐”访问。

2017年，市图书馆续订了“中国知网期刊、博硕论文全文数据库”“VIP Exam考试学习资源数据库”“移动图书馆、学习通平台”“读秀学术搜索”。新增“中国学术期刊博硕论文全文数据库回溯（1915—2016年镜像数据）”“尼山书院数据库”“中创全民阅读数字平台”“贝贝国学教育数据库”“妙趣手工坊”“淄博市民学习中心”“爱不释书数字资源库平台”“少儿多媒体图书馆”“库客数字音乐图书馆”“英语多媒体数据库”等。其中，“尼山书院数据库”是基于网络的传统文化数字阅读学习平台。主要板块有国学诵读经典导读、中华礼仪、戏曲荟萃、诗词鉴赏、棋乐融融、翰墨丹青、道德展厅及网上国学讲堂等。读者可借助电脑、手机和触摸式阅读机等多种方式登录该平台使用。“中创全民阅读数字平台”包括有声数字图书馆、少年儿童分馆、名师教学分馆、英语学习分馆、音乐图书馆、美术图书馆和书法图书馆7大板块，是集多媒体阅读、英语学习和琴棋书画艺术库于一体的大型多媒体阅读学习平台。“贝贝国学教育数据库V1.3”包括唐诗、宋词、元曲、八大古都、历史名人、中华传统美德故事等29个类别，并配有互动模块。“妙趣手工坊V1.0”采用SWF和MP4动画格式，数据库包括折纸大全、简笔画、趣味撕纸、趣味剪纸、彩泥制作、趣味涂鸦、环保手工、趣味翻花绳8个类别，共800部。“爱不释书数字资源库平台”是少儿数字阅读数据库，内容包括各类少儿数字资源、有声绘本、数字绘本、国学漫画、科普漫画、少儿期刊连环画、课例视频等。“库客数字音乐图书馆”内容包括音频、剧院和视频三部分，音频涵盖了世界上98%以上的古典音乐资源，共汇集了中世纪时期到近现代的9000多位艺术家、100多种乐器的音乐作品，曲目数量达到100万首。剧院是由库客推出的国内首家互联网演出在线直播平台，内容涵盖音乐会、话剧、戏曲、相声等泛艺术类节目，每年提供逾1000场的在线节目。视频内容涵盖歌剧、芭蕾、音乐会、现场音乐纪录片、爵士音乐之旅、特色电影等300余部视频作品，可配合图书馆高质量的音响设备，为读者提供高清的视频资料欣赏。

2018年至2021年，市图书馆续订数据资源库与往年相比没有大变化。另外，通过获赠、共享等形式向读者提供“超星电子书”“超星学术视频”“博看网畅销期刊数据库”“龙源期刊网”“网上报告厅”“微学习中心”“光盘数据库”及“国研网”等数字资源服务。2022年，由于新冠肺炎疫情的暴发严重影响了市公共财政，市图书馆资源建设经费一直未能到位。但在数字资源供应商的同意下，以上所有资源的服务都在2022年得以延续。

第二节　自建数字资源

市图书馆自建数字资源主要是通过参与国家图书馆和文旅部的项目实施的。2016年至2020年，市图书馆参与了国家图书馆“数字图书馆推广工程资源联建”项目，共建设七大类资源，内容包括政府公开信息2.6万条、地方图书数字化5.5万页、地方报纸数字化2万版、网事典藏180个网站、元数据和唯一标识符2万条、图书馆公开课68节、齐文化专题资源库1个。2021年，参与文旅部“全国智慧图书馆体系建设”项目，目前为止已建成“基础数字资源”古籍地方志数字化4700余条、“知识资源细颗粒度建设和标签标引”32000余条。在建项目有“馆藏特色珍贵古籍数字化”5000页和“地方文献精细化标引”1万条。市图书馆自建资源均在淄博市图书馆网站(www.zblib.org.cn)发布，读者可登录该网站“淄博市图书馆资源联建平台”“齐文化特色资源库”和“智慧图书馆资源服务平台”访问。

一、“数字图书馆推广工程资源联建”项目

2016 年，市图书馆获批、完成并结项地方报纸数字化及篇名识别 5000 版、政府公开信息整合 10000 条。地方报纸数字化内容为《淄博日报》（1980.1.1—1984.3.23），共 1250 期。

2017 年，市图书馆获批、完成并结项地方图书数字化 15000 页、地方报纸数字化及篇名识别 5000 版、政府公开信息整合 8000 条、网事典藏 80 个。地方图书数字化主要有：《沂源县志 1991—2006》（2013 年版）、《博山区志 1986—2002》（2010 年版）、《高青县志 1978—2004》（2005 年版）、《高青县志》（1991 年版）、《淄川县志》（1990 年版）、《淄博市志 1986—2002》（2013 年版）、《桓台县志》（1992 年版）、《淄川区志 1986—2002》（2008 年版）、《沂源县志》（1996 年版）、《张店区志》（1991 年版）、《周村区志》（1992 年版）、《桓台县志 1988—2002》（2008 年版）、《淄博市志》（1995 年版）、《临淄区志》（2007 年版）、《博山区志》（1990 年版）。地方报纸数字化内容为《淄博日报》（1984.3.26—1987.9.30），共 1221 期。

2018 年，市图书馆获批、完成并结项政府公开信息 8000 条、地方图书数字化 15000 页、地方报纸数字化 5000 版、元数据和唯一标识符 20000 条、图书馆公开课 40 节、“齐文化专题资源库”一个。地方图书数字化书目有：《齐文化丛书 1·文献集成·管子简释》、《齐文化丛书 2·文献集成·荀子汇校汇注》、《齐文化丛书 3·文献集成·晏子春秋注解 春秋公羊经传解诂》、《齐文化丛书 4·文献集成·秦汉齐博士论议集 七纬（附论语谶）》、《齐文化丛书 10·资料汇编·考古卷》、《齐文化丛书 11·资料汇编·中国论文卷》、《齐文化丛书 12·资料汇编·外国论文卷》、《齐文化丛书 15·研究专辑·齐国军事史 齐国科技史》、《齐文化丛书 16·研究专辑·齐国学术思想史 齐国文学艺术史》、《齐文化丛书 17·文献集成·齐兵书 稷下七子捃逸》、《名君评传 名臣评传》、《齐国政治史 齐国经济史》、《齐黄老书》、《齐文化与鲁文化 秦汉齐学》、《姜齐卷 田齐卷 秦汉卷》、《齐文化与中国传统文化 齐文化与现代化》、《郑玄集》（上、下）、《名将评传 名士评传》、《齐国社会生活史 齐宗教研究》、《先齐文化源流 齐史稿》、《周村区志（1986—2002）》。地方报纸数字化内容：《淄博日报》（1987.3.1—1991.2.28），共 1224 期。

“走进齐文化”公开课内容有：《齐文化的和谐精神》、《齐文化的兼容精神》、《齐文化的法治精神》、《齐文化的变革精神》、《齐文化的务实精神》、《荀子与齐文化》、《孟子与齐文化》、《孔子与齐文化》、《中国人的思想律——阴阳五行学说》（上、中、下）、《百家争鸣——稷下学宫》（上、中、下）、《中国古代百科全书——〈管子〉》（上、中、下）、《齐国的社会结构》、《齐国经济模式的演变》、《齐国的疆域与都城》、《田单复国》、《雄才大略齐宣王》、《一鸣惊人齐威王》、《身残志坚孙膑》、《士卒将军司马穰苴》、《兵圣孙武》（上、下）、《春秋贤相晏婴》（上、下）、《中国第一相管仲》（上、中、下）、《春秋首霸齐桓公称霸》（上、下）、《姜太公与〈六韬〉》、《太公封齐——姜太公与齐国》，《泱泱大国——齐国历史概说》（上、下）、《光耀华夏——齐文化简论》（上、下）。

2019 年，市图书馆项目获批、完成并结项馆藏地方图书数字化 15000 页、网事典藏 100 个。地方图书数字化书目有：《管子与齐文化》、《齐文化大观》、《齐文化概论》、《齐文化廉政名言故事集锦》、《齐文化通论》（上、下册）、《齐文化研究十年论文选编》、《齐文化与中国早期体育》、《齐文化》第一卷至第三卷（2003—2006 年，共 21 期）、《齐文化》第五卷至第十四卷（2008—2017 年，共 60 期）、《稷下钩沉》、《稷下学

宫资料汇编》、《齐都成语》、《齐都蹴鞠》、《齐都名著》、《齐国大事纪年》、《齐国史话》、《齐国轶闻》、《齐国治国思想论集》、《齐地历史名人》(上下册)、《齐地山水名胜》(上、下册)、《齐地遗址遗迹》、《咏齐诗文选注》、《齐文化论稿》、《齐文化纵论》、《中国蹴鞠》、《淄博名景》、《淄博名人》、《淄博名物》、《足球起源地探索》。

2020年，市图书馆项目获批、完成并结项地方图书数字化10000页、地方报纸数字化及篇名识别5000版、“聊斋文化”公开课28节。

地方图书数字化书目主要有《蒲松龄研究》期刊（1989年、1991—1999年、2001—2005年、2007—2009年），共63期。地方报纸数字化内容为《淄博日报》(1991.3.1—1994.6.30)，共1194期。“聊斋文化”公开课内容有：《少年的秀才，遥远的举人》6集、《蒲松龄和他的支持者们》6集、《聊斋中的人鬼情》6集、《聊斋故事的故事》10集。

二、“全国智慧图书馆体系建设”项目

2021年，市图书馆申请获批文旅部“全国智慧图书馆体系建设”项目两个：基础数字资源库一个、知识资源细颗粒度标签标引3万条。最终建成提交“基础数字资源”古籍地方志数字化4713条、“知识资源细颗粒度建设和标签标引”32817条。基础数字资源建设项目古籍地方志数字化内容为《续修博山县志》16册794拍、《淄川县志》9册859拍、《三续淄川县志》2册206拍、《临淄县志41》37册582拍、《临淄县志32》16册308拍、《重修新城县志》27册642拍、《长山县志》18册698拍、《高苑县志》10册277拍、《青城续修县志》4册347拍，合计139册4713拍。知识资源细颗粒度建设和标签标引内容为《续修博山县志》16册794拍3573条、《重修新城县志》27册642拍3945条、《青城续修县志》4册347拍1599条、《三续淄川县志》2册206拍947条、《临淄县志32》6册308拍1022条、《临淄县志41》37册582拍2860条、《淄川县志》9册859拍2422条、《长山县志》18册698拍3201条、《高苑县志》10册277拍1439条、《淄博市志1986—2002》（上）1册792页1961条、《淄博市志1986—2002》（中）1册836页2353条、《淄博市志1986—2002》（下）1册765页2454条、《淄博市志》（上）1册1288页2811条、《淄博市志》（下）1册1251页2230条，合计144册9646拍（页）32817条。

2022年，市图书馆申报并获批建设项目有“馆藏特色珍贵古籍数字化”5000页和“地方文献精细化标引”10000条，共需资金35万元。截至目前，项目仍在实施中，但资金尚未到位。“馆藏特色珍贵古籍数字化”书目有：《说研堂诗集不分卷》、《感旧集十六卷》、《池北偶谈二十六卷》、《渔洋山人精华录笺注十二卷补注一卷》、《渔洋山人精华录会心偶笔六卷》、《王渔洋遗书三十八种》（上、中、下）、《渔洋山人文略十四卷》、《陇蜀余闻一卷》、《渔洋山人诗集二十二卷》、《渔洋山人诗续集十六卷》、《香祖笔记十二卷》、《抱山集选一卷》、《清寤斋心赏编一卷》、《剪桐载笔一卷》、《赐闲堂集四卷》、《萧亭诗选六卷》、《渔洋诗法三卷附律诗定体一卷》、《渔洋山人精华录十卷》。“地方文献精细化标引”内容为《淄博日报》（1980.1—1981.1）。

市图书馆其他自建数字资源项目还有，2013年建设“淄博市聊斋文化全文数据库”“淄博籍作者作品书目数据库”“淄博市图书馆地方文献书目数据库”。2017年，与超星合作建设“淄博市民学习中心”（www.zbclc.net.cn）平台。自建“馆藏家谱数据库”“讲座视频数字库”以及“学习通”知识服务系统。

第三编

图书馆新媒体、新技术、新服务建设

第一章　图书馆自动化建设

淄博市图书馆多年来紧盯业界发展前沿，广泛采用自动化、智能化软硬件设施，打造现代化公共图书馆。2013 年至 2022 年这十年，是淄博市图书馆业务自动化建设快速发展的十年，特别是 2015 年新馆搬迁后，市图书馆积极采用业界新技术，大幅度更新和引进自动化设施设备，提升了图书馆的自动化服务水平。十年间，市图书馆以先进的互联网、物联网、人工智能、云计算、大数据等技术为支撑，以图书馆集群自动化管理系统为核心，以 RFID 智能图书管理设备、新媒体设备为平台，实现了采访、典藏、流通、读者活动等图书馆业务的自动化管理，搭建了高速、便捷、智能的服务网络。

第一节　图书馆自动化技术

淄博市图书馆采用 Interlib 图书馆集群管理系统进行业务自动化运行与管理，通过接入 RFID 智能图书管理、电子资源馆外访问、“U 书快借”、移动图书馆 APP、微信服务大厅等应用系统，实现图书自助借还、数字资源远程访问、读者荐购等功能，为读者提供突破空间和时间限制的服务。

2014 年 12 月，市图书馆将图书业务自动化系统由 ILAS 更换为 Interlib 图书馆集群管理系统。Interlib 系统采用 B/S 架构，具有较强的扩展性和安全性，各分馆可以随时随地通过互联网接入中心馆进行统一的采访、编目、典藏、流通、期刊等自动化业务管理。Interlib 系统的采用进一步增强了市图书馆自动化系统的网络服务功能，为之后开展资源共建共享，实现总分馆制、流动图书服务和自助图书馆服务奠定了基础。

2015 年年初，市图书馆上线移动图书馆 APP，持证读者可以直接使用其读者证号和密码登录移动图书馆，获得更方便快捷的服务和丰富多彩的电子图书、学术视频等数字资源。移动图书馆 APP 自上线以来，吸引了大量读者下载使用，广受好评。6 月，市图书馆引入 RFID 智能图书管理系统。利用 RFID 技术，实现自助借还、自助办证、标签转换、键盘仿真、安全监测等功能。

2016 年 1 月，市图书馆启用电子资源馆外访问系统，向持证读者开通电子资源远程访问权限。4 月，与市新华书店联合推出“你选书，我买单”服务。市图书馆的持证读者在新华书店选购的图书，只要符合选购条件，图书费用均由市图书馆结算，所购图书也直接纳入市图书馆馆藏。此项服务减少了中间环节，提高了文献流通率和利用率。5 月，启用短信平台，通过发送手机短信的形式为读者提供图书超期提醒、续借等服务。9 月，开通“淄博市图书馆”微信订阅号，拓宽了信息发布和数字资源共享渠道。12 月，启用读者活动管理系统，通过活动发布、活动签到、活动积分等功能实现对读者活动的有效管理，同时不断激发读者阅读兴趣，培养读者良好的阅读习惯。启用智能视频客流系统，对图书馆人流量进行连续监测、统计及实时、直观、准确展示。启用读者服务数据分析平台，利用大数据技术更好地满足读者的个性化需求。

2017年1月，市图书馆开通“淄博市图书馆服务大厅”微信服务号，并启用“微服务大厅”。为读者提供馆藏查询、借阅咨询、图书续借、活动报名、积分查询、线上咨询、预约进馆、读书报刊荐购等服务，同时提供几十种适合移动终端阅读的数字资源，为读者提供全面便捷的手机图书馆服务。启用机器人咨询服务，包括自动回复、文本回复、图片回复、图文回复、默认回复5个模块，智能答复读者常见问题。启用图书通借通还集群管理系统，在总分馆服务体系基础上，进一步打破地域限制，逐步与张店区图书馆、周村区图书馆、桓台县图书馆、沂源县图书馆、高青县图书馆、临淄区图书馆等区县图书馆实现了通借通还、资源共享，完善了公共图书馆服务体系，拓宽了图书馆服务范围。3月，启用手机“二维码电子证”借阅服务。该功能实现了读者不带实体借阅证，利用手机就可借阅图书，为读者提供了更为便捷、智能化的借阅服务。12月，“全民读书月”期间开通“U书快借”服务。持有市图书馆“家庭借阅证”“成人借阅证”和“少儿借阅证”的读者，通过微信服务大厅或网站访问“U书快借”模块，通过指定方式选书下单后，图书由物流快递到家，所有的费用均由市图书馆支付。

2018年6月，市图书馆开通支付宝借阅宝及支付宝办证服务。

2019年10月，市图书馆对微服务大厅进行优化升级，新增微信办证、微信缴纳欠款等功能，进一步提升读者阅读体验。

第二节 图书馆自动化设备

从2013年至2022年的十年间，淄博市图书馆不断对自动化设备进行更新和完善，在信息基础化、业务自动化、数字阅读等方面引进了大量设备，为图书馆自动化管理提供坚实软硬件支撑。

一、信息基础化设备建设

2014年11月，市图书馆购置中端交换机1台、机柜1套，KVM切换器1套，中端服务器2台、光纤交换机1台、中端存储1台。12月，为升级图书馆业务自动化管理系统，购置服务器2台、高可用双机热备系统1套。

2015年新馆建设之际，为保障馆内服务网络安全、流畅运行，在新馆内接入联通、电信两条百兆光纤。网络中心机房配置核心交换机、负载均衡、上网行为管理、光纤交换机、AP控制器等网络设备，并配套杀毒软件1套。在新馆各楼层共安装9台汇聚交换机、8台POE交换机和45个无线发射器，实现馆内无线网络全面覆盖。为加强应用服务及数据存储服务建设，在中心机房新增10T存储1台，并将原有存储扩容30T。新增光纤交换机1台，备份一体机1台。配备光纤交换机2台，备份机1台，高可用双机热备系统1套，为数据安全存储、高速获取提供了保障。新购3台4U虚拟机并配备管理软件，使用虚拟化方式搭建服务，摒弃了物理硬件的局限性，实现了馆内数字资源建设、活动管理、业务自动化管理等核心应用服务的稳定运行与数据安全。在中心机房搭建了短信平台、单点认证、远望谷数据库、网站服务、清华同方数据库镜像版、VIPExam考试数据库、移动图书馆、点击动漫、统一认证、卡巴斯基杀毒软件、业务自动化等17个应用服务器。为加强机房环境安全建设，中心机房配置UPS系统、消防系统、精密空调系统、门禁管理系统，并配备视频监控系统和动环监控系统对机房温度、湿度、漏水、消防等情况实行全天候监控，为机房安全运行提供保障。

2021年3月，市图书馆将本馆门户网站（zblib.org.cn）服务器数据迁移到淄博市政务云平台，该项目于4月完成，使用云存储约600G。

2022年2月，市图书馆将Interlib图书馆集群自动化管理、客流大数据、活动管理、积分管理等业务系统相关数据迁移到淄博市政务云平台。申请服务包括计算服务、存储服务、网络服务、独立 IP 地址等，该项目于 4 月完成，共迁移 14 台服务器，使用云存储约 4.8T，目前系统稳定运行。

二、业务自动化设备建设

2015 年 6 月、10 月，市图书馆分两批购进 2 台自助办证机、10 台自助借还机，分别安装在成人综合、成人文学、少儿综合、少儿文学、24 小时自助借还区等功能区域，并配套馆员工作站、防盗门禁。2015 年 12 月新馆运行时启用自助办证、自助借还、自助检索等自助服务。

2015 年 6 月，市图书馆启用读者导读系统，在馆内一楼大厅安装读者导航机 1 台，利用先进的触控技术，为读者提供馆内空间功能导航。

2016 年 3 月，位于新馆西南角的 24 小时自助借还图书区建成开放，该功能区利用先进的 RFID 射频技术，提供 24 小时全天候文献借阅服务。

2021 年 12 月，市图书馆启用智慧书架，通过高性能的在架图书实时管理系统，利用 RFID 技术完成馆藏图书监控、清点、图书查询定位，阅读记录统计、错架统计等功能。

三、数字阅读服务设备建设

淄博市图书馆利用电子书阅读机、数字留声机等触控阅读设备，结合先进的 AR、VR、3D、人工智能等技术，提高数字阅读的互动性与体验感，为读者提供优质的数字阅读体验。

2014 年 11 月，市图书馆启用爱迪科森少儿多媒体触控机。该系统以大屏触控作为展现平台，儿童读者可以通过亲手点触体验爱迪科森国学启蒙数据库的全部资源，提高学习兴趣和实践能力。

2015 年 1 月，市图书馆启用歌德电子书借阅机。该设备预装了 3000 种独家授权的正版图书，内容涵盖经典名著、历史军事、人文社科、亲子育儿等，图书与出版社纸书同步发行，每月定期更新。读者可根据需要选择微信扫码在线浏览或利用市图书馆“移动图书馆”APP 免费下载图书进行阅读。6 月，市图书馆购入触摸屏报刊阅读机，可以触屏阅览《人民日报》《大众日报》等近 200 种电子报刊。读者可以根据自己的需要进行检索阅读，支持快照阅读、在线阅读、用户提交报纸等功能。11 月，购入爱不释书 3D 互动立体书平台。该平台是一款 AR 技术与数字阅读相结合的产品，读者可以通过设备看到 3D 化内容的直观呈现，从而感受平面图片所无法演示的互动与声光电效果。

2016 年 12 月，市图书馆采购多种数字阅读设备。其中，爱不释书触摸媒体机，内嵌爱不释书少儿数字阅读数据库，是一个集数字绘本、有声绘本、国学漫画、科普漫画、少儿期刊、连环画、课例视频于一体的少儿数字资源阅读平台。贝贝国学触屏机，内嵌 3000 多个少儿类国学知识资源，以触控互动的方式体验少儿国学教育数据库和妙趣手工坊手工制作数据库。尼山书院触控电子借阅机，内含尼山书院国学数据库资源。淄博市全民阅读触控电子借阅机及应用系统，内含淄博全民阅读数字平台的国学、艺术、文学等多媒体数字资源。

2017 年 9 月，市图书馆购入 6 台库客数字音乐留声机。库客数字音乐留声机包含怀旧金曲、殿堂经典、音乐剧场等 8 个模块，共 5000 首曲目。以触摸屏为载体，方便读者随时随地欣赏音乐、观看精彩视频。同时还采购 2 台库客云 CD 立式音乐机，库客云 CD 以多媒体触控一体机为载体，读者可以在多媒体触控一体机中浏览唱片、试听，还可以扫描二维码把喜欢的唱片收藏到库客音乐 APP 中。

2020 年 9 月，市图书馆启用少儿数字绘本机。该绘本机加入了 3D 科普资源，采用 3D Max 渲染制作，选材贴近 0—15 岁少儿身心特点，适合亲子、师生之间互动阅读，有助于少儿阅读素养的提升。

2021 年 11 月，市图书馆低幼阅览室启用 AR 互动百科立式一体机。该一体机采用 AR 互动系统，将百科资源以文字、图片、音频与 3D 场景和模型相结合，体验了现实与虚拟现实的互动，全新的阅读形式引起了小朋友们浓厚的兴趣。

四、城市书房自动化设备

从 2018 年年底开始，淄博市图书馆相继在张店城区建成“紫园”“云泰”“天鸿”“人民公园”“凯悦”“新华书店”“福园”“新空间”“城中社区”“海岱楼”“MEMS”等城市书房。城市书房主要配备自助借还机、馆藏查询机、智慧客流统计显示设备、智能图书杀菌机、RFID 单通道门禁、24 小时门禁、云书馆等自动化设备，为广大市民提供了便捷化、智能化的公共文化服务。2019 年 7 月，市图书馆图书流动服务车投入运营，随车配备图书自助借还机一台。各城市书房及图书流动服务车以其完善的自动化服务网络实现了与总馆的互联互通，为广大市民提供了便捷化、智能化的公共文化服务。

第二章　图书馆新媒体建设

网络技术的发展使新兴媒体成为人们交流的重要方式，也给图书馆事业发展带来新的契机。利用新兴媒体开展图书馆各项服务，是市图书馆高度重视的一项重要工作。

第一节　官网建设

图书馆网站是图书馆界履行图书馆职能、面向社会提供图书馆服务的专业网站，是图书馆为服务广大读者所搭建的网络平台，是公众在互联网上获取公共文化服务的重要渠道，是图书馆资源、服务与读者之间的桥梁。

2018 年 12 月，淄博市图书馆委托淄博思创信息科技有限公司对市图书馆网站进行改版升级，这是自 2005 年 9 月网站设立以来的第三次改版。2019 年 3 月，新网站正式上线运行。网站共设立网站首页、淄图概览、服务指南、网上服务、数字资源、重点工程、尼山书院、各界赠书、志愿服务、地方文献、古籍保护、学会工作、分馆服务、党建工作 14 个一级栏目，增设了多个二级栏目。网站首页突出咨询和服务，下设本馆动态、活动预告、媒体聚焦、服务数据 4 个二级栏目，并利用图标的形式直观展示网上办证、馆藏查询、图书续借、U 书快借、活动报名等功能入口。经过改版，新网站的内容更加丰富，布局更加合理，大大提升了服务能力。

2021 年 3 月，为提升网站安全性，更好地服务读者，市图书馆将网站服务器数据迁移至淄博

2019 年版淄博市图书馆网站截图

市政务云平台，申请服务包括计算服务、存储服务、独立 IP 地址等。2021 年 4 月，网站迁移完成。

随着淄博市图书馆网站的不断改进和发展，网站的内容不断丰富，访问量也日趋增加，到 2022 年年底，网站的访问量达到 1500 万人次。

第二节　微信公众号建设

随着微信的广泛使用，公共图书馆都创建了微信公众号。将微信实时、方便、快捷的优势与公共图书馆服务相结合，利用微信公众平台为读者提供丰富的阅读资源，举办形式多样的活动，与读者进行沟通与互动，提升公共图书馆工作效率， 让读者享受优质、快捷的图书馆服务。微信公众平台已成为读者在手机端获取公共图书馆文化服务的重要渠道。

淄博市图书馆于 2015 年 9 月注册开通“淄博

市图书馆”微信订阅号，12 月 14 日发布了第一条信息。读者可通过微信公众号实现借阅查询、馆藏检索、图书续借、服务指南查阅、关键词自动回复等功能。2016 年“淄博市图书馆”微信订阅号共发表 364 篇推文。

2017 年 1 月，为进一步提升服务质量和服务水平，方便快捷地为读者传递图书馆信息，加强与读者的互动交流，继“淄博市图书馆”微信订阅号之后，淄博市图书馆又开通了“淄博市图书馆服务大厅”微信服务号。读者关注该公众号后，点击“微服务大厅”，绑定读者证，可以查询当前借阅信息和历史借阅信息，对当前借阅图书进行续借，利用多种检索途径进行书目检索。读者还可以通过微信公众号报名参加图书馆组织的各种公益活动和志愿服务活动，获得读者阅读积分，并进行积分查询。3 月，“淄博市图书馆服务大厅”微信服务号开通手机二维码借阅，读者不需要随身携带借书证，只要“一机在手”，就可实现借书和续借、扫码借书服务、借还微提醒、机器人自动回复等功能。此外，“服务大厅”微信号还为读者提供了“新东方英语课堂”“库客音乐频道”“少儿多媒体图书馆”“微学习中心”“贝贝国学教育数据库”“妙趣手工坊”等数字资源，读者可以方便地从手机移动端浏览丰富的数字资源。2017 年，“淄博市图书馆”微信订阅号全年发布 1192 篇推文，“淄博市图书馆服务大厅”微信服务号发布 307 篇推文。

2018 年，“淄博市图书馆”微信订阅号全年发文总量 1816 篇，阅读总量 501362 次，篇均阅读量 257 次，微信传播指数 WCI 为 513.64，在当年山东省图书馆发布的《山东省市级公共图书馆新媒体（微信）服务统计表》中名居第二。“淄博市图书馆服务大厅”微信服务号每月发布 4 次，发文总量 206 篇，阅读总量为 90143 次。

2019 年 10 月，为了提升读者的阅读体验，让更多的读者畅享图书馆服务，淄博市图书馆对微服务大厅进行了优化升级。新增微信办证、微信缴纳欠款等功能。读者关注“淄博市图书馆服务大厅”公众号，点击“微服务大厅”菜单，在首页即可找到“微信办证”“缴纳欠款”，点击进入就可以办理相关业务。“图书续借”“书目检索”“数字资源”“读者证挂失”等功能通过优化升级，更加方便，清晰明了。为了保障读者证的安全使用，微服务大厅升级后，同一时间一个读者证只能被一个微信号绑定。2019 年，“淄博市图书馆”微信订阅号全年发文总量 1968 篇，阅读总量 432998 次；“淄博市图书馆服务大厅”微信服务号每月发布 4 次，全年共发布 246 篇推文，阅读总量 128101 次。截止到 2019 年 12 月 31 日，微信订阅号关注人数 66445 人，微信服务号关注人数 43173 人。“淄博市图书馆”订阅号在当年山东省图书馆发布的微信服务数量统计中居全省第三名。

2020 年，“淄博市图书馆”微信订阅号全年共发布 1922 篇文章，阅读总量 396944 次。“淄博市图书馆服务大厅”微信服务号每月发布 4 次，全年共发文 268 篇，阅读总量 182244 次。微信订阅号关注人数 104927 人，微信服务号关注人数 69276 人。在山东省图书馆发布的《全国公共图书馆微信微博监测月报》中，“淄博市图书馆”微信订阅号每月都居全国公共图书馆微信公众号推文数量前 10 名，其中 4 次排名全国第一。

2021 年，“淄博市图书馆”微信订阅号全年发布 2294 篇文章，阅读总量 441050 次；“淄博市图书馆服务大厅”微信服务号每月发布 4 次，全年共发布 246 篇文章，阅读总量 169690 次。微信订阅号关注人数 115792 人，微信服务号关注人数 76469 人。“淄博市图书馆”微信订阅号每月都居全国公共图书馆微信公众号推文数量前 10 名，居全国地市级公共图书馆微信影响力前 20 名（据山东省图书馆《全国公共图书馆微信微博监测月报》）。

2022年，“淄博市图书馆”微信订阅号全年共发布2661篇文章，阅读量383450次，粉丝数131712人。“淄博市图书馆服务大厅”微信服务号每月发布4次，全年共发布201篇文章，阅读量132609次。“淄博市图书馆”微信订阅号在全国公共图书馆微信公众号推文数榜单中稳居全国前五，并连续4个月全国第一，全国地市级公共图书馆微信公众号影响力最高排名第13位（据山东省图书馆《全国公共图书馆微信微博监测月报》）。

第三节　微博建设

淄博市图书馆官方微博创建于2016年11月23日，截至2022年12月31日发布信息36500余条，视频593条，拥有粉丝11300余人。

自创建之日起，市图书馆微博以“服务读者，助力全民阅读”为宗旨，坚持每日更新，先后设置“活动预告”“荐书”“媒体看淄图”“活动回顾”“优秀传统文化及地方文化展示”“淄图君赠书”“史海拾贝”“健康时光”“文明你我他”等栏目，并根据读者反馈不断改进完善。2022年发送微博10391条，创作总字数累计137余万字，阅读总量1673万，收获转评赞26922次；2022年12月发博量911条，阅读量突破200万；日阅读量最高达到14.6万人次。2017年至2022年连续六年入围“政务微博影响力排行榜”，获“全国十大图书馆微博”称号。“政务微博影响力排行榜”由微博出品、人民网舆情数据中心提供学术支持，评价对象包括全国所有通过微博认证的机构官方微博，评价体系包括四个维度：传播力、服务力、互动力和认同度。

市图书馆微博“淄图君赠书”栏目于2019年7月6日推出，截至2022年12月31日共举办270期，先后有近千位读者获得赠书。本栏目自推出之日起受到粉丝欢迎，参与者踊跃，在提升图书馆社会效益、推进全民阅读方面发挥了积极作用。

第四节 微信视频号、抖音号建设

随着移动互联网的快速发展，短视频平台逐渐崛起，成为广大用户追求娱乐、获取信息和分享生活的重要渠道。市图书馆紧跟短视频平台发展步伐，通过更多的新媒体服务渠道为读者提供便捷丰富的服务，相继创建开通了微信视频号与抖音号。

2021年7月7日，市图书馆创建开通了“淄博市图书馆”微信视频号，截止到2022年底共发布微信短视频615条，视频点击观看量为382761次。

2022年7月1日，市图书馆创建开通了“淄博市图书馆”抖音号，截止到2022年底共发布抖音视频102条，视频点击观看量为10800次。

第三章　图书馆新服务建设

图书馆新服务是指图书馆利用网络技术开展的、不同于图书馆传统服务的新服务内容和新服务模式，是新形势下图书馆适应社会公众需求的创新举措。

第一节　公共数字文化工程建设

一、淄博市民学习中心平台与馆外“一站式”访问系统

“淄博市民学习中心”是一个集门户网站、数据搜索中心、学习资源中心、读者学习空间及后台管理与统计中心为一体的学习平台。

随着互联网技术的普及，网络阅读和手机移动阅读成为人们日常生活中不可或缺的内容。基于这种阅读需求，公共图书馆越来越重视数字资源建设及开展网上阅读服务。淄博市图书馆从2016年上半年开始提出实施总分馆服务体系、打造市民学习中心平台等项目的建设规划，并于2016年12月，与北京世纪超星信息技术发展有限责任公司合作进行“淄博市民学习中心”数字平台建设。

经过一年多的规划、设计、建设和调试，2017年8月，“淄博市民学习中心”数字平台正式建成开放，标志着淄博走进全民免费终身学习时代。

“淄博市民学习中心”数字平台面向淄博全体市民，旨在充分利用图书馆原有及新购数字文献资源，实现资源整合，统一检索，文献互助、互借。同时，引进新型流媒体课程资源，为用户提供一个全新的终身学习平台，使图书馆从资源型服务转向学习型服务。建成后的“淄博市民学习中心”数字平台拥有电子图书338万册、视频10万集、课程1000门等，共计243TB海量资源。学习中心平台可为市民提供便捷的在线学习、资源搜索、生活休闲、文化娱乐等全方位、个性化服务。可建立市民数字化学习档案，构建终身学习服务体系，满足社会个体多层次、多方面的学习需求，已成为淄博市最具影响力的学习平台。2022年，平台的年访问

淄博市民学习中心数字平台截图

量达到 558722 人次，下载量达到 112926 人次。

为更好地满足读者数字阅读需求，淄博市图书馆于 2016 年 2 月上线“电子资源馆外访问系统”。该系统利用 Web 技术构建数字图书馆的访问平台，将访问受限的数字资源延伸到互联网访问，实现了读者随时随地利用数字资源。

“电子资源访问系统”整合了淄博市图书馆所有外购数字资源，并实现统一认证。无论何时何地，读者只需通过自己的读者证号的密码登录该系统，即可轻松便捷地免费访问所有数字资源。“电子资源馆外访问系统”的上线，能够有效集成图书馆内外的数字资源和应用，为读者提供更优质服务的同时，提高了淄博市图书馆数字资源的利用率。

二、公共电子阅览室建设

2011 年文化部“公共电子阅览室建设计划”开始实施后，市图书馆在原有电子阅览室基础上改建“公共电子阅览室”并对外免费开放。2012 年年初按照要求购置了设备，为公共电子阅览室服务器新申请外网 IP 地址一个，安装了山东省公共电子阅览室管理系统。通过该管理系统实行用户上网实名登记、限制上机时长，严格按照“每人每日上网时间累计不得超过 2 小时”的规定施行。公共电子阅览室设有座席 20 个，计算机终端统一安装了资源导航管理系统，引导用户特别是青少年读者访问优秀的数字文化信息资源。公共电子阅览室设有未成年人专用座席，在未成年人使用的计算机终端上实行统一界面和网站的黑白名单管理，杜绝不良信息侵入。2012 年 12 月、2013 年 5 月和 2014 年 8 月对公共电子阅览室管理系统进行了升级，各区县也陆续安装和升级了最新系统。2015 年市图书馆新馆投入使用后，公共电子阅览室分为成人和少儿两个阅览室。成人阅览室设有管理机 1 台、用户座席 68 个；少儿阅览室设有管理机 1 台、用户座席 14 个，均免费开放。2015 年 11 月和 2016 年 3 月，新馆成人公共电子阅览室和少儿公共电子阅览室分别安装了“公共电子阅览室云服务平台”，实现了与全省的统一云管理。为了安全管理和提高工作效率，先后制定或完善了《公共电子阅览室工作制度》《公共电子阅览室工作人员职责》和《公共电子阅览室读者上机须知》等制度，确保各项工作有据可依、有律可查、有流程可遵循，以便更好地为读者服务。

淄博市图书馆公共电子阅览室面向读者免费开放，建设初期至 2015 年 9 月老馆闭馆前，年均接待上机读者约 1 万人次。2015 年 12 月新馆开馆至 2020 年新冠肺炎疫情暴发前，成人公共电子阅览室年均接待上机读者 17000 人次、自习读者 2 万余人次；少儿公共电子阅览室年均接待上机读者 1600 人次。2020 年至 2022 年因新冠肺炎疫情闭馆或限流期间，成人公共电子阅览室年均接待上网读者 4500 人次、自习读者 1.6 万余人次；少儿公共电子阅览室年均接待上机读者 107 人次。

除接待读者外，公共电子阅览室还积极开展社会公益活动，取得了良好的社会效益。2016 年 8 月，市图书馆作为“文化共享工程淄博市支中心”荣获山东省文化厅授予的“公共电子阅览室建设先进单位”称号。

三、数字图书馆推广工程

数字图书馆推广工程是我国“十二五”时期由国家和地方财政共同支持、文化部负责组织实施的一项重大数字文化惠民工程。自 2011 年起，市图书馆响应文化部号召，开始实施“数字图书馆推广工程”项目，根据标准要求完成了数字图书馆硬件平台的搭建。2015 年新馆搬迁后，又更新或添置了服务器、网络设备、存储、UPS 和环境设备等，硬件配置和网络环境等都上了一个新台阶。

数字图书馆推广工程实施以来，市图书馆接入或自建的数字化平台主要有中国政府公开信息整合服务平台淄博分站、公共数字文化工程移动阅读平台、“淄博市图书馆”微信订阅号、山东公共文化云 APP——淄博市网络书香资源检索平台、数字资源统一用户管理平台、淄博市图书馆资源联建发布平台、“淄博市图书馆服务大厅”微信服务号、山东省图书馆联合参考咨询平台、淄博市民学习中心、淄博市图书馆新网站、齐文化特色资源库。通过这些数字化平台，市图书馆向读者提供了更多更好的服务。

为进一步加强数字图书馆推广工程的影响力，使数字图书馆服务惠及更广泛的社会公众，市图书馆根据数字图书馆推广工程的部署，开展了一系列推广服务活动。如历年都积极参与举办文化部数字图书馆推广工程“网络书香过大年”系列活动，让更多读者了解并学会使用推广工程资源。响应数字图书馆推广工程号召，组织区县馆开展了“‘童音诵古韵·经典有新声’全国少儿诗词在线诵读”活动。2019 年响应数字图书馆推广工程号召，开展了“我们的中国梦”——公共数字文化进万家系列活动等。

四、公共数字文化工程

2019 年 4 月，文化和旅游部将原文化部三大工程“全国文化信息资源共享工程”“公共电子阅览室建设计划”和“数字图书馆推广工程”融合，整合为“公共数字文化工程”。市图书馆积极组织本馆相关业务科室及工作人员参加了国家及山东省举办的业务培训，同时开展了一系列推广服务活动。如 2020 年 2 月举办了“新春中华优秀传统文化系列活动”；2021 年 2 月举办了“品传统经典 过文化大年”——中华优秀传统文化春节主题系列活动。2021 年 2 月至 2023 年 2 月，通过“网络书香·阅见美好”小程序开展了 5 期活动，包括“美好生活照片征集活动”“小长假来读书活动”等。2022 年 1 月至 2 月，举办了“品传统经典 过文化大年”2022 年春节系列主题活动等。

第二节　“U 书快借”项目建设

为更好地服务市民，扩大图书馆服务范围和使用人群，淄博市图书馆于 2017 年 12 月推出“U 书快借”服务。通过“手机 + 物流”的服务形式，将图书馆的书籍送到读者手中，实现图书馆服务精准化供给，满足读者个性化、多元化、便捷化的阅读需求。

一、项目介绍

“U 书快借”服务项目是以读者需求为导向的一种新型图书采选平台，将读者采选服务应用、馆员管理服务应用、馆店融合服务应用多个业务微服务，根据图书馆需求灵活选择所需应用配置，打通

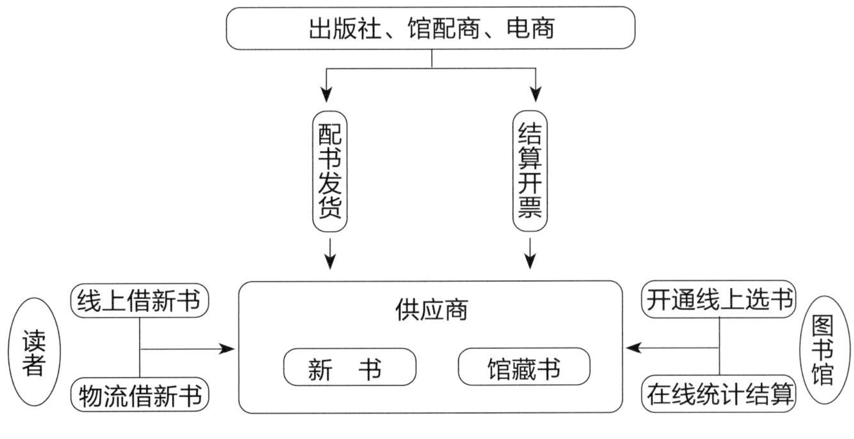

“U 书快借”流程示意图

图书馆、供应商和读者三端业务，集成在一个平台上进行“三购”（荐购＋采购＋散购）业务的融合。

二、项目服务架构

“U 书快借”服务项目主要分为前台读者操作和 U 书服务后台两部分组成。前台主要针对读者，主要包括图书展示、读者注册、购物车管理、订单管理等功能，并以图文方式展示书籍详情，可在线实时查询馆藏复本与库存数量。“U 书快借”服务后台由图书馆管理员使用，主要处理读者荐购信息、快递送书和对接供应商统计结算等环节。

“U 书快借”服务项目业务流程如下：

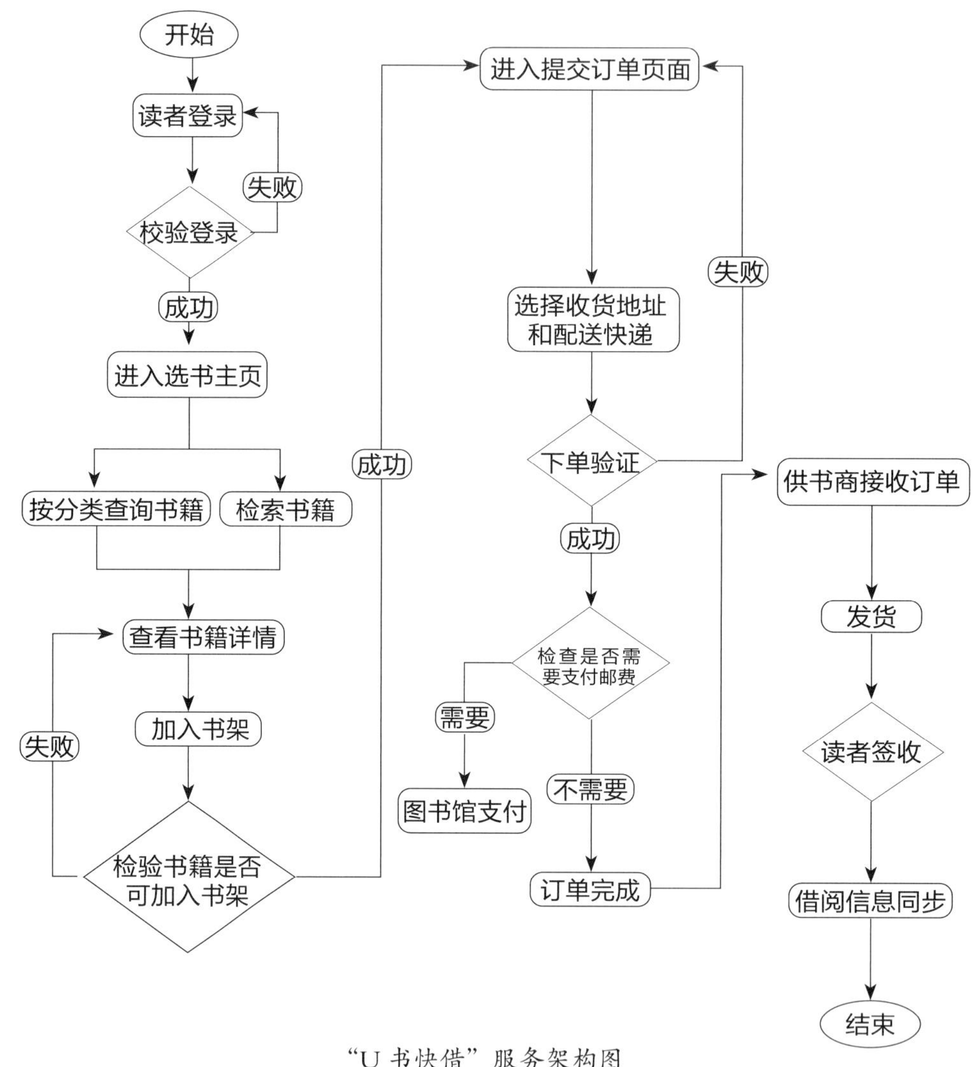

“U 书快借”服务架构图

“U 书快借”服务后台是图书馆开展读者活动的软件平台，具有以下优势：一是图书资源丰富。平台有 400 万种以上的图书资源，图书类型丰富多样，满足不同年龄层读者的阅读需求。二是采购机制灵活。以往受制于购书经费只能支付给中标供应商，无法用于京东等电商平台购书，很多图书只能通过专项经费来开展荐购活动。U 书服务后台能够满足读者采购自身所需的图书，使图书馆在支付方式上不再有障碍。三是业务动作灵活。平台具备完备的采购规则配置，可设置复本量、出版时间、分类、订单频率、码洋范围等条件，避免采购图书的重复性，提高了文献资源的利用率和流通率。四是业务系统联动。平台与图书馆业务系统无缝对接，同步获取读者认证信息，持证读者可直接使用；可实时获取图书馆馆藏状态，超过复本要求时将不允许购买；读者签收图书后在业务系统中将标记为外借状态，后续按常规借书流程处理即可。

三、项目全新升级

“U 书快借”服务项目一经推出便获得读者好评，市图书馆于 2018 年对项目进行升级，实现微信、支付宝办证借书，市图书馆也成为山东省首家开展网上读者选书业务的公共图书馆。2019 年“U 书快借”再次升级：一是在淄博市图书馆官方网站和微信服务号平台的基础上，新增支付宝平台，读者可以通过支付宝的借阅宝生活号，选购需要的图书；二是开通了微信、支付宝办证，读者不需要到馆，直接在微信、支付宝办证缴费后，就可以使用“U 书快借”把图书快递到家；三是开通了微信缴纳丢书款项等服务；四是增加采购数量功能，方便读者查看。

四、项目实施效果

一直以来，公共图书馆图书采购与读者阅读需求存在错位问题，造成“所需无馆藏，所采非所需”的矛盾。市图书馆推出的“U 书快借”服务较好地解决了这个矛盾，把部分图书采购的权利交到读者手中，使有限的购书经费发挥最佳效益。通过对该服务进行扩展升级，让读者直接通过线上办证、线上选书，实现足不出户即可借阅新书，方便了读者，精准满足了读者的个性化信息需求，提高了图书利用率。

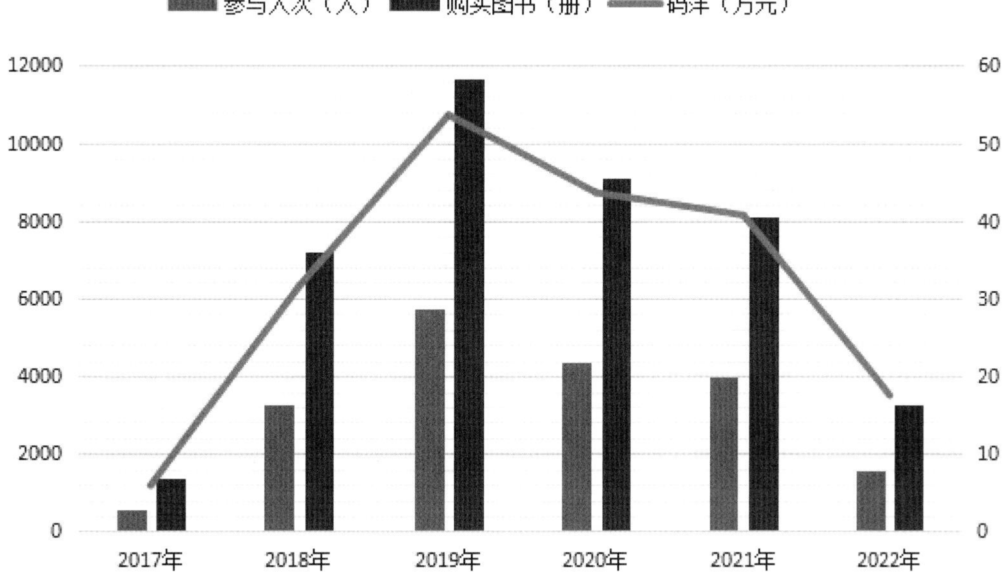

	2017 年	2018 年	2019 年	2020 年	2021 年	2022 年
参与人次（人）	552	3265	5712	4358	3983	1578
购买图书（册）	1389	7200	11661	9100	8118	3280
码洋（万元）	5.9	31.5	53.6	43.6	40.7	17.5

第三节　线上读者服务活动

淄博市图书馆利用微信公众号、微博开展线上活动，让读者凭借一部智能手机足不出户就可以参与丰富多彩的阅读活动。2016 年，市图书馆共举办线上活动 21 场次。主要活动如世界节日趣谈——有奖答题活动；“我爱读课文”音频征集活动；“三行家书”征集活动；电子书推介 18 期等。

2017 年，市图书馆共举办线上活动 129 场次。主要活动有 2017 网络书香过大年系列活动；淄博市全民网络知识竞赛；“知网杯”检索比赛；2017 年全国少儿诗词在线诵读活动；“你选报刊 我买单”2018 年报刊推荐活动；砥砺奋进的五年——庆祝中国共产党建党 96 周年、掌声聚民心开启新时代等线上展览 3 期；央视“希望英语”栏目主持人董默涵线上英语直播活动；读英文小故事线上活动；彩虹小喇叭 42 期；电子书推介 39 期；悦读· 荐书 20 期；悦读 · 书评 16 期；等等。

2018 年，市图书馆共举办线上活动 115 场次。主要有淄博市少儿国学知识大赛；2018 淄博市掌上诗词大会；《公共图书馆法》有奖竞答；“九州圆梦·美好生活”在线摄影征集；“经典传情·书福迎春”有声电子贺卡活动；“书香博闻·畅享悦读”趣味闯关答题；“梨园贺岁 · 百戏昇平”戏曲文化知识展；“我与图书馆一起成长”征文活动；共读一本书活动；《诗与远方》知识竞赛活动；“童音诵古韵·经典有新声” 2018 年全国少儿诗词在线诵读活动；《画说丝路——跟着爸爸妈妈走丝路》图文展；《公共文化服务保障法》展览；《宪法》展览；“阅读传统文化 传承中华经典”活动 4 期； 数字资源检索有奖竞答活动 6 期；彩虹小喇叭 51 期；电子书推介 26 期；悦读·荐书 8 期；悦读 · 书评 5 期；等等。

2019 年，市图书馆共举办 145 场次线上活动。主要有淄博市 2019“书香盈岁月 新桃换旧符”新春楹联有奖征集活动；新春“中华传统文化知识大闯关”线上活动；“我们的中国梦”——公共数字文化进万家活动；“今昔巨变 · 辉煌见证”新老照片征集活动；全国首届“图书馆杯全民英语口语风采展示活动”；“4 · 23 世界读书日”特别活动；读经典 学新知 链接美好生活——淄图邀您共赏直播；同城共读，万卷共知——2019 年 4 · 23 世界读书日全民阅读活动；英语阅读水平线上测试；共读一本书读书打卡活动；“火红的十月，腾飞的祖国”——庆祝建国 70 周年推文大赛；“发现图书馆之美”全省公共图书馆摄影大赛；“吉雨贺岁 · 好书传情”电子有声贺卡活动；“书香博闻 · 欢启归程”在线趣味答题；“讲好山东故事 · 传承优秀文化” 第二届全省青少年读书故事会；全省共听一本书活动；第四届“水滴奖”全国科幻作品征集大赛；“你选报刊 我买单”2020 年报刊推荐活动；“讲山东故事，享齐鲁文化”淄博特色文化视频展播活动；“经典诵读 文化传承”畅知经典诵读活动；“学民俗 诵诗词”过一个有情怀的端午节线上活动；“悦读 · 悦听 · 悦览 码上同行”——阅读推广公益行动；壮阔东方潮 奋进新时代——庆祝中华人民共和国成立 70 周年线上展览；2019“品书香 赏年俗”年俗文化线上展；“赛龙舟，吃粽子——端午节的故事”民俗文化展；“过去、现在、未来——宇宙演变的神奇故事”线上展览；激活经典 走向大众《中华传统文化百部经典》推介图文展；数字资源检索有奖竞答活动 6 期；微博赠书活动 39 期；电子书推介 20 期；彩虹小喇叭 51 期；等等。

2020 年，市图书馆共举办 881 场次线上活动。主要有“众志成城 共抗疫情”线上诗词大赛；“带一本好书回家过年”征文活动；第二届“图书馆杯”主题图像创意设计征集活动；“声采飞扬”青少年英语口语风采展示活动；淄博市图书馆“新冠肺炎”防疫知识竞答；为爱助力——致敬逆行者，向抗疫天使们告白活动；“我学传统文化”

主题征文等新春中华优秀传统文化系列活动 5 期；“以‘声’抗疫，为奋战在疫情一线的战士们声援”线上朗诵大赛；抗击肺炎——寒假快乐高效宅读活动；2020“众志成城 抗击疫情”主题连环画创作推广公益行活动；“文明共携手 书香润淄博”知识资源“五进”线上直播活动；“我是朗读者 以声抗疫”优秀作品展示活动；世界地球日环保知识问答活动；国学知识挑战赛有奖答题活动；知网网络知识竞赛活动；世界读书日·数字展览矩阵阅读推广活动；“阅读时光 共读好书”有奖读书活动；齐文化有奖线上竞答活动；“趣听‘声’活，悦享每刻”淄博市图书馆听书有奖答题活动；“方言·图书馆”创意短视频展示活动；一网读尽·主题书单推介 4 期；移动图书馆线上活动 4 期；宅家课堂 7 期；“悦读 悦听 悦览，码上同行”阅读推广公益行动 3 期；CNKI 数字资源检索有奖竞答 6 期；淄图云科普线上讲座 4 期；每月微课堂 12 期；“书香盈岁月 新桃换旧符”年俗文化展、众志成城 抗击疫情——预防新冠病毒线上展览、第十三届淄博市读书节推荐书目展、山水之乐——走进齐白石的山水世界线上展、花灯璀璨盛世兴——元宵节的中国风微信展、实干兴邦 劳动爱国——全国劳动模范先进事迹展、中国公民健康素养漫画展等线上展览 21 期；齐风讲堂·书法公开课 16 期；齐风讲堂·茶艺公开课 11 期；齐风讲堂·国画公开课 3 期；稷下书院云讲座 50 期；最美妈妈讲故事 83 期；绘画小课堂 14 期；硬笔书法小课堂 22 期；魔漫创客小课堂 5 期；唐诗小课堂 30 期；第三届全省少儿诗词诵读大赛优秀作品展播 16 期；微博赠书 127 期，电子书推介 52 期，淄图听书 40 期；彩虹故事会 37 期；彩虹小喇叭 53 期；彩虹小百科 13 期；彩虹国学堂 37 期；彩虹手工坊 21 期；彩虹小讲堂 44 期；彩虹阅读会 6 期；彩虹小画廊 38 期；彩虹书画展 10 期；等等。

2021 年，市图书馆共举办线上活动 878 场次。主要有“百座城市 千家书房”——百年党史知识线上竞答活动；第二届淄博市少儿微书评大赛活动；第一届淄博市 “我最喜爱的一本书”中小学生征文比赛；悦读齐鲁 “绘”就未来——全省首届中外绘本故事讲读大赛；首届省会经济圈城市中小学生“书香妙笔”征文活动；“知诗明理 阅享人生”喜迎新春诗词大会；“百年荣光 薪火相传”2021 年有奖知识竞答活动；文化名城讲坛《葛剑雄先生谈读书之道》；第十六届“文津图书奖”获奖图书线上展；“辛丑话牛”2021 年迎新春文化特展庆祝中国共产党成立 100 周年系列展；“激活经典 熔古铸今”——《中华传统文化百部经典》出版成果展、红色诗词展、国庆特展——礼赞新中国 歌唱新时代、元旦特展——现当代文学作品中的元旦、教师节特展——寻找最美乡村教师展等线上展览 28 期；“激活经典 熔古铸今”——《中华传统文化百部经典》专家访谈 3 期；2021 年社科普及周系列活动——淄图云讲座 3 期；“颂红色经典·迎百年华诞”第十二届淄博市读书朗诵大赛优秀作品展播 15 期；第一届淄博市“书香小大使”获奖作品展播 15 期；“致敬红色经典·赓续精神力量”第三届淄博市少儿诗词诵读大赛优秀作品展播 10 期；“传承红色基因·争做华彩少年”第三届全省青少年读书故事会线上有声语言培训；“品传统经典 过文化大年”——中华优秀传统文化春节主题系列活动 8 场；“花灯彩照·诗韵元宵”淄博市图书馆网络诗词竞赛；淄博市图书馆 “元宵灯谜会”；4·23 世界读书日“开启新的阅读之旅”21 天听书打卡活动；“知识百科，一站到底”有奖竞答活动；“好书共读”活动 3 场；科技活动周——“科技强国·好书共读”专题活动；“百年党史 全省共读”线上有奖竞赛；“百部红色经典讲播·致敬建党百年伟业”为你讲书活动 4 期；线上彩虹读书会活动；“共度团圆佳节，品味中秋文化”中秋系列活动 3 期；“喜迎国庆，满城书香”听书打榜活动；古诗词里迎国庆，过个有文化的“十一”长假答题活动；“重阳节，来赛诗”线上活动；线上唐诗小课堂5期；线上硬笔书法小课堂23期；最美妈妈讲故事7期；微博赠书64期；电子书推介71期；新语听书43期；童书荐读49期；红色故事绘301期；彩虹故事会19期；彩虹小喇叭52期；彩虹小百科33期；彩虹国学堂22期；彩虹小讲堂22期；等等。

2022年，市图书馆共举办线上活动1087场次。主要有“带一本好书回家过年”读书征文活动；“网络书香·阅见美好”扫码阅读活动；“品传统经典 过文化大年”2022年春节系列主题活动6期；虎年新春知识竞答；猜灯谜，张灯结彩闹元宵线上活动；华灯竞处 人月圆时——元宵节名诗佳作欣赏；“在线阅读”资源推介8期；“书香相伴‘疫’路同行”疫情防控知识有奖问答活动；“喜迎二十大奋进新征程 ——‘图’说我身边的最美读书人”摄影作品征集活动；好书共读活动；“跟名家读名篇”全民主题朗诵作品征集活动；名家名著知识问答挑战赛；“那些年，我们追过的动画片”趣味阅读活动；六一儿童节“欢乐百科斗智斗勇”答题活动；趣味诗词迎端午活动；“我们的节日·中秋”主题诵读活动；2022中秋教师双节主题诵读线上活动；“网络书香·筑梦童行”主题数字阅读活动；迎新春“书香伴成长”线上阅读活动；“书香伴成长”整本书阅读线上打卡活动4期；“书香伴成长”分级阅读系列活动28期；“阅读修德，美在身边”第三届淄博市青少年读书故事会优秀作品展播9期；“讲好黄河故事，传承优秀文化”线上读书故事会馆员组优秀作品展播16期；第四届淄博市少儿诗词诵读大赛获奖作品展播6期；“山东手造·齐品淄博”走进公共阅读空间王继红彩色剪纸系列作品线上展；深入学习贯彻党的二十大精神图文展；同心筑梦新时代 昂首奋进新征程——喜迎二十大·五年成就展、防患未“燃”——消防安全科普展、影像里的中国——喜迎国庆电影作品展；中国制造 筑梦未来——大国重器背后的创新科技展；沉浸在心底的爱——父亲节主题展；第十七届文津

2018年3月18日，市图书馆举办“彩虹英语分级阅读启动会”

图书奖获奖图书展、“百名摄影师聚焦新时代”图片展等线上展览 59 期；“奋进新征程 建功新时代”视障读者演讲比赛；无障碍服务——有声悦读 38 期；无障碍服务——有声剧场 20 期；无障碍服务——盲人电影院 26 期；无障碍服务——文化助盲线上读书分享会 8 期；“书中淄味——淄博人聊淄博书”6 期；齐文化线上小课堂 50 期；智慧父母线上课堂 28 期；最美妈妈讲故事 24 期；齐阅・城市领读者云领读 21 期；微博赠书 36 期；电子书推介 80 期；淄图听书 86 期；童书荐读 42 期；红色故事绘 194 期；彩虹故事会 53 期；彩虹小喇叭 51 期；彩虹小百科 48 期；彩虹国学堂 45 期；彩虹手工坊 17 期；彩虹小讲堂 33 期；彩虹小画廊 6 期，彩虹书画展 6 期。

为了促进少儿读者英语学习，市图书馆与新东方共同推出“剑桥彩虹少儿英语分级阅读”系列活动。通过线上与线下两种渠道，与读者共同阅读《剑桥彩虹少儿英语分级阅读》读物，指导读者如何通过分级读物掌握正确的阅读方法，培养科学的阅读习惯，将自己打造成一个具备阅读素养的“独立阅读者”。2017 年共举办英语分级阅读活动 4 场，其中线上活动 3 场，参与读者上千人次。2018 年，市图书馆继续与“新东方在线”合作，共推出线上线下 9 场“彩虹英语分级阅读”活动，主要活动如彩虹英语分级阅读训练营、彩虹英语朗读比赛、英语单词小达人等，参与读者共 1000 多人次。

第四节　知识资源“五进”活动

为推进全民阅读，建设书香淄博，提高馆藏资源利用率，市图书馆充分发挥自身优势，创新服务模式，开展以“文明共携手 书香润淄博”为主题的知识资源“五进”（进机关、社区、学校、军营、企事业单位）服务活动。自 2018 年正式启动至 2022 年年底，已先后走进 41 家单位进行志愿服务，培训 3431 人次，成为市图书馆的品牌服务活动，多次被山东省图书馆学会、《淄博日报》、淄博新闻频道等单位和媒体报道。2022 年 5 月，该活动荣获山东省公共图书馆首届全民阅读推广品牌项目。

知识资源“五进”活动采取“走出去、送上门”，“线上线下结合”的服务方式，由市图书馆工作人员上门为服务单位进行宣讲。宣讲内容主要是市图书馆的基本情况、新馆开放后面向社会开展的各类公益文化服务活动，以及图书馆各类文献资源及其利用方法。“五进”活动进一步延伸了公共图书馆服务触角，成为淄博市公共文化服务的一张亮丽名片。

2018 年 4 月 16 日走进淄博市妇联

2018 年 4 月 23 日走进淄博市信访局

2020 年 11 月 12 日走进武警淄博支队执勤一大队执勤二中队

2021 年 10 月 15 日走进淄博市中心血站

2021 年 6 月 1 日走进高新区实验小学

2022 年 5 月 10 日走进淄博市公安局

"文明共携手 书香润淄博"知识资源"五进"活动统计表（2018—2022 年度）

序号	活动时间	五进单位	志愿服务人员	参加人数	备注
1	2018.4.16	淄博市妇联	丁雷、孙凤、吕春燕、张丽金	30	
2	2018.4.23	淄博市信访局	姜艳平、孙凤、张丽金	40	
3	2018.5.11	淄博市特殊教育中心	丁雷、孙凤、陈雪、张文涛、李昕冉	260	
4	2018.5.25	淄博市文化新闻出版局	李昕冉	30	
5	2018.5.31	淄博市残联	姜艳平、孙凤、左文广	30	
6	2018.7.2	淄博市文化新闻出版局	刘玉湘、孙凤	30	
7	2018.8.13	淄博市五音戏剧院	姜艳平、李昕冉	50	
8	2018.8.16	淄博市文化馆	姜艳平、李昕冉	20	

续表

序号	活动时间	五进单位	志愿服务人员	参加人数	备注
9	2018.8.17	蒲松龄纪念馆	姜艳平、孙凤	30	
10	2018.8.25	淄博市文物局	姜艳平、刘肖霞	10	
11	2019.1.24	张店区实验小学	孙凤、刘肖霞	80	
12	2019.3.21	淄博市军粮供应中心	姜艳平、孙凤、王琳	20	
13	2019.4.17	武警淄博支队周村中队	姜艳平、孙凤、刘肖霞	30	
14	2019.4.23	山东九强集团	孙凤、刘肖霞	30	
15	2019.4.28	济青高铁淄博北站	姜艳平、孙凤、刘肖霞	30	
16	2019.5.21	中船重工淄博火炬能源有限公司	姜艳平、孙凤、刘肖霞	50	
17	2019.10.11	淄博市张店区潘苑社区	姜艳平、孙凤、刘肖霞、代秀丽	30	
18	2019.10.18	淄博市桓台县新城中学	丁雷、孙凤、刘肖霞	300	图书流动服务车
19	2019.11.11	淄博市新阶层大讲堂	孙凤	25	
20	2019.11.22	淄博市高新区实验幼儿园	姜艳平、孙凤、黄静、刘肖霞	100	
21	2019.12.13	淄博市桓台县新城中学	孙凤、刘肖霞	100	
22	2020.3.14	张店区实验中学 2019 级六班	孙凤、刘肖霞	150	线上
23	2020.4.10	中国陶瓷琉璃馆	姜艳平、孙凤、刘肖霞	35	
24	2020.4.24	淄博市文化馆	姜艳平、孙凤、刘肖霞	35	
25	2020.6.05	淄博市国家保密局	刘玉湘、姜艳平、孙凤、刘肖霞	30	
26	2020.10.14	淄博市早晚读书沙龙	孙凤、刘肖霞	330	线上 300，线下 30
27	2020.11.12	武警淄博支队执勤一大队执勤二中队	丁雷、孙凤、刘肖霞	20	
28	2021.1.18	淄博市齐旭资产经营有限责任公司	孙凤、刘肖霞、沈兰妮	35	
29	2021.2.1	淄博市教育研究院	姜艳平、孙凤、刘肖霞、沈兰妮	15	
30	2021.2.3	淄博市中心医院	刘玉湘、孙凤、刘肖霞、沈兰妮	75	
31	2021.4.14	淄博市第五中学	丁雷、孙凤、刘肖霞、沈兰妮	40	
32	2021.4.19	淄博六中	丁雷、孙凤、刘肖霞、沈兰妮	30	
33	2021.6.1	高新区实验小学	丁雷、孙凤、刘肖霞、沈兰妮	80	
34	2021.6.9	张店区实验中学	丁雷、孙凤、刘肖霞、沈兰妮	60	
35	2021.10.15	淄博市中心血站	丁雷、孙凤、刘肖霞	70	
36	2021.11.26	淄博市青少年宫	丁雷、孙凤、刘肖霞	60	
37	2022.3.27	麦田公益组织线上直播	孙凤、刘肖霞	40	
38	2022.4.3	足不出户，尽享“数字淄图”——市图书馆线上直播	孙凤、刘肖霞	700	线上 700 人，获 3 万点赞
39	2022.4.27	淄博市劳动人民文化宫	丁雷、孙凤、廉冰、刘肖霞	10	
40	2022.5.10	淄博市公安局	姜艳平、孙凤、廉冰、刘肖霞	30	
41	2022.10.9	淄博市总工会	姜艳平、孙凤、刘肖霞	40	

2013—2022
ZIBO LIBRARY
淄博市图书馆

第四编

读者服务

读者服务工作是图书馆工作最为基础、核心的部分。市图书馆始终秉承“读者第一，服务至上”的宗旨，扎实开展以创“优雅环境、优良资源、优质服务”为主要内容的“创三优”服务活动，在做好常规服务的同时，不断拓展读者服务渠道，探索多形式多途径的服务内容和服务模式，努力开拓读者服务工作新局面。

第一章　读者队伍

第一节　读者类型

读者是图书馆业务工作的主要服务对象，覆盖社会各类群体。市图书馆根据不同的划分标准，对读者进行科学分类，深入研究不同类型的读者特征，优化馆藏配置，有的放矢开展服务工作，不断提高读者服务水平。

市图书馆的借阅证分为少儿证、成人证、家庭证，借阅范围、借阅数量均有明确规定。市图书馆的虚拟证，免押金办理，可使用数字资源，无法借阅纸质文献。

一、年龄特征

根据 Interlib 图书馆集群管理系统统计，截至 2022 年年底，淄博市图书馆累计持证读者 140660 名。按照年龄特征，本馆读者分为少儿读者（1—14 岁）、青年读者（15—44 岁）、中年读者（45—59 岁）及老年读者（60 岁以上）。从统计数据可知，本馆青年读者占绝大多数，其次分别是中年读者、少儿读者和老年读者。

少儿读者是低幼阅览室、少儿文学借阅室和少儿综合借阅室的主要服务对象。根据少儿群体在阅读内容、阅读方式、阅读环境和阅读兴趣等方面所表现出的好奇心和敏感性，本馆为 6 岁以下幼儿设立低幼阅览室，6—14 岁儿童设立少儿文学借阅室和少儿综合借阅室。

淄博市图书馆读者统计数据表

年龄	人数	占比
1—14 岁	7778	5.50%
15—44 岁	100209	71.20%
45—59 岁	28568	20.30%
60 岁以上	4105	2.90%
合计	140660	100%

青年读者是成人文学借阅室、成人综合借阅室以及地方文献阅览室的主要服务对象。青年读者表现的阅读内容、方式和兴趣等方面具有多样性、复杂性和不稳定性。因此，市图书馆根据青

年读者的特点，开展了丰富多彩的宣传导读和服务活动。

中年读者是图书馆读者队伍中相对成熟的群体，成人文学借阅室、综合借阅室、地方文献阅览室以及数字资源等都以他们为主要服务对象。市图书馆在为中年读者开展服务时，根据大数据分析，主动做好文献检索、主题分类、宣传导读等服务工作。

老年读者是报刊阅览室、成人借阅室以及地方文献阅览室的主要服务对象。他们相对休闲时间较多，阅读主题以研究地方特色文化、健身养生以及娱乐消遣为主。鉴于老年读者年龄较大，到馆利用馆藏文献存在一定的困难，因此，市图书馆主动为他们提供馆藏查询、图书续借、文件复印等服务。

二、性别特征

根据 Interlib 图书馆集群管理系统统计，截至 2022 年 12 月 31 日，市图书馆男读者比例为 45.3%，女读者比例为 54.7%。市图书馆在读者服务工作中，注重为不同性别的读者在图书采购、报刊选购、分类上架和指导阅读等方面多创造一些有利于增强阅读兴趣、提高阅读能力的机会和条件。

淄博市图书馆读者性别分类统计数据表

性别	人数	占比
男	63683	45.3%
女	76977	54.7%
合计	140660	100%

第二节 读者发展

为读者服务是图书馆一切工作的出发点和归宿。2013 年以来，特别是新馆开放以来，市图书馆更好地践行“读者第一，服务至上”的理念，坚持一切从读者出发，全面抓好业务建设。

市图书馆服务对象为社会大众，通过馆内阅览、个人借阅、集体借阅、邮递借书和馆际互借等方式为广大读者提供信息查询借阅服务。根据馆藏文献特色和实际情况，市图书馆在做好办证咨询、读者借阅等常规工作的同时，每年还有计划地举办各种形式的读者培训、读书征文、公益讲座、少儿活动、参观讲解、线上线下展览等图书宣传和阅读推广活动。工作人员还走进机关、社区、学校、军营和企事业单位开展知识资源“五进”活动，提高社会公众对图书馆的认知度，不断培育扩大读者群。

业务建设方面，市图书馆逐步建立健全公共图书馆总分馆服务体系，不断壮大读者队伍。2017 年 4 月，设立以市图书馆为中心、区县图书馆为分中心的图书馆联盟，开通淄博地区公共图书馆通借通还服务。2018 年，开始实施城市书房计划，以市图书馆为中心馆，在张店中心城区陆续建成 11 家城市书房（分馆），与中心馆实现图书通借通还，为读者建起家门口的图书馆。2019 年 7 月，市图书馆首辆图书流动服务车运行，进一步完善了总分馆服务体系。不断做好延伸服务，已建成市委办公厅自助服务点等 15 家机关服务点。投放 6 家“齐阅”图书漂流柜，通过好书交换方式，盘活社会闲置图书资源，进一步拓展了读者服务模式。

市图书馆读者服务工作以新馆搬迁为时间界限分为老馆和新馆两个工作阶段。2013 年至 2015 年 9 月 15 日为老馆时期，借阅证分为成人借阅证和少儿借阅证。成人借阅证的办理及退证等相关业务由新书借阅室负责，少儿借阅证的办理及退证等相关业务由少儿部负责。2013 年全年共接待读者 20.84 万人次，新增读者 2269 人，持证读者累计 15297 人。

2014 年市图书馆通过举办读者开放日等活动，全年共服务读者 20.9 万人次，新增读者 2079 人，持证读者累计 17376 人。

2015 年 4 月，市图书馆举办图书馆开放宣传日活动，邀请市民走进市图书馆，体验移动图书馆、电子图书借阅机等新兴阅读技术。12 月 16 日，市图书馆新馆开放。新馆借阅证分为少儿证、成人证、家庭证和虚拟证，其中少儿证发放少儿卡，押金 50 元，成人证和家庭证押金分别为 100 元和 200 元。二代身份证即为借阅证，不再发放借阅卡和押金条凭证。为做好读者服务工作，调配骨干力量组建读者服务部，负责读者借阅证办理、读者证升级、退证、解答读者咨询等工作。是年推出“一路阅读一路书香”邀您走进图书馆系列活动，通过演示现代化借阅设备、参观开放部室，培植广大市民的阅读意识，引导市民更好地了解、利用图书馆。2015 年全年接待读者 20.83 万人次，新增读者 11951 人，累计读者 29327 人。新馆自 12 月 16 日开放至 12 月 31 日，办理读者证 8299 个，服务读者 45000 余人次。

2016 年 1 月，市图书馆向持证读者开通电子资源馆外访问系统，读者只需使用读者证号、密码即可远程访问数字资源。继续举办“一路阅读一路书香”邀您走进图书馆系列活动，接待市财政局、市直机关第一幼儿园、高新区双营幼儿园、市社会福利院、淄博职业学院等 68 批次、2338 人次到馆参观。读者服务部举办《如何利用图书馆》讲座，教读者使用各种数字资源和现代化设备，方便读者更便利地使用图书馆各项功能。2016 年全年读者到馆人数 150.1 万人次，新增读者 30560 人，累计读者 59887 人，接待读者现场咨询、电话咨询及网络咨询约 11.8 万人次。

为进一步促进全民阅读，搭建阅读平台、营造阅读氛围，从 2016 年开始，市图书馆举办全民读书月系列活动暨优秀志愿者、优秀读者表彰。2016 年共表彰 47 名优秀志愿者（包括志愿团队）、15 名优秀读者。2016 年度优秀少儿读者为王天瑞、苗润雨、徐新雨、袁博轩、孙静怡。优秀成人读者为薛靖、朱国梁、姜志平、王丽丽、张尚迎。优秀家庭读者为王磊、刘增华、师平军、陈俊、张涛。

2017 年，市图书馆举办新春元宵节灯谜竞猜等各种线上线下文化活动。实行《阅读积分管理办法》，取消图书超期滞纳金。开通“淄博市图书馆服务大厅”微信公众号，增加二维码电子证借阅功能、“借还微提醒”功能、“机器人自动回复”功能等。4 月，开通淄博地区公共图书馆通借通还服务，设立以市图书馆为中心、区县图书馆为分中心的图书馆联盟。通借通还规则详细规定了通借通还业务的读者证类型、图书借阅范围、借阅册次及期限、借阅办法以及其他借阅须知事项。举办《帮您轻松使用图书馆》系列讲座，帮助社会公众熟悉图书馆资源，有效利用图书馆各类知识资源。年底，为提高服务质量和服务水平，进一步了解读者阅读需求，开展 2017 年度读者满意度调查问卷活动，问卷含读者服务、馆藏文献资源、读者活动、读者评价、意见建议五部分。

2017 年读者到馆人数 1119000 人次，发展新读者 12859 人，累计读者 72753 人。2017 年度淄博市图书馆优秀读者名单：王光滨、姜志平、赵连娥、王春、洪建军、刘增华、孙桂芬、贾淇雅、刘春原、王一博、孙静怡、孙兆研、李嘉高、孙家林、李昱辰、代锦霖、孙广轩。

2018年，市图书馆开展“春暖花开，无需再‘冻’——送图书回家，免扣除积分”活动，解冻读者因图书逾期而处于冻结状态（读者证积分为0）的借阅证。落实市文广新局“品味书香，全员阅读，从我做起”的部署，举办《如何利用图书馆》巡回讲座。“淄博市图书馆服务大厅”微信公众号电子二维码借阅证由静态升级为动态二维码，支付宝的借阅宝中也增加了动态的二维码借阅证。免费向市民发放全文数据阅读卡。举办《帮您轻松使用图书馆》系列公益讲座16期。继续开展线上读者调查问卷活动，调查了解读者的满意度和使用需求。“一路阅读 一路书香”邀您走进图书馆系列活动共接待参观团体及个人85批次、服务2575人次。2018年读者到馆961191人次，发展新读者12274人，持证读者85027人。

2018年度淄博市图书馆优秀读者为王羽翾、王奕茹、石芳泽、付前程、刘佳铭、刘喆、孙翠芹、杜萌、杜瑶、李秉霖、李俊甫、 杨玉清、宋家和、张娟、陆云宵、赵艺程、赵佳阳、侯泽恺、梁雅婷。

2019年，市图书馆对“服务大厅”微信公众号进行优化升级，新增微信办证、微信缴纳欠款等功能。升级后，在办证环节支持读者微信办证、支付宝办证、自助办证机办证、人工办证；在借阅环节支持身份证、条码证、微信二维码、支付宝二维码自助借阅。扩大成人借阅证借阅范围，从借阅5册成人图书扩大到可借阅5册成人或少儿图书。至此，市图书馆共有家庭借阅证、成人借阅证、少儿借阅证、虚拟证四种读者证类型。其中，家庭证可以借阅10册成人或少儿图书，少儿证可以借阅5册少儿图书，虚拟证用于馆外使用数字资源和移动图书馆服务。举办《帮您轻松使用图书馆》系列公益讲座15期，培训读者400余人次。“一路阅读 一路书香”邀您走进图书馆系列活动共接待参观团体及个人64批次、服务2484人次。年底，市图书馆开展线上读者调查问卷活动，读者满意度达到97.34%。2019年全年读

《帮您轻松使用图书馆》公益讲座活动照片一组

者到馆 1479552 人次，发展新读者 19532 人，持证读者 104560 人。

市图书馆评选 2019 年度优秀读者为王云燕、王文、王奕茹、王莹、王娉、刘孝珍、孙启航、李佳佳、林军、周栩冰、郭永君、黄曙光、梁雅婷、韩静、管永熙。

2020 年，市图书馆开设线上小课堂——《每月微课堂》。课堂内容包括馆藏文献资源介绍、信息检索方法、图情相关知识以及服务政策和服务规范等，方便读者使用各类资源。继续举办“一路阅读 一路书香”邀您走进图书馆系列活动，共接待参观团体及个人 22 批次、766 人次。其中，接待由人大代表、政协委员、企业代表、社区工作人员代表、村民代表等组成的“市民代表看文化新风貌”参观考察团 60 余人。12 月，市图书馆开展线上读者调查问卷活动，调查分析读者的满意度和使用需求。共回收 654 份问卷，满意度为 97.09%。2020 年到馆读者总人数 787739 人次，发展新读者 9710 人，累计持证读者 114270 人。

12 月 26 日，市图书馆举办新馆开放五周年工作总结暨表彰大会。大会上公布了市图书馆评选的 2020 年度优秀读者：陈亚灵、曹敏、韩锋、魏琴、杨敦豪、王志锋、张宁、房洪羽、李琛琛、李宏照、高虹、周江、邹国红、杨立新、李景霞、张艳芳、牛奕鸣、陈柄睿、刘翊琳、于佳平、王思涵、赵艳红、孙振翔、耿亦涵、刘晟宏、耿嘉畅、熊禹泽、任朔兴（任传明）、刘彦希、赵婷、朱恒泽、徐晨曦、常颖、李子纲、李穗鑫、贾宝修、冯洁慧、黄曙光、韩朋、张秀玲、岳琳琳、边甜甜、张丛丛、刘艳、李泉盈、柴婷婷、张城玮、焦群晴、刘平、崔晓梅。

2021 年，市图书馆举办“送图书回家，免扣除积分”活动，解冻读者因图书借阅逾期而处于冻结状态（读者证积分为 0）的借阅证。继续举办“一路阅读 一路书香”邀您走进图书馆系列活动，共接待参观团体及个人 40 批次、1052 人次。

2016 年度优秀读者、优秀志愿者合影

2017 年度优秀读者合影

2018 年度优秀读者合影

2020 年 12 月，市图书馆开放五周年工作总结暨表彰大会举行。图为 2020 年优秀读者代表上台领奖

2020 年 1 月，市图书馆举行 2019 年度优秀读者表彰暨座谈会

12 月，线上读者调查问卷活动显示，读者满意度为 97.14%。2021 年全年读者到馆人数 1160757 人次，发展新读者 16074 人，累计持证读者 130344 人。2022 年 1 月，市图书馆线上发布评选出的 2021 年度优秀读者、优秀志愿者、优秀阅读推广人名单。2021 年度优秀读者为马尊右、王丽君、王静妍、杜忠浩、杜金国、李新江、杨秀娟、吴晓莉、冷鲁琳、张冲、张莉、张倩、张婧尧、孟凡、郝显合、贾宝修、徐秀云、翟逸静、翟睿宸、颜慧。

2022 年，市图书馆发挥资源优势，推出线上特色主题活动。通过“淄博市图书馆”“淄博市图书馆服务大厅”微信公众号、微博、官方网站及“淄博市民学习中心”数字平台等途径，组织以读电子书、看电子期刊、听书、观看视频等为主要内容的读者活动。继续举办“一路阅读，一路书香”邀您走进图书馆系列活动，共接待参观团体及个人 30 批次、720 人次。2022 年读者到馆 1037324 人次，发展新读者 10316 人，持证读者累计 140660 人。

2017 年 10 月，淄博实验中学西藏生参观市图书馆

2020 年 11 月，淄博师专附属中学学生参观市图书馆

2020 年 11 月，淄博外国语实验中学学生参观市图书馆

2022 年 6 月 14 日，张店六中学生参观市图书馆

第二章　读者服务工作

第一节　书刊借阅

书刊借阅是读者进入图书馆和利用图书馆的主要目的之一，书刊借阅工作是读者服务工作的重点工作，书刊借阅部门是公共图书馆服务读者的主要阵地。市图书馆始终秉持“读者第一，服务至上”的宗旨，高度重视书刊借阅工作，不断更新服务理念，提升服务能力，拓展服务内容和形式。2013 年至 2022 年，尤其是 2015 年 12 月市图书馆新馆开放之后，读者到馆率和文献流通率均实现大幅增长，十年间服务读者从 2013 年的 168600 余人次增加到 2022 年的 1140200 余人次，文献流通从 20.3 万余册次增长到 914356 册次，产生良好社会效益。

2013 年，市图书馆设有外借部、少儿部、报刊阅览部、信息资料部等 4 个书刊借阅窗口。其中，外借部辖新书借阅室、社会科学借阅室、科技借阅室，提供成人图书借阅服务；少儿部提供少儿书刊借阅服务；报刊阅览部提供报纸、期刊阅览服务；信息资料部提供地方文献、专题文献、过刊过报等文献阅览服务。新书借阅室、少儿部为开架借阅方式，其余窗口采用闭架借阅方式。借阅制度规定，成人读者证每次可借图书 2 册，借期 30 天；少儿证每次可借少儿图书 2 册，借期 30 天；报刊阅览室、信息资料部免证阅览。

2013 年，市图书馆各服务窗口累计接待读者 168600 余人次，流通图书 20.3 万余册次。其中，外借部接待读者 5.2 万余人次，流通图书 9.5 万余册次，办理新证 1200 余个；少儿部接待读者 7.6 万余人次，流通图书 10.8 万余册次，办理新证 1100 余个；报刊阅览部接待读者 4 万余人次；信息资料部接待读者 600 余人次。

2014 年，市图书馆各服务窗口累计接待读者 192900 余人次，流通图书 19.9 万余册次。其中，外借部接待读者 6.1 万余人次，流通图书 8.3 万余次，办理新证 1500 余个；少儿部接待读者 79300 人次，流通图书 11.6 万册次，办证 1200 余个；报刊阅览部接待读者 5.2 万余人次；信息资料部接待读者 600 余人次。

2015 年，市图书馆的中心工作是新馆搬迁，在保证搬迁工作的基础上，读者服务和书刊借阅工作有序进行。该年度，市图书馆各服务窗口累计接待读者 21 万人次，流通图书 21.8 万余册次。其中，外借部接待读者 6 万余人次，流通图书 9 万余册次，办理新读者证 700 余个；少儿部接待读者近 10 万人次，流通图书 12.8 万余册次，办证 1261 个。报刊阅览部接待读者 5.1 万余人次；信息资料部接待读者 300 余人次。

需要说明的是，在 2015 年之前，市图书馆书刊借阅工作尚未完全纳入图书馆自动化管理系统，部分统计数据由估算得来，可能存在少量偏差。

2015 年 12 月，市图书馆新馆搬迁完成，设立图书借阅部、少儿部、报刊阅览部、特藏文献部等借阅服务部门。先期开放的综合借阅室、文学借阅室、少儿借阅室、报刊阅览室等功能区，全部实行开架借阅，采用借阅一体化服务模式，配置智能、先进的自助借还机和检索机，最大程度方便读者查找和借阅图书。制定图书借阅制度，规定成人证可外借图书3册，家庭证可外借图书6册，少儿证可外借少儿图书3册，借期均为30天。

2015年12月16日，市图书馆新馆开始接待读者，接连十几日每日进馆读者数量均超过万人。

2016年，是淄博市图书馆新馆开放服务读者的第一个完整年度，服务读者人次和流通图书册次创历史新高。该年度，市图书馆各服务窗口累计共接待读者1585900余人次，流通图书1160137册次。其中，图书借阅部接待读者71.5万余人次，流通图书584838册次；少儿部接待读者约72万人次，流通图书575299册次；报刊阅览部接待读者15万余人次；地方文献·参考文献阅览室接待读者900余人次。

2016年3月，开放基本书库、24小时借阅区、低幼绘本阅览室、视障读者阅览室等书刊借阅窗口。5月，完成综合借阅室由二楼至三楼的搬迁，少儿部分设少儿文学借阅室和少儿综合借阅。7月，地方文献·参考文献阅览室开放。

2017年，市图书馆各服务窗口累计接待读者149.3万余人次，流通图书1055327册次。其中，图书借阅部接待读者65万余人次，流通图书532833册次；少儿部读者约70万人次，流通图书522494册次；报刊阅览部接待读者14万余人次；地方文献·参考文献阅览室接待读者3000余人次。

2017年5月，调整图书借阅制度，成人证可借图书增加为5册，家庭证可借图书增加为10册，少儿证增加为5册，借期延长为60天，读者可自主续借30天。

2018年，市图书馆各服务窗口累计共接待读者1555100余人次，流通图书1082438册次。其中，图书借阅部接待读者66.7万余人次，流通图书566215册次；少儿部接待读者约75万人次，流通图书516223册；报刊阅览部接待读者13.5万余人次；地方文献·参考文献阅览室接待读者3200余人次。

2019年，市图书馆各服务窗口累计接待读者1491100余人次，流通图书1201991册次。其中，图书借阅部接待读者71.6万余人次，流通图书616315册次；少儿部接待读者约63万人次，流通图书585676册次；报刊阅览部接待读者14.2万余人次；地方文献·参考文献阅览室接待读者3100余人次。

2020年1月至3月，受新冠肺炎疫情影响，市图书馆闭馆两个月时间，同时因防疫要求，后续开放实行读者预约、限流等措施，进馆人次和流通册次与上年相比大幅下降。

2020年，市图书馆各服务窗口累计接待读者94.9万余人次，流通图书70.8万册次。其中，图书借阅部接待读者36.7万余人次，流通图书338147册次；少儿部接待读者约48万人次。流通图书369853册；报刊阅览部接待读者10万余人次；地方文献·参考文献阅览室接待读者2000余人次。

2021年，市图书馆各服务窗口累计接待读者1256800余人次，流通图书1073148册次。其中，图书借阅部接待读者543100余人次，流通图书477767册次；少儿部接待读者约60万人次，流通图书595381册；报刊阅览部接待读者111600余人次；地方文献·参考文献阅览室接待读者2100余人次。

2022年，市图书馆各服务窗口累计接待读者1140200余人次，流通图书914356册次。其中，图书借阅部接待读者470900余人次，流通图书396788册次；少儿部接待读者约57万人次，流通图书达517568册；报刊阅览部接待读者96300余人次；地方文献·参考文献阅览室接待读者3000余人次。

第二节 宣传与导读

一、宣传工作

淄博市图书馆为提高社会影响力和美誉度，

积极与报社、电视台、电台、网络媒体等合作，2013年至2022年在各类媒体发稿1400余篇（次），年均近150篇（次），同时充分利用本馆微信、微博、网站、视频号、抖音等新媒体，采取多种方式创新开展图书馆服务宣传推广，网站设有“媒体聚焦”专栏，微信、微博同步转发，特别在世界图书与版权日、淄博市读书节、图书馆服务宣传周、全民读书月等节点开展集中宣传推广活动。2013年至2022年在各节点宣传1000余篇（次），年均100余篇（次）。

在积极利用社会媒体和自媒体做好对外宣传的同时，市图书馆还编印大量形式多样、内容丰富的各种宣传手册、读者手册、导读材料等，以方便读者查询、利用图书馆各种资源。如印制了淄博市图书馆网上续借指南、移动图书馆使用说明、淄博市图书馆数字资源使用指南、淄博市民学习中心数字平台简介、“U书快借”使用指南、淄博市图书馆免费服务项目公示、淄博市图书馆读者积分管理办法、微信办理借阅证指南、淄博市图书馆微信服务大厅使用指南等。摄制专题宣传片，如《继往开来谱华章——记淄博市图书馆新馆运行两周年》《书香润城 再谱华章——淄博市图书馆新馆运行五周年开放工作纪实》《书籍 春风 还有你——淄博市图书馆给读者的一封信》《砥砺初心 书香润城——淄博市图书馆工作侧记》等，进一步强化宣传效果，提升社会效益，让读者了解图书馆、走进图书馆、爱上图书馆、利用图书馆。

2013年至2016年，市图书馆在各级报社、电台、电视台及网络媒体发稿190余篇（次）；2017年发稿134篇，官方微博发稿2005篇，官网发稿650篇，官方微信及服务大厅服务号发稿1482篇。微博、微信影响力位列全省公共图书馆前三名，在《人民日报·政务指数微博影响力报告》中，市图书馆官方微博被评为“全国十大图书馆微博”；2018年在各类媒体发稿174余篇（次），同时充分利用本馆微信、微博、网站、视频号、抖音等新媒体，采取多种方式创新开展图书馆服务宣传推广，特别在世界图书与版权日、淄博市读书节、图书馆服务宣传周、全民读书月等节点开展集中宣传推广活动。官方微博被评为“全国十大图书馆微博”；2019年充分发挥传统媒体和新媒体的作用，多渠道加强媒体宣传工作，推介图书馆资源、服务、特色活动等。利用“三微一网”自媒体平台，共计发稿6690余篇。在市政府网站、淄博电视台及中国文明网、《淄博日报》等媒体发稿236余篇。官方微博继续蝉联“全国十大图书馆微博”；2020年在市政府网站、淄博电视台及中国文明网、《淄博日报》等各类媒体刊发信息共计253篇。官网、微信公众号、官方微博等自媒体发表各类信息9360条，官方微博被评为“全国十大图书馆微博”；2021年在各类媒体发稿244余篇（次），进一步发挥传统媒体和官方微信、微博等新媒体作用，微信、微博粉丝数超过20万人。新开通微信视频号，全年发布各类宣传信息共计9651篇，宣传工作位列市直文化和旅游系统前茅，微信、微博影响力位居全省公共图书馆前三名，《人民日报·政务指数微博影响力报告》月排行多次位居全国各类图书馆综合排名前十位；2022年全年在各类公共媒体推荐发稿305篇（次），同时充分利用本馆网站、微信、微博、视频号、抖音号等新媒体，采取多种方式创新开展宣传工作，形成新媒体宣传矩阵，全年共发稿14097篇（次）。官方微博继续入围“全国十大图书馆微博”。

二、导读工作

为了引导广大读者更好地利用图书馆，市图书馆各开放部室积极开展读者导读活动。2016年5月，图书借阅部在文学借阅室开设“名家名作”专题图书展示区，不定期集中展示国内外著名作家的馆藏文献，并简要介绍其生平和文学成就。

至2022年年底，已推介包括鲁迅、汪曾祺、沈从文、路遥、村上春树等中外数十位作家的作品。7月，图书借阅部在市图书馆微信公众号推出“经典阅读”图书推荐活动。选取古今中外各学科最负盛名的30种经典著作，以提要、书评方式加以介绍，每期3种图书，先后共荐读10期。9月，图书借阅部在文学借阅室推出“电影·文学原素”展示。以海报、招贴画的形式，融合文学和影视元素，以影视作品促进图书借阅。该展示长期进行，至2022年年底共举办三季，更新招贴画近百幅。

2017年，为了鼓励幼儿读者多读书，低幼阅览室针对0—6岁的小读者印制了可免费申领的“悦读小护照”。小读者到图书馆阅读、参加活动后可在“小护照”上加盖相应的积分印章。积分用于年末“优秀幼儿读者”评选活动，获得“优秀幼儿读者”称号的小读者可获得市图书馆提供的荣誉证书及礼品。6月，市图书馆少儿部低幼阅览区策划举办“彩虹读书会”品牌服务活动。“彩虹读书会”以“阅读经典作品、交流阅读心得、共享读书乐趣”为宗旨，由少儿读者分享阅读经验，专业老师现场点评。活动内容包括诗文演讲诵读、读书心得交流等，2017年共举办9场，参与小读者500余人次。2017年，报刊阅览部采用主题期刊展的形式，为读者分类推荐热门期刊，长期举办“最受读者欢迎期刊展”。

2018年7月，为弘扬中华优秀传统文化，引导广大少年儿童学习传统文化知识，增强对祖国优秀传统文化的认同和自信，市图书馆联合淄博晚报社、淄博文明网等单位，推出淄博市少儿国学知识大赛。12月全民读书月期间，举办《如何让孩子爱上阅读》公益讲座，由阅读推广人介绍让孩子爱上阅读的经验和方法。报刊阅览部举办美术、摄影艺术类等主题期刊展。2018年举办“彩虹读书会”15期，参与少儿读者700余人次，其中140余名少儿读者担任小主讲人分享和推介图书。举办“少儿好书荐读展”52期，展出由少儿读者推荐的最佳图书。展出图书种类繁多、覆盖面广，从政治历史、科技军事，到天文地理、自然科学等，满足少年儿童的多样化阅读需求。

2019年1月，根据2018年少儿读者“悦读小护照”的积分印章总数，评选出2018年度“优秀幼儿读者”10名。报刊阅览部举办艺术品收藏、品鉴期刊展，及早期《淄博日报》（创刊名为《淄博工人报》）展等。6月，图书借阅部举办“屈原与端午节”专题书展。报刊阅览部举办健康、养生主题期刊展。低幼阅览室全年举办“彩虹读书会”12期，参与少儿读者400余人次，其中有近130名少年儿童担任小主讲人。少儿部举办“少儿好书荐读展”41期，推荐少儿图书《看得见的文明史》《中国名人绘本故事》《七色阳光小少年》《漫画法布尔昆虫记》《当代小学生30年精华典藏丛书》等，服务少儿读者6000余人次。

2020年1月，低幼阅览室表彰2019年度优秀幼儿读者10名。5月，报刊阅览部专题推荐疫情防控知识、保健等专题期刊，举办“科学生活与健康保健”“全民‘战疫’——知疫与防疫”主题期刊展。8月，少儿部首期“微信童书荐读”活动启动，由少儿馆员推荐图书并阐述荐书理由，全年共举办18期。12月全民读书月活动期间，低幼阅览室推出“一品书香‘鼠’你最棒”主题系列活动，分别与淄博市实验幼儿园、淄博市柳泉幼儿园和淄博市高新区实验幼儿园联合开展为期4周的绘本故事表演活动。2020年，举办“少儿好书荐读”活动12期，荐读《周锐童话精选》《了不起的中华文明》《拼音美绘本》《中国儿童好问题百科全书》《可怕的科学》等数十种优质少儿图书，服务少儿读者5000余人次。

2021年1月，低幼阅览室举办2020年度优秀幼儿读者表彰大会。4月，在由山东省图书馆、山东省图书馆学会主办，各市图书馆协办的山东省首届中外绘本故事讲读大赛中，淄博地区通过审核作品总数列全省第二，淄博市图书馆被授予

“先进集体”荣誉称号。11月，为进一步满足广大中小学生阅读需求，市图书馆根据教育部《中小学生阅读指导目录（2020年版）》采选了133种、600余册图书，在少儿文学借阅室和少儿综合借阅室专架展出并提供借阅服务。报刊阅览部举办“闲暇时光”综合娱乐主题期刊展、“越读书，越快乐”主题期刊展等。举办庆祝建党100周年红色期刊展、“百年风华，初心如磐”——庆祝中国共产党成立100周年主题展等，设立馆藏红色经典期刊专架，宣传党的百年光辉历程、弘扬革命传统和红色文化。少儿部举办“少儿好书荐读”活动12期，服务少儿读者10000余人次。举办线上“童书荐读”活动50期。

2022年1月，市图书馆低幼阅览室评选出2021年度优秀幼儿读者10名。2月，市图书馆“书香伴成长”少儿阅读推广组走进淄博柳泉中学，根据六年级语文课堂教学进度，为学生精心挑选60册配套学习读物，以满足学生课外阅读需求，市图书馆馆员并进行了现场图书推介。7月，图书借阅部在市图书馆微信公众号推出“知书识廉”推荐书目，推介馆藏廉洁文化相关图书，年度推出8期。此后在此基础上举办了“齐风清韵·知书识廉”大型书展。低幼阅览室启动“俺是山东娃”山东乡土文化教育系列活动，旨在推动山东乡土文化在少年儿童群体中的传播，进一步培育少年儿童的爱乡、爱鲁、爱国情怀。将甄选出的山东乡土文化经典书籍、图文资料等，通过彩虹少儿阅读推广活动平台，以彩虹故事会、彩虹小喇叭、彩虹国学堂、彩虹手工坊等为传播渠道，采用线上线下联动的形式，共推出美丽的家乡、山东特产、山东孝文化等13个主题活动，总计举办90期。报刊阅览部举办“全民读书，我爱阅读”主题系列期刊展3期。

第三节　信息服务与参考咨询

公共图书馆作为重要的政府信息公开场所，应承担当地政府出版物的征集、保存与服务职能，设置政府公开信息查阅点，做好相关服务工作。市图书馆为了保障读者获取政府信息，提高政府工作透明度，在报刊阅览部设立政府信息公开查阅服务专区。提供纸质期刊与数字阅读设备，为读者免费提供各类政府信息查询服务及政府可公开的各种文献材料。对下架的政府公开信息及地方文献资料及时进行整理、分类、加工装订、入藏，以供读者随时查阅以往的政府公开信息。

2015年，市图书馆搬入新馆后，即在报刊阅览室专门设立数字查询专区，设有数字阅读查询机2台，由专人负责，为读者免费提供政府信息公开网络检索查询及相关咨询服务。在官方网站主页专门设置“政府公开信息查询服务平台”链接端口，直接链接到“淄博市政府公开信息查询服务平台”，读者可以随时通过网站远程查询淄博市人民政府查询服务平台。

2016年，市图书馆投资建设淄博市政府信息公开信息数据库。数据库包含淄博市政府公开信息，如政策法规、机构文件、统计信息、行政职权、工作动态等26000余条数据，资料数据大小为8.9G。地方报纸数字化及篇名识别5000版、政府公开信息整合1万条。读者可通过网站远程查询电子版政府公开信息及查阅各类电子政府文件、各种文献材料。

2017年，市图书馆将《淄博日报》、淄博市及各区县志等重要地方文献数字化，地方图书数字化15000页、地方报纸数字化及篇名识别5000版、政府公开信息整合8000条。读者通过网站服务，可随时查阅有关电子版政府公开信息资料。

2018年，市图书馆完成政府公开信息数字化8000条、地方图书数字化15000页、地方报纸数字化5000版。

2020年，完成地方报纸《淄博晚报》数字化跟进及篇名识别5000版。

第三章 阅读推广与读者活动

第一节 淄博市读书节

淄博市读书节是淄博市图书馆自2008年就开始举办的重要文化活动，每年举办一届，主要合作单位是淄博晚报社。2013年4月14日，第六届“淄博市读书节”启动仪式暨第四届淄博市读书朗诵大赛在市图书馆举行。本届读书节以“阅读点亮智慧 书香润泽心灵”为主题，由市委宣传部、市总工会、市妇联、淄博报业传媒集团、市文化广电新闻出版局、市文化市场执法局、淄博市图书馆和淄博晚报社等单位联合主办，持续到5月中旬。共举办了读书朗诵大赛、图书馆开放日、爱心书屋捐建等13项读书节系列活动。

2014年4月13日，由市委宣传部、市总工会、淄博日报社、市文化广电新闻出版局、市文化市场执法局、市图书馆、淄博晚报社联合举办的“倡导全民读书 建设书香淄博”第七届淄博市读书节在市图书馆新馆正式启动，在4月中旬至5月期间共组织十余项精彩纷呈的读书文化活动。

2015年4月12日，由市委宣传部、市总工会、团市委、市妇联、淄博日报社、市文化广电新闻出版局、市文化市场执法局、市图书馆、淄博晚报社联合举办的以“全民阅读 享受生活”为主题的第八届淄博市读书节正式启动。主题活动“读书朗诵大赛”“读书节大讲堂”“寻找最美书香家庭”等十余项系列活动一直持续到年底。

2016年4月17日，第九届淄博市读书节在淄博市图书馆举行开幕式，本届读书节的主题为“建设文化名城从阅读开始”。齐文化是淄博市重要的地域传统文化，本届读书节围绕弘扬齐文化、促进文化名城建设开展了一系列读书活动。

2017年4月16日，以“阅读成就梦想·书香浸润淄博”为主题的第十届淄博市读书节在淄博市图书馆正式启动。本届读书节自4月开始，持续至6月，其间举办了读书朗诵大赛、寻找淄博“朗读者”、古诗词鉴赏大会、读书节大讲堂、“喜迎十九大”读书征文、评选“书香家庭”、优秀数字资源进社区、全市侵权盗版及非法出版物集中销毁等18项主题活动。

2018年4月15日，第十一届淄博市读书节启动仪式在淄博市图书馆举行。本届读书节的主题是“走进新时代，阅读享人生”。本届读书节从4月一直持续到6月底，共推出了包括朗诵大赛、换书大集、摄影大赛、公益讲座、各种展览、传统文化项目互动体验、读书会、故事会等活动共100余场。

2019年4月14日，主题为“爱读书 爱生活 爱淄博”的第十二届淄博市读书节启动仪式在淄博市图书馆启动。

2020年4月23日，“书香淄博 全民阅读”第十三届淄博市读书节启动仪式在淄博市图书馆一楼大厅举行。活动现场发布全民阅读倡议书，市图书馆发布了2020年全民阅读书目。鲁敏、王树增、毕飞宇、刘醒龙、王冰等国内文化名家为“书香淄博”建设发来祝福和寄语。

2021年4月23日，由市委宣传部、市总工会、

第十二届淄博市读书节启动仪式

团市委、市妇联、市文联、市教育局、市文化和旅游局、齐文化研究院、淄博日报社、市图书馆、淄博晚报社等单位联合举办的“爱读书 爱生活 爱淄博”第十四届淄博市读书节暨“百人千场”红色故事进社区活动在市图书馆启动。本届读书节以“庆祝建党百年，建设书香淄博”为主线，以“爱读书 爱生活 爱淄博”为主题，全年组织开展20余项读书活动，在全市营造了文明阅读、全民阅读的良好氛围。

2022年4月23日，“齐阅共读 书香润城”第十五届淄博市读书节启动仪式在淄博市图书馆举行。本届读书节由市委宣传部、市文明办、市总工会、市妇联、市教育局、市文化和旅游局、淄博日报社主办，淄博市图书馆、淄博日报文旅全媒体中心、淄博新华书店承办。主办、承办单位共策划了二百余场文化及读书活动。此次启动仪式分为线下和线上两部分举行，线上活动通过《淄博日报》、“淄博市图书馆”微信视频号和山东智慧图书馆云平台同步直播。

第二节　图书馆全民读书月、服务宣传周

一、全民读书月活动

自2000年开始，由中宣部、文化部、科技部、教育部、广电总局、新闻出版署、全国总工会、共青团中央、全国妇联九个部门共同组成的全国知识工程领导小组发出倡议，将每年的12月定为全民读书月，旨在大兴勤奋学习之风，营造全民读书、终身学习的良好社会氛围，提高全民族的思想道德素质和科学文化素质，进一步加强社会主义精神文明建设。

2013年，为配合市委、市政府关于“文化强市”建设的部署，保障全市人民群众基本文化权益，促进社会和谐发展，市图书馆组织2013“全民读

书月”活动。选购300余册文学、艺术、农业科技、医学科普类书籍，赠送给临淄区金岭回族镇综合文化站，助力文化、科技、卫生“三下乡”活动。新上架各类图书5000余册，内容涵盖文学、历史、传记、艺术、养生、医学等，特别为广大青少年推荐由中华书局出版的“中华诵·经典诵读行动”读本一套十余种，以满足市民阅读需求。

2014年全民读书月期间，市图书馆开通移动图书馆。读者通过智能手机、平板电脑等移动终端登录使用，可以对馆藏资源进行查询，持证读者可查看借阅信息、续借图书等。移动图书馆还向读者提供海量数字资源，包括电子图书3万册、报纸400多种、视频2500个18400集、音频1941个11034集、公开课129个660集。此外，还包括中文期刊元数据7800万篇、中文报纸元数据8700万篇、外文期刊元数据15478万篇、学位论文元数据386万篇和外文学位论文106万篇。为了弘扬优秀传统文化，使国学中的经典“活”起来，以文化人，以文育人，市图书馆在全民读书月期间举办了读《论语》、写《论语》书法作品征集活动，倡导广大读者特别是书法爱好者传学《论语》宝典，汲取国学智慧。选购图书380余册，为淄川区双杨镇赵瓦村建立“农家书屋”。

2015年全民读书月期间，市图书馆举办了一系列公益讲座、研讨会、报告会及培训班。主要有齐文化专题报告会、淄博市文化名城建设第一届艺术创作暨导演培训班、《齐文化的代表人物》专题讲座、《马瑞芳谈聊斋文化》专题讲座、《稷下学宫的文化精神与当代价值》专题报告会等。

2016年，为进一步倡导全民阅读，建设书香社会，在全社会营造热爱阅读的浓厚氛围，市图书馆在全民读书月期间组织了9大主题、50余场系列活动。主要包括“你选书，我买单”活动，该活动与淄博市新华书店联合举办，读者从新华书店选书，由市图书馆买单，读者读完归还后纳入市图书馆馆藏。举办“追溯家族历史，绍续文化基因”馆藏精品家谱展，展出从馆藏家谱文献中精心挑选出的百余部本地纸质家谱，方便广大读者寻根溯源、学习研究。举办“走进图书馆，书香永相伴”团体参观活动，邀请机关、事业、企业、学校、医院等团体到市图书馆参观。各开放借阅区举办一系列主题书刊展，如综合借阅室举办“中国近代思想家著作展”、文学借阅室举办“诺贝尔文学奖获奖作品展”、少儿借阅室举办“动物王国笔有神，春风化雨润童心——沈石溪作品选展”和“放飞想象话笑猫，喜怒哀乐马小跳——杨红樱作品选展”、报刊阅览室推出最受读者欢迎、最畅销的期刊100余册举办“财经沙龙”暨“健康·养生”主题阅读月。举办系列讲座与培训活动，讲座内容涉及摄影艺术、家庭教育等。公益培训包括超星电子资源使用培训、老年人智能手机使用培训、以及“如何利用图书馆”系列读者培训等。举办中外优秀电影展播，共为读者放映中外优秀影片8部。市图书馆举办的2016年全民读书月活动经过《齐鲁晚报》、《鲁中晨报》、《淄博晚报》、鲁中网、齐鲁壹点、淄博文明网及淄博电视台等多家媒体宣传报道，产生了良好的社会效益，进一步提升了淄博市全民阅读活动的广度和深度，为促进全民阅读、建设书香淄博发挥了积极作用。

2017年，市图书馆举办的全民读书月活动主要包括16项主题、100余场（次）系列活动。主要有“U书快借”在线选书活动，读者在指定网站或微信公众号购书并指定投递地点，物流及图书费用由市图书馆支付，读者阅读后归还再由市图书馆纳入馆藏。为使馆藏更加全面合理，市图书馆与“中教图书（www.book1993.com）”建立合作，为读者开通图书荐购渠道和平台。读者登录市图书馆网站，进入荐购平台，选择自己喜欢的图书，采编部根据读者推荐，阶段性采购、加工、上架相应图书，满足读者需求。举办“剑桥彩虹少儿英语分级阅读”活动，通过线上与线下两种渠道，与读者共同阅读《剑桥彩虹少儿英语分级阅读》读物，指导读者如何通过分级读物，掌握正确的阅读方法，培养科学的阅读习惯。推广公共电子阅览室服务，邀请驻淄博市各大专院校学生到市图书馆公共电子阅览室体验专业上网，下载著作、论文等稀缺电子资料。与淄博匠人联盟、张店区妇联联合主办地方特色非物质文化遗产项目雅集活动，旨在展示非物质文化遗产与传统文化和传统手工艺，推广淄博本土原创品牌、匠人工作室、齐文化产品。举办主题书刊展，包括《天一阁藏明代方志选刊》展览、电影·文学原素展、莫言作品展、新书推荐、最受欢迎的100种期刊展、《中国美术报》专题展览、鲁迅作品系列书展、红色书籍作品展、《中国中学生百科全书》系列书展等。举办文化名城讲坛、智慧父母、摄影知识等系列讲座。“稷下书院”举办齐风讲堂、齐风传统文化项目体验、齐风读书会、公益展览等系列活动。“彩虹”系列少儿阅读推广活动举办针对少年儿童的彩虹读书会、彩虹故事会、我爱机器人、欢乐手工坊、幼儿国学活动及工艺美术课堂。

2018年，为全面贯彻落实党的十九大精神，进一步倡导全民阅读，建设书香淄博，在全民读书月期间，市图书馆组织开展了14大主题、100余场（次）阅读推广活动。包括举办淄博市第一届阅读马拉松挑战赛、首届少儿微书评大赛、“续读名家诗词，铭记中华精髓”古诗词知识有奖问答、英语分级阅读训练营等。继续开展“U书快借”读者在线选书活动。举办主题书刊展及公益展览，书刊展如金庸作品展、证券类图书专题展、摄影类期刊展、淄博市文艺创作精品展、“带你走进博物馆”系列书展及少儿期刊杂志综合展等。公益展览如第二届“我读书 我快乐”全国摄影大赛获奖作品展、纪念改革开放40周年老报纸精品展、刘欣“农民工”摄影展。“走进淄图”系列活动举办“送图书回家，免扣除积分”活动，《帮您轻松使用图书馆》系列讲座举办2期。继续举办“彩虹”系列少儿阅读推广活动，稷下书院举办齐风传统文化项目体验及齐风讲堂等活动。

2019年全民读书月期间，市图书馆主办22大主题、100余场（次）阅读推广活动。主要有淄博市掌上诗词大会、淄博市图书馆“最美故事妈妈团”成立暨培训活动、“文明共携手 书香润淄博”资源“五进”系列活动、2020年元宵有奖猜谜活动等。继续举办主题电影展播、主题书刊展、公益展览、“走进淄图”系列活动、读书分享会系列活动、“彩虹”系列少儿阅读推广活动、齐风传统文化项目体验、齐风讲堂等各项活动。此外，进一步优化升级借阅服务，成人借阅证扩大借阅范围。家庭证可以借阅10册成人或少儿图书，少儿证可以借阅5册图书，虚拟证用于馆外使用数字资源和移动图书馆服务，借阅期限从30天升级为60天。为方便读者办理借阅证，在原来自助办证机办证、人工办证的基础上，又开通了微信办证及支付宝办证。在借阅环节，开通身份证、条码证、微信二维码、支付宝二维码自助借阅。在图书采购环节，通过“U书快借”服务，读者可以很方便地选到自己需要的图书。在数字资源服务环节，采用淄博市民学习中心、移动图书馆、电子图书借阅机、电子资源馆外访问系统等多种形式，实现读者随时随地利用数字资源。

2020年，适逢新馆开放五周年，市图书馆围绕“书香润淄博”开展了全民读书月系列活动。内容涵盖公益讲座及培训、“彩虹”系列少儿阅读推广活动、稷下书院（尼山书院）系列传统文化体验、齐风系列活动、主题书单推介、书画摄影展、电子书推介、淄图君赠书等。其中，淄博地方文献精品展暨淄博优秀文学作品展、第三届阅读马拉松挑战赛、“书香淄博·全民阅读”有奖知识竞答、少儿微书评大赛、“书香小大使”评选、彩虹小舞台、寻找最美童声·淄博市图书馆唱颂古文比赛、首届省会经济圈城市中小学生

“书香妙笔”征文等活动受到读者、市民的欢迎和积极参与。

2021年全民读书月到来之际，市图书馆举行100余场（次）阅读推广活动，旨在进一步倡导全民阅读，建设书香淄博，打造“五好”城市，在全社会营造热爱阅读的浓厚氛围。

2022年全民读书月期间，市图书馆共举办各类读者活动124场（次）。主要包括“让党旗在新征程上高高飘扬”——学习“二十大”新党章展、深入学习贯彻中国共产党第二十次全国代表大会精神——九个数字解读党的二十大报告展、“红色故事绘”、“山东手造·齐品淄博”走进公共阅读空间、纸境·王继红聊斋故事剪纸作品展、“齐阅·城市领读者”云领读、无障碍服务系列、彩虹书画展、“书中淄味——淄博人聊淄博书”云讲座、淄图听书等。

二、图书馆服务宣传周活动

1989年，国家文化部确定每年5月的最后一周为图书馆服务宣传周。为进一步促进全民阅读，建设书香社会，提高图书馆利用率，树立图书馆良好形象，宣传周期间，淄博市图书馆围绕年度主题开展了形式多样、丰富多彩的线上及线下活动，2013年宣传周期间，市图书馆根据《中国图书馆学会关于开展2013年“全民阅读”工作的通知》精神，举办了“图书馆公众开放日”活动，新上架15000册图书。捐建爱心书屋，面向社会各界募集爱心图书，为沂源县山区建设一所“爱心书屋”。

2014年，除继续为山区捐建“爱心书屋”外，还开展了图书馆开放宣传日活动。包括举办“我与图书馆的故事”征文颁奖及座谈会、邀请《淄博晚报》小记者团参观图书馆，撰写读书学习体会、参观感想，通过小记者影响更多的孩子爱上读书，爱上图书馆。举办“非物质文化遗产基本知识网络答题”活动。支援军营文化建设，丰富武警官兵文化生活，援建武警淄博市支队四个图书流通站，配备书籍800册，并定期更新图书。

2015年宣传周期间，继续开展图书馆开放日主题活动，邀请广大市民走进图书馆，了解市图书馆基本情况、馆藏布局、借书常识等。举办“伟大的胜利——纪念中国人民抗战胜利70周年”大型图片展览。“尼山书院”建成开放，设国学讲堂、传统文化体验区、国学经典阅览室、道德展室等区域。通过“图书馆＋书院”服务模式，开展系列经典诵读、宣讲辅导、道德实践、礼乐教化、琴棋书画等为主要内容的公益文化活动。举办移动图书馆和电子图书借阅机使用培训，向读者免费发放山东省图书馆、淄博市图书馆的全文数据库阅读卡。举办古籍基本知识及装帧形式讲座、举办“民族的基因——中华优秀传统文化展”等。

2016年图书馆服务宣传周期间，市图书馆举办了系列专题公益讲座。如摄影家、纪录片导演焦波《乡村里的中国》讲座、五音戏表演艺术家霍俊萍《浅谈五音戏》讲座、杨昌炽天文科普讲座等。举办换书大集活动，为读者提供交换闲置图书平台。举办2016年山东省暨淄博市社会科学普及周开幕式。“走进图书馆”系列活动邀请机关、企业、学校等参观市图书馆新馆，了解新馆的功能及服务等。

2017年，市图书馆在服务宣传周期间共举办读者活动49场（次），包括各类公益讲座、展览、少儿阅读推广活动、主题书展等。

2018年，市图书馆开展了以“一路阅读 一路书香”为主题的图书馆服务宣传周系列活动。活动内容有《公共图书馆法》网络有奖竞答，“文明共携手 书香润淄博”资源“五进”（进机关、进学校、进社区、进军营、进企业）活动，免费外借盲人智能听书机和免费发放全民阅读卡，系列公益展览、讲座、培训，优秀传统文化体验、中外优秀电影展播等。

2019 年图书馆服务宣传周期间，市图书馆主要开展以下活动：淄博市第 3 届“我读书 我快乐”全国摄影大赛；“彩虹杯”2019 淄博青少年魔方公开赛；“文明共携手 书香润淄博”数字资源“五进”活动；2019 年世界园艺博览会儿童画主题画展；写意花鸟画公益讲座；齐风讲堂古琴公开课；樊登读书会走进万科城市书房；齐风讲堂国学公开课；彩虹小剧场；彩虹故事会；彩虹小喇叭；等等。

2020 年，市图书馆在图书馆服务宣传周期间举办的活动主要有：“悦听 悦读 悦览 码上同行”阅读推广行动；官方微博平台“淄图君赠书”活动；第二届全国“图书馆杯”主题图像创意设计征集活动；“声采飞扬”青少年英语口语风采展示活动；淄图稷下书院云讲座第 22 期；唐诗小课堂第 6 期；2020 年淄博市社会科学普及周系列讲座——自然、资源与人；彩虹小讲堂贝贝国学传统文化课堂——中国八大古都之关于郑州的记忆；科学小实验第 13 期：神奇的水中花；淄图稷下书院云讲座第 23 期：儒墨之争——墨子的药方；说好普通话 让发音更好听——新语听书抖音直播活动；等等。

2021 年图书馆服务宣传周期间，市图书馆开展的活动主要有：红色故事绘——党史上的今天；官方微博“淄图君赠书”活动；“百年星火燎原 光影重现峥嵘”竞答活动；齐风读书会·樊登读书分享会第 52 期；彩虹小喇叭；彩虹小百科；彩虹小画廊；彩虹故事会；齐风讲堂·写意花鸟画公益讲座第 42 期；“科技强国 好书共读”专题活动；电子书推介；齐风讲堂·古典尺八公益课；智慧父母大讲堂·家庭教育公开课；齐风传统文化项目体验·剪纸公开课；齐风讲堂·古琴公开课；齐风讲堂·国学公开课·少儿国学第 46 期；等等。

2022 年，在第 34 个“图书馆服务宣传周”期间，市图书馆通过线上线下相结合的方式举办了丰富多彩的文化活动。主要有“文明共携手 书香润淄博”知识资源“五进”志愿服务活动；“一路阅读 一路书香”邀您走进图书馆系列活动；“U 书快借”——“你选书 我买单”活动；“童心绘祖国 喜迎二十大”首届少儿原创绘本大赛；第二届淄博市“我最喜爱的一本书”少儿征文比赛；“书香伴成长”少儿阅读推广系列活动。举办“彩虹”系列少儿阅读推广活动 20 余场次；第十五届淄博市读书节“好书推荐”；“全民阅读，我爱读书”健康保健主题期刊展；第十七届文津图书奖获奖图书展；悦读你我——图书馆服务创新成果展；凝聚奋进的力量——新时代乡村振兴先进事迹展；“跟名家读名篇”全民主题朗诵作品征集活动；“你陪我长大，我为你读诗”朗诵活动；“科技就在我身边”线上主题探索活动；听歌识曲：那些年，我们追过的动画片；看图猜诗：趣味诗词迎端午；第十三届全市读书朗诵大赛成人业余组优秀作品展播；等等。

第三节 “稷下书院（尼山书院）”系列活动

2014 年，根据山东省文化厅《关于在全省创新推进“图书馆 + 书院”模式建设“尼山书院”的决定》，市图书馆启动“尼山书院”建设。按照省文化厅提出的“六个一”建设标准，即有一个标牌、一座孔子像、一个国学讲堂、一个道德展室、一个国学经典阅览室和一个文化体验室，集藏书、阅览、展示、培训、体验、活动为一体的要求，市图书馆于 2015 年 5 月建成“尼山书院”并投入使用。在活动内容上，主要包括五个板块：一是广泛开展群众性经典阅读、经典诵读活动；二是开办国学知识讲座，向群众普及国学知识；三是通过各种群众喜闻乐见的形式进行文明礼仪教育；四是通过举办道德模范人物讲座、先贤英模人物展览等在全社会形成敬老尊贤助残等良好风尚；五是广泛开展琴棋书画和传统民间艺术传承活动，通过文化体验和专业培训，培养群众的高雅文化情趣。

2015 年 12 月，市图书馆新馆投入使用，“尼山书院”搬迁至新馆四楼东区，并重新进行了规划设计和装修改造。为更好地传承和弘扬淄博地域文化齐文化，致敬中国历史上创办最早、规模最大的高等学府——“稷下学宫”，市图书馆依托原有“尼山书院”硬件设施，嵌入地域文化元素和独特标识，投资 29.67 万元打造了“稷下书院”这一特色文化空间（功能区、设施与“尼山书院”合并使用）。2016 年 2 月，“稷下书院”成立揭牌暨赠书仪式在市图书馆新馆报告厅举行。市委副书记于海田出席仪式并与山东省政协原副主席、齐鲁文化研究中心首席专家、教授王志民为“稷下书院”揭牌，市政府副市长张庆盈主持仪式。“稷下书院”在弘扬齐鲁文化、传承儒学经典的基础上，注重以“齐文化”“聊斋文化”“陶琉文化”等为代表的淄博本土优秀地域文化的传承和发展，将“齐文化”讲学、淄博优秀传统文化体验作为普及重点，打造独具特色的城市文化品牌。

2017 年，稷下书院（尼山书院）创立了“齐风”系列阅读推广活动品牌，开设“齐风讲堂”“齐风传统文化项目体验”“齐风读书会”系列读者公益活动，面向全社会免费开放。2018 年，稷下书院（尼山书院）“齐风讲堂”被山东省文化厅表彰为 2017—2018 年度山东省冬春文化惠民品牌活动。淄博市图书馆的“齐风”系列读者公益活动以弘扬中华优秀传统文化为主，同时整合多样性的现代教育理念和模式，专业教育和通识教育相结合，面向青少年开设了兼具专业性和趣味性的小课堂系列课程。

一、齐风讲堂·古琴公开课

古琴，亦称瑶琴、玉琴、七弦琴，为中国最古老的弹拨乐器之一，在孔子时期就已盛行，有文字可考的历史有四千余年。2017 年 7 月开始，市图书馆与市古琴协会会长翟大鹏合作，开设古琴公开课，为市民普及古琴知识，现场教授古琴弹奏技法。

尼山书院（稷下书院）齐风讲堂·古琴公开课

2017 年举办古琴公开课 15 场；2018 年举办公开课 21 场；2019 年举办公开课 21 场；2020 年举办公开课 9 场；2021 年举办公开课 17 场；2022 年举办公开课 7 场。

二、齐风讲堂·古典尺八公开课

中国传统乐器尺八发源于东汉时期，是一种竹制竖吹的管乐器，外切口，五孔（前四后一），其管长一尺八寸而得名。尺八音域宽广，音色苍凉空灵，带有历史的厚重感，是隋唐时宫廷雅乐的主要乐器。后传入日本。2019 年 8 月，市图书馆与普化尺八明暗对山流四世塚本竹仙弟子翟大鹏合作，开设尺八公开课，为市民普及尺八知识，

尼山书院（稷下书院）齐风讲堂·写意花鸟画讲座

现场教授尺八吹奏技法。

2019 年举办公开课 8 场；2020 年举办公开课 9 场；2021 年举办公开课 17 场；2022 年举办公开课 7 场。

三、齐风讲堂·写意花鸟画公益讲座

中国的写意花鸟画取材广泛，贴近生活，深受大众喜爱，寄托了画家和观者的感情。2017 年 8 月，市图书馆与山东省美术家协会花鸟画艺委会委员申会军合作，开设写意花鸟画公益讲座，为市民普及花鸟画知识，现场教授花鸟画技法。

2017 年举办公益讲座 3 场；2018 年举办公益讲座 5 场；2019 年举办公益讲座 12 场；2020 年举办公益讲座 14 场；2021 年举办公益讲座 21 场；2022 年举办公益讲座 8 场。

四、齐风讲堂·书法公开课

书法是最能代表中华民族特质又有广泛群众基础的艺术。2017 年 8 月，市图书馆与市书法家协会副主席张伯祥合作，开设书法公开课，为市民普及书法知识，现场教授书法技法。

2017 年举办公开课 7 场；2018 年举办公开课 7 场；2019 年举办公开课 8 场； 2021 年举办公开课 3 场；2022 年举办公开课 6 场。

五、齐风讲堂·青少年书法小课堂

为了让更多的青少年接触书法艺术，在笔墨纸砚间感受中国传统文化之美，2020 年 11 月，市图书馆开设少儿书法小课堂系列活动，包括硬笔书法和毛笔书法。

2020 年举办小课堂 3 场；2021 年举办小课堂 6 场；2022 年举办小课堂 9 场。

六、齐风讲堂·诗词讲座

诗词，是指以古体诗、近体诗和格律词为代表的中国传统诗歌。诗词讲座面向全体市民，立足传承创新，用浅显易懂的语言和喜闻乐见的方式讲解诗词发展进程。 2019 年 5 月，市图书馆联合淄博市诗词协会开设诗词讲座，为市民普及诗词知识，宣传诗词经典文化，点评赏析历代名篇，教授写作方法。

2019 年举办讲座 7 场。

尼山书院（稷下书院）齐风讲堂·中华诗词系列讲座

七、齐风讲堂·国学公开课

传承中华优秀文化，聚焦当代儿童核心素养。2017 年 7 月，市图书馆联合社会办学机构开设少儿国学课程。秉承“童蒙养正”的教育理念，运用“中西合璧”的教育方法，为 3—12 岁儿童提供“国文、国艺、立德、益智”的阶梯式教育与成长课程。2017 年举办公开课 11 场；2018 年举办公开课 16 场；2019 年举办公开课 13 场；2020 年举办公开课 2 场；2021 年举办公开课 15 场；2022 年举办公开课 11 场。

2017 年 10 月，市图书馆与青少年教育专家、国家心理二级咨询师孙艳合作，开设“父母规”课程。该课程以《父母规》为依托，探讨怎样构建良好家风，怎样陪伴孩子成长等家庭热点问题。2017 年举办公开课 3 场；2018 年举办公开课 2 场。

尼山书院（稷下书院）齐风讲堂·国学公开课

八、齐风讲堂·曲艺小舞台

快板书和相声是传统曲艺形式，是由民间口头文学和歌唱艺术经过长期发展演变形成的一种独特的艺术形式，历史悠久，深受群众喜爱。2018 年 5 月，市图书馆联合笑缘口才学校推出曲艺小舞台系列课程。包含表演展示、艺术讲座及大众交流环节，让市民在“说、学、逗、唱”中感受中国传统曲艺文化的魅力。在这里市民不仅可以听到相声、快板、朗诵等节目，还可以深入学习了解曲艺的相关知识。

2018 年举办公开课 7 场；2019 年举办公开课 2 场。

尼山书院（稷下书院）齐风讲堂·曲艺小舞台

九、齐风传统文化项目体验·剪纸公开课

中国剪纸艺术已有近两千年的历史，它凝结着中国人的审美意识、思想情感和传统理念。剪纸艺术融合了民俗学、美术学等多种学科，在艺术领域里独树一帜，是不可多得的原生态文化艺术，2009 年被联合国教科文组织列入世界级非物质文化遗产。2017 年 8 月，市图书馆与淄博市工艺美术师关丽合作，开设剪纸公开课。通过学习剪纸艺术传递东方艺术的传统之美，给市民带来动手的快乐和艺术的享受。

2017 年举办公开课 4 场；2018 年举办公开课 5 场；2019 年举办公开课 18 场；2020 年举办公开课 15 场；2021 年举办公开课 23 场；2022 年举办公开课 13 场。

十、齐风传统文化项目体验·茶艺公开课

为弘扬我国传统的茶艺文化，丰富市民业余生活，2017 年 7 月，市图书馆与淄博市茶文化研究会会长王海香合作，开设茶艺公开课，2019 年 1 月，市图书馆又联合大印公司继续开设茶艺公开课。

2017 年举办公开课 12 场；2018 年举办公开课 2 场；2019 年举办公开课 6 场； 2021 年举办公开课 3 场。

十一、齐风传统文化项目体验·花艺公开课

插花艺术在中国有着近 3000 年历史，最早可追溯至春秋战国时期。作为一门土生土长的中国传统艺术，插花艺术在 2008 年时便已被纳入了我国第二批国家级非物质文化遗产保护名录。2018 年 5 月，市图书馆联合大印公司开设花艺公开课，让市民亲自动手，体验插花艺术带来的心底的愉悦、宁静。

2018 年举办公开课 7 场；2019 年举办公开课 6 场。

十二、齐风传统文化项目体验 · 刺绣公开课

刺绣是中国古老的手工技艺之一，已经有2000多年历史。刺绣，古代称之为针绣，是用绣针引彩线，将设计的花纹在纺织品上刺绣运针，以绣迹构成花纹图案的一种工艺。异彩纷呈的刺绣也是齐文化的重要组成部分。2018年2月，市图书馆联合非物质文化遗产传承人邹迎青开设刺绣公开课，为市民普及刺绣知识，现场教授刺绣技法。

2018年举办公开课3场；2019年举办公开课6场。

十三、齐风传统文化项目体验 · 香文化公开课

焚香，在中国文人心目中是一件雅事。孟子说：“香为性之所欲，不可得而长寿。”有了一定经济条件的文人们不仅用香，而且想尽办法制作自己喜爱的香，用香烧出情趣、烧出意境来。随着中国传统文化的复兴，如今，越来越多的中国人开始回溯传统香文化，重新识香。2019年2月，市图书馆联合北京两香阁无隐香堂制香师弘毅开设香文化公开课，为市民普及香文化知识，现场教授制香技法。

2019年举办公开课7场；2022年举办公开课6场。

尼山书院（稷下书院）齐风讲堂 · 香文化公开课

十四、齐风传统文化项目体验 · 沙画公开课

沙画是一种古老而传统的艺术表现形式，最早可以追溯到人类语言文字出现之前，在我国宋朝即有“沙书改字”和“沙书改画”的典故记载。近年来，沙画结合现代科技，焕发出新的生机和活力。作画者通过手法技巧和天然原沙在发光板上形成千变万化的动画似的短片效果，结合音乐和大屏幕，成为一种具有丰富表现力的动态艺术表演形式。2017年11月，市图书馆与中国沙画师协会会员邱广玮、陈斐、张铭君合作，开设沙画公开课。

齐风传统文化项目体验 · 沙画公开课

2017年举办公开课3场；2018年举办公开课10场；2019年举办公开课3场。

十五、齐风读书会 · 樊登读书分享会

2017年12月，市图书馆联合淄博樊登运营中心共同开设樊登读书分享会，倡导市民共同阅读、分享读书体会。

2017年举办分享会1场；2018年举办分享会15场；2019年举办分享会21场；2020年举办分享会8场；2021年举办分享会17场；2022年举办分享会10场。

十六、齐风读书会·青少年文学读书分享会

为了培养青少年对语言文字的浓厚兴趣，掌握语言实际运用能力，2017 年 12 月，市图书馆推出青少年文学读书分享会系列讲座。通过对中外文学优秀作品的梳理和讲解，致力于提高学生语文学习兴趣，丰富语文外延知识，提高学生文学修养。

齐风读书会·青少年文学读书分享会

2017 年举办分享会 2 场；2018 年举办分享会 11 场；2019 年举办分享会 2 场。

十七、齐风读书会·读书沙龙

为了让更多的青少年热爱阅读和写作，2017 年 10 月，市图书馆推出阅读沙龙系列活动。活动以“问答、对比、竞赛、游戏”贯穿全程，让学生获得快乐的读写体验，激发对阅读和写作的兴趣。2017 年举办阅读沙龙 1 场；2018 年举办阅读沙龙 12 场；2019 年举办阅读沙龙 3 场。

2017 年 10 月，市图书馆联合淄博悦读书房开设悦读精品读书分享会。2017 年举办分享会 4 场；2019 年举办分享会 1 场。

2018 年 7 月，市图书馆联合山东理工大学英语系推出英语读书会系列活动。读书会活动形式多种多样，包括英语角、读绘本、英文互动游戏、英语话剧表演、小型研讨会等。2018 年举办读书会 10 场；2019 年举办读书会 2 场；2020 年举办读书会 8 场。

第四节　公益讲座与培训

以“弘扬人文精神，发展公共文化，丰富市民生活，提升城市品位”为宗旨，发挥公共图书馆的文化传播职能，淄博市图书馆举办了主题多样的公益讲座。

2015 年 11 月 22 日，市文化广电新闻出版局在市图书馆新馆报告厅举办了“文化名城讲坛”揭牌仪式暨齐文化专题报告会。市政府副市长张庆盈、市政协副主席李敏等出席仪式并参加报告会。“文化名城讲坛”是由市文广新局主办、市图书馆协办的高层次学习平台，旨在弘扬社会主义核心价值观，推进文化名城建设，不断满足人民群众高层次精神文化需求，努力打响齐文化品牌。山东省政协原副主席、齐鲁文化研究中心首席专家王志民教授做了《齐文化的历史贡献和当代价值》的专题讲座。12 月 5 日，山东理工大学教授、淄博职业学院稷下研究院特聘院长宣兆琦做了题为《齐文化的代表人物》的专题讲座。12 月 17 日，山东大学教授、聊斋学专家马瑞芳做了题为《马瑞芳谈聊斋文化》的专题讲座。

2016 年开始，市图书馆除协助市文广新局办好“文化名城讲坛”之外，还独立举办公益讲座。讲座内容涉及传统文化、艺术欣赏、科技知识、卫生保健、职业培训等内容。讲座地址一般在市图书馆报告厅，少部分在稷下书院或培训教室举行。2016 年市图书馆共举办各类公益讲座培训共计 44 场。

山东大学教授马瑞芳主讲《马瑞芳谈聊斋文化》

2016 年市图书馆公益讲座统计表

序号	展览名称	主讲人	日期
1	稷下学宫的文化精神与当代价值	王志民	2016.1.9
2	科学家大讲堂——飞向蓝天	徐邦年	2016.1.10
3	如何引导孩子自主学习	董培杰	2016.1.24
4	齐文化与孔子	王志民	2016.2.16
5	管仲与《管子》	宣兆琦	2016.3.17
6	齐文化考古新进展	张光明	2016.3.31
7	通往心灵的道路——我所认识的朗诵艺术	韩磊	2016.4.4
8	道德根文化——点亮教育的心灯	程怀谦	2016.4.8
9	京剧艺术鉴赏	周龙	2016.4.22
10	成功父母大讲堂（一）	李宗磊	2016.4.30
11	诸城派第六代传人司书兵古琴艺术讲座	司书兵	2016.5.7
12	“越生活 越真实”摄影讲座	皇甫晓文	2016.5.14
13	走进故乡 走近孝文化	焦波	2016.5.15
14	浅谈五音戏	霍俊萍	2016.5.21
15	成功父母大讲堂（二）	李宗磊	2016.5.28
16	书香正浓——财富与你“童”行	张静	2016.5.29
17	认识星座，认识淄博的星空	杨昌炽	2016.6.1
18	多重曝光创造别样的视界	陈勇	2016.6.4
19	做智慧父母，有效与孩子沟通	陈临	2016.6.18
20	话说中国舞蹈	江东	2016.6.20
21	《聊斋志异》的艺术魅力	邹宗良	2016.6.26
22	“稷下清音”古琴艺术讲座	曹玉梅	2016.7.2

续表

序号	展览名称	主讲人	日期
23	怎样唱好古诗词	姜源远	2016.7.23
24	孩子成长路上，家长如何保驾护航	陈采霞	2016.8.20
25	激活记忆力	王晓红	2016.8.23
26	音乐心灵之旅	马辰	2016.8.27
27	认识癌症、肥胖和糖尿病的综合管理	刘志民	2016.9.3
28	走近雷锋——雷锋战友讲雷锋的故事	庞春学	2016.9.10
29	爱心与善报——《聊斋》中的环保故事	韩田鹿	2016.9.23
30	增加自信心，让孩子更有力量	刘霞	2016.9.24
31	记录身边的时代——让照片有温度	潘永强	2016.10.15
32	与记忆大师叶瑞财博士分享记忆秘诀	叶瑞财	2016.10.22
33	画画，你不知道的那些事	王伟	2016.11.6
34	成功父母大讲堂（三）	刘卿	2016.11.13
35	创新——摄影的命脉	成卫东	2016.11.20
36	走进自然，爱上阅读	撒沙（俄罗斯）	2016.11.26
37	揭秘风光摄影如何跳出记录式局限	杠一	2016.12.4
38	核心素养视角下的家庭教育	薛忠祥	2016.12.10
39	如何利用图书馆	陈雪	2016.12.17
40	创造力让孩子赢在未来	连晓刚	2016.12.18
41	马国庆说蹴鞠	马国庆	2016.12.25
42	阅读，幸福的种子	常丽华	2016.12.31

《齐文化与孔子》讲座现场 主讲人：王志民

《认识星座，认识淄博的星空》讲座 主讲人：杨昌炽

2017年，市图书馆举办各类公益讲座、培训36场。

序号	展览名称	主讲人	日期
1	以史为鉴，感悟人生	孙立群	2017.1.14
2	“学霸”家长分享会	陈爱红、鲁国祥	2017.3.4
3	《公共文化服务保障法》专题辅导报告	李国新	2017.3.10
4	世界海洋生态保护	邹迎春	2017.3.11
5	中医与幸福生活——心脏猝死的发生与预防	段桂华	2017.3.12
6	用图片讲述身边的故事	谷永威	2017.3.18
7	地方特色文化资源的挖掘、整理与利用	戴珩	2017.3.26

续表

序号	展览名称	主讲人	日期
8	中国歌曲一百年	陈晓光	2017.4.19
9	音乐启迪右脑 脑力创造未来	杨皓	2017.4.22
10	如何鉴赏古诗词	王恒展	2017.5.6
11	记忆大师叶瑞财博士科学记忆法	叶瑞财	2017.5.13
12	当传统东方音乐遇上中世纪——东西方音乐文化的平等对话	王萌	2017.5.21
13	在文学书香里成人成长	徐雁	2017.5.23
14	最是书香能致远——读物选择与幸福追求	徐雁	2017.5.24
15	服装与美	韩丽丽	2017.6.4
16	我的信用我做主——个人信用信息及保护	孟庆斌	2017.6.10
17	艺考之路——身为美术生所必须知道的	王孜	2017.6.25
18	有温度的旅行	苏学	2017.6.25
19	再歌南风——古琴雅集	曹玉梅	2017.7.8
20	提高法律意识 尊享法律保险	祝伟	2017.7.22
21	中国传统金石书画欣赏	徐云鹤	2017.7.23
22	少儿日常行为礼仪	杨艺	2017.8.5
23	如何给孩子正确的艺术教育	唐艺	2017.8.11
24	如何有效地陪伴孩子长大	任小燕	2017.8.19
25	快乐学习 轻松考试——2017 高中改革大纲解读	董培杰	2017.8.19
26	传统琴歌	陈旭	2017.8.26
27	向管子学管理	李任飞	2017.8.31
28	讲雷锋的故事，传承雷锋精神	李有宝	2017.9.9
29	当前戏剧创作的基本走向	陈鹏	2017.9.13
30	漫谈当代舞蹈创作及职业的现状与发展趋势	朱旭	2017.9.15
31	做智慧型父母	王海聪	2017.10.14
32	形象管理助力人生	杨艺	2017.10.21
33	艺术品市场的发展态势	赵榆	2017.10.27
34	近代中国美术与中国美术馆的收藏	王雪峰	2017.10.28
35	明代“四大奇书”的当代价值	王平	2017.12.2
36	拍好身边故事	吕廷川	2017.12.16

《以史为鉴，感悟人生》讲座现场 主讲人：孙立群

《明代“四大奇书”的当代价值》讲座现场
主讲人：王平

2018 年，市图书馆共举办公益讲座、培训 22 场。

序号	展览名称	主讲人	日期
1	“千金难买春头排”春季养生讲座	邓文全	2018.3.7
2	坚持“四个自信” 共创复兴伟业	刘文兵	2018.3.23
3	涵泳琴怀——古琴艺术讲座	翁瑞洪	2018.3.25

续表

序号	展览名称	主讲人	日期
4	《红楼梦》的是与非	孙玉明	2018.4.21
5	阅读促进成长	刘卿	2018.5.5
6	健康用眼 快乐阅读	成伟	2018.5.5
7	笑对人生——全国道德模范田秀英事迹报告会	田秀英	2018.5.11
8	无人机摄影的短平快——长了翅膀的相机会飞翔	刘军	2018.5.19
9	齐文化要义及当代价值	任传斗	2018.5.26
10	管仲经济大实验	李任飞	2018.6.2
11	学养生之道 强健康体魄 促事业发展	刘允辉	2018.8.2
12	营养与疾病	王治伦	2018.8.13
13	摄影专题的选题、拍摄和编辑	皇甫晓文	2018.8.25
14	浅谈京剧历史和文化	封杰	2018.8.29
15	由心学思想谈中华文化复兴的道路	陈复	2018.9.10
16	草木齐风——花道讲座	洪燕萍	2018.9.22
17	《周易》离我们有多远	贺伟	2018.10.13
18	儒家学说与中华文明体系建构	刘振佳	2018.10.26
19	云霄逐梦——登山分享会	唐锋	2018.10.24
20	让教育找到回家的路——家庭教育的十个基本常识	田玉	2018.11.17
21	纪实的力量	杨延康	2018.11.25
22	如何让孩子爱上阅读	林丹	2018.12.2

《〈红楼梦〉的是与非》讲座现场 主讲人：孙玉明

《由心学思想谈中华文化复兴的道路》讲座现场 主讲人：陈复

2019年，市图书馆举办讲座、培训24场。

序号	展览名称	主讲人	日期
1	楹联大观与诗意人生	张文富	2019.1.26
2	身边的“世界记忆大师”分享记忆学奥秘	王帅	2019.1.27
3	双耳畅听，悦动新生活——第20个全国爱耳日公益讲座	市残联工作人员	2019.3.3
4	九个好习惯成就孩子一生	孙云晓	2019.3.8
5	雷锋精神永续传承	吴锡有	2019.3.15
6	侯杨砚传奇	张维	2019.4.27
7	品鉴古人书房典雅布置	徐云鹤	2019.4.27
8	分享西藏——车刚摄影讲座	车刚	2019.5.11
9	戏曲艺术理论	王文清	2019.5.17
10	文旅融合共创未来——文化和旅游融合发展理念与路径	王德刚	2019.5.23
11	瑜伽练习心得分享会	王文娟	2019.5.25
12	唤醒母语的声音	王兵	2019.6.15
13	中国古代陶瓷及山东地区窑业的发展	胡朝辉	2019.6.20
14	公共文化服务创新策划	王全吉	2019.7.24

续表

序号	展览名称	主讲人	日期
15	《聊斋》中的梦幻色彩	李桂奎	2019.8.20
16	考古学视野下的齐文化发展与融合	刘延常	2019.9.11
17	梅兰芳与文化传播	刘祯	2019.9.18
18	不忘初心牢记使命 奋力为实现中华民族伟大复兴不懈奋斗	李玉琦	2019.9.21
19	农村题材戏剧创作漫谈	王新生	2019.10.17
20	发现写作之美	蒋新、杜立明	2019.11.2
21	齐鲁秋望——书法学术讲座	连辑、刘正成	2019.11.3
22	周礼与齐韶	周纯一	2019.11.5
23	当代戏剧文化的传承与发展	孙红侠	2019.12.11
24	健康中国行动——健康知识普及讲座	市中心医院四名专家	2019.12.22

2020年，市图书馆共举办讲座、培训5场。

序号	展览名称	主讲人	日期
1	古代传统文化与当代家风学风——以新城王氏家族为例	文景刚	2020.1.3
2	成功人生的指南针——《论语》概说	袁立君	2020.8.29
3	第一次世界大战与淄博——淄博名人孙干的故事	朱丽霞	2020.10.11
4	淄博古代文献漫话	巩曰国	2020.10.17
5	英语国际课堂讲座	Paul Tully	2020.11.14

2021年,市图书馆共举办公益讲座、培训10场。

序号	展览名称	主讲人	日期
1	叩问“模糊字”	许洪国	2021.1.31
2	漫议书法用字的历史性——以“原创”二字为例	许洪国	2021.3.20
3	浅谈古陶瓷收藏与研究	马冀文	2021.3.28
4	“稷下谭砚”——淄砚知识讲座	谭峰	2021.6.6
5	中日书法概况比较	庄村真琴	2021.7.24
6	葛剑雄先生谈读书之道	葛剑雄	2021.9.29
7	如何处理好隔代抚养与亲自养育的关系	王宗谟	2021.12.3
8	首届淄博星空文化艺术节暨天文科普发展论坛	武中臣、曹晨、月亮王子、周昆	2021.12.5
9	中西文化在淄博的碰撞与融合：英国医生希荣德与淄博	朱丽霞	2021.12.11
10	刘统爱风光摄影讲座	刘统爱	2021.12.21

《管仲经济大实验》讲座现场 主讲人：李任飞

《葛剑雄先生谈读书之道》讲座现场 主讲人：葛剑雄

2022年，市图书馆共举办公益讲座、培训13场，大部分以线下线上相结合的形式进行。新推出“书中‘淄’味——淄博人聊淄博书”系列直播讲座，邀请淄博本地作家做客市图书馆，带读者进行淄博文化探寻之旅。该系列讲座由“文旅淄博”微信视频号、“淄博市图书馆”微信视频号及淄博市图书馆官方微博同步进行现场直播。

序号	展览名称	主讲人	日期
1	遇见最美的自己——关爱女性健康知识讲座	马立吉、张红、邱树升、张玉文、韩宁、栾芳	2022.3.6
2	读书朗诵大赛专题辅导讲座	蒋伟	2022.3.24
3	“书中‘淄’味——淄博人聊淄博书”系列讲座第一期：与书香同行	刘培国	2022.4.24
4	“书中‘淄’味——淄博人聊淄博书”系列讲座第二期：周村进士的文化精神	聂廷生	2022.5.14
5	“书中‘淄’味——淄博人聊淄博书”云讲座第三期	王光福	2022.6.20
6	说说五音戏	霍俊萍	2022.6.24
7	文学坐标中的汉魏六朝诗歌	王恒展	2022.7.15
8	从追风少年到求道者——屈原与《楚辞》	孙奇	2022.7.21
9	“书中‘淄’味——淄博人聊淄博书”系列讲座第四期：行走淄博大地 赓续红色血脉	蒋新	2022.7.30
10	聚焦新时代背景下淄博旅游产业提档升级	常德军	2022.9.15
11	“书中‘淄’味——淄博人聊淄博书”系列讲座第五期：聊聊《淄博地方票》	陈旭	2022.9.24
12	聚焦元宇宙和文创产品开发的理念创新	李斌	2022.10.19
13	“书中‘淄’味——淄博人聊淄博书”云讲座第六期	郭丽	2022.12.10

第五节　文化展览

为更好地发挥图书馆信息传播、文化交流功能，淄博市图书馆整合社会资源，充分利用空间，在各功能区举办各类公益文化主题展览。内容涵盖弘扬传统文化、艺术成果展示、科普知识宣传、时政热点宣教等，力求形式新颖，引人注目，能激发读者的观赏兴趣。

2013年，举办淄博市图书馆60周年巡礼展览、盛世宏编——《四库全书》展览（巡展）、淄博本土作者优秀著作展、同心共筑中国梦展、连环画书展、图书馆·公共文化空间展6个展览共12场次。

2014年，举办“弘扬传统文化，爱我中华古籍”展览、生活因读书而精彩——4.23世界读书日展览（巡展）、尼山书院“大六艺”展览、尼山书院“小六艺”展览、尼山书院“仁义礼智信”图片展、淄博历史文化名人展览、“改进工作作风，密切联系群众”——深入开展党的群众路线教育实践活动展7个展览共13场次。

2015年，举办中国艺术节图片展、民族的基因——中华优秀传统文化展览（巡展）、伟大的胜利——纪念中国人民抗日战争胜利70周年展览（巡展）、社会主义核心价值观宣传展4个展览共12场次。

2016年，举办2016年新年楹联展、国家图书馆“数字图书馆推广工程展览”（巡展）、相遇十二年·小记者12周年摄影展、“读书，让生活更美丽”摄影大赛获奖作品展（巡展）、“在这里遇见童年”——毕业季画展、小红花美术课堂四期作品汇总画展、甲骨印象作品展、撒沙插画图片展、“财经沙龙”主题期刊展、健康养生

2013年3—6月 市图书馆举办"淄博本土作者优秀著作展"

主题期刊展、诺贝尔文学奖作品展、"思想的回声"——中国近代思想家著作展、沈石溪作品展、杨红樱作品展、爱我中华·弘扬传统文化书画展、追溯家族历史——馆藏精品家谱展等共计24场次。

2016年12月 市图书馆举办"'追溯家族历史'——馆藏精品家谱展"

2017年，淄博市图书馆共举办各类展览37场次。

序号	展览名称	开始日期	结束日期	地点
1	迎新年关丽剪纸艺术作品展	2017.1.20	2017.2.20	一楼大厅
2	"数图有礼·资源贺岁"主题展览	2017.1.20	2017.2.28	一楼大厅
3	曹文轩作品展	2017.3.1	2017.4.1	少儿文学借阅室

续表

序号	展览名称	开始日期	结束日期	地点
4	杨红樱作品展	2017.3.1	2017.4.1	少儿文学借阅室
5	《十万个为什么》科普书展	2017.3.1	2017.4.1	少儿综合借阅室
6	《致青春》——韩寒作品展	2017.3.1	2017.4.1	文学借阅室
7	科幻专题期刊展	2017.4.1	2017.5.31	报刊阅览室
8	郁雨君作品展	2017.4.1	2017.5.1	少儿文学借阅室
9	沈石溪作品展	2017.4.1	2017.7.1	少儿文学借阅室
10	图画中国历史展	2017.4.1	2017.5.1	少儿综合借阅室
11	馆藏民国竹简斋本《二十四史》展	2017.5.1	2017.5.31	地方文献阅览室
12	《新课标名著小书坊（注音版）》系列书展	2017.5.1	2017.7.1	少儿综合借阅室
13	西顿动物小说展	2017.5.1	2017.7.1	少儿文学借阅室
14	科幻小说展	2017.5.1	2017.7.1	少儿文学借阅室
15	《世界军事——兵器世界》	2017.6.1	2017.8.31	报刊阅览室
16	伍美珍作品展	2017.7.1	2017.10.30	少儿文学借阅室
17	秦文君作品展	2017.7.1	2017.10.30	少儿文学借阅室
18	《白夜行》——东野圭吾推理作品展	2017.7.1	2017.9.1	文学借阅室
19	《与真理为友》——哈佛百年经典著作展	2017.7.1	2017.9.1	综合借阅室
20	砥砺奋进的五年——庆祝中国共产党建党 96 周年图片展	2017.7.1	2017.8.15	一楼大厅
21	故乡遇见他乡——日越摄影原作展	2017.7.15	2017.7.30	稷下书院
22	“斯文在兹”——陈旭先生收藏古籍善本展	2017.8.13	2017.9.20	稷下书院
23	仰望星空——学生绘画作品展	2017.8.19	2017.9.10	一楼大厅
24	庆国庆　迎十九大老报纸精品展——老报纸记录的新中国	2017.9.27	2017.12	一楼东厅
25	庆国庆　迎十九大老报纸精品展——百年报纸看淄博	2017.9.27	2017.12	一楼东厅
26	水墨清吟·郭立民国画作品展	2017.9.29	2017.10.19	稷下书院
27	“筑梦国庆　艺路同行”儿童画展	2017.9.29	2017.11.1	一楼中厅
28	“高粱地里的诺贝尔”——莫言作品展	2017.10.1	2017.12.1	文学借阅室
29	“不忘初心　砥砺奋进——献礼十九大”专题图书展	2017.10.1	2017.12.1	综合借阅室
30	纵情山水·洪辉画展	2017.10.21	2017.11.5	稷下书院
31	大国工匠——邦海刻瓷展	2017.11.10	2017.12.20	稷下书院
32	决胜“十九大”图片展	2017.11.13	2017.12	一楼中厅
33	红色书展	2017.12.1	2018.1.31	少儿文学借阅室
34	鲁迅作品展	2017.12.1	2018.1.31	少儿文学借阅室
35	《中国中学生百科全书》展	2017.12.1	2018.1.31	少儿综合借阅室
36	墨守初心——王佑学山水画展	2017.12.23	2018	稷下书院
37	阅读的历史——馆藏图书专题回顾展	长期	长期	基本书库

2018 年，市图书馆举办传统文化展览、书画摄影作品展、主题图书期刊展、时政热点展、特色馆藏展览等各类展览 42 场次。

序号	展览名称	开始日期	结束日期	地点
1	“电影·文学原素”专题书展第二季	长期	长期	文学借阅室
2	《中国美术报》专题展览	2018.1.1	2018.1.31	报刊阅览室
3	2017 年最受读者欢迎期刊展	2018.1.1	2018.1.31	报刊阅览室
4	喜迎新春——淄博市“非遗”作品展	2018.1.1	2018.3.1	稷下书院
5	沈石溪作品展	2018.1.1	2018.12.31	少儿文学借阅室
6	少儿期刊杂志展	2018.1.1	2018.12.31	少儿综合借阅室
7	《中华人民共和国公共图书馆法》宣传图片展	2018.1.10	2018.4.3	三楼中厅

续表

序号	展览名称	开始日期	结束日期	地点
8	淄博市“助文明出行·扬青春风采”摄影作品展	2018.1.18	2018.2.18	一楼中厅
9	郑渊洁作品展	2018.2.1	2018.3.31	少儿文学借阅室
10	前苏联文学书展	2018.2.1	2018.3.31	少儿文学借阅室
11	2018年“明春节礼俗 树文化自信”年俗文化展	2018.2.7	2018.4.15	二楼中厅
12	刘宝万布头画展	2018.3.23	2018.8.1	稷下书院
13	《绿野仙踪》系列书展	2018.4.1	2018.5.31	少儿文学借阅室
14	孙幼军系列书展	2018.4.1	2018.5.31	少儿文学借阅室
15	《海豚双语童书经典回放》系列书展	2018.4.1	2018.5.31	少儿综合借阅室
16	星空——科幻文学图书展	2018.4.1	2018.6.1	文学借阅室
17	舌尖上的图书馆——美食类图书展	2018.4.1	2018.6.1	综合借阅室
18	《明实录》古籍展	2018.4.1	2018.5.31	地方文献·参考文献书库
19	“纪念改革开放四十周年”老报纸精品展	2018.4.14	2018.12.31	一楼东厅
20	童绘童语画展	2018.4.23	2018.5.10	一楼大厅
21	《宪法》图片展	2018.5.1	2018.5.11	一楼中厅
22	“树最美家风·晒妈妈芳华”岁月影像巡展	2018.5.12	2018.5.25	一楼中厅
23	绘世界2018毕业季画展	2018.5.26	2018.6.10	一楼大厅
24	《杜立特医生》系列书展	2018.6.1	2018.8.31	少儿文学借阅室
25	侦探小说书展	2018.6.1	2018.8.31	少儿文学借阅室
26	“世界伟人传记”丛书展	2018.6.1	2018.8.31	少儿综合借阅室
27	《公共文化服务保障法》展览	2018.6.8		微信平台、官网
28	小红花2018春季写生展	2018.6.11	2018.6.30	一楼大厅
29	光辉的历程——中国共产党的历史及成就展	2018.6.28	2018.7.15	一楼中厅
30	《素·说》——素描主题画展	2018.7.16	2018.8.15	一楼中厅
31	金波系列书展	2018.9.1	2018.10.31	少儿文学借阅室
32	陈梦敏作品展	2018.9.1	2018.10.31	少儿文学借阅室
33	淄博市文艺创作精品特藏展	2018.9.1	2019.12.31	地方文献·参考文献书库
34	锦灰堆学术交流展	2018.9.8	2018.11.10	稷下书院
35	草木齐风——公益花道展	2018.9.22	2018.9.24	一楼大厅
36	刘欣《农民工》纪实摄影展	2018.9.22	2018.12.31	稷下书院
37	赵丽宏作品展	2018.11.1	2018.12.31	少儿文学借阅室
38	《纳尼亚传奇》书展	2018.11.1	2018.12.31	少儿文学借阅室
39	第二届“我读书 我快乐”全国摄影大赛获奖作品展	2018.11.20	2019.1	一楼大厅
40	“大闹一场、悄然离去”——金庸武侠作品展	2018.12.1	2018.12.31	文学借阅室
41	摄影艺术主题期刊展	2018.12.1	2018.12.31	报刊阅览室
42	庆祝改革开放40周年暨“美丽淄博”青年书画摄影作品展	2018.12.6	2018.12.13	一楼大厅

2018 年 3—8 月 市图书馆举办“刘宝万布头画展”

2019 年，市图书馆举办各类文化展览共 47 场次。

序号	展览名称	开始时间	结束时间	地点
1	“大闹一场、悄然离去”——金庸武侠作品展	2019.1.1	2019.11.30	文学借阅室
2	《漫画三国》系列书展	2019.1.1	2019.2.28	少儿综合借阅室
3	沈石溪作品展	2019.1.1	2019.2.28	少儿文学借阅室
4	周锐作品展	2019.1.1	2019.2.28	少儿文学借阅室
5	安武林作品展	2019.1.1	2019.2.28	少儿文学借阅室
6	“绿色·家园”儿童画展	2019.1.12	2019.2.12	一楼中厅
7	“听赏群书·喜迎岁除”线下主题展览	2019.1.28	2019.3.1	一楼前厅
8	2019 年淄博市图书馆年俗文化展	2019.2.13	2019.3.8	一楼中厅
9	《雅卡利的神奇历险》系列书展	2019.3.1	2019.4.30	少儿综合借阅室
10	《格林童话》书展	2019.3.1	2019.4.30	少儿文学借阅室
11	段立欣《喵卷卷》系列作品展	2019.3.1	2019.4.30	少儿文学借阅室
12	激活经典，走向大众——《中华传统文化百部经典》首批十部典籍推介图文展	2019.3.8	2019.6.27	二楼中厅
13	鲁派内画展	2019.3.8	2019.9.30	稷下书院
14	“童画 不负时光”——儿童画展	2019.3.9	2019.3.28	一楼中厅
15	“与世界对画”——儿童美术作品展	2019.3.29	2019.4.19	一楼中厅
16	“电影·文学原素”专题展览第三季	2019.4.1	2020	文学借阅室
17	“彩虹杯”淄博市儿童涂色大赛作品展	2019.4.20	2019.5.20	一楼中厅
18	“齐金臻妙”——金石全形拓艺术交流展	2019.4.27	2019.6.30	稷下书院
19	庆六一系列书展：《话说中国》系列作品展	2019.5.1	2019.6.30	少儿综合借阅室
20	庆六一系列书展：金波《中国儿歌大系》系列作品展	2019.5.1	2019.6.30	少儿文学借阅室
21	庆六一系列书展：“常新港心灵成长”系列作品展	2019.5.1	2019.6.30	少儿文学借阅室
22	“2019 年世界园艺博览会”儿童画主题画展	2019.5.29	2019.6.5	一楼中厅
23	赛龙舟，吃粽子——端午节的故事图片展	2019.6.6	2019.6.14	一楼中厅
24	“红色经典电影连环画系列丛书”书展	2019.7.1	2019.8.31	少儿综合借阅室
25	“美猴王系列丛书”作品展	2019.7.1	2019.8.31	少儿文学借阅室
26	庆祝建党 98 周年——寻访红色足迹图片展	2019.7.1	2019.7.14	一楼中厅
27	《中华传统文化百部经典》书展	2019.7.1	2020	综合借阅室

续表

序号	展览名称	开始时间	结束时间	地点
28	别有天地——油画艺术作品展	2019.7.18	2019.9.10	稷下书院
29	红色大爱——无偿献血知识科普展	2019.8.1	2019.9.1	二楼中厅
30	“童阅读·同成长·世界儿童文学精选”系列图书书展	2019.9.1	2019.10.31	少儿综合借阅室
31	《中华人物故事全书》书展	2019.9.1	2019.10.31	少儿文学借阅室
32	“我的母语课”系列书展	2019.9.1	2019.10.31	少儿文学借阅室
33	九九重阳 关爱老人——保健养生专题书展	2019.9.1	2019.10.31	综合借阅室
34	我的“警察爸爸（妈妈）”绘画作品展	2019.9.17	2019.9.30	一楼中厅
35	“腾飞的中国”——庆祝新中国成立70周年图片展	2019.10.1	2019.11.10	一楼中厅
36	庆祝新中国70周年华诞——剪纸作品展	2019.10.1	2020	一楼东厅
37	马翼文古陶瓷艺术精品展	2019.10.8	2019.10.18	稷下书院
38	第二届“我读书我快乐”摄影大赛获奖作品展	2019.11.1	2019.12.25	稷下书院
39	“中外名家动物小说精品丛书”作品展	2019.11.1	2019.12.31	少儿文学借阅室
40	“王晓明童话绘本长廊”系列丛书展	2019.11.1	2019.12.31	少儿文学借阅室
41	2019“齐赏好景”摄影大赛优秀作品展	2019.11.20	2019.11.30	一楼中厅
42	文学的白衣天使——毕淑敏主题书展	2019.12.1	2020	文学借阅室
43	《淄博工人报》精品报纸展	2019.12.1	2019.12.30	报刊阅览室
44	“文旅融合，惠享生活”——2019年淄博市文化惠民消费季摄影展	2019.12.4	2019.12.10	一楼中厅
45	中华古籍保护计划成果展	2019.12.5	2020	一楼东厅
46	遇见未来的艺术大师——儿童画展	2019.12.12	2020	一楼中厅
47	稷下丹青——山东理工大学美术学院教师作品展	2019.12.30	2020	稷下书院

2020年，淄博市图书馆共举办各类展览共32场次。

序号	展览名称	开始时间	结束时间	地点
1	稷下丹青——山东理工大学美术学院教师作品展	2020.1.1	2020.5.31	稷下书院
2	“再见2019，你好2020”儿童画展	2020.1.1	2020.1.21	一楼中厅
3	齐风淄韵——“一凡堂”淄砚展	2020.1.2	2020.10.1	稷下书院
4	“书香盈岁月 新桃换旧符”新春年俗展	2020.1.21	2020.3.20	一楼大厅
5	“致敬逆行者”大医传记主题书展	2020.4.1	2020.4.1	综合借阅室
6	“春暖花开的故事”主题书展	2020.4.1	2020.4.1	文学借阅室
7	“电影·文学原素”专题展览第三季	2020.4.1	2020.4.1	文学借阅室
8	“全民战疫，知疫与防疫”主题期刊展	2020.4.1	2020.4.1	报刊阅览室
9	“预防新冠肺炎，科学佩戴口罩”图片展	2020.4.1	2020.7.20	二楼走廊
10	“名家名作·鲁迅”主题书展	2020.5.1	2020.5.1	文学借阅室
11	“中国公民健康素养66条”科普知识巡展	2020.5.31	2020.6.17	图书馆二楼走廊、莲池利群广场、河滨社区、曦园社区
12	第三届“我读书 我快乐”全国摄影大赛获奖作品展	2020.6.1	2020.9.10	稷下书院
13	“盗墓系列小说”主题书展——探索古老而神秘的未知世界	2020.6.1	2020.6.1	文学借阅室
14	“科学生活与健康” 主题期刊展	2020.6.1	2020.6.1	报刊阅览室
15	“庆七一·践行中国梦”主题书展	2020.7.1	2020.7.1	文学借阅室
16	百名摄影师聚焦COVID——19图片巡展	2020.7.13	2020.8.1	一楼中厅
17	民法典与生活同行——科普知识展	2020.7.28	2020.12.1	一楼东厅
18	“百部传统文化经典著作”专题推介书展	2020.8.1	2020.8.1	文学借阅室
19	“名家名作·老舍”主题书展	2020.8.1	2020.8.1	文学借阅室

续表

序号	展览名称	开始时间	结束时间	地点
20	“中国实用医学知识期刊展” 主题期刊展	2020.8.1	2020.8.1	报刊阅览室
21	“扇扇来迟”——谭玉伟、李江、傅瑲扇面艺术作品展	2020.8.8	2020.9.15	一楼中厅
22	“名家名作·冰心”主题书展	2020.9.1	2020.9.1	文学借阅室
23	郑峰花鸟画小品展	2020.9.18	2020.12.10	稷下书院
24	“哈利波特的魔法世界”主题书展	2020.11.1	2020.11.1	文学借阅室
25	“名家名作·朱自清”主题书展	2020.11.1	2020.11.1	文学借阅室
26	“‘中国阅读’2019年度图书推荐榜上榜图书”图片展	2020.11.15	2020.12.18	一楼大厅
27	中华古籍保护计划成果展	2020.12.1	2020.12.31	一楼东厅
28	淄博地方文献精品展暨淄博优秀文学作品展	2020.12.1	2021	地方文献阅览室
29	“中国阅读”2019年度图书推荐榜——哲学·宗教类主题书展	2020.12.1	2020.12.1	综合借阅室
30	“学习强国‘学习达人’”薛在银学习《习近平用典》书法作品巡回展	2020.12.15	2020.12.27	稷下书院（尼山书院）
31	“‘中国阅读’2019年度图书推荐榜上榜图书”巡展	2020.12.19	2020.12.31	张店区少儿图书馆
32	书之余——许洪国书画小品展	2020.12.28	2021	稷下书院

2021年，淄博市图书馆共举办各类展览共48场次。

序号	展览名称	活动时间	活动地点
1	淄博地方文献精品和文学作品专题书展	1月至6月	一楼大厅、地方文献阅览室、齐盛宾馆两会会场
2	迎新年古代瓷器艺术精品展	1月至3月	稷下书院
3	《上下五千年》系列书展	1月至2月	少儿综合借阅室
4	阅读点亮城市 好书链接你我“中国阅读”2019年度图书推荐榜——政治·军事类主题书展	1月至2月	综合借阅室
5	名家名作——朱自清系列书展	1月至2月	文学借阅室
6	《根鸟》曹文轩系列书展	1月至3月	少儿文学借阅室
7	阅读点亮城市 好书链接你我“中国阅读”2019年度图书推荐榜——文学类主题书展	1月至3月	文学借阅室
8	迎中国共产党百岁华诞“红色”作品展	1月至4月	少儿文学借阅室
9	《冰雪北极科学探险》系列书展	1月至5月	少儿文学借阅室
10	留住陶镇——孙伟庆 纪实摄影作品展	2月	一楼东厅
11	辛丑话牛——2021年迎新春文化特展	2月	一楼大厅、微信公众号
12	阅读点亮城市 好书链接你我 “中国阅读”2019年度图书推荐榜——经济·法律类主题书展	2月至3月	综合借阅室
13	《十万个为什么》系列书展	3月至4月	少儿综合借阅室
14	阅读点亮城市 好书链接你我 “中国阅读”2019年度图书推荐榜——人文·历史·艺术类主题书展	3月至4月	综合借阅室
15	名家名作——徐志摩系列书展	3月至4月	文学借阅室
16	《椋鸠十动物小说（插图珍藏版）》系列书展	3月至5月	少儿文学借阅室
17	王春荣聊斋诗意画展	4月至6月	稷下书院
18	保密历史文化展览	4月26日至5月10日	一楼大厅、微信公众号

续表

序号	展览名称	活动时间	活动地点
19	阅读点亮城市 好书链接你我 “中国阅读”2019年度图书推荐榜——自然科学类主题书展	4月至5月	综合借阅室
20	名家名作——张爱玲系列书展	5月至6月	文学借阅室
21	风铃树系列丛书展	5月至7月	少儿文学借阅室
22	儿童粮仓·童话馆系列书展	5月至8月	少儿文学借阅室
23	庆祝中国共产党成立100周年——稷下“五友”书画作品展	6月至7月	稷下书院
24	庆祝中国共产党成立100周年图片展	7月	一楼中厅
25	“童心向党”特教中心书画作品展	6月	一楼大厅
26	庆祝中国共产党成立100周年——红色经典文学作品展	6月至9月	文学借阅室
27	“往事阅千年”瓦当展	7月	稷下书院
28	《一百个中国孩子的梦》系列书展	7月至10月	少儿文学借阅室
29	奋斗百年路 起航新征程——淄博市图书馆馆藏红色革命文献展	7月至12月	地方文献阅览室
30	《科学启蒙（第二版）》系列书展	7月至8月	少儿综合借阅室
31	《弗朗兹的故事（注音版）》系列书展	7月至9月	少儿文学借阅室
32	我和“建党一百周年”有个约会——主题期刊展	7月至9月	报刊阅览室
33	“无微不至”主题画展	8月	一楼中厅
34	“百年聚德 忠鲠不挠”——贺建党一百周年周德忠书画展	8月至11月	稷下书院
35	第十六届文津图书奖获奖图书展	8月	一楼大厅、微信公众号
36	“珠还合浦 历劫重光——《永乐大典》的回归和再造”主题展览	8月14至9月	一楼大厅
37	“奎虚图书奖”获奖精品图书展	8月	一楼图书漂流角、微信公众号
38	《了不起的中华文明》系列书展	9月至10月	少儿综合借阅室
39	名家名作——闻一多系列书展	9月至10月	文学借阅室
40	《超级警长龙克少年侦探小说系列》作品展	9月至12月	少儿文学借阅室
41	《电影·文学原素》主题展览	9月至12月	文学借阅室
42	《数学家教你学数学》系列书展	11月至12月	少儿综合借阅室
43	中小学生阅读指导目录专题书展	11月至12月	少儿综合借阅室
44	《小香菇全传》系列书展	11月至12月	少儿文学借阅室
45	《大自然在召唤》系列书展	11月至12月	少儿文学借阅室
46	国家栋梁——两院院士专题书展	11月至12月	综合借阅室
47	名家名作——巴金系列书展	11月至12月	文学借阅室
48	美丽家园——刘统爱风光摄影作品展	12月	稷下书院

2022年，市图书馆举办各类文化展览共48场次。

序号	展览名称	活动时间	活动地点
1	“虎年迎新春”剪纸作品展	1月25日至3月31日	一楼东厅
2	“我读书，我快乐”摄影大赛优秀作品展	1月至2月	一楼东厅
3	美丽家园——刘统爱风光摄影展	1月至3月	稷下书院
4	“全民读书，我爱阅读”系列之健康、养生期刊展	1月至3月	报刊阅览室
5	《中国民族节日风俗故事画库》系列书展	1月至2月	少儿综合借阅室
6	《中国名娃小皮卡》系列书展	1月至2月	少儿文学借阅室

续表

序号	展览名称	活动时间	活动地点
7	《中华人物故事汇·中华先锋人物故事汇》系列书展	1月至2月	少儿文学借阅室
8	国家栋梁——两院院士专题书展	1月至3月	综合借阅室
9	名家名作——林语堂主题书展	1月至3月	文学借阅室
10	奋进新时代 筑梦新征程——图解2022年政府工作报告图片展	3月24日	微信公众号
11	《国学课堂》系列书展	3月至4月	少儿综合借阅室
12	《童年中国书系》系列书展	3月至4月	少儿文学借阅室
13	《猫头鹰王国》系列书展	3月至4月	少儿文学借阅室
14	大家小书——主题书展	4月至5月	综合借阅室
15	名家名作——余光中主题书展	4月至6月	文学借阅室
16	第十五届淄博市读书节“好书推荐”主题展览	4月至6月	文学借阅室
17	“全民读书，我爱阅读”系列之财经类主题期刊展	4月至6月	报刊阅览室
18	《语文第二课堂》系列书展	5月至6月	少儿综合借阅室
19	《汉声中国童话》系列书展	5月至6月	少儿文学借阅室
20	《我是中国的孩子》系列书展	5月至6月	少儿文学借阅室
21	2021年度“中国好书”等你读主题书展	5月至12月	文学借阅室
22	樊登读书——新书推荐系列专题书展	6月至11月	综合借阅室
23	《朱迪·穆迪双语》系列书展	7月至8月	少儿综合借阅室
24	《绿野仙踪全集（插画版.全译本）》系列书展	7月至8月	少儿文学借阅室
25	《四眼田鸡小玛诺林》系列书展	7月至8月	少儿文学借阅室
26	名家名作——汪曾祺主题书展	7月至8月	文学借阅室
27	清风入怀——赵长刚扇面作品展	7月至10月	稷下书院
28	《解放军画报》2013—2019年期刊展	7月至9月	报刊阅览室
29	风雅存诗意 古韵有新声——第四届淄博市少儿诗词诵读大赛专题书展	7月	文学借阅室
30	《中华上下五千年》系列书展	9月至10月	少儿综合借阅室
31	《笑猫日记》系列书展	9月至10月	少儿文学借阅室
32	《章鱼国小时代》系列书展	9月至10月	少儿文学借阅室
33	名家名作——三毛主题书展	9月至12月	文学借阅室
34	“全民读书，我爱阅读”系列之时政、财经主题期刊展	10月至12月	报刊阅览室
35	深入学习贯彻党的“二十大”精神图文展	11月	一楼中厅、微信公众号
36	《小米粒奇遇记》系列书展	11月至12月	少儿综合借阅室
37	《东江纵队抗日英雄传奇系列》作品展	11月至12月	少儿文学借阅室
38	《了不起的小叶子》系列书展	11月至12月	少儿文学借阅室
39	“山东手造 齐品淄博”走进公共阅读空间——纸境·王继红聊斋故事剪纸作品展	11月至12月	稷下书院、微信公众号
40	九个数字解读党的“二十大”报告图文展	11月12日	微信公众号
41	学习“二十大”新党章图文展	11月13日	微信公众号
42	“山东手造 齐品淄博”走进公共阅读空间——王继红彩色剪纸系列作品展	11月22日	微信公众号
43	“让党旗在新征程上高高飘扬”——学习“二十大”新党章图文展	12月	一楼东厅
44	深入学习贯彻中国共产党第二十次全国代表大会精神——九个数字解读党的二十大报告图文展	12月	一楼东厅
45	“山东手造 齐品淄博”走进公共阅读空间——王继红诗词系列剪纸作品展	12月12日	微信公众号
46	少儿期刊杂志综合展	全年	少儿综合借阅室
47	沈石溪作品展	全年	少儿文学借阅室
48	《电影·文学原素》主题展览	全年	文学借阅室

第六节 其他特色活动

一、淄博市读书朗诵大赛

淄博市读书朗诵大赛作为历届“淄博市读书节”的重要内容，是淄博市一项优秀文化品牌活动，深受广大读者和社会各界欢迎。历届朗诵大赛以建设书香淄博、引导全民阅读为目标，在激发全民阅读热情、吸引社会大众、实现文化惠民方面发挥了积极作用，并成为淄博市群众展示文化风采、展现精神面貌的大舞台，为建设书香淄博、文明淄博做出了积极贡献。

2013 年，主题为“相约十艺节 抒怀中国梦”的第四届淄博市读书朗读大赛于 4 月 13 日、14 日在淄博市图书馆举行。比赛分少儿组和成人业余组，有效报名节目数 113 个，参赛选手 130 余人，共 30 组选手分获一、二、三等奖和优秀奖，4 家单位获优秀组织奖。

2014 年，第五届淄博市读书朗诵大赛于 4 月 12 日、13 日在淄博市图书馆新馆多功能报告厅举行。本届大赛主题为“传承经典，点燃梦想”，分少儿组和成人组，节目数量多达 160 个，参赛选手 200 余人，共设各类奖项 35 个。

2015 年 4 月 11 日、12 日，第六届淄博市读书朗诵大赛在淄博市图书馆新馆举行。本届大赛以“共筑中国梦，好书伴我行”为主题，分设成人业余组、少年组、儿童组，有效报名节目数达到 420 个，参赛选手 523 人。本届比赛首次分配给各区县图书馆 1 个成人业余组的直通决赛名额，提升了大赛的参与面和参赛选手的整体水平。71 组选手和单位分获一、二、三等奖，优秀奖及优秀组织奖。

2016 年 4 月 9 日至 17 日，第七届淄博市读书朗诵大赛在淄博市图书馆多功能报告厅举行。本届大赛的主题为“品味书香 分享精彩”，有效报名节目数达到 521 个，参赛选手 650 人。69 组选手和单位分获儿童组、少年组、成人组的一、二、三等奖，优秀奖及优秀组织奖。

2017 年 4 月 5 日至 16 日，第八届淄博市读

第七届淄博市读书朗诵大赛比赛现场

书朗诵大赛在淄博市图书馆多功能报告厅举行。本届大赛主题为“书卷长流，伴随一生”，有效报名节目数704个，参赛选手达到800余人，刷新了以往参赛纪录。有93组节目分获儿童组、少年组、成人组的一、二、三等奖和优秀奖，15个单位获优秀组织奖。

2018年4月6日，“一路阅读，一路书香”第九届淄博市读书朗诵大赛在淄博市图书馆报告厅拉开帷幕。本次大赛历时10天，参赛节目数量达到719个，参赛选手近千人，共有90组节目、11个单位荣获本届大赛儿童组、少年组、成人组的一、二、三等奖，优秀奖和优秀组织奖。

2019年3月30日，主题为“书香为伴 礼赞祖国”的第十届淄博市读书朗诵大赛在淄博市图书馆报告厅开赛。大赛设儿童组、少年组、成人组三个组别，参赛作品有诗歌、散文、小说节选、影视片段等，题材丰富多元、积极向上，主题突出歌颂祖国、弘扬传统文化、快乐阅读等，与时代主旋律相契合。参赛选手共800余人，参赛作品703组，97个节目进入决赛并荣获一、二、三等奖及优秀奖。

2020年，第十一届淄博市读书朗诵大赛主题是“阅读·与爱同行”，是在全国人民上下同心、众志成城进行抗击新冠肺炎疫情阻击战中举办的。大赛于3月16日开通线上报名，全程在线上进行。参赛节目1855个，共评出277组获奖作品。

第十届淄博市读书朗诵大赛获奖选手合影

2021年，第十二届淄博市读书朗诵大赛以“颂红色经典·迎百年华诞”为主题，采取线上线下相结合的方式，按照组别分为线上比赛和线下比赛。线上比赛组别为儿童组、少年组、高校组、成人英语组。参赛选手通过山东公共文化云平台开通的专用端口上传参赛作品。线下比赛组别为家庭组和成人业余组，于4月10日至11日在市图书馆报告厅举办。共152组节目荣获一、二、三等奖及优秀奖，9家单位荣获优秀组织奖。

2022年，第十三届淄博市读书朗诵大赛以“喜迎二十大·奋进新征程”为主题，于2022年3月至4月举行。市图书馆利用全市公共图书馆实体平台与智慧图书馆云平台，设两类七个组别，采取线上线下相结合的方式组织实施。共有600余组选手报名参加，238人获得一、二、三等奖和优秀奖，13家单位获得优秀组织奖。

二、元宵灯谜会

为进一步丰富群众精神文化生活，营造欢乐祥和的节日氛围，2017年2月11日、12日（农历正月十五、十六），淄博市图书馆举办了首届新春灯谜竞猜大会，共展出灯谜1300余条。读者和市民参与踊跃，产生了一等奖1名、二等奖3名及三等奖5名。

2018年3月2日，市图书馆在一楼大厅举办"第二届元宵灯谜会"活动。现场准备了1600条谜语供观众猜射，活跃了春节气氛。为丰富灯谜种类，增加市民猜谜乐趣，灯谜会前举办了"寻找淄博最强谜王"活动。活动历时25天，共收到全国各地谜友投稿近3700条，最终经过专家评审产生了淄博市"十强谜王"。

市图书馆第一届元宵灯谜会现场

2019年2月19日至21日（农历正月十五至正月十七），淄博市图书馆举办第三届元宵灯谜会有奖竞猜活动。本次灯谜会共备有谜语1600条供观众猜射，共产生一等奖3名、二等奖10名、三等奖20名。

三、换书大集

自中央宣传部、中央文明办和新闻出版总署倡导"全面阅读"活动以来，为进一步推动全民阅读工作深入发展，盘活广大市民手中闲置图书资源，2016年至2022年，淄博市图书馆秉承"分享阅读 交换快乐"的宗旨，相继举办多次换书大集活动。鼓励市民整理、交换个人闲置图书，让家中闲置好书流动起来，使闲置图书变得更有价值。其间，除2020年和2022年因疫情原因活动取消，其他年份换书大集活动都如期举行。

2016年6月18日，市图书馆与淄博晚报社联合举办"2016淄博换书大集"活动。该活动由北京人天书店有限公司、青岛新华书店、淄博新华书店赞助，除市民自带图书进入换书流程外，主办方提供了近千册畅销新书，包括国学经典、养生健康、儿童绘本、畅销小说等，供广大市民现场交换。当日吸引近300名市民参与，共有700余册书籍通过大集交换到各有所需的读者手中。

2017 年 7 月 29 日，在第十届淄博市读书节期间，市图书馆和淄博晚报社联合举办了“第二届淄博市换书大集活动”。本届换书大集吸引近千人次参与，600 余册图书实现交换分享，推动了全市市民的阅读热情。

2018 年 4 月 22 日，市图书馆和淄博晚报社联合举办以“让好书苏醒、让知识对流”为主题的第三届换书大集活动。本届换书大集共有 300 余人参加，交换图书 500 余册。

2019 年 4 月 20 日至 21 日，市文化和旅游局主办，市图书馆、淄博晚报社承办的以“分享阅读，交换快乐”为主题的第四届淄博市换书大集举办。本届大集时间由往年的一天延长至两天。共收到读者交流图书 800 余册，参与读者 1100 余人次。

2021 年 4 月 24 日至 25 日，第五届淄博市换书大集举办。该活动由市文化和旅游局主办，市图书馆和淄博晚报社承办。本次大集依然秉承“分享阅读、交换快乐”的宗旨，以“让好书苏醒、让知识对流”为主题，共收到读者交流图书 500 余册，参与人数近 700 人。

第三届换书大集现场

四、“读书——让生活更美丽”摄影大赛

2016 年 4 月，淄博市首届“读书，让生活更美丽”摄影大赛启动。10 月 15 日在淄博市图书馆举行颁奖典礼。本届大赛共收到参赛作品近 300 幅，17 幅作品分获一、二、三等奖和优秀奖。参赛作品从多个角度反映了淄博市民购书、读书、藏书、用书的动人场景，以及读书给市民文化生活带来的变化。

2018 年 4 月 21 日，淄博市第二届“我读书 我快乐”全国摄影大赛启动仪式在淄博市图书馆举行。市文联党组书记、主席王东宏，市文广新局党委书记、局长周茂松，市图书馆馆长刘玉湘，市摄影家协会主席孙伟庆等参加启动仪式。此次大赛面向全国征稿，共收到参赛作品近千幅，31 幅作品分获一、二、三等奖和优秀奖。

2019 年，淄博市第三届“我读书　我快乐”全国摄影大赛继续面向全国征稿。共收到参赛作品 1000 余幅，评选出一、二、三等奖和优秀奖共 31 幅作品，入围奖 100 幅作品。

第二届“我读书 我快乐”摄影大赛一等奖获奖作品

第三届“我读书 我快乐”摄影大赛一等奖获奖作品

五、淄博市少儿诗词诵读大赛

2019年，山东省图书馆联合全省各市公共图书馆（含少儿馆）共同开展“风雅存诗意·古韵有新声”第二届全省少儿诗词诵读大赛活动。淄博市图书馆作为三个赛区的承办方之一，负责举办淄博、济南、潍坊、东营、滨州、德州、聊城、泰安等市的总决赛。经过近两个月的努力，圆满完成了淄博赛区的各项工作任务，取得了良好的社会效益。

第二届全省少儿诗词诵读大赛获奖选手合影

2020年暑假期间，淄博市图书馆圆满完成了“风雅存诗意·古韵有新声”第三届全省少儿诗词诵读大赛淄博地区复赛。此次大赛通过“山东文化云”在线上举行，市图书馆组织业界专家举行了复赛评审会，现场亮分。经评选，共评出96组获奖作品，选送30组参加省级决赛，成绩在省内名列前茅。

2021年，由淄博市文化和旅游局主办，淄博市图书馆、各区县文化和旅游局承办的“致敬红色经典·赓续精神力量”第三届淄博市少儿诗词诵读大赛举行。本届大赛全程在山东文化云平台举行，7月初正式启动，共计284组选手报名参赛。共评选出一等奖6名、二等奖20名、三等奖40名、优秀奖21名。其中，22组选手代表淄博参加省级决赛，共获得8个“诵读小明星”和20个“诵读之星”荣誉称号。

2022年7月至8月，“风雅存诗意·古韵有新声”第四届淄博市少儿诗词诵读大赛暨第五届全省少儿诗词诵读大赛淄博地区选拔赛成功举办。本次大赛以战国、秦汉、魏晋、南北朝时期的诗歌为主要诵读内容，吸引了全市青少年踊跃报名参加，有206组500余名选手参加了预选赛。最终推选出亲子组作品24个、初中组作品24个，共计100余名选手参与决赛。决赛现场全程在线直播。在全省总决赛中，淄博市选送的6组选手凭借出色的表现获两个一等奖、一个二等奖、一个三等奖和两个优秀奖，在全省名列前茅。

第四届淄博市少儿诗词诵读大赛获奖选手合影

六、全市青少年读书故事会

2019年，为深入贯彻落实党的十九届四中全会精神，坚持共同的理想信念、价值理念、道德观念，弘扬中华优秀传统文化、革命文化、社会主义先进文化，由淄博市文化和旅游局主办、淄博市图书馆承办、各区县图书馆共同协办的“讲好淄博故事·传承优秀文化”首届全市青少年读书故事会活动举行。2020年1月，在淄博市图书馆举办了首届全市青少年读书故事会暨第二届全省青少年读书故事会淄博地区选拔赛决赛，产生了淄博市首届读书故事会的获奖选手，以及30名选送到滨州赛区的决赛选手。

2020年12月至2021年3月，由淄博市文化和旅游局、淄博市图书馆主办，主题为“传承红色基因·争做华彩少年”的第二届全市青少年读书故事会顺利举办。本次比赛全程在“山东公共文化云”线上举行，初赛共有859组选手报名参加，经过区县评选，按比例择优推荐了96个节目进入复赛。淄博市图书馆于3月5日召开淄博市级复赛评审会，组织专家评审团进行线下集中评审。

2021年11月至2022年1月，淄博市文化和旅游局、淄博市图书馆、各区县文化和旅游局举办了第三届全市青少年读书故事会暨第四届全省青少年读书故事会淄博赛区选拔赛活动。本届大赛以“阅读修德，美在身边”为主题，通过青少年讲述身边的自然之美、生活之美、榜样之美等故事，引导广大青少年发现美、表达美、践行美、传递美，学习身边美德。经过现场评委公开、公正的评选，选出一等奖 3 名、二等奖 7 名、三等奖 10 名、优秀奖 15 名。其中，前五组优秀作品代表淄博市参加由省文化和旅游厅主办的第四届全省青少年读书故事会决赛。在决赛中，市图书馆推荐选手获全省金奖、银奖和铜奖。

2022 年 11 月至 12 月，淄博市文化和旅游局、淄博市图书馆举办了“非凡十年看淄博”第四届全市青少年读书故事会暨第五届全省青少年读书故事会淄博赛区选拔赛。本次大赛以“新时代画卷·家乡这十年”为主题，以“非凡的十年”为主讲内容，设有家庭组、少年组、馆员组三个组别，活动全程在“山东智慧图书馆云”线上平台进行。共评选出 5 家优秀组织奖， 56 人分获家庭组、少年组和馆员青年组一、二、三等奖及优秀奖。在由山东省文化和旅游厅主办的全省总决赛中，淄博市推荐的 9 组参赛作品获得四个二等奖、五个三等奖。

七、阅读马拉松挑战赛

2018 年 12 月 16 日，淄博市图书馆举办“淄博市第一届阅读马拉松挑战赛”。比赛要求选手们在 6 小时内阅读完［英］大卫·奈特著的《现代科学简史——从蒸汽机到鹡鸰求偶》一书，并答完 20 道和此书有关的问题。阅读马拉松挑战赛是一场专心与耐心的挑战，也是一场毅力与体力的挑战。本次比赛共有 34 名选手参加，评选出一、二、三等奖共 9 名。

2019 年 7 月 21 日，淄博市图书馆举办淄博市第二届阅读马拉松挑战赛（青少年专场）。此次共读书籍是《苦难辉煌（青少版）》（金一南著），评选出一、二、三等奖共 9 名。

2020 年 12 月 27 日，淄博市第三届阅读马拉松挑战赛（成年组）在世茂淄博 CBD 中央活力区·淄博齐盛里展厅举办。本届比赛由淄博市图书馆、鲁网淄博频道主办，世茂淄博 CBD 中央活力区·淄博齐盛里协办，来自全市各行各业的近 40 名选手参加。参赛选手需在 2 小时内阅读完常星儿的《北方草垛》一书，并答完 25 个和此书有关的问题。经过 2 个多小时的角逐，最终产生了 6 名获奖者。

市图书馆馆长刘玉湘与“淄博市第一届阅读马拉松挑战赛”获奖选手合影留念

第四章　图书馆志愿服务工作

淄博市图书馆的志愿服务开始于2008年，是全省开展志愿服务活动较早的公共图书馆之一。2010年，市图书馆被团市委、市教育局等部门命名为“淄博市青少年志愿服务活动基地”。

淄博市图书馆开展志愿服务活动十多年以来，日渐形成较为规范的组织管理体系，从图书整理、秩序导引等基础性服务发展成为专业化、特色化、多样化的志愿服务体系，并与企事业单位、高等院校、中小学、幼儿园、公益组织等志愿服务团体开展了深入的合作。目前，市图书馆建已建立了“分层次、分类别、全覆盖”的志愿者体系：包括以大学生、高中生为主的青少年志愿服务活动，以小学生为主的馆员小助理志愿服务活动以及以幼儿园老师为主的 “彩虹故事会”志愿服务活动等。

第一节　青少年志愿服务工作

市图书馆开展青少年志愿服务活动的目的是为他们搭建一个与社会沟通的平台，吸引他们走进图书馆，通过在具体服务岗位上的实际操作，切身感受图书馆的服务流程、服务内容，从而达到了解图书馆、增强社会服务意识以提高综合素质的目的。大批青少年志愿者走进图书馆，分别在市图书馆少儿借阅室、文学借阅室、综合借阅室、阅览室等对外开放窗口服务，为践行志愿服务精神、传播先进文化贡献了力量。

为使青少年志愿服务活动高质量、常态化地开展，市图书馆定期对新招募的志愿者进行培训。培训分基础性培训和专业性培训，基础性培训旨在树立志愿者的服务理念，包括强化志愿服务精神、岗位细则、安全教育等；专业性培训旨在提升志愿者的服务水平，包括开展志愿服务所需的业务知识、专业技能、服务技巧等。市图书馆现有注册青少年志愿者2000余名，年均志愿服务7000余人次，服务时长达2万余小时。每年年底，根据项目完成情况和志愿服务表现，评选出年度“优秀志愿者”和“优秀志愿服务团队”，并由市主管部门进行表彰，迄今已表彰了12批。市图书馆2014年被团市委等部门表彰为全市第二届志愿服务先进集体，2017年被山东省文化厅表彰为优秀文化志愿服务组织，2020年被山东省委宣传部、山东省社会科学界联合会表彰为“2018—2019年度山东省社科普及工作先进单位”。

2014年4月19日，“2012—2013年度淄博市图书馆优秀青少年志愿者”颁奖仪式在市图书馆举行。市文广新局副局长、调研员李玉福，市图书馆馆长刘玉湘、党支部书记姜艳平，张店二中副校长纪红卫为30名优秀志愿者代表颁奖。本次共表彰优秀志愿者30名：孙轩、陈紫瀛、赵姝玮、孟泓希、牛慧中、解靖怡、武佳文、于潇涵、刘子林、陈明卉、吕和霖、曹子言、张冰煜、姚依欣、国钰婕、周宋菲尔、刘薇、司芮琦、綦迎孜、翟梓辰、冯芊、高亚、耿文姝、李健、刘婉婷、张钟文、徐慧杰、张文佳、徐淑宁、庞泽灵。

2015年4月25日， 2014年度淄博市图书馆志愿服务活动表彰仪式在市图书馆举行。市文广新局群众文化科科长任志诚、张店二中副校长纪红卫、张店三中工会主席宫元、市图书馆馆长刘玉湘及获奖志愿者代表出席颁奖仪式，市图书馆党支部书记姜艳平主持颁奖仪式。本次共表彰十佳志愿者20名：殷炜青、辛子宇、宋冀珺、林雨欣、魏昊辰、赵孜祥、王大鹏、徐心悦、王辰锐、许钰童、刘小玉、杨竣斐、徐灵芝、张璐琪、房津田、崔梦佳、侯慧鸣、韩金玉、邢健颖、刘欣。表彰优秀志愿者6名：孙奥程、徐心艺、卢佳荣、张雷、李迎新、张书浩。表彰优秀辅导员4名：王岗、于志杰 、孙倩、任敬远。

2015年11月，正值新馆搬迁之际。为了解决工作人员严重不足的问题，淄博市图书馆发布了志愿者招募公告，向全社会招募个人和集体志愿者，年龄在18至60周岁，身体健康，具有良好的口头表达能力、组织能力、沟通能力等的市民都可以报名成为市图书馆的志愿者。市图书馆的志愿者招募活动受到了社会的广泛关注，来自港华燃气、淄博爱蓝青少年普法服务中心等集体以及个人共有200余人报名。

2015年12月15日，淄博市图书馆首期志愿者培训班在图书馆报告厅举行，共80余名志愿者参加培训活动，市图书馆馆长刘玉湘做了动员讲话。培训内容包括淄博市图书馆简介、观看《春华秋实 继往开来——淄博市图书馆建馆60周年巡礼》专题片、新馆楼层分布及自动化设备介绍、志愿岗位设置及工作内容、图书馆服务礼仪等，让志愿者们对市图书馆的历史、馆藏、服务及新馆的功能和自动化设备有一个基本的了解。12月31日，市直文化系统图书馆服务志愿者培训班在市图书馆举办，来自市直文化系统9所单位和局机关各科室的40余名志愿者参加培训。市图书馆馆长刘玉湘主持开班仪式，市文广新局副局长、调研员李玉福讲话。志愿者们接受了由市图书馆工作人员讲授的新馆概况、新馆的现代化设备以及志愿服务岗位的设置和任务等有关知识的培训，并到各自的志愿岗位进行实习。

2016年，市图书馆共招募了1000余名志愿者到馆服务，服务时长1.5万余小时，进行集中培训12次，于12月4日对2016年度30名优秀志愿者和6个志愿服务团队进行了表彰。市图书馆积极探索与各学校团体合作，先后与张店二中、山东理工大学理学院、淄博五中初68级1班、淄博青芒志愿服务组织、市实验SAP社会实践资源提供平台、淄博职业学院文化传媒系汉语魔方社团等组织建立了长期志愿服务关系。

2016年1月至2月，为充分发挥图书馆公益性优势和公共文化设施功能，倡导青少年积极参与文化志愿者服务，为他们提供一个服务社会、服务他人的社会实践平台，同时为了更好地服务读者，市图书馆首次举办寒假社会实践活动。吸引了来自淄博实验中学、淄博新元学校、淄博市十一中及各大高校的100余名学生志愿者加入寒假社会实践队伍。经过培训后，这批志愿者分时段、分批次上岗，参与图书上架、整架、借还等基本业务工作，并协助工作人员完成读者咨询、阅读导引、阅览室文明秩序维持等工作。有的志愿者还写下了社会实践感悟，记录下自己做社会实践的心路历程。

淄博市图书馆2016年暑期社会实践招募活动于2016年7月至8月举行，社会实践活动受到广大学生的欢迎，共招募培训10期200余名志愿者到馆服务。

2016年7月1日，淄博市图书馆2016年暑期社会实践活动启动仪式举行，参加第一期社会实践的30位同学参加了仪式。市图书馆副馆长丁雷对参加社会实践的同学进行了培训，向他们介绍了市图书馆的概况，各功能区划分，每个服务窗口的职能以及馆内的电子资源、电子设备等。

2016年10月27日，市图书馆与山东理工大

志愿服务人员在参加培训

学理学院共建大学生社会实践基地签约与揭牌仪式在市图书馆举行。山东理工大学理学院党总支书记常允起，市图书馆馆长刘玉湘，山东理工大学理学院党总支副书记娄春婷，市图书馆党支部书记姜艳平、副馆长丁雷、倪志坚，市图书馆有关部室负责人以及理学院20余名学生代表参加了揭牌仪式。

2016年12月4日，淄博市图书馆2016全民读书月系列活动启动暨优秀志愿者、优秀读者表彰仪式在市图书馆多功能报告厅举行。山东省图书馆业务辅导部主任陶嘉今，淄博市文广新局副局长曹丕祯、文化科科长裴涛，淄博市图书馆馆长刘玉湘、党支部书记姜艳平、副馆长丁雷、副馆长倪志坚出席。仪式由姜艳平书记主持，刘玉湘馆长致辞。本次共表彰优秀志愿者31名：孟川、张帆、张成友、王秀、吴燕、秦子媛、耿伟、罗序丰、刘野、郝瑜、杨翠蔚、沈风玲、张立辉、柴婧怡、马嘉艺、牛逸群、伊妙言、王梦涵、岳喜福、邹明燕、李俊超、董桂炯、郭雪艳、刘晓凤、霍楷涛、张伟、杨丽鑫、张永芹、单琳清、张子涵、崔家钰。表彰优秀志愿服务团队6个：山东理工大学理学院志愿团队、张店二中志愿团队、淄博青芒志愿服务组织、市实验SAP社会实践资源提供平台、淄博职业学院文化传媒系汉语魔方社团、淄博五中初68级1班志愿团队。

2017年寒假、暑假，市图书馆共招募培训30期近800余名社会实践志愿者到馆服务，累计服务时长1.6万余小时。全年周末及节假日共组织5000余人次志愿者到馆服务，累计服务1.5万余小时。截止到2017年年底，市图书馆与山东理工大学数学与统计学院、柳泉中学、张店二中、山东药品食品职业学院、淄博职业学院文化传媒系、山东工业职业学院等学校团体建立了长期合作关系。

2017年寒假社会实践活动于1月12日至2月22日分6期进行，活动得到了广大青少年学生的积极参与，几乎是期期爆满。报名的240余名志愿者中既有中学生，也有来自全国各地高校的大学生，服务时间累计长达4000余小时。

2017年4月18日，市图书馆与淄博柳泉中学共建社会综合实践教育基地揭牌仪式在市图书馆报告厅举行。淄博柳泉中学校长孙辉，市图书

志愿服务人员在工作

馆馆长刘玉湘、党支部书记姜艳平以及淄博柳泉中学200余名师生代表参加揭牌仪式。2017年暑期社会实践活动于6月28日至9月5日分20期进行，共招募培训社会实践志愿者550余名到馆服务，服务时长1万余小时。

2017年12月24日，淄博市图书馆2017年度优秀志愿者表彰暨迎新年联谊会举行。市图书馆馆长刘玉湘、副馆长倪志坚，山东理工大学数学与统计学院、淄博柳泉中学、张店二中、淄博职业学院文化传媒系、山东药品食品职业学院等学校的领导、老师出席会议并颁奖。240余名志愿者代表参与了本次活动。会上表彰了20名优秀志愿者和7个优秀志愿服务团队。表彰结束后，组织开展了联谊活动。淄博市图书馆2017年度优秀志愿服务团队为：山东理工大学数学与统计学院志愿服务队、淄博柳泉中学志愿服务队 、张店二中志愿服务队、淄博职业学院文化传媒系汉语魔方志愿服务队、山东药品食品职业学院“得一志愿者协会”、淄博青芒志愿服务组织、淄博实验中学SAP社团。2017年度优秀志愿者：高一山、赵孜辰、吕海博、何盈璇、徐淑萍、董桂炯、赵旭升、傅斌、娄燕如、李前辉、王朝阳、张玉珂、方宸欣洁、毕玉婧、翟若旭、信杨雨涵、张帆、张卫、张成友、吴燕。

2018年寒假、暑假共招募社会实践志愿者1000余名，累计服务时间2万余小时。对志愿者进行规范化管理，累计培训30余次，并为合格的志愿者颁发社会实践证书。全年周末及节假日共组织4000余人次志愿者到馆服务，累计服务1.2万余小时，每个周末、节假日，在图书馆的各个服务窗口总能看到志愿者们忙碌的身影。截止到2018年年底，市图书馆与山东理工大学数学与统计学院、柳泉中学、张店二中、山东药品食品职业学院、淄博职业学院、山东工业职业学院等8个学校团体建立了长期志愿服务合作关系。

2018年寒假社会实践活动于1月24日至3月2日分11期进行，共招募培训社会实践志愿者240余名到馆服务，服务时长5000余小时。暑期

淄博市图书馆2017年度优秀志愿者表彰暨迎新年联谊会

社会实践活动于7月4日至9月4日分18期进行，共招募培训社会实践志愿者760余名到馆服务，服务时长1.5万余小时。

2018年12月，市图书馆对2018年度优秀志愿者、优秀志愿服务团队进行了表彰。本次表彰优秀志愿者30名：王一丁、王淑颖、高一山、谈晓、王春丽、王秀蕾、李晓雅、阿布都热扎克·阿布都拉、韩岩岩、努尔阿米娜·阿巴拜克尔、王凤洁、李国臣、范雪颖、苏莹莹、方宸欣洁、彭艳倩、菅冬霞、牛启梦、商靖晗、王梦琦、吴宜坤、权昊、王德发、郭茂宁、洪秀、王雪梅、吴燕、张成友、秦子媛、张立辉。表彰优秀志愿服务团队8个：山东理工大学数学与统计学院志愿服务队、淄博柳泉中学志愿服务队、张店二中志愿服务队、淄博职业学院文化传媒系汉语魔方志愿服务队、山东药品食品职业学院“得一志愿者协会”、山东工业职业学院机电系青年志愿服务队、淄博职业学院电子电气工程学院社团志愿服务队、淄博实验中学SAP社会实践资源提供平台。

2019年3月，市图书馆成立淄博市图书馆新时代文明实践社科普及志愿服务队，并在山东志愿服务网注册，服务时长在全市社科普及志愿服务队中排名第一。2019年寒假、暑假共招募培训26期600余名社会实践志愿者到馆服务，累计服务时长1.2万余小时，并为合格的志愿者颁发社会实践证书。周末及节假日共组织8000余人次志愿者到馆服务，累计服务时长2万余小时 ，上架图书馆30余万册。截至2019年年底，市图书馆与山东理工大学数学与统计学院、经济学院、交通学院及柳泉中学、张店二中、山东药品食品职业学院、淄博职业学院、山东工业职业学院、齐鲁医药学院等学校团体建立了长期志愿服务合作关系。2019年寒假社会实践志愿服务活动从1月23日到2月27日，共招募培训10期170名社会实践志愿者到馆服务，服务时长3570小时。暑期社会实践志愿服务活动从7月9日到9月1日，共招募培训16期450余名社会实践志愿者到馆服务，服务时长9400余小时。

2019 年 12 月 28 日，淄博市图书馆 2019 年度优秀志愿者表彰暨迎新年联谊会举行。本年度表彰优秀志愿者 40 名：杨威、邹溵溦、吴琳琳、胡笑双、李蕾绩、孙佳、孙贞娟、王雯、王香、王笑茹、祖艳红、王颖硕、吕淑钧、刘姿彤、卢开胜、李梓正、国紫睿、李思瀚、朱家慧、李超、魏静、张绪华、李阳天、李杨、林婷婷、林祎晨、李欣、任洪月、孙照亮、谷左国、单天芝、刘小龙、尹思嘉、刘欣茹、高音、郭万娇、刘晓双、石光禄、邹雪妍、吕可莹。表彰优秀志愿服务团队 10 个：山东理工大学淄博市图书馆志愿者服务团队、张店二中志愿服务队、淄博柳泉中学志愿者服务团队、淄博职业学院文化传媒系汉语魔方志愿服务队、齐鲁医药学院公共卫生与检验学院筑基志愿者服务队、山东工业职业学院机电系青年志愿服务队、山东理工大学经济学院星星之火志愿服务队、山东工业职业学院冶金与汽车工程系青年志愿者服务队、山东理工大学交通与车辆工程学院学生第一党支部志愿服务队、山东药品食品职业学院“得一志愿者协会”。

2020 年，受新冠肺炎疫情影响，市图书馆寒假共招募培训社会实践志愿者 6 期 90 人，服务时长 1150 小时。暑期社会实践志愿者共有 40 余人报名，服务时长 740 余小时。周末节假日共组织志愿者 780 人次到馆服务，服务时长 2300 余小时。

12 月 26 日，淄博市图书馆新馆开放五周年工作总结暨表彰大会在市图书馆举行。山东省图书馆馆长刘显世，淄博市文化和旅游局党组书记、局长周茂松等相关领导，各区县图书馆及读者志愿者代表共 130 余人参加。会上，对淄博市图书馆 2020 年度优秀志愿者和优秀志愿服务团队进行了表彰，共表彰优秀志愿者 19 名、优秀志愿服务团队 7 个。淄博市图书馆 2020 年度优秀志愿者：付枚憧、张轩语、李世成梁、王爱琦、吴琳琳、潘亚璐、王妍、薛如静、董光坤、郎占岭、王思宇、李鑫、刘阳、何振营、高明昊、李佳慧、牛乾坤、李子涵、张立辉。淄博市图书馆 2020 年度优秀志愿服务团队：山东理工大学淄博市图书馆志愿者服务团队、淄博柳泉中学小志愿者服务团队、张店区第二中学志愿服务队、淄博职业学院文化传媒系汉语魔方志愿服务队、齐鲁医药学院公共卫生与检验学院筑基志愿者服务队、山东理工大学交通与车辆工程学院学生一支部志愿服务队、淄博实验中学 SAP 社会实践资源提供平台。

市图书馆 2021 年寒假社会实践志愿者共培训 8 期 80 人，服务时长 1680 小时。暑期社会实践

“淄博市图书馆 2019 年暑期新时代学雷锋文明实践志愿培训”现场

志愿者共培训16期348人，服务时长7668小时。周末节假日共组织志愿者4057人次到馆服务，服务时长1.2万余小时。

2021年1月，市图书馆与山东理工大学举办了“我与淄博市图书馆的邂逅”志愿服务征文比赛，比赛面向理工大全体同学，征集大家在市图书馆志愿服务过程中印象深刻的故事。本次活动得到了同学们的积极参与，提交作品200余篇，最终评选出一等奖6名，二等奖10名，三等奖16名。2022年1月，市图书馆对2021年度优秀志愿者、优秀志愿服务团队进行了表彰，本次共表彰了48名优秀志愿者、9个优秀志愿服务团队。淄博市图书馆2021年度优秀志愿者：董云昊、杜嘉木、李林哲、李世成梁、王麓涵、张轩语、周子璇、杨莹晖、陈宇浩、曹琪、魏亚欣、王振宇、柳艳茹、陈书玉、沈金秀、滕静茹、张雪、解晶慧、王智慧、王静、曹云、闫洁、乔立月、马叶璇、王霆、金长城、张皓然、靖超龙、黄冉冉、刘素伶、张铭中、凌旭、于厉强、李东庭、董云翼、唐诗伟、戴明鹤、张扬、刘欣欣、王雪梅、房书瑶、胡忆惆、石嘉文、张立辉、公绪超、曲俐颖、岳保罗、刘文如。淄博市图书馆2021年度优秀志愿服务团队：山东理工大学淄博市图书馆志愿者服务团队、淄博柳泉中学小志愿者服务团队、张店二中志愿服务队、淄博职业学院文化传媒系汉语魔方社团志愿服务队、山东理工大学交通与车辆工程学院学生第一党支部志愿服务队、山东工业职业学院机电工程学院580志愿者协会、山东工业职业学院校青年志愿者协会、山东理工大学经济学院星星之火志愿服务队、山东药品食品职业学院“得一志愿者协会”。

2022年，市图书馆共举办志愿服务活动448场，吸引1000余名未成年志愿者参与，服务时长1.3万余小时。2022年寒暑假共招募培训社会实践志愿者24期520余人到馆服务，服务时长达10900小时。周末节假日共组织志愿者862人次到馆服务，服务时长2586余小时。2022年寒假社会实践志愿服务为期一个月，从1月20日开始到2月16日结束，共培训志愿者8期127人，服务时长2600余小时。

2022年暑期社会志愿活动从7月7日到8月31日，分16期共招募培训志愿者396名，几乎期期满额，服务时长达8300余小时。2023年5月，淄博市图书馆表彰2022年度优秀志愿服务团队8个：淄博职业学院学前教育学院志愿服务队、山东理工大学书香青春志愿服务队、淄博柳泉中学

2019年度市图书馆优秀志愿者合影

2021年暑期社会实践志愿者正在综合借阅室上架图书

志愿者协会、张店二中志愿服务队、山东工业职业学院校青年志愿者协会、山东理工大学交通与车辆工程学院学生第一党支部志愿服务队、山东工业职业学院机电工程学院580志愿者协会、淄博职业学院图书馆云帆书香社团志愿服务团队。

表彰2022年度优秀志愿者30名：杨瑞、卢娅鑫、邹嘉慧、李晓龙、李永恒、乔圣佳、张星星、赵毅、田坤、尹怡雪、徐浚格、孙晨皓、张菁菲、牛浩轩、戴明鹤、李宋知书、司秀荣、王雨晴、张宏真、张雨洁、张子寒、张子怡、赵梦月、张文迪、宋宁、

工作人员正在给馆员小助理现场培训

馆员小助理第 1—8 期全体成员合影

孙骁、温新鑫、杨雪怡、冯韵冉、任世超。

第二节　少儿志愿服务工作

淄博市图书馆是淄博市青少年志愿者活动基地，是广大青少年参加社会实践的第二课堂。自 2008 年与张店二中签约成立“青少年志愿者活动基地”以来，市图书馆又先后与张店三中、淄博实验中学、淄博中学、柳泉中学、张店八中等中学签约建立青少年志愿者活动基地，为其参加社会实践提供服务。此外，每逢寒暑假，市图书馆面向全市各中学招募中学生假期志愿者，给非签约学校学生提供平等的社会实践机会。市图书馆每年多次为青少年志愿者举办培训班，以增强其服务能力，学会使用图书馆，同时，每年还为优秀的青少年志愿者举办颁奖仪式，激励他们积极参与、奉献社会。

2013 年读书节期间，市图书馆联合团市委、市教育局、市文广新局等部门在市图书馆举办优秀志愿者颁奖仪式，对评选出的 2012 年度“十佳”优秀青少年志愿者和优秀辅导员进行表彰。

2015 年 4 月 25 日，2014 年度淄博市图书馆优秀青少年志愿者颁奖仪式在市图书馆举行。市文化广电新闻出版局、张店二中、张店三中、市图书馆有关领导及获奖志愿者代表出席颁奖仪式。仪式结束后，志愿者们一起参观了图书馆，参观体验了试运行中的“尼山书院”。

2017 年 4 月，市图书馆与淄博柳泉中学举行共建社会综合实践教育基地揭牌仪式举行，市图书馆馆长刘玉湘与淄博柳泉中学校长孙辉共同为社会综合实践教育基地揭牌。

从 2017 年起，市图书馆每年都招募 10—14

岁中小学生志愿者，举办馆员小助理暑假实践活动，为出满勤且表现较好的馆员小助理颁发实践荣誉证书。2017年共举办暑期实践活动18个期次，每个期次时间5个半日，每期参与人数10人，共约200人次参加。2018年举办16个期次，每个期次实践时间7个半日，每期参与人数为6人，共有约96人次参加。2019年举办16个期次，每个期次实践时间7个半日，每期参与人数为4人，共有约64人次参加。

2019年举办馆员小助理暑假实践活动32期次，每期次实践时间7个半日，每期参与人数5人，共有约160人次参加。2020年，因新冠肺炎疫情影响，市图书馆馆员小助理暑假实践活动只举办了10期，每期7个半日，每期参与人数为4人，均为12—16周岁初高中学生，共有约40人次参加。2021年1月，市图书馆馆员小助理寒假实践活动举办。本次活动分为9个期次，每期次实践时间7个半日，每期参与人数为5人，共有约45人次参加。7月至9月，馆员小助理暑假实践活动举办。分为32个期次，每期次实践时间7个半日，每期参与人数6人，共有约192人次参加。2022年1月至2月，淄博市图书馆馆员小助理寒假实践活动举办。本次活动分为18个期次，每期次实践时间7个半日，每期参与人数6人，共有约108人次参加。7月至8月，馆员小助理暑假实践活动在少儿综合借阅室和少儿文学借阅室同时举办。本次活动分34个期次，每个期次实践时间7个半日，每期参与人数为6人，共有约204人次参加。

2022年2月，淄博市图书馆与张店八中“好学之城 齐风传承 馆校共建 青春担当”学雷锋新时代文明实践活动启动仪式在张店八中举行，淄博市图书馆馆长姜艳平出席并致辞。淄博市图书馆与张店八中就文明志愿服务和阅读活动推广达成馆校融合、协同发展的协议。

3月5日是全国第59个“学雷锋纪念日”，为践行“奉献、友爱、互助、进步”的志愿精神，市图书馆与张店区华润实验小学共同举办“童心向党学雷锋，争做最美志愿者”文明实践志愿服务活动。市图书馆工作人员带领小志愿者参观少儿借阅区，详细介绍了图书的馆藏、分类等，志愿者进行了擦书架、上书、整架等志愿服务活动。3月8日，市图书馆与张店八中在市图书馆举行馆校融合发展文明共建签约暨青少年志愿服务活动基地揭牌仪式。市图书馆馆长姜艳平与张店八中校长翟克兵共同签署了《馆校融合发展文明共建协议书》，并为青少年志愿服务活动基地揭牌。

第三节　低幼志愿服务工作

为进一步完善全民阅读服务体系建设，持续拓宽全民阅读覆盖面，让学龄前儿童自小培养爱读书、爱学习的良好习惯，淄博市图书馆自新馆开放以来，以低幼阅览室为阵地，以“打造品牌，引领阅读”为目标，充分调动社会各界力量，加强与馆外力量合作，面向学龄前儿童推出了“彩虹”系列少儿阅读推广活动。活动开展数年来，已形成以专业幼儿教育机构为主体，社会爱心志愿者、社会培训机构为补充的“彩虹”志愿服务模式，形成了具有自身特色的志愿服务体系。

2016年3月27日，第一位社会志愿者侯潇举办了第一场彩虹故事会《天天星期三》。此后糖豆妈妈、咕咚姐姐、咕咚叔叔等热衷公益事业的志愿者相继加入彩虹故事会，奉献爱心、出谋划策，为“彩虹联盟”志愿服务团队的发展奠定了基础。10月5日，市图书馆与淄博职业学院制药与生物工程系“药青春”志愿服务队签署文明共建协议，建立志愿服务基地。此后，共有72名大学生参与彩虹故事会志愿服务活动。

2018年4月20日，“淄博市图书馆与淄博市实验幼儿园文明共建签约暨‘幸福的种子’志愿服务基地揭牌仪式”在市图书馆举行。双方签署了《文明共建协议书》，重点就幼儿园志愿服

彩虹故事会志愿者咕咚叔叔讲绘本故事

彩虹故事会“幸福的种子”志愿服务队讲绘本故事

彩虹故事会“爱柚”志愿服务队讲儿童绘本故事

彩虹故事会“花婆婆”志愿服务队讲儿童绘本故事

务队参与彩虹故事会绘本讲读、图书馆职工志愿推广数字资源以及不断拓宽合作领域等内容达成协议。王翠霞副园长代表园方向市图书馆捐赠《幼儿园一日生活环节的组织策略》《接手幼儿园小班——帮助孩子快乐入园》等书籍，进一步丰富了馆藏。截止到 2022 年年末，“幸福的种子”志愿服务队共参与志愿服务活动 174 场。

2019 年 3 月 4 日，“淄博市图书馆与淄博市柳泉幼儿园文明共建签约暨‘爱柚’志愿服务基地揭牌仪式”举行。淄博文明网总编李霞参加，车红艳副园长代表园方向市图书馆捐赠了《幼儿园食谱荟萃》《幼儿园创造性游戏区域活动指导》等书籍。截至 2022 年年末，“爱柚”志愿服务队共参与志愿服务活动 67 场。4 月 7 日，淄博市职业技术学院“彩虹语”志愿服务队加入“彩虹联盟”，共有 52 名大学生先后参加彩虹故事会志愿服务活动。12 月 2 日，淄博市图书馆与高新区实验幼儿园签署《文明共建协议书》并举行了“萤火虫”志愿服务基地揭牌仪式。当日，高新区实验幼儿园志愿服务队的老师在低幼阅览室进行了首场“悦享故事时光 共建文明家园”绘本故事讲读活动。截止到 2022 年年末，“萤火虫”志愿服务队共参与志愿服务活动 29 场。

2021 年 5 月 10 日，淄博市图书馆与淄博市汇英幼儿园签署《文明共建协议书》并举行了“花婆婆”志愿服务基地揭牌仪式。截止到 2022 年年末，“花婆婆”志愿服务队共参与志愿服务活动 14 场。

2022 年 11 月 14 日、17 日，淄博市图书馆先后与淄博市齐丰幼儿园、淄博市齐文幼儿园签署《文明共建协议书》，并在低幼阅览室举行志愿服务基地挂牌仪式。截止到 2022 年年末，齐丰幼儿园“毛毛虫”志愿服务共参与志愿服务活动 24 场。

随着“彩虹”系列活动的不断完善，越来越多的志愿者参与到“彩虹”少儿阅读推广活动中。截止到 2022 年年末，低幼阅览活动区志愿者累计服务时长 5000 多小时，累计服务人次近 33 万人次。市图书馆始终以“一坚持、四不准”为前提同社会力量开展合作，即必须坚持公益性为主导，不准过度宣传合作方、不准泄露读者信息、不准重复活动内容、不准少于 6 期活动场次。严把活动质量关，保证少儿阅读推广活动的公益性、丰富性和长效性。同时，成立“彩虹联盟”志愿服务队，完善志愿者组织建设，制定并实施《淄博市图书馆少儿阅读推广活动志愿者工作规范》和《淄博市图书馆少儿阅读推广活动志愿者奖励制度》。

从 2016 年开始，市图书馆每年都评选“彩虹”少儿阅读推广活动优秀志愿者及优秀志愿团队。2016 年优秀志愿者为侯潇、孟娟、孟鑫、陈旸、房磊、王宝英，优秀志愿团队为 SISSI 英文盒子工作室、长颈鹿美语淄博旗舰校、大唐书画学校、绘世界美育。2017 年“彩虹”少儿阅读推广活动优秀志愿者为李明、孟鑫、刘迎春、高境垚、侯潇、张琼、裴文秀、周罂、石志敏，优秀志愿团队为“药青春”志愿服务队。2018 年“彩虹”少儿阅读推广活动优秀志愿者为李明、陈美颖、杜亮、张琼、常立霞、李运静、侯潇、冯晓云，优秀志愿团队为“幸福的种子”志愿服务队、“药青春”志愿服务队。2019 年优秀志愿者为林丽丽、许文静、陈美颖、陈旸、苏琳、李运静、孙翊露，优秀志愿团队为“幸福的种子”志愿服务队、“爱柚”志愿服务队、“药青春”志愿服务队。2020 年“彩虹”少儿阅读推广活动优秀志愿者为张艳芳、李景霞，优秀志愿团队为“爱柚”志愿服务队、“幸福的种子”志愿服务队、“萤火虫”志愿服务队。2021 年“彩虹”少儿阅读推广活动优秀志愿者为董伟，优秀志愿团队是“幸福的种子”志愿服务队、“爱柚”志愿服务队、“萤火虫”志愿服务队、“花婆婆”志愿服务队。2022 年“彩虹”少儿阅读推广活动优秀志愿者为李景霞、翟逸静、李明、孙玫。优秀志愿团队为“幸福的种子”志愿服务队、“爱柚”志愿服务队、“萤火虫”志愿服务队、“花婆婆”志愿服务队以及“毛毛虫”志愿服务队。2022年度优秀志愿团队是淄博市实验幼儿园“幸福的种子”志愿服务队、淄博市柳泉幼儿园“爱柚”志愿服务队、淄博高新区实验幼儿园“萤火虫”志愿服务队、淄博市汇英幼儿园“花婆婆”志愿服务队、淄博市齐丰幼儿园“毛毛虫”志愿服务队。2022年度优秀志愿者4人：董伟、翟逸静、李明、孙玫。

第五章　少年儿童读者服务工作

淄博市图书馆向来高度重视少年儿童读者服务工作，一直把关注少年儿童健康发展、服务少年儿童学习阅读作为图书馆重点工作之一。十年来，市图书馆立足本馆阵地，做优做强少儿图书采编、借阅、书架维护、宣传导读、信息服务与参考咨询等基础性服务工作。此外，市图书馆独力或联合社会各界积极开展丰富多彩的少儿阅读推广活动，吸引广大少年儿童走进图书馆，养成爱阅读的良好习惯。这些活动的开展成效显著，获得了良好的社会影响。新馆开馆后，市图书馆凭借优良的资源、优雅的环境和优质的服务，把少儿读者服务工作推上一个新台阶。

第一节　少儿基础服务工作

少儿基础服务工作是图书馆最重要、最根本的任务之一，也是做好少儿其他服务工作的前提。2015 年，市图书馆搬迁至新馆后，少儿基础服务工作得到了进一步加强，为优化阵地服务、推广全民阅读、走向社区学校等少儿阅读服务工作提供了根本性保障。

一、人员及经费

2013 年 1 月至 2016 年 3 月，少儿部工作人员有辛莉、黄静、赵水红、赵锡环同志，辛莉任少儿部主任，黄静任副主任。

2016 年 4 月至 2022 年 12 月，赵美、黄静、赵锡环、王安君、沈兰妮等 14 名同志（包括政府购买服务人员）在少儿部工作，其中党员 4 名，女职工 13 人，男职工 1 人，赵美任主任，黄静任副主任。工作人员全部为大专以上学历，其中研究生 3 名，专业涉及图书馆学、心理学、金融学、汉语言文学、英语、戏剧影视美术设计等多个学科。少儿图书馆岗位分工明确， 实行一人多岗、一岗多能、人尽其才、才尽其用的管理办法。

2013 年之后尤其是 2015 年搬迁至新馆后，为满足少儿读者日益增长的阅读需求，市图书馆不断增加经费。2018 年至 2021 年，少儿普通图书购书经费达到 252 万元，少儿数字资源经费达到 111.93 万元。2013 年至 2022 年，少儿图书年度购置经费详情见表 1。

表 1　2013—2022 年少儿图书年度购置经费统计表

年份	种数	册数	码洋（元）	实际经费（元）
2013	1751	4226	141501.00	97635.69
2014	528	1347	29019.20	20023.248
2015	10884	27507	565464.36	390170.4084
2016	7474	18010	360937.58	249046.9302

续表

年份	种数	册数	码洋（元）	实际经费（元）
2017	6688	13129	303371.20	209326.128
2018	12598	26932	711821.36	491156.7384
2019	15918	38943	1112894.59	767897.2671
2020	13233	36798	1103410.71	761353.3899
2021	9418	20778	724058.49	499600.3581
2022	7843	13955	487304.54	336240.1326

二、馆舍布局及资源设备

市图书馆高度重视少儿部硬件设施建设，投入了大量资金，科学规划布局，注重家具采购和环境布置，为少儿读者创造温馨、舒适而又充满童趣的阅读环境。

2013 年 1 月至 2015 年 11 月，少儿部位于老馆二楼，面积 140 平方米，内设少儿低层书架、报刊架、图书防盗仪。

2015 年 12 月，市图书馆搬迁至新馆，少儿部新设少儿借阅室、低幼阅览室、少儿电子阅览室、少儿培训室等服务窗口，总使用面积 963 平方米。2017 年 1 月，为适应日益增加的少儿读者借阅需求，少儿借阅区分设为少儿综合借阅室和少儿文学借阅室。少儿综合借阅室位于本馆二层东北侧，使用面积 532 平方米。内设阅览座席 132 个、RFID 自助借还系统 2 台、检索机 3 台、智能书籍杀菌机 1 台，藏书 107610 册、杂志 112 种。少儿文学借阅室位于本馆二层东南侧，使用面积 527 平方米。内设阅览席位 80 多个、RFID 自助借还系统 2 台、检索机 2 台、智能书籍杀菌机 1 台，藏书约 138530 册。低幼阅览室专为 0—6 岁的学龄前儿童定做，位于一楼东北侧，使用面积 184 平方米，藏有绘本 10180 余册。少儿电子阅览室位于一楼东北侧，使用面积 87 平方米，面向 6—18 岁的少儿开放。该室拥有乐于学少儿多媒体图书馆、点击动漫网数字动漫书库、立体书、哪吒看书、贝贝国学、新东方多媒体少儿英语课程等数字资源。

三、馆藏文献及管理

为满足少年儿童读者的阅读需求，2013—2022 年，市图书馆不断增加少儿图书经费支出，无论图书种数还是册数都有了大幅提高。十年来，少儿部新增图书 71501 种、册数达 14.65 万册。每年新增少儿图书种数和册数具体情况详见表 2。

表 2　2013—2022 年少儿借阅室新增图书统计表

时间（年）	新增图书		时间（年）	新增图书	
	种数	册数		种数	册数
2013	1740	4203	2018	9847	19872
2014	525	1275	2019	11720	22620
2015	10313	24491	2020	10428	22353
2016	6451	14752	2021	8462	15338
2017	5951	10831	2022	6064	10773

注：数据源于采编部。

截至 2022 年 12 月，少儿借阅区馆藏图书 7.4 万种 17 万册，各学科种数、册数的数量和占比都渐趋合理化、科学化。各学科种数、册数及其占比情况详见表 3。

表 3　少儿借阅室各学科馆藏统计表（2022年12月统计）

学科分类	种数	种数占比	册数	册数占比	学科分类	种数	种数占比	册数	册数占比
A 马列主义	32	0.04%	72	0.04%	O 数 理 化	1290	1.74%	2683	1.58%
B 哲　学	893	1.2%	1857	1.09%	P 天文地球	1172	1.58%	2406	1.42%
C 社科总论	155	0.2%	549	0.32%	Q 生物科学	2594	3.5%	5333	3.14%
D 政治法律	334	0.45%	752	0.44%	R 医药卫生	477	0.64%	984	0.58%
E 军　事	272	0.37%	549	0.32%	S 农业科学	221	0.3%	464	0.27%
F 经　济	120	0.16%	243	0.14%	T 工业技术	934	1.26%	1912	1.13%
G 文科教体	6249	8.42%	12533	7.38%	U 交通运输	159	0.21%	286	0.17%
H 语　言	5728	7.72%	12548	7.38%	V 航空航天	211	0.28%	422	0.25%
I 文　学	39937	53.83%	95236	56.04%	X 环境劳保	411	0.55%	802	0.47%
J 艺　术	5933	8%	13658	8.04%	Z 综合图书	2503	3.37%	5970	3.51%
K 历史地理	3558	4.8%	7496	4.41%	其他	96	0.13%	1026	0.6%
N 自科总论	914	1.23%	2153	1.27%					

注：馆藏图书共 74193 种 169934 册。

2013 年至 2022 年的十年间，少儿借阅室图书借阅 575337 人次，外借 2228596 册次，办理少儿证 8708 个。年度借阅情况见表 4。

表 4　2013—2022 年少儿借阅室读者借阅情况统计表

时间（年）	文献借阅人次			外借册次（册）			办理少儿证（个）
	少儿综合	少儿文学	合计	少儿综合	少儿文学	合计	
2013	——	——	19827	——	——	43251	883
2014	——	——	20154	——	——	41880	968
2015	——	——	18269	——	——	40092	1360
2016	——	——	126872	——	——	362176	2534
2017	38146	39150	77296	139938	160054	299992	1085
2018	30930	34753	65683	129295	162865	292160	671
2019	34419	36442	70861	149393	176993	326386	707
2020	19328	22470	41798	86421	116871	203292	137
2021	33580	37364	70944	145191	184114	329305	218
2022	30403	33230	63633	131130	158932	290062	145

注：1.2013—2016 年，少儿借阅室还未调整为少儿综合借阅室和少儿文学借阅室，故只能统计少儿借阅室总数据。

2. 除少儿证之外，家庭证与成人证（2019 年 12 月之后，成人证也可借阅少儿图书）均可借阅少儿图书，故而致使 2020—2022 年少儿证办证数量锐减。

2015 年 1 月，淄博市图书馆少儿多媒体数字图书馆开放。少儿多媒体图书馆是一款面向少年儿童、老师和家长三方人群的全方位教育教辅产品。它结合少儿教育界新理念，为少年儿童的健康成长提供了更多更好的精神文化产品，让数字图书馆真正走进广大少年儿童的生活和学习。9 月，市图书馆新馆搬迁工程全面启动，为做好新旧馆交接工作，确保搬迁工作有序开展，少儿部暂停对外服务。11 月，市图书馆搬迁新馆。少儿部新设少儿借阅室、低幼阅览室、少儿电子阅览室、少儿培训室等服务窗口，总使用面积 963 平方米。4 月，根据淄编办〔2016〕40 号文，淄博市图书馆儿童部更名为少儿部（加挂淄博市少儿图书馆牌子）。

2017 年 1 月，为解决少儿借阅区面积狭小不能满足需求问题，少儿借阅室分设为少儿综合借阅室和少儿文学借阅室。少儿综合借阅室位于二楼原少儿借阅室，少儿文学借阅室位于二楼东南侧，使用面积 527 平方米。

2018 年 4 月，为迎接 4.23 世界读书日暨第十一届淄博市读书节，市图书馆优化少儿借阅服务制度，少儿借阅证由原来借阅 3 册少儿图书增加至 5 册，并新增预约借书功能。2019 年全民读书月期间，市图书馆又规定各类型借阅证均可借阅少儿图书。其中，家庭借阅证可借阅 10 册，成人借阅证和少儿借阅证可借阅 5 册，借阅期限均为 60 天。

少儿综合借阅室内景

2020 年 1 月，新型冠状病毒肺炎疫情暴发。为响应省、市关于疫情防控工作要求，避免人群聚集传染风险，少儿部各服务窗口紧急闭馆。闭馆期间，线上阅读服务正常开展。3 月，少儿综合借阅室和少儿文学借阅室暂恢复对外开放，但仅面向 14 岁及以上读者，并且需要提前预约，出示电子健康码，测量体温，全程佩戴口罩，间隔就坐。5 月，少儿部其他功能区全部恢复开放，总馆及各分馆恢复向 14 岁以下未成年人开放，但需要家长陪同进馆。4 月起改变少儿期刊只阅览不外借制度，开始对外借阅，外借数量、外借方式与馆藏图书相统一。

第二节　少儿讲座及培训

为了加强少儿阅读推广工作，淄博市图书馆十年来举办了大量面向少年儿童的讲座和培训。主讲人或是本馆资深的馆员，或是馆外特聘专家；举办地点或在本馆，或直接走进学校、社区，最大程度地满足了儿童阅读需求。

2017 年 5 月 23 日，市图书馆邀请中国阅读学研究会会长、南京大学信息管理学院教授、博士生导师徐雁到社会综合实践教育共建学校淄博柳泉中学举办了《最是书香能致远——读物选择与幸福追求》公益讲座。徐雁教授以《城南旧事》为例与在座师生分享了“结网式读书法”和“悬疑式读书法”两种最常用的读书方法，并鼓励学生们趁着年轻好时光，好读书，读好书，在成人过程中成长，在成长进程中成才。

2017 年 7 月 1 日，“馆员小助理公益大讲堂”第 1 期在市图书馆举行，来自淄博各区县的 30 余名 10—14 岁的中小学生志愿者参加了此次培训。主讲人给小助理们详细讲解了图书馆功能、图书分类、文献检索、设备使用和志愿服务等诸多知识，为其以后从事志愿服务工作和利用图书馆奠定了基础。此后又于 7 月 15 日、7 月 29 日、8 月

12日各组织1次培训，每次培训人数30名左右。

2018年2月4日、10日，“馆员小助理公益大讲堂”寒假专场在市图书馆多媒体培训室分两期举办，每期都有50余名中小学生及部分家长参加。7月8日、8月5日，“馆员小助理公益大讲堂”暑假专场分两期举行，每期约有50余名中小学生及部分家长参加。12月2日，为响应国家“全民阅读，书香中国”号召，营造全民阅读氛围，帮助家长让孩子爱上阅读，淄博市图书馆联合淄博悠贝亲子图书馆在市图书馆举办了大型公益讲座《如何让孩子爱上阅读》。该讲座由悠贝创始人林丹主讲，近300名家长到场聆听。

2019年寒假及暑期，“馆员小助理公益大讲堂”寒假、暑假专场在市图书馆举行，共有100余名初中学生及部分家长参加。10月，应桓台县乡村振兴服务二队和新城镇党委约请，淄博市图书馆新时代文明实践志愿服务队走进桓台县新城中学，依托市图书馆图书流动服务车为广大师生提供文化服务。志愿服务队工作人员带领该校约300名师生参观体验图书流动服务车，为师生讲解图书馆的服务功能，以及正确高效利用图书馆文献资源的方法。

2020年寒假、暑假期间，“馆员小助理公益大讲堂”寒假、暑假专场在市图书馆举行，共有160余名初中学生及部分家长参加。

第三节 “彩虹”系列阅读推广活动

淄博市图书馆秉持“引导全民阅读、建设书香社会从少年儿童抓起”的理念，始终将引导幼儿阅读启蒙作为工作重点。针对0—6岁的幼儿，在市图书馆一楼专门打造低幼阅览活动区，于2016年3月15日正式开放，工作人员5人。低幼阅览活动区不仅提供阅读服务，还举办“彩虹”系列阅读推广活动，通过举办公益小课堂、组织集体阅读、开展各类大赛和展览等多种方式营造阅读氛围，培养孩子阅读习惯。2020年新冠肺炎疫情发生后，淄博市图书馆采用线上线下结合互动的方式，推进“彩虹”少儿阅读推广数字化建设，满足少儿读者疫情期间居家阅读的需求。

市图书馆搬迁新馆后，专门规划建设了总面积约600平方米的低幼阅览活动区，包括低幼阅览室、低幼活动走廊、少儿电子阅览室、少儿培训室、少儿活动室、母婴室等。根据儿童特点，活动区安装防撞条、安全插座、摄像头、提示板，配置书籍杀菌机、带有儿童安全锁的直饮机。在保证幼儿安全和健康的同时，通过色彩、灯光、造型家具和卡通装饰物等符合小朋友丰富想象力的软、硬装修，营造阅览活动区的趣味性。低幼阅览室有绘本图书5143种，共计9360册，可容纳读者100人。室内搭建小舞台，配备屏幕和音响设备，用于举办“彩虹小舞台”系列活动。低幼活动走廊（位于低幼阅览室东侧）固定为“彩虹小画廊”展览使用，占地面积约100平方米。少儿电子阅览室针对未成年人开放，配备14台HP高端一体机和4台触摸屏电子阅读器，读者每日免费使用图书馆电子资源2小时。在电子阅览室内也会定期开展适合少年儿童的相关服务活动。少儿培训室有30个座席，周末和节假日在此举办针对3—12岁小读者的趣味活动。少儿活动室内铺设地垫，不设固定座位，适合开展0—3岁幼儿活动。2021年6月，淄博市图书馆增设母婴室，配备婴儿床、单人床、沙发和屏风等，体现了图书馆对妇女、幼儿的尊重和关爱。

低幼阅览活动区建成后，为充分发挥场地作用，市图书馆于2016年3月策划举办“彩虹”系列少儿阅读推广活动，面向低龄儿童打造综合性阅读推广活动品牌，将阅读推广和幼儿教育融于一体。经过六年多的完善和发展，“彩虹”系列现已拥有彩虹故事会、彩虹小喇叭、彩虹小百科、彩虹小画廊、彩虹国学堂、彩虹手工坊、彩虹小讲堂、彩虹小舞台、彩虹悦读会和彩虹书画展十个成熟板块，活动流程清晰，责任分工明确，社会志愿服务力量日益壮大，与教育机构、课外培训机构的长期共建合作关系稳步发展。2016年至2022年累计开展“彩虹”系列阅读推广活动2614场，参与读者31万余人次。“彩虹”系列少儿阅读推广活动凭借其公益性、创新性、知识性和趣味性深受家长和孩子喜爱，成为淄博市优秀公共文化服务品牌，广受媒体关注和赞誉，被评为“淄博市为妇女儿童办的十件实事”之一，被山东省图书馆学会多次作为亮点工作进行推介。

一、彩虹故事会

彩虹故事会以绘本为媒介，通过志愿者讲绘本故事的形式，激发幼儿阅读兴趣，引领幼儿走进阅读的殿堂。彩虹故事会举办时间固定为每个周末和国家法定节假日的上午十点和下午三点。每场彩虹故事会时长控制在半小时左右，每次选取一个绘本故事，用“看”和“听”相结合的方式，帮助幼儿加深对绘本故事有更深层次的理解。

彩虹故事会现场

彩虹故事会举办场次统计表

时间（年）	2016	2017	2018	2019	2020	2021	2022
场次（场）	159	191	195	193	63	112	53
参与人数（人次）	21187	20300	31231	39705	9881	15017	5756

二、彩虹小喇叭

彩虹小喇叭借助“淄博市图书馆”微信公众号平台推送音频广播故事，以“听”的方式，打开孩子阅读世界的大门。彩虹小喇叭定期向社会公众征集音频作品，经过筛选后每周三推送。

彩虹小喇叭举办场次统计表

时间（年）	2017	2018	2019	2020	2021	2022
场次（场）	42	51	51	53	52	51
参与人数(人次)	3529	4334	4551	4309	4184	3232

三、彩虹小百科

彩虹小百科是一个以纪录片为媒介的科普小课堂，小朋友们通过观看纪录片了解更多的百科知识。彩虹小百科课程涵盖范围广泛，帮助幼儿学习了解大自然奥秘、人类文明、自然生物、信息科学、宇宙科学等百科知识,丰富幼儿课外知识。

彩虹小百科举办场次统计表

时间（年）	2018	2019	2020	2021	2022
场次（场）	8	6	15	36	51
参与人数（人次）	244	120	515	1568	2003

四、彩虹小画廊

彩虹小画廊定期向3—10岁爱好美术的小朋友征集作品，每期展出一位小朋友的十幅作品，在低幼活动区东侧走廊展示，展期为20天。

彩虹小画廊举办场次统计表

时间（年）	2018	2019	2020	2021	2022
场次（场）	12	17	41	17	22
参与人数（人次）	6000	8500	5756	8500	15838

五、彩虹国学堂

彩虹国学堂以弘扬优秀传统文化为宗旨，针对 3—7 岁的幼儿开设国学经典系列课程。包括贝贝国学传统文化课堂、中国文化之美系列课堂、彩虹幼儿国学堂、国学经典诵读等。

贝贝国学传统文化课堂在每个传统节日开课，结合手工制作、游戏互动等环节，用寓教于乐的方式让小朋友们深入了解传统佳节的内涵，普及传统文化知识，使传统佳节的习俗得以传承。中国文化之美系列课堂以戏剧体验的创新方式，普及中国文化之美。彩虹幼儿国学堂、国学经典诵读课程则让国学经典滋润孩子的心灵，积极营造“诵读国学经典，积淀文化底蕴”的书香氛围。

彩虹国学堂举办场次统计表

时间（年）	2016	2017	2018	2019	2020	2021	2022
场次（场）	2	12	14	13	42	32	53
参与人数（人次）	96	528	653	390	2029	1252	2940

六、彩虹手工坊

彩虹手工坊面向 3—7 岁的小朋友，以培养幼儿动手能力为宗旨，注重材料的多样化、教学形式的新颖性，通过多主题的手工课堂，让孩子在动手捏、撕、折、剪、粘贴、绘画的过程中既体验到活动的乐趣，又培养了动手能力。

彩虹手工坊手工课堂

彩虹手工坊举办场次统计表

时间（年）	2016	2017	2018	2019	2020	2021	2022
场次（场）	19	31	29	25	26	17	26
参与人数（人次）	734	1347	1279	630	1917	510	1556

七、彩虹小讲堂

彩虹小讲堂通过和幼儿教育机构、培训机构、教育专家合作，开展各项公益课程。课程包括：智慧父母公益课堂、我爱机器人、快乐起点科学小实验、快乐识字、快乐英语 ABC、我是小画家、快乐魔方、小小天文家、小小建筑师、小小编程师、美丽的家乡等。

智慧父母公益课堂联合多位 NLP 亲子导师、NLP 心理咨询导师、国家心理咨询师，为父母们提供家庭教育的科学方法和针对性指导。

“我爱机器人”课程让孩子近距离体验机器人科技。快乐英语 ABC、趣味英语课堂，追求的是课堂教学的趣味性，激发幼儿学习英语的兴趣，提升英语语言能力。“我是小画家”课程以美术知识为切入点，将美学课程用最简洁、最直观的方式呈现给孩子，提高孩子审美水平和美术创作力。“小小建筑师”课程借助道具模拟真实的房屋建造原料，为孩子带来真实的手感和搭建体验。“小小编程师”课程则通过编程游戏启蒙、可视化图形编程等形式，培养学生的计算思维和创新解难能力。“彩虹小律动”和“彩虹宅家小课堂”，是淄博市图书馆在疫情期间推出的线上彩虹小讲堂系列活动。

彩虹小讲堂“我爱机器人”公开课

彩虹小讲堂举办场次统计表

时间（年）	2016	2017	2018	2019	2020	2021	2022
场次（场）	26	81	123	76	52	64	66
参与人数（人次）	1116	3109	3833	1786	2365	1959	2562

八、彩虹小舞台

彩虹小舞台用于不定期举办系列表演活动，为小朋友们提供学习、锻炼才艺的平台。先后举办元旦乐开怀、小彩虹三岁了、我爱你中国——彩虹小舞台国庆特别节目、欢天喜地过大年、六一嗨起来等活动。

彩虹小舞台小选手

彩虹小舞台举办场次统计表

时间（年）	2016	2017	2018	2019	2020	2021	2022
场次（场）	9	13	54	79	16	21	15
参与人数（人次）	495	715	2862	4029	912	1134	840

九、彩虹悦读会

彩虹悦读会以阅读沙龙的形式，给小朋友们提供亲子共读环境。在老师的带领下，家长和孩子一起分享一本绘本故事，培养家长讲读绘本的能力，激发孩子阅读兴趣。课程包括悠贝成长悦读会、绘本故事分享会等。

彩虹悦读会举办场次统计表

时间（年）	2016	2017	2018	2019	2020	2021	2022
场次（场）	5	4	17	8	7	7	2
参与人数（人次）	290	240	822	240	438	170	50

十、彩虹书画展

彩虹书画展在图书馆一楼中厅不定期举办，展出不同主题的儿童书画作品，每期展期为30天。活动旨在引导少年儿童热爱读书、热爱生活，激发少年儿童认识美、发现美、创造美。

彩虹书画展举办场次统计表

时间（年）	2016	2017	2018	2019	2020	2021	2022
场次（场）	9	17	4	7	13	7	13
参与人数（人次）	9000	17000	4000	7000	5251	7000	13215

市图书馆历年优秀幼儿读者名单

年份	优秀幼儿读者
2018	尹泽辰、张雨桐、杜家齐、王静妍、周子云、陈俊宇、马悠鸣、王稷源、栾宥锡、王冠宇
2019	王冠宇、董思齐、王静妍、李纪忠、程艺斐、栾宥锡、马悠鸣、王稷源、陈柄丞、靖钧博
2020	董思齐、姜昀汐、李纪忠、魏述源、昝璐宁、黄保梦琪、高境淼、宋歌、王稷源、徐一冉
2021	黄保梦琪、李沐轩、邓凯宁、董思齐、韩浩哲、李纪忠、宋歌、马腾鸣、姜昀汐、张晋鹏
2022	陈柄丞、邓凯宁、阮梦欣、张芮宁、魏述蕃、杨梦月、宋歌、张晋鹏、曾毓桐、马腾鸣

十一、其他特色活动

2016年4月24日，市图书馆在低幼阅览室举办首届故事大王擂台赛，100多名小读者和家长参加活动，市图书馆党支部书记姜艳平为获奖小选手颁奖。

2017年2月11日至12日，市图书馆举办畅游3D立体世界——智慧空间体验活动，共有800

多名小朋友体验了线上互动学英语、虚拟拍照、涂鸦海洋馆等项目。

2017 年 4 月 15 日至 16 日，市图书馆举办彩虹故事会童书置换大集，鼓励小朋友互相交换自己看过的书籍，扩大孩子涉猎范围，以书为媒，提高小朋友们人际交往、交流的能力。

2018 年，为了鼓励小朋友们多读书，低幼阅览室针对 0—6 岁的小读者制作了免费申领的“悦

首届淄博市青少年魔方公开赛现场

淄博市少儿国学知识大赛获奖选手合影

《如何让孩子爱上阅读》公益讲座

读小护照”。小读者到图书馆阅读和参加活动后可以在“小护照”上加盖相应的积分印章。积分印章用于年末“优秀幼儿读者”评选活动，获得“优秀幼儿读者”称号的小读者可获市图书馆提供的荣誉证书及礼品。

2018 年 8 月，市文化广电新闻出版局、市图书馆、淄博晚报社、淄博文明网等单位联合举办淄博市少儿国学知识大赛。本次大赛共有 377 人参加线上预赛，有 29 名选手进入复赛，9 名小选手进入决赛。最终王一多获得一等奖，邢斐然、王语笑、高玺尧、庞凯麒获得二等奖，李俊颖、苏宝声、尉淑钧、李悠然获得三等奖，李其霖等 20 名小朋友获得优秀奖。

2018 年 12 月，由淄博市图书馆主办、淄博市快乐起点魔方俱乐部承办的“魔方格杯”2018WCA 淄博魔方公开赛在市图书馆举行。WCA（世界魔方协会）中国区官方代表、国际益智游戏谜题大会成员常方圆，WCA 代表、三阶盲拧项目世界排名第一的陈丹阳作为评委参与此次大赛，本次大赛共有 150 名选手参赛。

2018 年 12 月 2 日，市图书馆举办“如何让孩子爱上阅读”公益讲座，阅读推广人林丹介绍了“如何让孩子爱上阅读”的方法，本次讲座共有 200 多名家长参与学习。

2019 年 3 月 3 日至 4 月 21 日，市图书馆举办“彩虹杯”淄博市儿童涂色大赛。本次大赛以“笔尖上的色彩中国”为主题，来自淄博市五区三县的 900 多名选手参加了初赛，365 名选手参加复赛，最终幼儿组董思齐、张书淇、栾宥锡和小学组张芳仪、高堃婷、林雪舞获得一等奖。

2020 年 12 月 16 日，淄博市图书馆推出“一品书香‘鼠’你最棒”主题系列活动，联合淄博市实验幼儿园、淄博市柳泉幼儿园和淄博高新区实验幼儿园在彩虹小舞台举办 4 期绘本故事表演活动。

2021 年 4 月 12 日至 5 月 30 日，山东省首届中外绘本故事讲读大赛举办，本届大赛以“悦读齐鲁 ‘绘’就未来”为主题，淄博地区通过审核作品总数名列全省第二。淄博市实验幼儿园于冉冉、袁晓菲、周凯丽的合作参赛作品《彩虹色的花》荣获一等奖，淄博市实验幼儿园位金枝参赛作品《爷爷和我去游泳》获得二等奖，张悦等 6 人获得三等奖，孟继娟等 20 人获得优秀奖。

2022 年，为推动山东乡土文化在少年儿童群体中的传播，进一步培育少年儿童爱乡、爱鲁、爱国情怀，“彩虹”系列阅读推广活动新增“俺是山东娃”乡土文化教育课程。采用线上线下联动的形式，截至 2022 年年末共推出美丽的家乡（11

“童心绘祖国 喜迎二十大”淄博市首届少儿原创绘本大赛获奖选手合影

期）、黄河入海非遗之旅（10 期）、红色故事（6 期）、红色旅游（6 期）、山东特产（11 期）、山东孝文化（11 期）、山东名胜古迹（6 期）、山东历史名人（14 期）、山东神话故事（9 期）、舌尖上的山东（1 期）、山东民歌（1 期）等 11 个主题活动，共计 86 期。

2022 年 4 月，第二届全省绘本故事讲读大赛举办，本届大赛以“携手向未来 共‘绘’新时代”为主题。博山区白塔镇中心幼儿园段文惠参赛作品《点点点》荣获一等奖，朱颖超、王棋、丁圣光 3 人荣获二等奖，李冰妍等 7 人荣获三等奖。淄博市图书馆获“团体贡献奖”。

2022 年 4 月，市文化和旅游局主办，市图书馆、淄博市漫画家协会联合承办“童心绘祖国 喜迎二十大”淄博市首届少儿原创绘本大赛。活动旨在打造“书香淄博”，不断提升淄博市少儿文学、艺术创作水平，培养和发现更多优秀少儿人才，创作更多优秀少儿文学艺术作品。本次绘本大赛共收到全市 500 多名小选手的作品，50 名小朋友的作品获奖。5 月 4 日，淄博市图书馆联合淄博

彩虹读书会第 3 期现场

市漫画家协会开展线上专题讲座——如何创作绘本作品，此次讲座通过“文旅淄博”微信视频号、淄博市图书馆微信视频号现场直播，共计 600 余人观看。

第四节　其他少儿读者活动

面向广大少年儿童广泛开展阅读指导和社会教育活动，是淄博市图书馆的重要职责。十年来，市图书馆面向少年儿童开展了公益性讲座、培训、展览、读书交流、演讲诵读、图书互换共享等活动，并为学校开展课外活动提供了一定支持，以推动全市少年儿童走进图书馆，学会利用图书馆，从而爱上阅读。

2018 年 5 月，市图书馆联合市文明办、市人民广播电台和淄博晚报社举办全市首届青少年原创诗歌大会。该活动由言心诗社承办，淄博市 15 所中小学和山东理工大学的选手参加了此次诗歌大会。12 月至 2019 年 1 月，淄博市图书馆举办淄博市第一届少儿微书评大赛。本次活动收稿近百篇，评选出一等奖 1 名，二等奖 3 名，三等奖 10 名，优秀奖 10 名。

2019 年 5 月，由淄博市文明办、淄博人民广播电台、淄博市图书馆等单位联合主办，淄博文明网、淄博综合广播、言心诗社承办的“庆祝新中国成立 70 周年 · 淄博市第二届青少年原创诗歌大会暨青少年诗集发布会”在市图书馆举行。此次诗歌大会分为“唐诗卷”“宋词卷”“散文卷”三个板块，展示了中国诗词之美。6 月，市图书馆在稷下书院（尼山书院）开展了雕版与活字印刷体验活动。活动以“古籍保护你我同行”为主题，40 余名中小学生和家长朋友参加。

2020 年 1 月，由淄博市图书馆、淄博市图书馆学会主办，各区县图书馆协办的“讲好淄博故事·传承优秀文化”首届全市青少年读书故事会决赛暨第二届全省青少年读书故事会淄博地区选拔赛在市图书馆举办。此次大赛通过山东公共文化云在线平台进行了现场直播。

3月，“讲好山东故事·传承优秀文化”第二届全省青少年读书故事会滨州赛区决赛结束。此次活动主题为“讲好山东故事·传承优秀文化”，故事内容是讲述古往今来山东的人、山东的事。淄博市选送的选手均取得了优异成绩，淄博市图书馆荣获优秀组织奖。8月，为引导少年儿童选好书、读好书，市图书馆少儿部首期微信童书荐读活动启动。8月，在稷下书院举办“传习经典·融古慧今——雕版（活字）印刷体验”活动。活动以我国传统的晒书文化为主题，让参与活动的中小学生和家长体验了传统非遗项目雕版印刷、活字印刷技艺的独特魅力。8月，“青春少年样样红·第二届山东少年马拉松阅读大赛”颁奖仪式在山东省图书馆举行，淄博市选手宋烨程获得一等奖，郑健雅获得二等奖，王秉霖、陈怡霏获得三等奖，淄博市图书馆获得优秀组织奖。9月，“风雅存诗意·古韵有新声”第三届全省少儿诗词诵读大赛淄博地区选拔赛在市图书馆落幕。此次大赛以“品读《诗经》”为主要内容，经过县级初选，市级复赛，分别评选出6—9岁组和10—12岁组十五强选手代表淄博市参加山东省省级决赛，共获得一等奖5名、二等奖6名、三等奖7名、优秀奖12名，淄博市图书馆获先进集体奖。11月至12月，市图书馆举办第一届淄博市“书香小大使”评选活动和淄博市第二届少儿微书评大赛。“书香小大使”评选活动共收到全市中小学生视频参赛作品30件，评选出一等奖1名、二等奖2名、三等奖10名、优秀奖10名。“少儿微书评”活动收稿30余篇，投稿人主要来自张店区、周村区、高新区所辖的中小学校，评选出一等奖2名、二等奖4名、三等奖10名及优秀奖10名。

2021年3月，由淄博市文化和旅游局主办，淄博市图书馆、淄博市图书馆学会、各区县图书馆承办，以“传承红色基因·争做华彩少年”为主题的第二届全市青少年读书故事会暨第三届全省青少年读书故事会淄博市级复赛评审会在淄博市图书馆举行。此次比赛通过“山东公共文化云”线上举办，市图书馆组织专家评审团进行线下集中评审，6—9岁组和10—15岁组分别评选出一等奖3名、二等奖10名、三等奖15名。其中，6—9岁组前十七名、10—15岁组前十三名选手代表淄博市参加山东省省级决赛。7月至8月，淄博市图书馆举办第一届淄博市“我最喜爱的一本书”中小学生征文比赛。活动共收到小学组投稿48篇、中学组投稿32篇，淄博市五区三县均有学生参与。经初评和复评，共评选出一等奖2名、二等奖4名，三等奖10名、优秀奖10名。8月，“致敬红色经典·赓续精神力量”第三届淄博市少儿诗词诵读大赛暨第四届全省少儿诗词诵读大赛淄博地区选拔赛举行。本届大赛由市文化和旅游局主办，市图书馆、各区县文化和旅游局承办。参赛作品要求以老一辈革命家的经典诗词为诵读内容，共计284组选手报名参赛，共评选出一等奖6名、二等奖20名、三等奖40名、优秀奖21名，其中22组选手代表淄博市参加省级决赛。此次大赛在山东文化云平台线上全程直播。10月，淄博赛区选手在由山东省图书馆、山东教育出版社、鲁网联合主办的“读红色经典做强国少年”2021第三届山东少年马拉松阅读大赛全省总决赛中分别获得一、二、三等奖的佳绩。11月，为了履行辅助、支持学校教育和个人教育的职能，满足广大中小学生阅读需求，市图书馆根据教育部组织研制的《中小学生阅读指导目录（2020年版）》精心采选了133种、600余册图书，在少儿文学借阅室和少儿综合借阅室专架展览，并提供借阅服务。该专题书展被山东省图书馆学会以“亮点工作”予以推介。12月，值全民读书月之际，市图书馆举办第二届淄博市“书香小大使”评选活动和淄博市第三届少儿微书评大赛。“书香小大使”评选活动经过视频征集、评审，评选出一等奖1名、二等奖2名、三等奖10名、优秀奖10名。“少儿微书评”活动评选出一等奖2名、二等奖4名、三等奖10名、优秀奖10名。

2022年2月，淄博市图书馆“书香伴成长”少儿阅读推广组走进淄博柳泉中学六年级6班，这是“书香伴成长”少儿阅读推广活动进校园、进班级的第一站。市图书馆围绕六年级语文课堂教学进度，给学生们带来精心挑选的60册配套学习读物，以丰富其班级书架，满足学生课外阅读需求。5月至8月，为聚力打造“书香淄博”，推进全民阅读广泛开展，市图书馆和淄博市新华书店承办了第二届淄博市“我最喜爱的一本书”中小学生征文比赛。刘禹玥、张君涵等26名学生分别获得小学组和中学组一、二、三等奖和优秀奖。7月至8月，市图书馆举办第三届淄博市“书香小大使”评选活动，经过视频征集、评审，最终评选出一等奖1名、二等奖3名、三等奖10名、优秀奖10名。

十年来，市图书馆除了举办以上阅读活动之外，还定期通过线上或线下举办了书展、童书荐读、童刊荐读、彩虹读书会等丰富多彩的活动。

淄博市图书馆首届少儿微书评大赛获奖选手合影

第六章　特殊群体服务工作

市图书馆面向特殊群体，提供均等化、无差别、无障碍的公共文化服务。市图书馆建立专门针对残疾人、老年人、外来务工人员等特殊群体服务办法，实施特殊群体绿色通道服务，设施及相关服务制度健全，具有开展针对特殊群体阅读推广工作的丰富经验和资源优势。通过举办各类形式多样的活动，丰富了特殊群体的精神文化生活，让他们体验更多优良资源和设备，受到特殊群体的热烈欢迎。

第一节　残疾人服务

市图书馆残疾人服务工作由读者服务部负责，主要工作职责是视障阅览室的开放管理及残疾人阅读活动的开展。新馆搬迁之初，读者服务部主要工作放在办证、咨询等方面，加以工作人员不足，残疾人服务工作只维持视障阅览室的日常开放，残疾人服务活动举办相对较少。从 2018 年开始，市图书馆与市残联、市特殊教育中心等单位密切合作，开展了较多的专门针对残疾人的阅读推广活动，丰富了残疾人的精神文化生活，受到残障朋友的热烈欢迎。

“爱心相伴 悦读同行”——淄博市残疾人数字阅读推广工程启动仪式在市图书馆举行，市委副书记马晓磊致辞

市图书馆早在2012年即成立视障阅览室，并为残疾人服务。2016年搬迁新馆后，在新馆一楼重新规划建设了专门的视障阅览室。新视障阅览室面积55.69平方米，开放时间为8:30—17:30（节假日不休），提供盲文图书阅览与智能听书机外借服务。视障阅览室设有阅览座席12个，盲杖12根，轮椅3台，盲文图书150种181册，无障碍电影光盘330张，阳光听书郎听书机810台。电子设备包含CD播放器1台、智能一体阅读机2台、配有读屏软件的盲人专用电脑4台、扩视器2台、点显器1台及随身扩视器等助盲设备。

新馆无障碍配套设施齐全，设有无障碍通道、电梯、平台、洗手间、标识和音响提示以及通讯、信息交流等其他相关设施。

“爱心相伴 悦读同行”讲座现场

2021年10月13日，市图书馆与市残联联合举办“让视障读者触摸有声有色的世界”活动

2018年5月，“爱心相伴 悦读同行”——淄博市残疾人数字阅读推广工程启动仪式在市图书馆报告厅举办。中国残疾人福利基金会秘书长助理刘亚衡，省残疾人福利基金会理事长杨忠民，市委副书记马晓磊，市委副秘书长刘平，市文广新局党委书记、局长周茂松，市残联党组书记、理事长王长春，市文明办副主任、市委宣传部办公室主任朱玉友，市图书馆馆长刘玉湘等出席仪式，市图书馆、市区残联职工代表等260余人参加启动仪式。开展“爱心相伴 悦读同行”残疾人数字阅读推广工程使淄博市成为全省全面开展盲人数字阅读推广工程的地级市之一。

2018年9月，第61届“国际聋人节”期间，市图书馆、市残联联合举办“法律在我心中——反诈骗反传销”专题知识讲座。市及各区县聋协主席、聋人代表50余人现场听取专题报告。10月14日国际助残日及12月3日全国助残日期间，市图书馆开展“共享社会 关爱阳光”视障阅览室体验活动，组织全市部分视障读者现场体验各类视障设备。10月15日，市图书馆首次为残障人士播放无障碍电影《战狼》，此后定期为残障人士播放无障碍电影成为市图书馆的一项常态化服务。10月31日，市图书馆被批准成为中国盲文图书馆淄博市支馆。

2019年3月3日是全国第20个爱耳日，市图书馆与市残联、市聋协联合举办“双耳畅听，悦动新生活”公益讲座。讲座结束后播放无障碍电影《人再囧途之泰囧》，整场活动约280人参加。5月19日、12月3日，市图书馆继续开展“共享社会 照亮心灵”视障阅览室体验活动，组织全市部分视障读者体验各类视障设备。

2021年4月，市图书馆联合市残联、市广播电视台综合广播、市盲人协会共同举办“关注视障阅读 共享阳光生活”暨庆祝世界读书日特别关爱活动。来自全市五区三县的视障学员及部分陪伴者、志愿者 60 余人参加活动。淄博市中医院张晓君做了题为《婴幼儿脑瘫的推拿治疗》的辅导讲座。同月，市图书馆联合市特殊教育中心共同举办“悦读百年辉煌 传承红色基因”主题团日活动。市特殊教育中心 9 位团委教师及 6 位刚入团的视障、听障学生，市图书馆团支部成员及青年馆员共 21 人参加活动。5 月，市图书馆报送 10 位参赛选手作品参加 2021 年中国盲文图书馆主办的“颂党情·感党恩”活动。为庆祝中国共产党成立 100 周年，在 5 月 14 日第 31 个全国助残日到来之际，市图书馆举办了约 200 人参加的文化助残活动。

6 月，由市图书馆主办、淄博市特殊教育中心承办的“童心向党”——淄博市特殊教育中心书画作品展在市图书馆开展，展出淄博市特殊教育中心部分视障、听障、智障、自闭症、脑瘫学生的作品。同月，在中国盲文图书馆举办的“时刻听党话 永远跟党走”视障读者红色经典诵读比赛活动中，市图书馆报送的 5 名参赛选手获优秀奖、3 名老师荣获优秀指导老师奖，市图书馆荣获优秀组织奖。8 月，市图书馆组织各区县公共图书馆参加中国盲文图书馆组织的 2021 年第 2 期视障文化服务业务线上培训班，约 25 人参加培训。9 月，市图书馆开展视障文化普及服务活动。10 月 13 日是国际盲人节，市图书馆与市残联、追梦艺术团联合举办“让视障读者触摸有声有色的世界”活动。市图书馆向到场的盲人朋友免费外借阳光读书郎听书机，此次活动约有 40 名残疾人参加。

10 月，市图书馆组织各区县公共图书馆参加中国盲文图书馆组织的 2021 年第 3 期视障文化服务业务线上培训班，约 25 人参加。12 月，市图书馆在馆微信公众号首次推出无障碍服务推文服务。

2022 年，新冠肺炎疫情暴发，市图书馆及时调整工作思路与服务方式，在线上推出无障碍服务专栏，开辟多个子栏目，整合多方资源，举办丰富多彩的文化助残活动。全年共推送无障碍服务专文 29 期，为视障群体提供健康、就业、休闲、娱乐等方面的最新资讯，浏览量约 1500 人次。2 月，市图书馆开通本馆企业微信号，通过企业微信号屏幕演示方式，为多个盲人微信群定向播放无障碍电影。2022 年共播放无障碍电影 26 部，据不完全统计，有 1300 余名残疾人观影。4 月，市图书馆开通无障碍服务第二个子栏目——有声悦读，利用二维码生成器将有声读物网址生成二维码，视障读者通过手机扫码即可实现有声阅读。2022 年共推送“有声阅读”38 期，收听浏览量达 1600 人次。4 月底，开通无障碍服务第三个子栏目——有声剧场，半月一期，2022 年共展播 20 期，浏览量近 1000 人次。有声剧场栏目由市图书馆与市五音戏艺术传承保护中心联合举办，将部分五音戏优秀剧目经过后期加工制作，以视频形式发布。除制作播出“五音戏公益课堂”外，还制作播出了《王小赶脚》《源泉》《拐磨子》等经典五音戏剧目。5 月 13 日至 15 日，市图书馆与市特教中心合作，为各年龄段及不同残障类型的学生开展“书香助残”精准服务，分级定制阅读电子书单。7 月 11 日至 9 月 16 日，市图书馆与社会公益组织合作，举办“文化助盲”线上直播读书分享活动，2022 年共举办 10 期线上直播活动，参与读者近 5000 人次。7 月 16 日至 8 月 13 日，市图书馆、淄博市特殊教育中心、淄博市盲协、淄博市各区县公共图书馆联合举办“奋进新时代 喜迎二十大”视障读者红色经典诵读活动。在市图书馆微信公众号推送视障读者红色经典诵读优秀作品，共展播 5 期，浏览量约 300 人次。

7 月，市图书馆牵头成立淄博市公共图书馆文化助盲联盟，首批成员有市图书馆及五区三县公共图书馆。联盟旨在推进文化助盲志愿服务常态化、制度化、专业化建设，不断加强文化助盲人才队伍建设，提升服务效能。10 月，为加强淄博市公共图书馆文化助盲联盟成员之间的交流合作，市图书馆举办线上文化助盲业务培训，市图书馆与各区县公共图书馆约 40 人参加业务培训活动。市图书馆、淄川区图书馆分别做工作经验交流分享。

第二节　老年人及其他特殊群体服务

市图书馆针对老年读者不定期开展各类阅读推广活动，为方便老年人利用图书馆，设立老年人专座区间、无障碍设施、老花镜、助听器、放大镜等便民设施。根据老年人需求特点，开展太极拳培训、书法讲座、数字资源使用培训、智能手机使用培训、保健养生讲座、读书朗诵等活动，使更多的老年人老有所乐、老有所得。

为充分保障外来务工人员、留守儿童及其他特殊群体阅读权益，市图书馆在总咨询服务台设立专门服务窗口；报刊阅览室设立专门报刊阅览专席、定向报刊专架；少儿综合阅览室设立专门针对儿童的图书、报刊专架，成人综合借阅室设立专项图书专架，定期更新推荐书籍，保障他们的阅读权益。

2018 年至 2019 年，市图书馆举办多场“帮您轻松使用图书馆”系列公益讲座新市民专场，引导新市民轻松使用市图书馆的各类文化资源和现代化设备，更便利地享受各项阅读服务。

2019 年，市图书馆先后多次组织本市特殊群体到馆参观，现场体验各种现代化设备。如 2 月 20 日博山区石马镇芦家台村农村少年儿童参观活动；3 月 10 日市社会福利院参观活动；8 月 10 日桓台县 30 名留守儿童参观活动；等等。

2020 年 1 月，市图书馆与团市委联合组织举办留守儿童“牵手关爱行动”冬令营活动。7 月，淄博市张店区星星宝贝儿童康复中心组织 50 余名孤独症儿童到市图书馆参观。6 月，淄博市无障碍环境促进工作队参观市图书馆。

市图书馆举办老年人智能手机培训活动

留守儿童参观淄博市图书馆

第七章 公共图书馆总分馆建设

2015 年 1 月，中共中央办公厅、国务院办公厅印发《关于加快构建现代公共文化服务体系的意见》，随后山东省及淄博市也相继出台《关于加快构建现代公共文化服务体系的实施意见》，要求积极推进公共文化服务均等化，建立公共文化服务城乡联动机制，推行公共文化场馆总分馆制，以市和区县图书馆、博物馆、文化馆、美术馆为中心馆，在城乡基层设立分馆，开展流动服务和数字服务，打通公共文化服务“最后一公里”。2017 年 3 月正式实施的《中华人民共和国公共文化服务保障法》和 2018 年 1 月实施的《中华人民共和国公共图书馆法》，也都将建设总分馆服务体系纳入相关条款，要求各级政府和文化部门大力推行。市图书馆搬迁新馆后，加快了建设公共图书馆总分馆服务体系的步伐，特别是在省内较早规划实施了“城市书房”模式的图书馆总分馆服务体系，并在数年内取得较大进展。

第一节 与区县图书馆总分馆建设

公共图书馆总分馆体系建设是构建现代公共文化服务体系的重要任务，其总的要求是以市图书馆为中心馆，县（市、区）图书馆为总馆，乡镇（街道）综合文化站为分馆，村（社区）综合性文化服务中心为服务点，构建城乡一体化、资源共享的四级公共服务网络。

2017 年，文化部、国家新闻出版广电总局、国家体育总局、国家发展和改革委员会、财政部五部门印发《关于推进县级文化馆图书馆总分馆制建设的指导意见》（以下简称《意见》），明确将文化馆图书馆总分馆制建设纳入现代公共文化服务体系，着力推进县域公共文化资源共建共享和服务效能提升。同年，山东省文化厅、山东省新闻出版广电局、山东省体育局、山东省发展和改革委员会、山东省财政厅联合发布《关于推进县级文化馆图书馆总分馆制建设的实施意见》，进一步明确了山东省推进文化馆图书馆总分馆制建设的实施意见。为落实国家、省文件精神，淄博市按照“政府主导、统筹实施，促进均等、提升效能，分级管理、资源共享”的原则，整合资源，优化配置，建立和完善以市级图书馆为中心馆，县级图书馆为总馆，乡镇（街道）综合文化站为分馆，村（社区）综合性文化服务中心（文化活动室）为服务点的公共图书馆总分馆服务体系。

2017 年，按照市政府及主管部门的要求，淄博市图书馆开始实施总分馆服务网络建设，进一步拓宽图书馆服务范围。作为先期试点，首先与张店区图书馆、周村区图书馆、桓台县图书馆实现了图书通借通还、资源共享。

2020 年，按照淄博市文化和旅游局关于《2020 年淄博市文化馆图书馆总分馆制建设推进方案》的具体要求，市图书馆依照中心馆的职能和定位，积极开展相关工作。指导建立县级图书馆总分馆服务网络，实现与 8 个区县总馆图书通借通还，向 8 个总馆提供网上数字资源，实现资源共建共享。每季度选派业务骨干到 8 个总馆、部分分馆进行现场业务指导，对总馆、分馆及部分服务点的业务骨干进行集中培训。制定对总馆、分馆、服务点的逐级考评机制和分馆、服务点对总馆，总馆对中心馆的反馈机制。通过双向考评反馈，不断完善图书馆总分馆服务，提升图书馆总分馆服务效能。

2022 年，淄博市基本建设完成以淄博市图书馆为中心馆、8 个区县图书馆为总馆，下辖 80 个乡镇（街道）分馆以及村居基层服务点的四级总分馆体系，实现分馆覆盖率 100%、各村居基层服务点覆盖率 100%，建立了“上下联通、有效覆盖、服务优质”的总分馆制模式。

各区县图书馆作为四级总分馆服务体系中的总馆，是服务体系建设的主体单位。张店区图书馆总分馆制建设自 2014 年启动，以让居民就近、便捷、充分地享受公共图书馆普遍均等的文化服务为主旨。截至 2022 年，已完成马尚镇东南村分馆、南定镇分馆、中埠镇分馆、沣水镇分馆、湖田镇分馆、傅家镇分馆、房镇分馆、科苑分馆、体育场分馆、和平分馆、公园办事处分馆、车站分馆共 12 个分馆和 10 个服务点的建设工作。为了加强对各分馆和服务点的管理，张店区图书馆每年举办图书馆总分馆建设图书管理员培训班，对各镇办分馆、服务点的图书管理员进行系统培训，内容包括图书集群管理系统使用、图书信息录入等。选派业务人员到每个分馆、服务点对管理员进行一对一的业务培训、指导，使管理员能够熟练运用图书馆集群管理系统为读者办证、借还图书和录入图书信息。截至 2022 年，张店区总分馆建设资金共计投入 63.8 万元（不包括农家书屋投入购书经费），为各分馆、服务点安装 Interlib 图书馆集群管理系统、扫描枪、适量图书、书标和图书条形码等。

2018 年 11 月，淄川区图书馆通过制定统一的运行管理制度、研制全区一卡通用的读者借书卡、统一培训相关分馆工作人员和在淄川区各乡镇图书馆分馆全部开通 Interlib 区域图书馆集群自动化管理系统，并全部纳入总分馆统一管理，完成了总分馆平台建设。截至 2022 年已完成经济开发区、洪山镇、昆仑镇、双杨镇、罗村镇、寨里镇、龙泉镇、岭子镇、西河镇、太河镇、般阳路街道、将军路街道、松龄路街道共 13 个分馆的建设，实现了全区图书馆总馆、分馆联网协作，通借通还，为群众提供最大阅读便利。

博山区于 2018 年年底基本建成图书馆总分馆服务网络体系，截至 2022 年，完成八陡镇分馆、白塔镇分馆、石马镇文体中心图书馆、源泉镇综合文化服务中心图书馆、域城镇分馆、博山镇分馆、池上镇分馆、城东街道分馆、城西街道分馆、山头街道分馆共 10 个分馆的建设，形成全面覆盖、均等便捷、实用高效的公共图书馆服务体系。

周村区先后投入资金 100 多万元，建成王村、胜利、青年路、城北路、大街、永安、南郊共 7 处图书馆分馆。总馆和分馆统一采用 Interlib 图书馆集群自动化管理系统，部分分馆实现通借通还。同时，周村区图书馆对分馆的建设、管理、运营进行统一的业务指导，推进分馆规范化服务，提升服务水平。

临淄区积极开展总分馆建设，截至 2022 年已建成皇城镇分馆、稷下街道分馆、敬仲镇分馆、齐都镇分馆、闻韶街道分馆、辛店街道分馆、雪宫街道分馆、朱台镇分馆共 8 处图书分馆。临淄区图书馆作为总馆，为分馆提供图书采编、业务管理系统等方面的技术指导和统一要求，并协助各分馆积极开展新书推介、知识竞赛、读书征文等阅读推广活动，提升总馆、分馆对社会公众的吸引力，提升服务效能。

桓台县不断加大资金、人员、书籍设备等投入，积极推进桓台县图书馆总分馆制建设。先后投入经费 200 余万元，建成田庄镇、果里镇、少海街道、索镇街道、马桥镇、起凤镇、新城镇、荆家镇、唐山镇共 9 个分馆，其中乡镇分馆 7 个，城市书房 2 个。桓台县图书馆在图书馆分馆建设、管理、运营方面进行统一的业务指导和培训，实现了各分馆之间、分馆与总馆之间的通借通还。

高青县自 2018 年以来，先后建成田镇街道、高城镇、青城镇、花沟镇、唐坊镇、木李镇、黑里寨镇、芦湖街道、经济开发区共 9 个分馆，基本实现总馆与分馆之间图书通借通还。各分馆馆舍面积均在 300 平方米以上，藏书 4000 册以上，阅览座席 30 个左右，配备电脑 10 台并与总馆联网。基本运行模式是以高青县图书馆为总馆，所有分馆统一标识、统一软硬件设备、统一管理制度。在人员管理上，实行分级管理制，由各乡镇、街道统一安排，每个分馆配备 2 名工作人员，总馆负责对分馆工作人员的业务培训和业务指导。

沂源县先后投入资金 20 多万元，建成历山分馆、南麻分馆、大张庄分馆、东里分馆、鲁村分馆、南鲁山分馆、石桥分馆、西里分馆、燕崖分馆、悦庄分馆、张家坡分馆、中庄分馆共 12 个分馆，初步实现了覆盖全面、均等便捷、实用高效的公共图书馆总分馆服务体系建设目标。

第二节　直属城市书房建设及服务

2018 年，为深入贯彻落实党的十九大精神，推动全民阅读，完善公共图书馆总分馆网络服务体系，市图书馆经过充分调研论证，提出在中心城区打造“城市书房”模式的图书馆总分馆服务体系的方案。市文化和旅游局随后印发《淄博市城市书房建设实施意见》，明确淄博市城市书房建设、运行机制和管理考核要求，开始在全市大力实施“城市书房”建设。2020 年，淄博市十五届人大六次会议第三次全体会议确定 2021 年度淄博市重大民生实事项目，涉及“5+N”模式升级版基层综合性文化服务中心建设和全市城市书房建设。同年，市文化和旅游局印发《“5+N”模式升级版基层综合性文化服务中心建设工作推进方案》《全市城市书房建设工作推进方案》，进一步强调建设创新性、惠民性、公益性和均等性并重的公共文化阅读空间，更好地助力“书香淄博”和“五好城市”建设。

城市书房是由政府主导、社会力量参与，依托市图书馆及各区县中心图书馆，通过一网互联实现图书馆阅读空间与服务延伸一体化，具备 24 小时开放条件的场馆型自助公共图书馆，是深化文化体制改革与提升基层公共文化服务水平的最佳切入点。淄博市城市书房建设包括两个体系：一是市图书馆具体实施的、在张店中心城区（包括高新区、经开区）建设的直属城市书房；二是

三享之光·城市书房暨淄博市图书馆经开区分馆开馆仪式

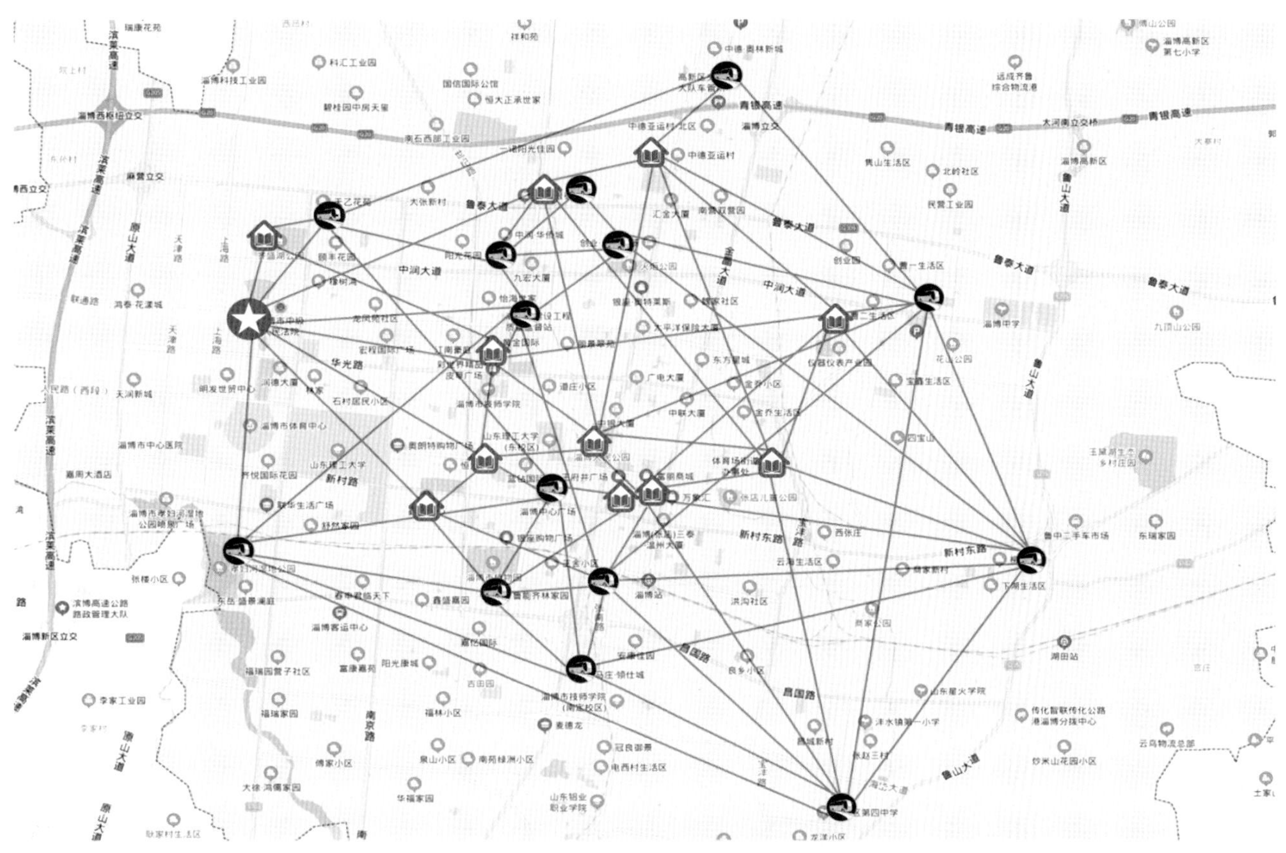

淄博市图书馆服务网点分布图

由各区县文化和旅游局及区县图书馆具体实施建设的、位于各区县中心城区的城市书房。城市书房均纳入市图书馆或区县图书馆总分馆管理系统，按照“统一审核、统一标识、统一配置、统一监管”的管理要求，实现市图书馆、区县图书馆及各城市书房之间的通借通还。城市书房采用 RFID 技术进行业务管理，设有自助办证机、自助借还机等设备，可实现 24 小时自助服务。读者可凭身份证、市民卡、图书馆借阅证等有效证件刷卡进入，随时享受图书借阅服务。2021 年，市文化和旅游局为规范城市书房运营管理、提高城市书房服务效能、提升城市书房服务水平，印发《淄博市城市书房运营管理绩效考核办法》，每年对全市城市书房进行绩效考核，考核结果与城市书房运营补贴挂钩，有效地促进了城市书房的规范运营。

市图书馆直属城市书房建设始于 2018 年，截至 2022 年年底，相继在张店中心城区建成“紫园”“云泰”“天鸿万象”“人民公园”“凯悦”“新华书店”“福园”“新空间”“城中社区”“MEMS”“海岱楼・钟书阁” 11 家高颜值、高品质的城市书房，并全部纳入市图书馆总分馆服务体系，做到“五个统一”， 实现了市图书馆、城市书房及图书流动服务车之间图书通借通还，打通了公共文化服务“最后一公里”，形成了覆盖城区的“城市书网”。

2018 年 12 月，全市首家城市书房紫园城市书房（市图书馆紫园分馆）正式揭牌。紫园城市书房位于张店区实验小学东南，藏书 1.2 万余册，设有固定阅读座席 30 余个，移动阅读座席 50 余个。配备先进的电子借阅设备和书籍杀菌设备，以及“云书馆”电子图书借阅机。优雅的环境、周到的服务、舒适的设施、丰富的读物，让人们在繁杂城市中静享“悦”读乐趣。截至 2022 年 10 月，紫园城市书房实现接待读者 44 万人次，图书流通 17.8 万册次，开展阅读推广活动 36 场。

2019 年 12 月，云泰城市书房（市图书馆银泰城分馆）正式开馆。该书房位于张店银泰城一楼南门东侧，建筑面积近 300 平方米，藏书 1 万册，是一家设计理念先进、有独到特色的高标准城市书房。该书房的落成为中心城区开放、有序、活跃、高品质的夜间经济环境注入了文化活力。走进云泰城市书房，一排排整齐的书架上摆放着各类书籍，吸引了大批读者到馆体验。除了优雅的阅读环境和新颖的室内设计，蹴鞠、陶琉艺术品等极具淄博特色的装饰品更是让人眼前一亮。截至 2022 年 10 月，云泰城市书房实现接待读者 25.3 万人次，图书流通 13.6 万册次。

云泰城市书房建设签约仪式

2020 年 5 月，天鸿万象城市书房（市图书馆体育场街道分馆）正式对外开放。该书房面积约 400 平方米，藏书 1 万册，共投资 130 余万元。该城市书房位于张店东城区，对于方便东部老城区居民利用公共图书馆具有特殊意义。该书房整体空间分为借阅区、自习区及儿童阅览区，配备有自助图书借阅机等设施设备。天鸿万象城市书房投入运营后，日渐成为东部城区的一个文化符号。截至 2022 年 10 月，该书房实现接待读者 11.9 万人次，流通图书 4.1 万册次，开展阅读推广活动 10 场。

2020 年 11 月，人民公园城市书房（市图书馆人民公园分馆）开馆运行。该书房位于张店人民公园内，有藏书 1 万册，是全市首个可免费借阅绘本的场馆。配置自助图书借还机、图书杀菌机、电子书阅读机、馆藏资源查询电脑等设备。不定期举办各类主题沙龙、交流座谈、读书分享、科普展览等内容丰富的文化活动。截至 2022 年 10 月，人民公园城市书房实现接待读者 11.6 万人次，流通图书 6.4 万册次，开展阅读推广活动 36 场次，接待参观交流推广活动 50 余次，线上阅读推广覆盖超 10 万人次。

2021 年 1 月，凯悦城市书房（市图书馆黄金苑社区分馆）正式开馆。该书房建筑面积约 210 平方米，分上、下两层，由淄博凯悦欧情西餐连锁经营公司负责改造、装修，并配置家具。市图书馆配置图书 8000 余册，及自助借阅机、电子图书借阅机、图书杀菌机、电脑终端、自动化管理系统等软硬件设施。截至 2022 年 10 月，凯悦城市书房实现接待读者 13.7 万人次，图书流通 7 万册次，开展阅读推广活动 50 场。

万科城市书房开馆仪式

2021 年 2 月 4 日，新华书店城市书房（市图书馆新华书店分馆）开馆运行。新华书店城市书房位于张店区金晶大道 157 号新华书店一层大厅南侧，由市图书馆与淄博市新华书店联合建设，面积 100 平方米，馆藏图书 1 万余册，配备自助借阅机、电子图书借阅机、图书杀菌机、电脑终端及自动化管理系统等软硬件设施，实现了与总馆、各分馆及图书流动服务车的通借通还。截至2022年10月，新华书店城市书房实现接待读者5.6万人次，图书流通4.4万册次，开展阅读推广活动11场。

2021年7月，福园城市书房（市图书馆福园分馆）开馆运行。福园城市书房位于福园小区西入口大厅二楼，面向市区中心道路世纪路，面积322平方米，每天开放时间12小时。设有成人和儿童借阅区，藏书12000余册，座席70余个，配备先进的电子借阅设备和书籍杀菌设备，以及“云书馆”电子图书借阅机。书架和阅览桌都配备了专用照明灯，每个阅览桌下配备专用电源插座，方便读者使用自带电子设备。儿童区设计了弧形错台式的书架，贴近儿童的年龄特点与阅读爱好。福园书房地理位置优越，装饰布置别具一格，氛围温暖如家。截至2022年10月，福园城市书房实现接待读者10万人次，图书流通2.9万册次，开展阅读推广活动20场。

新华书店城市书房开馆仪式

2021年11月，新空间城市书房（市图书馆新空间社区分馆）开馆运行。该书房位于高新区四宝山街道新空间社区党群服务中心，建筑面积300余平方米，分两层，馆内可借阅书籍近1万册，配置自助借阅机、电子图书借阅机、图书杀菌机等软硬件设施。书房分为成人借阅区、少儿借阅区、自习区等功能区，是集自助借还、阅读、自习、

淄博市图书馆机关服务点名单

序号	机关服务点名称	配备图书或设备
1	淄博市图书馆市委办公厅机关服务点	1998
2	淄博市图书馆市纪委机关服务点	3498
3	淄博市图书馆市文化和旅游局机关服务点	882
4	淄博市图书馆市公安局分馆	2911
5	淄博市图书馆市人社局机关服务点	1800
6	淄博市图书馆市博物总馆机关服务点	1600
7	淄博市图书馆市交警支队机关服务点	2996
8	淄博市图书馆市政法委机关服务点	1719
9	淄博市图书馆市公共资产运营中心机关服务点	600
10	淄博市图书馆市编办机关服务点	600
11	淄博市图书馆博山区消防救援大队机关服务点	3000
12	淄博市图书馆市政府机关服务点	2020
13	淄博市图书馆市民投诉中心机关服务点	800
14	淄博市图书馆傅家镇文化中心服务点	歌德电子书借阅机1台
15	淄博市图书馆市住房和城乡建设局机关服务点	歌德电子书借阅机1台
16	淄博市图书馆市政协委员会机关服务点	歌德电子书借阅机1台
17	淄博市图书馆市委宣传部机关服务点	歌德电子书借阅机1台

休闲于一体的城市文化驿站。截至 2022 年 10 月，该书房实现接待读者 3.2 万人次，图书流通 3.1 万册次，开展阅读推广活动 5 场。

2022 年 5 月，城中社区城市书房（市图书馆城中分馆）开馆运行。该书房紧邻张店区城中小学校区，建筑面积约 400 平方米。内设儿童阅读区、成人阅读区、电子阅览区和自习区，阅览坐席 80 余个，总藏书量 1 万余册。配置自助借阅机、电子图书借阅机、图书杀菌机、自动化管理系统等软硬件设施。城中社区城市书房开设四点半课堂、假期托管公益课堂，定期举办讲座、沙龙、培训、展览等活动，着力打造呵护下一代成长的“爱心驿站”，同时为居民提供知识共享、信息交流、互动阅读等服务内容。截至 2022 年 10 月，该书房实现接待读者 2 万人次，图书流通 1364 册次，开展阅读推广活动 5 场。

2022 年 10 月，海岱楼 · 钟书阁城市书房开馆运行。该书房位于张店区齐盛湖公园海岱楼 · 钟书阁 3 层，面积约 300 平方米。海岱楼 · 钟书阁是 2022 年淄博市引进的文化项目，以“书香入海岱 潮起钟书阁”为核心理念，致力于打造图书、出版、文创、海岱大讲堂、艺术空间、儿童乐园等多元化的文化交流平台。钟书阁城市书房总藏书量 6200 余册，配置自助借阅机、电子图书借阅机、图书杀菌机等软硬件设施。在开馆运行当月，进馆人数即达 40780 人次，图书流通 1444 册次。

2022 年 11 月，MEMS 城市书房（市图书馆高新区 MEMS 分馆）开馆运行。该书房位于高新区电子信息产业园，面积 200 余平方米，总藏书量 3000 余册。书房内既设有传统借阅区、自习区，也打造了“学习强国”线下体验馆、听书阅读区等特色阅读功能区，营造出“小而美”的城市“第三空间”，为广大市民朋友提供丰厚的精神文化滋养。书房配备自助借阅机、图书杀菌机、客流统计服务等现代化、信息化、智能化设备 “一网互联”，与市图书馆总馆和各城市书房、图书流动服务车实现了通借通还。

第三节　直属机关服务点建设

为服务政府部门“书香机关”建设，有效提高图书利用率，扩大图书流通服务的辐射面，同时发挥政府机关在全民阅读的引领示范作用，淄博市图书馆通过设立机关服务点优化阅读资源配置，强化优质阅读内容供给，积极助力“书香淄博”建设。

市图书馆从 2019 年开始实施机关服务点建设，当年即建成市委、市纪委监委、市公安局、市文化和旅游局 4 个机关服务点，分别配备图书 3000 多册及相关借阅设备。截至 2022 年年底，共建成 17 家直属机关服务点，配备图书 2.8 万余册，内容涵盖党政、文学、社科、经济、教育等多个领域。

高新区 MEMS 城市书房开馆仪式

第四节　图书流动服务

2019 年，为进一步保障人民群众基本文化需求，提供更加便捷高效的公共文化服务，市图书馆在着力打造“城市书房”模式的总分馆服务体系的基础上，作为补充手段，又设立图书流动服务车，有效完善了馆服务体系的覆盖面。

市图书馆图书流动服务车由大巴车改装，配

有智能借还书机、无线网络、扫描仪等设备及自动化管理系统。车内容纳纸质图书3000余册，可提供图书借阅证办理、图书阅览、图书借还和读者咨询等服务。市图书馆先后在社区、学校、企业、政府部门开设多个服务点，同时通过车载Wi-Fi将图书流动服务车纳入市图书馆总分馆服务体系，实现了与总馆、城市书房之间的通借通还和即时查询。

2019年7月，市图书馆图书流动服务车正式投入运营，定点定期为市民提供相关信息服务。当年设立银泰城、高新区创业园、王南社区、课本博物馆、淄博市行政审批服务局、沣水创客空间、张店德仁口腔、华侨城社区、马庄小区童趣园、孝妇河湿地公园等10处流动服务点，每个服务点停靠1—2天，服务时间为上午9时至下午5时。

随后，图书流动服务车不断增设流动服务点，扩大服务范围，推动惠民服务与群众文化需求对接，流动服务点涵盖街道、社区、企业、商场、部队、学校、公园、医院等多类型、多区域。2020年，设立了高新区创业园、王南社区、课本博物馆、曦园社区、沣水创客空间、张店德仁口腔、孝妇河湿地公园、华侨城社区、利群时代柳泉路店、淄博绘本TAXI童书馆、利群集团莲池购物广场、淄博莲池妇婴医院、湖田街道下湖村鲁中监狱14处流动服务点，为广大市民提供更为优质的文化服务。

2021年设立沣水矿区·创客空间、王南社区、湖田街道下湖村鲁中监狱、孝妇河湿地公园、课本博物馆、高新区创业园、张店德仁口腔、淄博莲池妇婴医院、华侨城社区、淄博信息工程学校、淄博建鑫金属制品有限公司、远景花园、淄博恒大帝景、淄博经开区傅家镇柳行村、曦园社区、柳泉中学16处流动服务点。

2022年设立曦园社区、王南社区、张店德仁口腔、孝妇河湿地公园、课本博物馆、沣水矿区·创客空间、淄博信息工程学校、远景花园、湖田街道下湖村鲁中监狱、淄博恒大帝景、华侨城社区、体坛社区12处流动服务点。

截至2022年12月，市图书馆图书流动服务车共开设流动服务点25处，图书流通3.6万余册次，深受市民的欢迎与喜爱。

除利用流动图书车开展流动服务外，早在2014年，市图书馆即在坚持阵地服务的同时，努力走出去，通过建立图书流通站，送书下乡，送书进军营、进学校等，扩大服务范围。同年，先后为武警淄博市支队以及淄博市消防支队各建4所图书流通站，配备书籍各200册，定期更新。2021年，淄博市图书馆创新服务方式，在市内首次推出“齐阅”图书漂流柜服务，通过好书交换的方式，实现知识共享，盘活社会闲置图书资源，打造更加开放、有趣、温暖的阅读环境，促进全民阅读，建设书香淄博。同年，首批推出的10组“齐阅”图书漂流柜，陆续在城市社区、机关办公楼、公交站、市民中心、城市综合体等地投放。

图书流动服务车在开展服务

2013—2022
ZIBO LIBRARY
淄博市图书馆

第五编

业务竞赛　业务辅导　评估定级

第一章　业务辅导与业务竞赛

图书馆业务辅导工作，是指在一个地区或一个系统内，大型馆或中心馆对本地区、本系统的中小型图书馆进行业务上的帮助和辅导，组织各馆相互学习，交流工作经验，研究业务问题，更好地发挥所有图书馆的作用。淄博市图书馆作为淄博地区公共图书馆中心馆，历来重视本地区的业务辅导工作，协助有关部门制定本地区、本系统图书馆事业的发展规划；有计划地发展各种类型图书馆，组建为科学研究和社会大众服务的公共服务体系，对本地区、本系统图书馆进行业务辅导，总结交流图书馆工作经验，促进本地图书馆事业的发展。为推动公共图书馆业务建设，促进工作人员业务水平提高，还定期举办全市公共图书馆业务竞赛。

第一节　业务辅导

淄博市图书馆设有辅导研究部，配备专人负责基层辅导工作，协助协调有关部门开展基层调研工作，先后撰写了《淄博市公共图书馆现状调查分析报告》《农家书屋服务功能发挥调研报告》《淄博市公共图书馆服务体系建设调研报告》《淄博市公共图书馆总分馆建设检查评估报告》等调研报告，为淄博市文化主管部门制定全市公共图书馆工作政策、任务提供了参考依据。从实际出发，因地制宜开展上门辅导、举办培训班、电话咨询、网上实时咨询等形式多样的基层业务辅导工作，使各基层馆基础业务标准化与规范化水平日渐提高。随着移动互联技术的广泛应用，探索多元化的基层业务辅导方式，采取实地业务辅导与在线辅导相结合的方式，借助微信辅导群等提供多元化在线辅导，解决基层图书馆运营中存在的业务问题，保障信息的及时反馈。

2013 年 5 月，淄博高新区“农家书屋”管理员培训班在四宝山街道办事处举行，来自全区镇街道、村居 43 个“农家书屋”的图书管理人员参加了培训。市图书馆辅导研究部工作人员对农家书屋管理内容进行了详细的讲解，并进行了现场交流互动。通过培训学习，提高了基层对于群众文化工作重要意义的认识，提高了业务技能和管理手段，为下一步做好基层文化工作奠定了良好的基础。6 月及 9 月，市图书馆与淄博晚报社联合为沂源县张家坡中心园、鲁村镇西徐家庄村妇女儿童家园建设爱心书屋两座。市图书馆工作人员就图书上架、图书管理等业务工作进行了现场培训辅导。11 月，临淄区文化出版局举办全区文化站长、（村居）文艺辅导员、农家书屋管理员

市图书馆工作人员在高新区“农家书屋”管理员培训班上作辅导讲座

培训班，市图书馆派出业务骨干培训了农家书屋管理的基本流程，就图书记到、分类、编目、排架和怎样识别盗版图书及图书馆自动化管理知识进行了讲解，并针对农家书屋的实际情况提出了可行性建议。

2014 年 11 月，市图书馆按照山东省文化厅在全省以“图书馆 + 书院”模式建设“尼山书院”的部署，在完成本馆尼山书院建设的同时，对区县图书馆尼山书院建设进行督导，并先后 3 次组织人员参加全省尼山书院建设培训班，推动了各区县馆的尼山书院建设。

2015 年 1 月，淄博市暨淄川区 2015 文化科技卫生“三下乡”启动，市图书馆捐赠图书 380 余册，并由工作人员对图书室的管理进行了现场指导。6 月，周村区图书馆新馆投入使用，为帮助周村区图书馆新馆建设、搬迁顺利进行，市图书馆从新馆规划、项目招标、图书采购、老馆搬迁各方面都给予了全方位指导，并多次派人到现场参与新馆的建设工作，协助周村区图书馆在较短时间内顺利完成新馆建设各项工作。12 月，临淄区文化出版局举办全区文化管理员培训辅导班，市图书馆工作人员对农家书屋管理的基础知识进行了讲解和现场示范，并就日常工作中遇到的一些问题进行了交流，探讨了解决方法。

2016 年，为推动基层图书馆自动化建设，淄博市图书馆组织各馆业务人员进行了计算机技术培训，派专业人员到基层图书馆（室）进行现场指导，保障了基层图书馆自动化工作的建设进程。并用业务竞赛的形式，促进了各馆自动化建设的发展。1 月 13 日，市图书馆副馆长丁雷、辅导研究部主任孟芳到周村区图书馆新馆和周村胜利社区图书室进行现场辅导，就自动化建设工作给予重点指导。5 月 13 日，市图书辅导部工作人员到沂源县图书馆进行现场辅导，针对微信功能的开发和应用及馆内的标识系统提出合理化建议。12 月 19 日，市图书馆技术部工作人员到临淄区齐陵街道图书室进行现场辅导，着重讲解了图书管理的基本知识，并针对齐陵街道图书室的实际情况提出了可行性建议。12 月 22 日，淄博市图书辅导研究部工作人员到张店区林家图书室和冢子坡社区图书室督导工作，对其管理人员进行了基本知识的普及，并根据实际情况对图书室的建设与管理提出合理化建议。

2017 年 3 月，市图书馆与山东煤炭技术学院联合举办数字资源推广专题讲座。市图书馆工作人员介绍了淄博市图书馆电子资源馆外访问系统、移动图书馆、微信服务大厅等服务平台，并就如何查阅、利用现有的数字资源进行了详细讲解。

淄博市图书馆在山东煤炭技术学院举办数字资源推广专题讲座

2018 年 1 月，《中华人民共和国公共图书馆法》（以下简称《公共图书馆法》）正式施行。为积极响应文化部号召，及时学习宣传贯彻《公共图书馆法》，市图书馆开展一系列宣传、展览、培训、竞赛等活动，推动《公共图书馆法》的宣传、普及和贯彻落实。1—2 月，市图书馆举办“凝聚业界共识 引领行业发展——学习《公共图书馆法》图文展”，并于 3—6 月在全市五区三县图书馆进行了巡展。7 月，承办全市《中华人民共和国公共图书馆法》知识竞赛，来自全市五区三县公共图书馆及市图书馆 9 个代表队参赛。12 月，由中国盲文图书馆主办，山东省图书馆、山东省盲人协会承办，淄博市图书馆协办的“2018 年山东省视障文化服务与阅读推广培训班”在淄博开班。

本次培训促进了全省视障文化资源共享，交流了各地市公共图书馆视障文化服务工作经验，部署了盲人数字阅读工作重点，提高了公共图书馆工作人员的视障服务能力和业务水平。

2019年，为助力“书香淄博”建设，打造特色“书香机关”，提升党员干部理论素养和综合能力素质，市图书馆相继建设市委办公厅、市纪委、市文化和旅游局、市公安局等机关服务点，为各机关服务点配送图书并进行相关业务辅导。12 月，市图书馆举办全市公共数字文化服务与绩效评价培训班，各区县图书馆业务副馆长、公共数字文化服务技术骨干等参加培训。培训主要围绕公共数字文化工程和绩效评价工作有关精神，系统讲解公共数字文化工程融合相关问题，以及绩效评价的重点难点问题。同时，部署安排了山东公共文化云建设相关任务。市图书馆业务骨干分别做了题为《全省县（市、区）级公共图书馆绩效评价工作介绍与要求》《公共数字文化工程融合和资源建设》《山东公共文化云建设与服务》《公共数字文化工程融合创新发展两微一端建设》的辅导。

2020 年，市图书馆继续对各城市书房、流动服务车、机关服务点、图书流通点相关管理人员进行业务指导、培训。配合市文化和旅游局完成城市书房绩效评估工作，对全市 23 家已建成城市书房从选址、建筑、设计、免费开放服务、志愿服务活动、人员等方面进行了绩效考核。11 月，受市文化和旅游局委托，市图书馆与市文化馆组成联合督导检查小组，制定考核标准，对全市 8 个区县总馆、80 个乡镇街道分馆一一进行了督导检查。督导检查内容包括馆舍建筑面积、总藏量、年文献外借量、年人均新增藏量、计算机数量、周开放时间等 20 个指标。并撰写了《淄博市图书馆总分馆制建设检查评估报告》上报市文化和旅游局。市图书馆于本年建成市陶瓷琉璃博物馆、市交警支队、市人社局、市政法委等机关服务点，市图书馆为各机关服务点配送图书并进行相关业务指导。2021 年，淄博市图书馆配合市文化和旅游局完成城市书房绩效评估工作，共对全市 7 家新建城市书房、16 家已建成城市书房进行了绩效考核。

2021 年 11 月，市图书馆对直属城市书房紫园城市书房、人民公园城市书房、新华书店城市书房、天鸿万象城市书房、福园城市书房等进行了业务检查与辅导。12 月，市图书馆开展对各区县城市书房的业务督导。包括博山区人立城市书房、鼓浪屿城市书房、岜山城市书房；沂源县城中社区城市书房、祥源社区城市书房；周村区吾悦广场城市书房、古商城城市书房；高青县文昌城市书房；临淄区华路城市书房、万科城市书房、齐阅原著城市书房；等等。

自 2018 年至 2022 年年底，市图书馆先后与企业、书店、社区等共建城市书房 14 家，淄图驿站 1 家。市图书馆对每一处阅读空间的管理人员都进行了岗前培训。2022 年 6 月，为进一步规范城市书房运营管理，提高城市书房管理员的业务能力和管理水平，市图书馆举办城市书房管理员培训班。培训内容为城市书房常规管理，城市书房设备的使用及日常维护，市图书馆门户网站、移动图书馆使用指南以及读者服务工作与数字资源利用等。2022 年度市图书馆建成市政府办公厅、市民投诉中心两个机关服务点，市图书馆为两个机关服务点配备图书 3000 余册，并进行相关业务指导。8 月，淄博高新区举办文化管理员培训班，市图书馆派出业务骨干进行了专题辅导。10 月，在第 39 个国际盲人节到来之际，市图书馆举办首次线上文化助盲业务培训。此次培训采用网络直播方式进行，培训内容为视障文化服务及案例分析，市图书馆与各区县公共图书馆约 40 名工作人员参加了本次业务培训。

第二节 业务竞赛

为进一步规范公共图书馆业务工作，提升各

级公共图书馆的服务能力，全面加强工作人员专业素质，促进公共图书馆事业发展，1986 年山东省文化厅颁布了《关于开展山东省公共图书馆业务竞赛的通知》，并于同年 12 月举办了全省首届公共图书馆业务竞赛。至 2022 年，全省公共图书馆业务竞赛共举办八届。为了落实好此项工作，市图书馆举办了六届全市公共图书馆业务竞赛，并在此基础上组建淄博代表队参加全省业务竞赛。2013—2022 年，市图书馆组织举办了三次全市公共图书馆业务竞赛，组队参加全省公共图书馆业务竞赛三次。

一、淄博市公共图书馆业务竞赛

2016 年 6 月，“淄博市第五届公共图书馆业务竞赛”在市图书馆举行。本次比赛由市文化广电新闻出版局主办、市图书馆承办，竞赛分为图书馆业务知识和图书馆阅读服务两个项目，内容涵盖图书馆基本原理、文献资源建设、信息技术、读者服务、管理实务、宣传推广、全民阅读等内容。来自市及各区县公共图书馆的 10 支代表队 20 名选手进入决赛，分别产生个人及团体奖项若干。其中个人奖项一等奖获得者为吕春燕（淄博市图书馆）、于宁（淄川区图书馆）、边秀丽（桓台县图书馆）、苏嵋莲（临淄区图书馆）；二等奖获得者为孙欣一（临淄区图书馆）、王斌（桓台县图书馆）、赵欣（博山区图书馆）、陈雪（淄博市图书馆）、刘娌华（淄川区图书馆）、马海燕（博山区图书馆）；三等奖获得者为董菁（高青县图书馆）、苗兴英（沂源县图书馆）、翟媛（周村区图书馆）、杨振瑜（淄博市图书馆）、孟庆兵（张店区图书馆）、李蕾（淄博市图书馆）、张梅（张店区图书馆）、任洁（高青县图书馆）、孙久贺（周村区图书馆）、代秀丽（淄博市图书馆）、何晶晶（沂源县图书馆）、左文广（淄博市图书馆）。团体一等奖获得者为淄博市图书馆代表队一队、桓台县图书馆代表队；团体二等奖获得者为淄川区图书馆代表队、临淄区图书馆代表队、博山区图书馆代表队；团体三等奖获得者为高青县图书馆代表队、周村区图书馆代表队、淄博市图书馆代表队二队、沂源县图书馆代表队、张店区图书馆代表队。

淄博市第五届公共图书馆业务竞赛决赛现场

2018 年 7 月，由市文化广电新闻出版局主办、市图书馆承办的全市《中华人民共和国公共图书馆法》知识竞赛在市图书馆举行，来自市及各区县公共图书馆的 46 名选手参赛。本次比赛个人一等奖获得者为于宁（淄川区图书馆）、吕春燕（淄博市图书馆）、董娟（淄博市图书馆）、高宁（淄博市图书馆）、代秀丽（淄博市图书馆）、赵欣（博山区图书馆）、王斌（桓台县图书馆）；个人二等奖获得者为边秀丽（桓台县图书馆）、刘肖霞（淄博市图书馆）、刘娌华（淄川区图书馆）、王长鸣（淄博市图书馆）、孙欣一（临淄区图书馆）、孟庆兵（张店区少儿图书馆）、周丽（沂源县图书馆）；个人三等奖获得者为张士红（沂源县图书馆）、陈雪（淄博市图书馆）、张丽萍（张店区少儿图书馆）、李玮（博山区图书馆）、董畅（淄博市图书馆）、周子杨（临淄区图书馆）、张笑一（淄博市图书馆）、左文广（淄博市图书馆）、廉冰（淄博市图书馆）、翟媛（周村区图书馆）、张文涛（淄博市图书馆）、彭钰淇（淄博市图书馆）、任洁（高青县图书馆）、董菁（高青县图书馆）；个人优秀奖获得者为李蕾（淄博市图书馆）、魏丽丽（桓台县图书馆）、何晶晶（沂源县图书馆）、王冰（淄博市图书馆）、韩勇峰（周村区图书馆）、王快英（博山区图书馆）、王琳（淄博市图书馆）、陈丽（张店区少儿图书馆）、杨振瑜（淄博市图书馆）、孙涛（淄川区图书馆）、张娟（淄博市图书馆）、王大海（淄博市图书馆）、刘浩（淄博市图书馆）、王秀珍（周村区图书馆）、张淑萍（高青县图书馆）、康楷（临淄区图书馆）。团体一等奖获得者为淄博市图书馆代表队、淄川区图书馆代表队；团体二等奖获得者为桓台县图书馆代表队、博山区图书馆代表队、沂源县图书馆代表队；团体三等奖获得者为张店区少儿图书馆代表队、临淄区图书馆代表队、高青县图书馆代表队、周村区图书馆代表队。

2021 年 5 月，由市文化和旅游局主办、市图书馆承办的第六届淄博市公共图书馆业务竞赛在市图书馆举行，来自五区三县公共图书馆及市图书馆 9 个代表队的 19 人参赛。本次竞赛以“高标准・高质量・高效能”为主题，竞赛内容包括文化行业政策法规、图书馆学基本原理、图书馆业务工作相关标准规范等。竞赛分设个人赛和团体赛。个人赛考察图书馆业务知识与规范；团体赛则进行现场决赛。本次比赛个人一等奖获得者高宁（淄博市图书馆）、杨振瑜（淄博市图书馆）、吕洁（淄博市图书馆）、张士红（沂源县图书馆）、彭钰淇（淄博市图书馆）、周丽（沂源县图书馆）、赵妍淑（淄川区图书馆）；个人二等奖获得者张丽萍（张店区少儿图书馆）、边秀丽（桓台县图书馆）、张雯（淄川区图书馆）、张菲菲（高青县图书馆）、刘宇（桓台县图书馆）；个人三等奖获得者陈丽（张店区少儿图书馆）、王快英（博山区图书馆）、李静波（周村区图书馆）、康楷（临淄区图书馆）、姜丽娇（临淄区图书馆）、张奇（高青县图书馆）、吕晖（周村区图书馆）。团体一等奖获得者为淄博市图书馆代表队、桓台县图书馆代表队；团体二等奖获得者为沂源县图书馆代表队、高青县图书馆代表队、淄川区图书馆代表队；团体三等奖获得者为张店区少儿图书馆代表队、周村区图书馆代表队、临淄区图书馆代表队。优秀组织奖获得者为淄博市图书馆。获优秀指导老师一等奖的有吕春燕（淄博市图书馆）、刘肖霞（淄

第六届淄博市公共图书馆业务竞赛决赛暨全省第八届公共图书馆业务竞赛选拔赛现场

博市图书馆）、王斌（桓台县图书馆）；获优秀指导老师二等奖的有苗兴英（沂源县图书馆）、任洁（高青县图书馆）、于宁（淄川区图书馆）；获优秀指导老师三等奖的有张丽萍（张店区少儿图书馆）、韩斐（周村区图书馆）、孙欣一（临淄区图书馆）、燕飞（博山区图书馆）。

二、参加山东省公共图书馆业务竞赛

2016年9月27—28日，由山东省文化厅主办、省图书馆承办的山东省第七届公共图书馆业务竞赛在省图书馆举办，全省17个地市和省图书馆共18支代表队参加了本次竞赛。淄博市经过选拔，由市图书馆吕春燕、陈雪及淄川区图书馆于宁组成淄博代表队，由市图书馆副馆长丁雷带队参赛。本次竞赛内容包括图书馆基本原理、文献资源建设、信息技术、读者服务、管理实务、宣传推广、全民阅读等模块。最终市代表队获团体三等奖，吕春燕、于宁、陈雪分获图书馆业务知识项目二等奖和阅读服务项目三等奖，淄博市图书馆获优秀组织奖。

2018年9月4日，由山东省文化厅主办，山东省图书馆、山东省图书馆学会承办的《中华人民共和国公共图书馆法》知识竞赛在烟台市图书馆举行，全省17个地市和省图书馆共18支代表队54名选手参加比赛。淄博市经过选拔，由市图书馆王长鸣、代秀丽及博山区图书馆赵欣组成淄博代表队，由市图书馆馆长刘玉湘、副馆长丁雷带队参赛。王长鸣以总分第二名的成绩荣获个人一等奖，代秀丽、赵欣荣获个人三等奖，淄博代表队荣获团体三等奖。

2021年9月28—29日，由山东省文化和旅游厅主办、山东省图书馆承办的山东省第八届公共图书馆业务竞赛在省图书馆举办，全省16个地市和省图书馆共17支代表队51名选手参加比赛。本届业务竞赛聚焦“标准·智慧·效能”主题，采取线上与线下结合的形式。淄博市经过选拔，由市图书馆高宁、吕洁及沂源县图书馆张士红组成淄博代表队，由市图书馆副馆长丁雷带队参赛。吕洁获得图书馆业务知识与规范项目个人三等奖，吕春燕、李蕾获得辅导老师三等奖，淄博代表队荣获团体三等奖。

山东省第八届公共图书馆业务竞赛淄博队参赛队员与领队合影

第二章　图书馆评估定级及全省公共图书馆绩效考核

图书馆评估是对公共图书馆工作全面系统地进行定量或定性考核评价的过程，是公共图书馆管理的重要组成部分。文化部（文化和旅游部）于1994年、1998年、2003年、2009年、2013年、2017年、2022年共组织了7次公共图书馆评估定级工作。通过“以评促建、以评促管、以评促用”推进了国家公共文化服务标准化与均等化工作。公共图书馆评估定级标准作为历次图书馆评估的依据，已经成为衡量各级公共图书馆业务能力和管理水平的重要尺度，不断引导和推动图书馆事业发展。淄博市图书馆根据历次评估通知精神及要求，对照评估标准制定详细的实施方案及整改措施，完成历次市图书馆的评估定级及对区县图书馆评估定级的督导检查工作。公共图书馆绩效考核则是山东省图书馆于2018年推出的对全省各级公共图书馆进行服务绩效评价的重要举措。

第一节　评估定级

2013年，文化部发布《文化部办公厅关于开展县以上公共图书馆第五次评估定级工作的通知》，组织开展第五次全国县以上公共图书馆评估定级工作。按照省文化厅《关于认真开展县以上公共图书馆第五次评估定级工作的通知》要求，淄博市图书馆自2013年3月开始准备迎评工作。召开全市评估定级工作动员大会，贯彻落实有关文件，同时积极向市政府分管领导、市文广新局主要领导汇报，争取上级有关部门支持，在全馆上下形成目标明确、真抓实干的工作局面。同时严格按评估标准逐项进行对照自查，针对查出的问题，细化分解，责任到人，制定整改措施，划阶段、分时间落实，确保整改工作按期保质保量完成。协助市文广新局对区县公共图书馆的评估定级工作进行督察，确保全市公共图书馆评估工作顺利进行。

2013年4月22日，山东省第五次公共图书馆初评工作组到淄博市图书馆检查指导。工作组一行对市图书馆的迎评工作给予了充分肯定，认为领导重视，准备充分，资料翔实，尤其在资源建设、读者服务、重点文化工程等方面形成了自己的特色。5月28日，山东省第五次公共图书馆评估定级工作专家组对淄博市图书馆进行复评。专家组一行首先到新馆工地视察，并听取淄博市图书馆新馆建设情况介绍。汇报会上，市文广新局主要领导指出，淄博市委、市政府高度重视文化设施建设，市图书馆新馆将于6月底全面建成并交付使用。市文广新局全力支持市图书馆申报国家一级馆，希望市图书馆“以评促建，评建结合”，推进淄博市公共文化服务体系建设再上新台阶。专家组一行听取了市图书馆馆长刘玉湘从设施与设备、经费与人员、文献资源、服务工作、协作协调、管理与表彰、重点文化工程建设七个方面所作的工作汇报，认真审核评估材料，到各业务部室进行实地考察，充分肯定了淄博市图书馆近年来的各项业务建设和发展情况，并将评估情况上报山东省文化厅和文化部。2013 年 10 月 31 日，文化部确定第五次全国县以上公共图书馆评估定级上等级图书馆名单，淄博市图书馆被评定为一级图书馆。

为贯彻落实《中共中央办公厅、国务院办公厅关于加快构建现代公共文化服务体系的意见》精神，发挥以评促建、以评促管、以评促用的作用，促进全国公共图书馆事业发展，按照每 4 年进行一次全国县级以上公共图书馆评估定级工作的要求，文化部于 2017 年开展第六次全国县级以上公共图书馆评估定级工作。2016 年 10 月，山东省图书馆、山东省图书馆学会举办第六次全国公共图书馆评估定级培训班。培训班对评估定级标准进行了解析，并就全省迎评工作进行了部署。淄博市图书馆按照文化部下发的《关于开展第六次全国县级以上公共图书馆评估定级工作的通知》文件精神以及省馆的要求，迅速成立评估定级创评工作小组和办公室，召开评估定级工作动员大会，传达贯彻有关文件，对本馆的评估工作进行部署。同时，积极向市政府分管领导、市文广新局主要领导汇报，争取上级有关部门的支持。10 月 24 日、31 日，市图书馆两次召开全体会议，传达第六次全国公共图书馆评估定级工作相关文件及精神，并就地市级图书馆评估标准进行逐条解析。馆长刘玉湘强调了本次评估定级工作的意义及重要性，要求全馆干部职工以评估定级为契机，严格按照一级馆标准查遗补缺，不仅要争创一级馆，更要以评促建，推动全馆各项工作再上新台阶。第六次评估定级工作采取线上、实地和第三方测评相结合的方式进行，市图书馆按照部室分工将评估项目细化分解，责任到人，成立以党政主要领导亲自挂帅的材料审核小组，历经初审、终审，上传平台、最后审定的流程，按照要求、标准，划阶段、分时间落实，确保了评估工作按期保质保量完成。12 月，全省公共图书馆评估定级及考核工作培训班在淄博举办。省文化厅公共文化处处长刘显世出席开班仪式并讲话，各市文广新局公共文化科（处）长、图书馆馆长，部分县（市、区）文广新局局长、图书馆馆长等 140 余人参加会议。会议主要围绕贯彻文化部第六次公共图书馆评估定级工作有关精神，部署全省第六次公共图书馆评估工作，系统讲解评估要素以及重点难点问题，对评估定级系统软件操作进行培训。

2017 年 9 月，全国第六次公共图书馆评估定级复评专家组到淄博市图书馆开展复评工作。专家组成员有杭州图书馆馆长褚树青、山东省文化厅公共文化处调研员吴红、山东省图书馆副馆长李西宁等。专家组听取了市图书馆的工作汇报并进行了实地考察，对淄博市图书馆的整体工作给予肯定。12 月 15 日，文化部评估定级专家组在山东省文化厅副厅长李国琳、公共文化处处长刘显世，山东省图书馆馆长冯庆东、副馆长李西宁等的陪同下，莅临淄博市图书馆检查评估定级工作，实际上也是对全省评估定级工作的复查。文化部专家组成员有国家图书馆馆长助理汪东波、武汉市图书馆馆长李静霞、首都图书馆副馆长邓菊英、国家图书馆研究院副院长申晓娟、国家图书馆副研究馆员田颖、武汉图书馆副研究馆员魏丹等。文化部专家组在淄博市政府副市长张庆盈、市政府办公厅副主任赵博，市文广新局党委书记、局长周茂松及市图书馆领导班子成员陪同下，以实地考察 + 汇报会形式检查评估定级工作。市图书馆馆长刘玉湘从服务效能、业务建设、保障条件三方面向专家组汇报了淄博市图书馆本次评估期的各项工作。工作组一行对淄博市图书馆的各项工作给与充分肯定，省文化厅副厅长李国琳也充分肯定淄博市图书馆在本次评估工作中取得的成绩。2018 年 5 月，文化和旅游部办公厅发布《关于公示第六次全国县级以上公共图书馆评估定级结果的公告》，淄博市图书馆名列一级图书馆。

2022 年 5 月，文化和旅游部办公厅发布《关

2017 年 12 月，文化部公共图书馆评估定级工作组莅临淄博市图书馆检查工作

于开展第七次全国县级以上公共图书馆评估定级工作的通知》。为贯彻落实文化和旅游部、省市文旅主管部门相关文件精神，顺利推动评估定级工作，淄博市图书馆于6月6日、6月27日和7月11日三次召开迎评工作推进会议，全面启动评估定级有关工作。8月31日按时完成全部评估指标的网上填报工作。8月，按照第七次全国县级以上公共图书馆评估定级工作安排，山东省督导组成员山东省图书馆党委副书记、副馆长李西宁，业务辅导部主任陶嘉今，济宁市图书馆党委书记、馆长纪文杰一行对淄博市县级以上公共图书馆评估定级准备工作进行实地检查督导。淄博市文化和旅游局党组副书记张振香，公共服务科科长黄磊，市图书馆党支部书记、馆长姜艳平，副馆长丁雷，及博山区、高青县领导陪同检查督导。督导组一行通过实地查看、听取汇报、核实数据、审阅材料、座谈交流等方式，对博山区图书馆、高青县图书馆评估定级工作进行全面检查。督导组对博山区图书馆、高青县图书馆在场馆建设、硬件设施设备和阅读推广等方面取得的成绩给予了肯定，对准确理解评估指标、提高提交材料的精准性等方面进行了具体指导，并对业务建设、人才队伍等方面提出建设性意见和建议。8月17日，淄博市公共图书馆评估定级工作推进会在市图书馆召开。市、区县文化和旅游局分管局长、图书馆长及各图书馆负责评估定级工作骨干力量40余人参加会议。市文化旅游局四级调研员赵凌云参加会议并讲话。会议由市图书馆党支部书记、馆长姜艳平主持。会上，各区县汇报交流了近期评估定级工作进展情况、经验做法、存在困难和问题以及下一步工作打算。省图书馆研究辅导部主任陶嘉今结合前期省、市督导有关情况，就评估工作要点及指标解读等方面进行业务辅导和答疑，与会人员针对迎评工作中的难点和存在的共性、个性问题进行了交流研讨。截至2022年年底，全国第七次公共图书馆评估定级结果尚未公布。

第二节　全省公共图书馆绩效考核

为贯彻习近平新时代中国特色社会主义思想和省委、省政府建设“文化强省”战略，进一步提升图书馆服务效能和管理水平，提高学科研究水平和学术实力，推进公共图书馆事业全面可持续发展，2018年7月，山东省图书馆印发实施《山东省图书馆服务效能提升计划（试行）》。

淄博市图书馆认真学习贯彻《山东省图书馆服务效能提升计划（试行）》文件精神，在全馆深入开展“创三优”服务活动，以创新引领服务，以服务赢得读者，不断提升服务效能和服务水平，实现了良好社会效益。2018年淄博市图书馆全年接待读者134.4万人次，发展持证读者11900余名，借还图书141.7万册次，新上架图书10.5万余册，征集地方文献1500多册，举办各类阅读文化活动891场次。加大数字资源建设力度，自有及试用数字资源量达到近40TB。不断推广“淄博市民学习中心”数字平台，进一步优化“U书快借”服务，开通支付宝办证业务。省内第一家启动残疾人数字阅读推广工程，向社会发放800台智能听书机。首家城市书房开馆运行。在山东省图书馆、山东省图书馆学会组织开展的2018年度全省市级（副省级）公共图书馆绩效评价考核中，市图书馆以优异成绩被确定为“全省市级（副省级）公共图书馆绩效评价优秀单位”。

2019年10月29日，《山东省县（市、区）级公共图书馆绩效评价标准》座谈会在市图书馆召开。省图书馆副馆长周玉山、业务辅导部主任陶嘉今，全省部分地市及区县的图书馆领导参加座谈会。周玉山介绍了《山东省县（市、区）级公共图书馆绩效评价标准》制定工作的进展情况。与会人员主要从三个方面进行了研讨，一是考核标准的设置情况，包括一级、二级指标的名称、内容、指标值、分值和细则等。二是填报平台的技术要求、填报进度等。三是对市级馆标准的调整和评价进行了座谈。

2020 年 7 月，全省公共图书馆馆长联席会在潍坊召开。本次会议对在山东省图书馆学会组织开展的 2019 年全省市、县（市、区）级公共图书馆绩效评价考核中，表现突出、成绩优异的单位进行了表彰，淄博市图书馆再次以优异成绩被表彰为“优秀单位”。2019 年，淄博市图书馆继续全面提高管理水平和服务效能，全年接待读者 139.35 万余人次，发展持证读者 19534 名，借还图书 126.2 万余册次，新上架图书 10.4 万余册，举办各类阅读文化活动 972 场（次）。新建设城市书房 3 家，建成开放的 2 家城市书房接待读者 30 余万人次。不断做好延伸服务，新建成机关服务点 4 家。全市首辆专门定制的图书流动服务车投入使用，市馆、区县馆一体的服务体系建设不断完善。新增新东方、维普、万方等主流数据库，注重数字资源本土化建设，优化升级微信“服务大厅”，广泛开展“U 书快借”服务，持续提升读者信息化、现代化、智能化服务体验，受到读者广泛欢迎。

2021 年 3 月，全省公共图书馆馆长联席会在青岛召开。会上对山东省图书馆学会组织开展的 2020 年全省市、县（市、区）级公共图书馆绩效评价工作进行了总结通报。在参加绩效评价工作的 151 个市、县（市、区）图书馆中，淄博市图书馆以优异成绩连续第三年获全省公共图书馆绩效评价“优秀单位”称号。2020 年，淄博市图书馆深入贯彻落实市委提出的建设“书香淄博”的工作目标，以“创三优”服务活动为抓手，在做好疫情防控的前提下，围绕提升服务水平与服务质量等各项工作，保障市民阅读需求，丰富市民精神文化生活。因新冠肺炎疫情闭馆两个月期间，坚持“闭馆不停网，服务不打烊”，大力开展线上服务活动，两个微信公众号阅读量累计达到 40 多万次。恢复开放后，逐步调整和扩大开放范围，读者接待与疫情防控两不误，全年接待读者 82 万多人次，图书流通 82.5 万册次，办理新读者证 9700 多个。不断扩大淄博市读书节、稷下书院、“彩虹”系列少儿阅读活动等服务品牌的社会影响，圆满举办第十三届读书节、第十一届读书朗诵大赛、首届淄博市青少年读书故事会大赛等重要文化活动，全年累计举办线上线下阅读推广活动 1289 场（次）。新建成三享、天鸿万象、人民公园 3 个城市书房。紫园、万科、云泰等 6 个城市书房全年接待读者 29.4 万人次，流通图书近 6 万册次。新建成市政法委、市编委、市人社局等 5 个机关服务点。图书流动服务车全年开展服务 260 多天。

第三章 图书馆学会工作

淄博市图书馆学会于1989年12月成立，业务主管单位为淄博市文化和旅游局，是由全市图书馆工作者自愿结合、依法在淄博市民政局注册登记的全市性、公益性、学术性社会团体；是党和政府联系全市图书馆工作者的纽带和桥梁，是发展淄博市图书馆事业的重要社会力量。学会的业务范围为开展市内外学术交流，组织学术研究；开展对会员的继续教育；面向社会开展指导阅读，开展科普教育工作；等等。

第一节 学会年会及理事会

淄博市图书馆学会于2016年选举产生第六届理事会，至2022年无变化。第六届理事会理事长刘玉湘，常务副理事长曲国庆，副理事长姜艳平、从鲁丽、陈刚、赵一兵、闫广玉、钱玉龙、丁雷、孙风芹，秘书长丁雷（兼），副秘书长孟芳、王尊新。淄博市图书馆学会第六届理事会常务理事单位为淄博市图书馆、山东理工大学图书馆、淄博职业学院图书馆、淄博师范高等专科学校图书馆、张店区少儿图书馆、桓台县图书馆、沂源县图书馆、中国铝业股份有限公司山东分公司档案处。理事单位为淄川区图书馆、博山区图书馆、周村区图书馆、临淄区图书馆、高青县图书馆、齐鲁医药学院图书馆、山东工业职业学院图书馆、山东轻工职业学院图书馆、山东药品食品职业学院图书馆、山东铝业职业学院图书馆、淄博市技师学院图书馆、山东水利技师学院图书馆、中共淄博市委党校信息中心（图书馆）。

2013年12月，淄博市图书馆学会2013年会在淄博职业学院图书馆召开。市文广新局副局长李玉福、淄博职业学院副院长姜义林、市民间组织管理局副局长李清柱、市社科联组联部部长崔兴莹等领导及来自全市部分高校、五区三县公共图书馆馆长共计36人出席。市图书馆学会理事长刘玉湘主持年会。会上，各理事成员单位就2013年及2014年的工作思路进行了总结交流，对2013年全市图书馆工作成绩突出的先进单位、个人进行了表彰。

2015年1月，淄博市图书馆学会2014年会在市图书馆召开。市社会科学联合会副主席司文秀，市文广新局副局长、调研员李玉福和来自全市部分高校、企业及五区三县公共图书馆系统19个理事单位20余人参加，会议由学会理事长刘玉湘主持。会上，各理事会成员单位总结交流了2014年在资源建设、基础服务、创新性工作等方面的经验和2015年工作思路，并对2014年全市图书馆工作先进单位和个人进行了表彰。

2016年1月，淄博市图书馆学会2015年会在市图书馆召开。学会理事长、市图书馆馆长刘玉湘主持年会，市社会科学联合会副主席司文秀、组联部部长崔兴莹，市文广新局副局长、调研员李玉福和来自淄博市高校、企业及五区三县公共图书馆系统19个理事单位的20余位馆长参会。会上，各单位就本馆2015年的工作情况和2016年的工作计划进行了交流与探讨，对2015年全市图书馆工作先进单位和个人进行了表彰。

2016年12月，淄博市图书馆学会2016年会暨第六届理事会换届大会在市图书馆召开，全市高校、企业、公共图书馆系统21个理事单位的30余位代表参会。市社会科学联合会副主席司文秀、组联部部长崔兴莹，市民间组织管理局副局长徐业东，市文广新局党委委员、副局长曹丕祯等领导出席了会议。会议由学会副理事长、秘书长、市图书馆副馆长丁雷主持，学会第五届理事会理事长、市图书馆馆长刘玉湘做工作报告。本次年会选举产生了第六届理事会。会上，部分理事单位就2016年的工作情况和2017年的工作计划进行了交流与探讨，并对2016年在全市图书馆工作中成绩突出的先进单位和个人进行了表彰。

2018年1月，淄博市图书馆学会2017年会在博山区人立大厦召开，学会理事长、市图书馆馆长刘玉湘主持年会。淄博市社科联副主席司文秀、组联部部长崔兴莹，淄博市文广新局党委委员、副局长曹丕祯，文化科科长裴涛，博山区副区长康义文，博山区文化出版局局长王伟、副局长刘莲静和来自市、区、县公共图书馆及各高校、企业图书馆理事单位30余人参加会议。会上，学会理事长、市图书馆馆长刘玉湘回顾了2017年工作，提出了2018年的工作设想；各理事单位交流了2017年开展的特色、亮点工作和2018年的工

作重点。会议还对2017年全市图书馆工作先进单位和个人进行了表彰。

2019年12月，淄博市图书馆学会2019年会在市图书馆召开。淄博市文化和旅游局党组副书记张振香、淄博市社科联组联部部长崔兴莹、山东理工大学图书馆馆长曲国庆、市图书馆党支部书记姜艳平和来自市、区、县公共图书馆及各高校、企业图书馆理事单位20余人参加会议，学会理事长、市图书馆馆长刘玉湘主持年会。各理事单位交流了2019年开展的特色、亮点工作和2020年的工作重点。会议对2019年全市图书馆工作的先进单位和个人进行了表彰。

因新冠肺炎疫情，市图书馆学会2020、2021年会均未能按期召开。

第二节　图书馆学研究

淄博市图书馆学会自1989年12月成立以来，履行学会职责，勇于创新，学会组织建设成效显著，学术研究活动蓬勃发展。截至2022年，市图书馆馆员参与申请省级研究课题8项，已有4项顺利结项。出版、发表一批专著、论文等学术成果，多人获得省级、市级社会科学优秀成果奖。

一、研究课题

2012—2022年，市图书馆馆员共申请省级研究课题8项，市级课题1项，截止到目前，有4项已经顺利结项，其他3项正在研究出成果阶段，预计将于年内结项。1项阅读推广案例入选2022年中国图书馆学会阅读推广委员会交流案例。

研究课题、阅读推广案例一览表

序号	课题名称	负责人	成员	类别	立项时间	结项时间
1	“书院文化”在当代的创新性发展研究及实践	姜艳平	陈雪、彭钰淇	2021年度山东省艺术科学重点课题	2021.7	2022.12
2	公共图书馆数字化无障碍阅读在视障残疾人中的创新性服务和推广	丁雷	孙凤、刘肖霞、沈兰妮、张娇娇	2021年度山东省文化和旅游研究课题	2021.10	2022.10
3	公共图书馆阅读推广与中小学课堂教育深度融合研究	孟芳	董娟、左文广、王琳、赵美	2021年度山东省文化和旅游研究课题	2021.10	2022.9
4	“最是书香能致远”志愿服务项目	孟芳	董娟、左文广、赵美	2022年山东省新时代文明实践社科普及“五为”志愿服务100项重点项目	2022.6	2022.10
5	基于李约瑟《中国科学技术史》的山东古代科技文献挖掘与研究	杨长新	杨振瑜、王安君、刘浩、杨璐羽	2022年度山东省文化和旅游研究课题	2022.9	
6	山东乡土文化教育融入公共图书馆少儿阅读推广活动的研究与实践	黄静	沈兰妮、吕洁、赵婷	2022年度山东省文化和旅游研究课题	2022.9	
7	公共图书馆纸质图书PDA采访模式绩效评价研究	谭巍	张娟、李雷	2022年度山东省文化和旅游研究课题	2022.9	

续表

序号	课题名称	负责人	成员	类别	立项时间	结项时间
8	“城市领读者”全民阅读特色品牌建设与实现路径研究及实践	陈雪	辛莉、彭钰淇	2022 年度山东省文化和旅游研究课题	2022.9	
9	基于文献视角的焦裕禄精神传承与实践研究	饶克俭	高宁、李雷	2022 年度淄博市社会科学规划研究项目	2022.09	
10	“爱心相伴 悦读同行”——淄博市公共图书馆文化助盲联盟阅读推广案例	孙凤	刘肖霞、廉冰、杨振瑜、王斌	中国图书馆学会公共图书馆分会（入选交流名单）	2022.10	
11	社会力量参与少儿阅读推广活动实践与思考——以淄博市图书馆“彩虹”少儿阅读推广活动为例	黄静	沈兰妮、吕洁	中国图书馆学会阅读推广委员会（入选交流名单）	2022.10	

二、论文、专著等学术研究成果

随着图书馆学研究的不断深入，市图书馆工作人员陆续出版了一批论文、专著等学术研究成果，多篇论文参加省图书馆学会征文比赛、市社科联社会科学优秀成果奖评选，取得优异成绩。

出版的专著主要有：

《淄博市图书馆志》，刘玉湘主编，2013 年 10 月由中国文史出版社出版。

《淄博文学史》，2016 年由山东齐鲁书社出版有限公司出版。姜艳平撰写第四编概说，第一、二、四、五章，钱玉龙撰写第二编第一、二、三章。

《历代诗咏淄博总汇》，2019 年 12 月由山东人民出版社出版，姜艳平任副总编，姜艳平、钱玉龙、丁雷参与编撰。

《图书馆读者服务理论与实践》，孙凤著，2021 年 9 月由吉林出版集团股份有限公司出版。

《淄博市图书馆藏古籍目录暨珍贵古籍图录》，刘玉湘、姜艳平主编，2021 年 10 月由中华书局出版。

《淄博市图书馆馆藏书画集》，刘玉湘、姜艳平主编，2022 年 3 月出版。

《公共图书馆古籍保护的现状与发展对策》，狄加全著，2022 年 6 月由吉林出版集团出版社出版。

《新媒体视域下的图书馆宣传与服务创新》，余冬青著，2022 年 9 月由云南人民出版社出版。

《基层图书馆业务研究文集》，孟芳著，2022 年 8 月由吉林人民出版社出版。

《图书馆文献信息资源建设与服务研究》，王长鸣、姚秀穗著，2022 年 9 月由吉林文史出版社出版。

《少儿图书馆阅读推广研究》，赵美、赵锡环著，2022 年 10 月由西北工业大学出版社出版。

淄博市图书馆工作人员发表论文一览表

序号	论文名称	作者	刊物	发表时间
1	Web2.0 环境下公共图书馆网站个性化信息服务探讨	余冬青	《山东理工大学学报（社会科学版）》	2013.11
2	论信息时代图书馆服务的再造和优化	丁建波	《文艺生活·文海艺苑》	2013.10
3	浅析数字图书馆发展与阅读方式	丁建波	《黑龙江史志》	2014.3
4	网络环境下图书馆读者服务创新思路研究	赵锡环	《青年文学家》	2014.3

续表

序号	论文名称	作者	刊物	发表时间
5	赵执信手稿《碧云仙师笔法录》考略	丁雷、姜艳平	《山东省图书馆学刊》2014 年增刊	2014
6	当前图书馆发展的困境与应对措施	谭巍	《经济研究导刊》	2015.4
7	论公共图书馆纸质图书编目外包——淄博市图书馆近年采编工作体会	谭巍	《中外企业家》	2015
8	浅谈如何改善公共图书馆员的职业倦怠现象	谭巍	《图书馆报》	2015.5
9	冰心一片在玉壶——纪念《蒲松龄研究》季刊创刊 30 周年及出版 100 期	刘玉湘	《蒲松龄研究》	2016
10	大数据时代的数字图书馆建设略谈	朱桂红	《信息与电脑(理论版)》	2018.9
11	“互联网 +”背景下的公共图书馆新媒体服务	朱桂红	《信息与电脑(理论版)》	2018.9
12	公共图书馆英文绘本阅读推广的几点探讨	朱桂红	《校园英语》	2018.9
13	大数据技术在图书馆管理中的应用思考	张笑一	《经济与社会发展研究》	2019.4
14	大数据视阈下图书馆服务创新策略探析	张笑一	《现代经济信息》	2019.7
15	新时期基层党建档案的规范化建设	龚立军	《办公室业务》	2019.9
16	新时代干部人事档案管理工作刍议——结合《干部人事档案工作条例》贯彻落实谈起	龚立军	《经济研究导刊》	2019.9
17	浅谈如何利用自助服务模式更好的为读者服务——以淄博市图书馆为例	廉冰	《兰台内外》	2020.2
18	如何促进山东文化和旅游融合发展之我想	王大海	《卷宗》	2020.5
19	全媒体下公共图书馆数字资源服务与全民阅读	左文广	《卷宗》	2020.7
20	智慧图书馆背景下 ASK 模型在馆员培养中的应用分析	廉冰	《图书馆学刊》	2020.8
21	新时期美术馆的挑战与数字化发展	狄加全	《科学导报》	2020.09
22	美术馆数字化发展探析	狄加全	《淄博晚报》	2020.09
23	图书馆自动化与网络化之现状及展望	孙凤	《卷宗》	2021.1
24	公共文化园区多业态发展浅析	廉冰	中文科技期刊数据库(全文版)图书情报	2021.3
25	城市书房打通全民阅读“最后一公里”的创新实践——以山东省淄博市城市书房建设为例	陈雪	《河南图书馆学刊》	2021.3
26	公共图书馆传承与弘扬中华优秀传统文化的实践探索——以淄博市图书馆为例	陈雪	《山东图书馆学刊》	2021.4
27	疫情背景下美术馆发展模式探析	狄加全	《教育学文摘》	2021.05
28	图书馆文学经典阅读的推广策略分析	彭钰淇	《文学天地》	2021.6
29	图书馆阅览室的建设与管理探析	姚秀穗	《人文之友》	2021.6
30	网络环境下公共图书馆读者服务的特点及对策——以淄博市图书馆为例	孙凤	《兰台内外》	2021.7
31	区块链技术在公共图书馆区域联盟资源共享中的应用分析	孙凤	《图书馆研究与工作》	2021.8
32	网络环境下图书资料的管理与建设	王大海	《科技创新导报》	2021.9
33	移动互联网时代图书馆数字阅读推广探究	余冬青	《文化产业》	2021.12

序号	论文名称	作者	刊物	发表时间
34	面向图书馆资源共享与维护的联盟链平台建设与应用研究——基于FISCO BCOS系统架构理念	廉冰、杨振瑜	《新世纪图书馆》	2022.1
35	中国图书馆学会推进智慧图书馆探索	余冬青	《新阅读》	2022.3
36	公共图书馆古籍保护的现状与发展对策	狄加全	《图书馆学刊》	2022.4
37	淄博地区县级公共图书馆总分馆制建设调查报告	孟芳、董娟	《中文信息》	2022.4
38	共同遗产视域下地方非遗档案资源的多维建构策略研究	饶克俭、高宁	《档案管理》	2022.4
39	馆藏古籍善本的特色与利用	李雷	《兰台内外》	2022.6
40	公共图书馆服务与管理质量提高策略	狄加全	《兰台内外》	2022.7
41	公共图书馆古籍保护的思考与实践分析	饶克俭	《兰台内外》	2022.7
42	大数据应用在图书馆管理与服务中的作用	赵美	《兰台内外》	2022.7
43	共享经济时代下全民阅读推广的策略	赵锡环	《兰台内外》	2022.7
44	略论城市书房高质量发展的六个重要策略	王安君	《图书馆界》	2022.8
45	图书馆阅读推广工作中微信公众平台的应用研究	赵美	《兰台内外》	2022.8
46	图书馆图书资料信息化管理探析	赵锡环	《兰台内外》	2022.8
47	新时代公共图书馆古籍文献保护管理研究	王长鸣	《兰台内外》	2022.9
48	公共图书馆图书管理现状及优化路径探析	孙镇	《文化产业》	2022.9
49	数字技术赋能聊斋文化的保护与传承	孟芳、李蕾	《蒲松龄研究》	2022.9
50	现代公共图书馆读者服务工作的优化路径	姚秀穗	《兰台内外》	2022.9
51	“十四五”时期公共图书馆跨界融合与可持续发展探究	王安君	《河南图书馆学刊》	2022.10
52	基于大数据背景下图书馆财务管理研究	王琳	《丝路视野》	2022.10
53	分年级定制式阅读推广实践探索——以淄博市图书馆为例	孟芳	《山东理工大学学报(社会科学版)》	2022.10

淄博市图书馆工作人员研究成果获奖统计表

序号	姓名	成果名称	奖项	颁发单位	时间
1	黄静	浅论图书馆员在少儿读者工作中的角色定位	山东省图书馆学会第二十次科学讨论会征文三等奖	山东省图书馆学会	2013.5
2	辛莉	图书馆管理中的情感关怀是人力资源开发的重要环节	淄博市第26次社会科学优秀成果三等奖	淄博市社会科学优秀成果奖评选委员会	2013.10
3	余冬青	责任、意识、道德与创新——论图书馆职业精神之价值	淄博市第26次社会科学优秀成果三等奖	淄博市社会科学优秀成果奖评选委员会	2013.10
4	黄静	浅谈公共图书馆基础藏书制度的建设	山东省图书馆学会第二十一次科学讨论会征文二等奖	山东省图书馆学会	2014.5

续表

序号	姓名	成果名称	奖项	颁发单位	时间
5	黄静	试论公共图书馆地方文献工作	2014鲁豫皖赣新图书馆学会学术年会征文活动二等奖	山东省图书馆学会、河南省图书馆学会、安徽省图书馆学会、江西省图书馆学会、新疆维吾尔自治区图书馆学会	2014.08
6	余冬青	基于公共文化视角下的图书馆服务创新	2014鲁豫皖赣新图书馆学会学术年会征文活动三等奖	山东省图书馆学会、河南省图书馆学会、安徽省图书馆学会、江西省图书馆学会、新疆维吾尔自治区图书馆学会	2014.8
7	余冬青	Web2.0环境下公共图书馆网站个性化信息服务探讨	淄博市第27次社会科学优秀成果三等奖	淄博市社会科学优秀成果奖评选委员会	2014.9
8	赵锡环	当前市级图书馆管理存在的突出问题及应对策略	淄博市第27次社会科学优秀成果三等奖	淄博市社会科学优秀成果奖评选委员会	2014.9
9	丁雷 姜艳平	赵执信手稿《碧云仙师笔法录》考略	淄博市第28次社会科学优秀成果二等奖	淄博市社会科学优秀成果奖评选委员会	2015.9
10	谭巍	公共图书馆编目数据外包问题探讨	2015鲁豫皖赣新琼图书馆学（协）会学术年会征文活动一等奖	山东省图书馆学会、河南省图书馆学会、安徽省图书馆学会、江西省图书馆学会、新疆维吾尔自治区图书馆学会、海南省图书馆协会	2015.11
11	陈雪	浅谈图书馆服务创新对“图书馆+书院”模式的几点思考	“现代书院建设与齐鲁优秀传统文化”征文优秀奖	山东省图书馆学会	2016.3
12	龚立军	新时期基层党建档案的规范化建设	淄博市第33次社会科学优秀成果三等奖	淄博市社会科学优秀成果奖评选委员会	2020.11
13	廉冰	智慧图书馆背景下ASK模型在馆员培养中的应用分析	淄博市第34次社会科学优秀成果三等奖	淄博市社会科学优秀成果奖评选委员会	2021.9
14	姜艳平 丁雷 孙凤 刘肖霞	“爱心相伴 悦读同行”文化助盲阅读推广工程	首届文化助盲志愿服务项目专项赛优秀奖	中国盲文图书馆	2021.11
15	淄博市图书馆	“文明共携手 书香润淄博”知识资源“五进”阅读推广活动	全省公共图书馆首届阅读推广品牌项目	全省公共图书馆首届阅读推广品牌项目 山东省文化和旅游厅	2022.05

序号	姓名	成果名称	奖项	颁发单位	时间
16	廉冰	公共文化 园区多业态发展浅析	淄博市第35次社会科学优秀成果二等奖	淄博市社会科学优秀成果奖评选委员会	2022.10
17	赵美	人本管理思想在图书馆管理创新中的实践探究	淄博市第35次社会科学优秀成果二等奖	淄博市社会科学优秀成果奖评选委员会	2022.10
18	孙凤	图书馆读者服务理论与实践	淄博市第35次社会科学优秀成果三等奖	淄博市社会科学优秀成果奖评选委员会	2022.10

第六编

管　理

第一章 党群工作

第一节 党组织建设

2013 年 7 月，市图书馆党支部召开全体党员大会，进行支委会换届选举工作。新一届支委会领导班子通过选举产生。姜艳平任党支部书记、刘玉湘任党支部副书记。

2016 年 5 月 9 日，市图书馆组织召开了“淄博市图书馆‘两学一做’学习教育活动动员会”。制定了《淄博市图书馆“两学一做”教育实施方案》和《淄博市图书馆“两学一做”学习教育安排表》。

6 月，按照市直文化系统党员干部结对帮扶工作安排，为困难百姓解决实际难题，让帮扶落到实处，市图书馆党支部积极号召全馆党员干部踊跃捐款，共筹集款项 8700 元，并于 6 月底将捐款送至困难村民手中。8 月，市图书馆党支部召开全体党员大会，进行支委会换届选举工作。新一届支委会领导班子通过选举产生。姜艳平任党支部书记、刘玉湘任党支部副书记。9 月 12 日，经支部大会通过，王安君转为正式党员。12 月 29 日，市图书馆党支部召开淄博市图书馆党支部专题组织生活会，党支部书记姜艳平主持。本次专题组织生活会从加强政治业务学习、打造优秀图书馆团队、扎实开展“两学一做”学习教育、积极开展文明创建工作以及党建中存在的问题及今后打算等进行了全面总结。2017 年 6 月 26 日，在即将迎来中国共产党建党 96 周年之际，市图书馆党支部组织召开专题学习会，传达上级有关会议、文件精神，重温我党光荣历史。并在一楼大厅举办“砥砺奋进的 5 年——庆祝中国共产党建党 96 周年”主题图片展。

2017 年 7 月，淄博市图书馆被市委表彰为淄博“时代先锋”单位。10 月，市图书馆成立“两学一做”学习教育常态化制度化领导小组。结合市图书馆实际，在学深学透、做细做实、立行立改上用心用力，持续把“学、做、改”融入日常、抓在经常，确保党组织充分履行职能、发挥核心作用，确保党员领导干部忠诚干净担当、发挥表率作用，确保广大党员党性坚强、发挥先锋模范作用。12 月 18 日，市图书馆党支部邀请市文广新局党委委员、副局长曹丕祯给全馆党员干部及职工上专题党课。

2018 年 1 月 7 日，市图书馆党支部召开 2018 年度总结会，全面总结了 2018 年党建和精神文明建设工作情况。2018 年，市图书馆按照中央、省、市委和局党委要求，认真学习贯彻党的十九大精神，扎实有效地推进党建各项工作，以持续开展“创三优”服务和争创“文明先锋”“文明单位”为抓手，进一步夯实党建工作基础，着力团队素质提升，在党建和精神文明建设各方面成效显著，为全馆各项工作开展奠定了良好的思想政治基础。2 月 1 日，市图书馆党支部召开 2017 年度民主生活会。市文广新局党委委员、副局长曹丕祯，文化科副科长赵文琦列席。2 月 8 日，市图书馆党支部召开党员组织生活会和民主评议党员会，全馆在职党员 25 人参加会议。3 月 4 日，市图书馆党支部召开 2018 年度组织生活会暨民主评议党员会议。会议由党支部书记姜艳平主持，全体在职党员共27人参加会议。市文化和旅游局财务筹备组组长孙维玲、市文化和旅游局办公室副主任张雅娜根据局党组安排，全程指导本次组织生活会。3月12日，市图书馆党支部召开全面从严治党工作落实会议，传达学习贯彻《中共淄博市委关于落实全面从严治党主体责任的实施意见》。同月，市图书馆成立开展“大学习、大调研、大改进”领导小组。从3月下旬开始，按照局党组统一安排，开展“大学习、大调研、大改进”，不分阶段、不设环节，同时推开、同步推进。通过深化学习讨论、深入调研排查、深度改进提升，教育引导全馆党员干部进一步深化对习近平新时代中国特色社会主义思想和党的十九大精神的认识和理解，切实做到学懂弄通做实。进一步牢固树立“四个意识”、坚定“四个自信”，做到“两个维护”，着力解决全馆党员干部政治、思想、组织、作风、纪律等方面的突出问题。4月，市图书馆党支部召开全体党员大会，增补龚立军为支部委员。6月25日，为庆祝“七一”建党97周年，加强党性修养，市图书馆党支部组织全体党员赴山东原山党性教育基地进行考察研学活动。全体在职和离退休党员29人参加了此次主体党日活动。6月28日，在喜迎中国共产党建党97周年之际，淄博市级机关医院70余名党员干部由医院党总支书记、院长李荣旭带队，到市图书馆开展迎“七一”系列主题教育活动。院、馆双方就今后共同搭建学习平台，实现资源优势互补，共建文明单位等达成共识。7月23日，市图书馆党支部召开2018年半年组织生活会，在职党员23人参加。7月26日，市图书馆制订《中共淄博市图书馆党支部关于开展“新时代、新理念、新担当”大讨论活动的实施方案》。8月6日，召开“新时代、新理念、新担当”大讨论专题工作会议，全馆在职党员、干部职工参加。8月20日，召开淄博市图书馆党支部“新时代、新理念、新担当”大讨论活动专题组织生活会，市文广新局党委第二督导组参加。8月27日，市图书馆党支部召开“新时代、新理念、新担当”大讨论活动专题研讨会。9月3日，市图书馆举行“知敬畏存戒惧守底线”主题廉政教育活动。会上传达学习了市直机关工委《关于开展“知敬畏存戒惧守底线”主题集中教育活动的方案》，市图书馆馆长、党支部副书记刘玉湘给全馆职工上“‘知敬畏存戒惧守底线’是新时代共产党员的基本修养”的廉政党课。10月31日，为进一步增强党员队伍的思想、作风、纪律意识，加强党风廉政建设和优秀传统文化教育，引导全体党员干部自觉做到廉洁修身、廉洁从政，市图书馆党支部组织全体党员和中层以上领导干部一行25人到淄博市反腐倡廉教育基地——王渔洋纪念馆参观学习，进行党风廉政教育。12月24日，市图书馆开展《中国共产党纪律处分条例》专题党课。党支部委员、副馆长倪志坚以“牢记使命，守住政治生命线”为题上党课。

2019年1月31日，市图书馆召开2018年度

2018年3月12日，市图书馆召开全面从严治党工作落实会议

2018年6月25日，市图书馆全体党员赴原山党性教育基地开展研学暨党性体检主题党日活动

民主生活会。党支部成员刘玉湘、姜艳平、钱玉龙、倪志坚、龚立军出席，丁雷（非党干部）列席。市文化和旅游局第五督导组宓传庆、翟慎波、裴涛、扈振吉参会指导。3 月 4 日，市图书馆党支部召开 2018 年度组织生活会暨民主评议党员会议。市文化和旅游局财务筹备组组长孙维玲、市文化和旅游局办公室副主任张雅娜根据局党组安排，全程指导本次组织生活会。4 月 22 日，市图书馆党支部举行“弘扬五四精神 共创美好未来”主题党日活动，集体观看习近平在中共中央政治局第十四次集体学习时的讲话视频。5 月 15 日，市图书馆全体在职党员干部赴临淄齐文化博物馆开展齐文化研学活动，参观了齐文化博物院，开展了以“知史明智，开拓进取”为主题的研学活动。8 月 26 日，市图书馆党支部召开全体党员大会，进行支委会换届选举工作，刘玉湘、姜艳平、钱玉龙、倪志坚、龚立军 5 名同志当选为市图书馆党支部新一届支部委员。8 月 27 日，新一届党支部召开了首次支部委员会会议，选举姜艳平为党支部书记，刘玉湘为党支部副书记，钱玉龙为宣传委员，倪志坚为纪检委员，龚立军为组织委员。委员具体分工如下：钱玉龙同志分管宣传、工会工作，协助做好老干部工作；倪志坚同志分管纪检工作，协助做好共青团工作；龚立军同志分管组织工作，协助做好精神文明建设、文明城市和文明单位创建工作。9 月 19 日，市图书馆党支部召开“不忘初心、牢记使命”主题教育工作会议，公布实施《淄博市图书馆开展“不忘初心、牢记使命”主题教育工作方案》。市文化和旅游局党组成员、办公室主任、市文化和旅游局党组“不忘初心、牢记使命”主题教育巡回指导一组组长丁德翠，市文化和旅游局财务审计科科长、市文化和旅游局党组“不忘初心、牢记使命”主题教育巡回指导一组联络员王晓阳出席，市图书馆中层以上干部和全体党员参加会议。9 月 21 日，举行“不忘初心 同心同行 阔步新时代——庆祝新中国成立 70 周年环湖健步走”暨“文明交通 低碳出行 · 我为文明淄博代言”新时代文明实践志愿服务活动。9 月 23 日，举行“不忘初心 牢记使命”主题党日活动——学习朱彦夫 致敬“人民楷模”，组织全馆职工集体观看学习朱彦夫专题片。9 月 30 日，举行“不忘初心 牢记使命”主题教育专题学习，主题为“学习焦裕禄 立足本职做贡献”，组织观看电影《焦裕禄》。9 月 26 日，市图书馆党支部书记姜艳平，副馆长、工会主席钱玉龙一行，看望慰问市图书馆离休干部张光丽、庄萍，为她们送去中共中央、国务院、中央军委联合颁发的“庆祝中华人民共和国成立 70 周年纪念章”。10 月 14 日，市图书馆党支部书记姜艳平以“守初心 以读者满意为导向，担使命 以优质服务惠民生”为题给全体党员干部职工上“不忘初心、牢记使命”主题教育专题党课。10 月 14 日，组织“不忘初心、牢记使命”主题教育专题学习，集体观看红色民族舞剧《乳娘》，学习山东女性在峥嵘革命岁月所展现出的血乳交融、生死与共的人间大爱。

11 月 15 日，市文化和旅游局党组副书记张振香到市图书馆上“不忘初心、牢记使命”主题教育党课，市图书馆、市文化馆全体在职党员和中层以上领导干部参加。11 月 25 日，市图书馆馆长刘玉湘给全馆党员干部职工上“‘不忘初心、牢记使命’推动全市公共图书馆事业高质量发展”主题党课。12 月 16 日，市图书馆党支部组织召开“不忘初心、牢记使命”主题教育专题组织生活会，全馆在职党员 26 人参加会议。12 月 23 日召开“不忘初心、牢记使命”主题教育民主评议党员会议，全馆在职党员 23 人参加会议。

2020 年 2 月 25 日，市图书馆举行“抗击疫情 爱心捐募”主题党日活动。4 月，淄博市委、市政府表彰 2019 年全市“担当作为、狠抓落实”先进集体和先进个人，淄博市图书馆荣获淄博市“担当作为、狠抓落实”先进集体荣誉称号。5 月 26 日，市图书馆组织全体在职党员到张店体育场街道河滨小区开展党员“双报到”主题党日活动。协助社区做好环境卫生清理，进行文明宣传等。6月6日，市图书馆举行“红色星期六”党员志愿服务进社区活动，到党员“双报到”社区张店体育场街道河滨社区，协助进行“小广告”专项清理，向社区居民发放《文明旅游十大提醒语》《生态环保知识宣传生活篇》等宣传单；摆放《中国公民健康素养66条展》展板，进行社科知识普及，提高社区居民文明旅游、生态环保、健康素养的参与率、知晓率。7月25日，市图书馆党支部部分党员继续前往“双报到”社区河滨社区开展“红色星期六”志愿服务活动，协助清洁环境卫生，助力社区文明建设。8月29日，市图书馆党支部部分党员前往“双报到”社区河滨社区开展“红色星期六”志愿服务活动，协助清洁环境卫生，开展《淄博市文明行为促进条例》宣传，发放争做诚信市民倡议书，积极助力社区文明建设。6月22日，市图书馆党支部举行“缅怀革命先烈 传承红色基因”主题党日暨志愿服务活动。组织全馆党员干部赴马耀南故居参观，缅怀先烈事迹，重温入党誓词，开展送书进乡村（周村区北郊镇北旺村）志愿服务活动，支持烈士家乡文化建设和发展。6月28日，市图书馆党支部举行庆“七一”专题党课，党支部书记姜艳平作“我来讲党课”第一讲——“牢记使命职责 共建‘书香淄博’”。7月，市图书馆党支部举办“党员微党课”活动。第一期主讲人是党员左文广，以“从党徽党旗的演进学习党的历史”为题。8月24日，党员刘肖霞主讲“党员微党课”第二期，题目是“冰血长津湖——王牌之间的冰血碰撞”。9月28日，第三期微党课由王琳主讲“经典时刻与光辉历程”。11月16日，王安君主讲“党员微党课”第四期，题目是“学习践行党章，争做合格党员”。12月14日，市图书馆党支部召开大会，按照党员发展规程，研究、讨论表决吕洁同志由预备党员转为正式党员。

2020年6月22日，市图书馆新时代文明实践志愿服务队援建周村区北郊镇北旺村爱心书屋

2021年1月18日，市图书馆党支部举行“加强理论武装 争做学习达人”主题党日活动。认真学习贯彻市委第十二届十一次会议精神，通报表扬龚立军等10名同志为学习强国“学习标兵”（总积分排名前10位），刘浩等10名同志为2020年度学习强国“学习之星”（2020年度积分前10位）。2月18日，市图书馆党支部开展“新年新气象，学习助成长”集中学习教育活动，制定了《淄博市图书馆党支部春节后学习安排表》和《学习配档表》。3月15日，市图书馆党支部召开组织生活会暨民主评议党员会。3月29日，市图书馆党支部召开淄博市图书馆党史学习教育动员会。6月30日，淄博市“两优一先”表彰大会在齐盛国际宾馆召开，淄博市图书馆党支部被淄博市委表

2021年8月11日，市图书馆全体党员参观“数风流人物——淄博市庆祝中国共产党成立100周年主题展”

彰为“淄博市先进基层党组织”。7月9日，作为党史学习教育“为民办实事”之一，市图书馆援建淄博经开区沣水镇张二村“党建驿站”一座，捐赠图书400余册。8月11日，市图书馆党支部举行主题党日活动，组织全馆党员参观“数风流人物——淄博市庆祝中国共产党成立100周年主题展”。8月20日，市图书馆党支部组织召开党史学习教育专题组织生活会。

2022年1月14日，市图书馆党支部召开选举党代表全体党员大会，推选市文化和旅游局出席中国共产党淄博市直机关工委党员代表大会一线代表。2月28日，市图书馆党支部召开2021年度组织生活会暨民主评议党员会议。4月11日，市图书馆党支部举行淄博市图书馆加强作风建设主题党日活动。5月17日，市图书馆党支部与市中心血站第一党支部开展结对党建共建主题党日活动。8月11日，市图书馆党支部举行主题党日活动，组织全体党员参观“红色淄博——淄博市博物馆馆藏革命文物展”。8月15日，市图书馆党支部举行“学习焦裕禄精神，聚力服务品质提升”主题党日活动。9月13日，举行全体党员大会，开展“干净、担当、务实、高效、创新”淄博市图书馆廉政教育与作风建设专题工作会。10月16日，中国共产党第二十次全国代表大会在北京隆重开幕，市图书馆组织全体干部职工通过视频直播收听收看大会实况。11月21日，市图书馆党支部举行“我为文旅形象添光彩”主题党日活动。11月29日，市图书馆党支部召开意识形态专题工作会，学习二十大报告中习近平总书记意识形态工作重要论述，并结合本馆实际排查风险点、抓好落实。12月7日，市图书馆党支部召开全面从严治党专题工作会，学习二十大报告中习近平总书记全面从严治党工作重要论述；召开党风廉政建设专题工作会，研究部署2023年党风廉政建设和反腐败工作相关事项。12月10日，市图书馆党支部开展“红色星期六”党员志愿服务助力文明城市创建主题党日活动，组织党员到共青团路开展“红色星期六”党员志愿服务活动。

市图书馆历年党员人数变动情况：

2013年11月，赵美、刘浩转为正式党员。2013年共有党员38人，其中在职25人，离退休13人。

2014年7月，发展王长鸣为预备党员。9月，接收李蕾、董畅、王琳等3名党员。2014年，共有党员42人，其中在职28人，离退休14人。

2015年7月，王长鸣转为正式党员。9月，接收左文广、刘肖霞、王安君等3名党员。2015年，共有党员45人，其中在职30人，离退休15人。

2016年9月，王安君转为正式党员。接收陈雪1名党员。2016年，共有党员46人，其中在职29人，离退休17人。

2017年，王长鸣被推选为山东省第十一次党代会党代表。

2019年9月，狄加全党组织关系转出。10月，李方才党组织关系转出。2019年，共有党员44人，其中在职27人，离退休17人。

2020年1月，马光舜党组织关系转出。4月，董畅党组织关系转出。4月，接收邱彪、吕洁等2名党员。12月，吕洁转为正式党员。2020年，共有党员44人，其中在职27人，离退休17人。

2022年9月，接收蒲艾琳、狄加全2名党员。

2022年11月，接收周栋涛1名党员。2022年，共有党员47人，其中在职29人，离退休18人。

第二节　文明创建工作

2016年，淄博市图书馆以新馆运行开放为契机，正式启动市级文明单位争创工作。2017年，市图书馆被市文明委确定为市级文明单位，并于此后连续三年蝉联市级文明单位称号。2020年，市图书馆成功立项省级文明单位创建，全馆以创建省级文明单位为工作目标和总抓手，勠力同心，积极进取，取得突出社会效益，高质量完成年度创建任务。同年12月，山东省文明委授予淄博市图书馆省级文明单位称号，2021年度再度蝉联“省级文明单位”称号。近年来，市图书馆以习近平新时代中国特色社会主义思想为指导，坚持党建引领，积极培育和践行社会主义核心价值观，注重道德模范学习宣传，发动干部职工550余人次开展挂包路口、公交站点文明交通志愿服务活动。先后牵手张店区天乙村、朝阳社区、河滨社区、铁陆社区等开展文明共建，在全馆倡导移风易俗，扎实推进文明风尚养成。传承弘扬优秀传统文化，组织开展剪纸、诵读、灯谜会等一系列“我们的节日”主题活动，打造淄博市读书节、读书朗诵大赛、全民读书月、文化名城讲坛等系列阅读品牌活动，推动“书香淄博”建设，圆满完成了市、区文明办各项工作任务。将创建工作融入日常、抓在经常，实现精神文明建设和业务工作两促进，取得同频共振、双向提升的良好格局。

市图书馆举办道德讲堂 雷锋班第19任班长李有宝主讲“讲雷锋故事，传承雷锋精神”

市图书馆作为历次“创城”重点场所必检单位，积极助力淄博市争创全国文明（典范）城市工作大局也是文明单位创建的重要内容。市图书馆严格按照文明城市测评标准，高效率高质量完成材料的整合提报工作。为迎接文明城市实地考察，固化社会主义核心价值观宣传栏，设置母婴室，利用电子屏、展览展板等宣传阵地不断更新完善公益广告宣传展示。优化完善学雷锋志愿站点服务，增加创城元素。进一步提升馆内外环境，落实门前“三包”。发起文明阅读倡议，整饬阅览秩序，传播文明服务，圆满完成历年来创城任务。

2016年10月12日，由张店区文明办、房镇镇办联合组成的测评组到馆，通过实地查看、听取汇报、抽查文明知识知晓率等方式对市图书馆文明单位创建工作进行了综合测评。

2017年6月12日，市图书馆召开迎接全国文明城市文明程度指数测评工作动员会。

2017年10月29日，张店区文明办考核测评组到市图书馆，通过实地查看、听取汇报、抽查文明知识知晓率等方式对市图书馆2017年度文明单位创建工作进行综合测评。

2018年3月19日，市图书馆与市特教中心“文明共建”活动启动，并举行首场“手语融合 文明共享”志愿服务活动。市特教中心校长路荣喜、党总支书记高文龙，市图书馆馆长刘玉湘、党支部书记姜艳平，淄博文明网总编李霞，特教中心部分教师及市图书馆全体职工参加活动启动仪式。4月20日，市图书馆与市实验幼儿园文明共建签约暨“幸福的种子”志愿服务基地揭牌仪式在淄博市图书馆举行。9月，市图书馆挂包老旧小区南定镇朝阳社区轴承厂北宿舍。完成北宿舍278平方米露天文体广场的围墙粉刷工作，更换5个公共休闲座椅，小区文体广场的环境得到升级改善。中秋节来临之际，走访慰问小区困难职工，为他们送去油、面、蛋等生活物资。9月20日，张店区文明办考核测评组对淄博市图书馆市级文明单位创建工作进行考核测评。12月7日，淄博市张店区南定镇朝阳社区党支部书记姜金晖一行，专程到市图书馆赠送“联动共建 情暖社区”锦旗，感谢市图书馆对朝阳社区的扶贫帮扶工作。12月17日至12月26日，由市图书馆干部职工组成的“淄博市图书馆学雷锋志愿服务队”在张店区金晶大道与华光路路口集中开展文明交通志愿劝导活动，全馆先后有40余人次参与此次志愿服务行动，志愿服务时长80余小时。12月21日，市图书馆向张店区沣水镇梁鲁村捐赠价值1.8万元的优质图书400余册，涵盖政治、人文、社科、科技等各门类，并特别配置了儿童教育、农业种植、养殖、家庭健康、医疗保健养生等方面的书籍。

2019年3月4日，淄博市图书馆与淄博市市直机关第二幼儿园 “文明共建”签约暨“爱柚”志愿服务基地揭牌仪式在市图书馆举行。

9月21日，市图书馆干部职工到孝妇河湿地公园参加环湖健步走活动。健步走活动结束后，由党员、干部、职工组建的新时代文明实践志愿服务队开展了以绿色环保为主题的志愿服务活动，以实际行动助力文明淄博建设。11月，市图书馆学雷锋志愿服务队集中到张店区上海路和华光路路口开展“文明出行 志愿有我”创城志愿服务活动。

12月2日，市图书馆与高新区实验幼儿园文明共建签约暨“萤火虫”志愿服务基地揭牌仪式在淄博市图书馆举行。

2020年5月11日，淄博市图书馆召开全国文明城市“四连冠”创建动员誓师大会，市图书馆领导班子及全体干部职工50余人参加。

市图书馆全体党员到张店区体育场街道河滨社区开展党员“双报到”志愿服务活动

9月，市图书馆推荐本馆职工陈雪、申会军参加2020年度“淄博好人”评选。12月30日，山东省精神文明建设委员会发布《关于命名表彰省级文明村镇、文明单位、文明社区、文明家庭、文明校园的决定》，淄博市图书馆被授予“省级文明单位”称号。

2021年1月29日，市图书馆馆长刘玉湘、党支部书记姜艳平一行向文明共建单位张店区房镇镇天乙村赠送《中华人民共和国民法典》和《中华人民共和国村民委员会·城市居民委员会组织法》各100册，价值4700元。同日，市图书馆向张店区和平街道城中社区捐赠优质图书500册，价值2万元。5月10日，市图书馆与市齐英幼儿园“文明共建”协议签约暨“花婆婆”志愿服务基地揭牌仪式在市图书馆举行。6月，在六一儿童节到来之际，市图书馆新时代文明实践科普志愿服务队组织开展了“中国阅读上榜图书”儿童文学类图书推荐进社区活动。12月4日，市图书馆党支部组织部分党员职工到“文明共建”村——天乙村开展环境卫生大清除活动。

2021年1月29日，市图书馆向张店区和平街道城中社区捐赠图书

2022年2月28日，淄博市图书馆与张店八中“好学之城 齐风传承 馆校共建 青春担当”学雷锋新时代文明实践活动启动仪式在张店八中成功举行。11月14日，市图书馆、市齐丰幼儿园“文明共建”签约暨“毛毛虫”志愿服务基地揭牌仪式在市图书馆举行。11月17日，市图书馆、市齐文幼儿园举行“文明共建”签约暨“小云雀”志愿服务基地揭牌仪式。

第三节　群众团体

一、中国共产主义青年团

中国共产主义青年团作为党的得力助手和预备队，在团员青年中发挥着团结核心和组织带头作用。市图书馆团支部在馆党支部领导下，充分发挥青年人思想活跃、积极进取、勇于竞争的特点，在业务建设和志愿服务活动中做了大量工作，取得优异成绩。

2013年12月，为落实团市委开展的“情系明天·心手相牵”未成年人关爱行动，市图书馆党支部、团支部代表全馆职工看望慰问了11岁贫困儿童肖宁，并送去职工捐赠的助学金2000元，衣物、学习及生活用品一宗。

2014年4月8日，作为“第七届淄博市读书节”系列活动之一，市图书馆工会和团支部组织开展了数字资源服务社会巡回服务活动，获得社会好评。

2018年12月，市图书馆团支部召开增补委员会议，馆长刘玉湘、党支部书记姜艳平与会指导，团支部书记孙凤主持会议。副书记陈雪汇报了团支部近两年开展活动情况，孙凤介绍了增补委员候选人酝酿提名情况、候选人基本情况。经过举手表决，五位候选人全票当选，被增补为团支部委员。新增委员的工作分工为：李蕾任组织委员、董畅任文体委员、王琳任纪律委员、左文广任宣传委员、彭钰淇任生活委员。

2019年3月5日是全国学雷锋纪念日，市图书馆团支部把组织开展学雷锋活动作为当月工作主线，认真部署、积极筹备、扎实开展了数项主题实践活动。一是开展青年志愿者牵手关爱少年儿童活动；二是开展助残服务活动；三是举办“中外优秀电影展播——雷锋日专场”活动；四是举办雷锋日剪纸活动；五是举办“淄博市图书馆彩虹故事会——讲雷锋故事”专场活动；六是举办“雷锋精神永续传承”专题报告；七是开展“文明共携手，书香润淄博”——资源“五进”志愿服务活动；八是持续开展“一路阅读、一路书香”邀您走进图书馆系列活动。

2020年5月6日，淄博市图书馆开展以“绽放无悔青春 共建书香淄博”为主题的五四青年节特别活动。馆长刘玉湘、党支部书记姜艳平出席，市图书馆40岁以下团员、青年共30余人参加。活动由团支部书记孙凤主持。

2021年4月29日，市图书馆团支部联合市特殊教育中心共同举办“悦读百年辉煌 传承红色基因”五四青年节主题团日活动。市特教中心9位团委教师及6位刚入团的视障、听障学生，市图书馆团支部成员及青年馆员共21人参加活动。11月19日，市图书馆团支部委员会换届选举大会召开。党支部书记、馆长姜艳平出席大会，团支部书记孙凤主持会议。团支部副书记陈雪代表团支部委员会作工作报告，并宣读《共青团淄博市图书馆支部委员会委员选举办法》及监票人、计票人名单。经过与会团员无记名投票，选举产生王琳、左文广、吕洁、李蕾、彭钰淇五位委员。经等额选举，李蕾任新一届团支部书记，左文广任副书记。

二、工会

市图书馆工会在馆党支部的领导下，为加强职工队伍建设，维护职工权益，帮扶困难职工做了大量工作，发挥了联系全馆职工的桥梁和纽带作用。

2014年4月，市图书馆工会和团支部组织开展了数字资源服务社会巡回服务活动，受到社会广泛好评。

2016年10月，市图书馆工会组织全体离退休职工召开欢度重阳座谈会。会上，馆长刘玉湘介绍了新馆的建设历程、搬迁经过和自新馆开馆以来的运行情况。

2017 年 1 月 23 日，市图书馆工会、团支部组织了 2017 迎新春职工联欢会。

2018 年 2 月 8 日，市图书馆工会、团支部组织的“淄博市图书馆 2018 迎新春职工联欢会”在报告厅举行。3 月 26 日，市图书馆工会召开会员大会，进行换届选举。全馆现有工会会员 55 名，参加选举的工会会员 40 名，严格按照选举程序，经无记名投票，现场监票、唱票，选举产生工会委员 6 名。钱玉龙当选工会主席；龚立军当选工会副主席；廉冰任女工委员；张文涛任组织委员；代秀丽任经审委员；孙凤任文体委员。9 月 26 日，市图书馆工会组织首届趣味运动会，共有 40 余名职工参加了比赛。

2019 年 1 月 3 日，淄博市图书馆工会委员会召开 2019 年第一次全体会议。学习淄博市总工会《关于认真贯彻执行山东省基层工会经费收支管理实施细则（试行）的通知》（淄工发〔2018〕26 号），研究确定市图书馆在“职工集体福利支出”方面执行标准。1 月 28 日，2019 迎新春职工联欢会举行。

淄博市图书馆首届职工趣味运动会剪影

2020 年 1 月 17 日，市图书馆工会、团支部联合组织“我们的节日·2020 迎新春职工联欢会”。

2022 年 1 月 25 日，市图书馆工会、团支部组织 2022 迎新春职工联欢会。

淄博市图书馆 2018 迎新春职工联欢会合影

第二章 管理工作

第一节 规章制度

2015年12月，淄博市图书馆制定《淄博市图书馆章程》，并由市文化广电新闻出版局印发施行。

2016年修订《淄博市图书馆考勤制度》《淄博市图书馆请销假制度》《淄博市图书馆安全生产制度》，制定了《淄博市图书馆反恐怖工作方案》。2016年1月，修订和完善《编目工作条例》《期刊编目细则》《图书馆免费开放管理办法》《淄博市图书馆办证管理办法》《淄博市图书馆采选条例》《淄博市图书馆古籍书库安全管理制度》《淄博市图书馆架位维护管理制度》《淄博市图书馆文献保护制度》《淄博市图书馆文献借阅制度》《淄博市图书馆古籍书库管理制度》《淄博市图书馆消防安全管理制度汇编》等。12月，经市委宣传部和市文广新局批准，发布《关于印发向淄博市图书馆呈缴出版物的试运行办法的通知》。

2019年11月，市图书馆修订《接待来信来访制度》《考勤办法》《请销假办法》《淄博市图书馆财务管理制度》《淄博市图书馆工作人员礼仪规范制度》《淄博市图书馆勤俭节约办公制度》《淄博市图书馆工作制度》《淄博市图书馆卫生管理制度》《淄博市图书馆印章管理和使用规定》《加强反腐倡廉教育的工作制度》《母婴室管理制度》等。

2020年，新冠肺炎疫情暴发，市图书馆制定了《淄博市图书馆新型冠状病毒感染肺炎预防应急预案》《淄博市图书馆疫情防控常态化工作方

市图书馆举行消防实战演练

案》《淄博市图书馆疫情防控措施指南》等文件。2020 年 5 月，制定《淄博市图书馆电子邮箱安全管理制度》《淄博市图书馆志愿者管理制度》等。

2021 年 5 月，市图书馆修订《淄博市图书馆章程》，经淄博市图书馆理事会表决通过施行。

2022 年 4 月，市图书馆制定《淄博市图书馆安全保密制度》《淄博市图书馆信息发布审核制度》等。

第二节　人才队伍建设

2013 年，通过公开招聘，招聘代秀丽、高宁、杨振瑜 3 人；

2014 年，通过公开招聘，招聘李蕾、董畅、王琳 3 人；

2015 年，通过公开招聘，招聘刘肖霞、王安君、左文广 3 人；

2017 年，通过公开招聘，招聘温安琪、彭钰淇 2 人；

2020 年 1 月，通过人才特招，招聘邱彪、沈兰妮 2 人；8 月，通过人才特招，招聘吕洁 1 人；10 月，通过人才特招，招聘聂小霞 1 人；

2021 年 6 月，通过人才特招，招聘张娇娇 1 人；8 月，通过返淄人才安置，安置赵东旻 1 人；

2022 年 6 月，通过政策性安置（军官转业随军家属），安置蒲艾琳 1 人；11 月，通过政策性安置（士官专业），安置周栋涛 1 人。

第三节　专业技术职务评聘

2013 年 2 月，刘玉湘被评为研究馆员，6 月，被聘为研究馆员（四级），2021 年 12 月被聘为研究馆员（三级）。2013 年 1 月，张娟、陈雪、张文涛被评为馆员，8 月被聘为馆员。2014 年 3 月，辛莉被评为副研究馆员，6 月，被聘为副研究馆员。2015 年 1 月，王大海被评为馆员，同年 9 月被聘为馆员。2014 年 1 月，高云喜、廉冰、王冰、狄加全被评为馆员，同月被聘为馆员。2015 年 4 月，余冬青被评为副研究馆员，11 月被聘为副研究馆员。2015 年 9 月，董娟被定为馆员，2016 年 6 月被聘为馆员。2016 年 1 月，赵锡环被评为馆员，同年 6 月被聘为馆员。2016 年 9 月，代秀丽、高宁、杨振瑜被定为馆员，2021 年 12 月，被聘为馆员。2016 年 12 月，丁建波、赵艳被评为馆员，2021 年 12 月被聘为馆员。2017 年 9 月，李蕾被定为馆员，2021 年 12 月，被聘为馆员。2018 年 3 月，丁雷被评为研究馆员，2021 年 12 月被聘为研究馆员。2018 年 3 月，黄静被评为副研究馆员，2021 年 12 月被聘为副研究馆员。2018 年 9 月刘肖霞、王安君被定为馆员，2021 年 12 月被聘为馆员。2019 年 4 月，谭巍被评为副研究馆员，2021 年 12 月被聘为副研究馆员。2019 年 9 月，王琳取得会计师资格，2021 年 12 月被聘为会计师（中级）。2020 年 9 月，温安琪被定为馆员，2021 年 12 月被聘为馆员。2021 年 12 月，邱彪被聘为馆员。2021 年 12 月，赵东旻被定为馆员，2022 年 2 月，被聘为馆员。2022 年 1 月，朱桂红、孙凤、陈雪被评为副研究馆员，2022 年 2 月，被聘为副研究馆员。2022 年 1 月左文广被评为馆员，2022 年 2 月被聘为馆员。

第四节　事业单位绩效评估

在市委事业单位监督管理局组织的全市事业单位绩效考核中，市图书馆被评为 2015 年度、2016 年度、2017 年度、2018 年度 A 级单位，在 2019 年度、2020 年度、2021 年度，市图书馆被评为优秀单位。

2015 年 4 月，市图书馆被市事业单位考核委员会表彰为“2014 年度事业单位绩效考核 B 级单位”。

2016 年 2 月，市图书馆被市事业单位考核委员会表彰为“2015年度事业单位绩效考核A级单位”。

2017年3月，市图书馆被市事业单位考核委员会表彰为“2016年度事业单位绩效考核A级单位”。

2018年3月，市图书馆被市事业单位考核委员会表彰为“2017年度事业单位绩效考核A级单位”。

2019年1月，市图书馆被市事业单位考核委员会表彰为“2018年度事业单位绩效考核优秀等次”。

2020年4月，市图书馆被市事业单位考核委员会表彰为“2019年度事业单位绩效考核优秀等次”。

2021年3月，市图书馆被市事业单位考核委员会表彰为“2020年度事业单位绩效考核优秀等次”。

2022年5月，市图书馆被市事业单位考核委员会表彰为“2021年度事业单位绩效考核优秀等次”。

2017年3月5日，市委组织部副部长、编办主任任书升，市事业单位监督管理局局长魏衍新一行在刘玉湘馆长陪同下，就事业单位事中事后监管、法人治理结构建设、业务范围清单化管理、绩效考核等工作到市图书馆进行调研。

2019年3月，淄博市图书馆以优异成绩荣获2018年“全省市级（副省级）公共图书馆绩效评价优秀单位”称号。

2019年10月29日，《山东省县（市、区）级公共图书馆绩效评价标准》座谈会在市图书馆召开。省图书馆副馆长周玉山、业务辅导部主任陶嘉今等，全省部分地市及区县图书馆负责人，淄博市图书馆馆长刘玉湘、副馆长丁雷及各区县图书馆领导共26人参加座谈会。

2019年12月20日，全市公共数字文化服务与绩效评价培训班在淄博市图书馆举办。市图书馆党支部书记姜艳平出席开班仪式并讲话，各区县图书馆副馆长、公共数字文化服务技术骨干等参加培训，市图书馆副馆长丁雷主持开班仪式。培训主要围绕公共数字文化工程和绩效评价工作有关精神，系统讲解公共数字文化工程融合的相关问题，以及绩效评价的重点难点问题。同时部署安排了山东公共文化云建设相关任务。

2020年7月30日，全省公共图书馆馆长联席会在潍坊召开。本次会议对在山东省图书馆学会组织开展的2019年全省市、县（市、区）级公共图书馆绩效评价考核中表现突出、成绩优异的单位进行了表彰，淄博市图书馆再次以优异成绩被表彰为“优秀单位”。

第五节 法人治理结构试点工作

为贯彻落实国家、省市关于事业单位法人治理结构试点工作要求，2015年7月，淄博市图书馆成立法人治理结构建设工作领导小组，刘玉湘任组长，姜艳平任副组长，钱玉龙、丁雷、倪志坚任成员。9月，市图书馆在市文广新局指导下筹建理事会，拟定理事会、管理层、监事会人员名单上报。10月，拟定《淄博市图书馆章程（草案）》。11月，市图书馆制定《淄博市图书馆法人治理结构建设试点工作实施方案》，成立专项工作领导小组，建立法人治理组织框架。淄博市图书馆法人治理由决策层、管理层、监督层组成。市图书馆理事会为决策层，馆长及领导班子成员为管理层，2名监事作为监督层。理事会设理事长和副理事长各1名（由举办单位市文广新局任命产生）。理事会由11名理事组成，每届任期4年。包括举办单位和市图书馆代表4名（市文广新局代表1名，由市文广新局委派产生；市图书馆代表3名，其中市图书馆党政负责人2人为当然理事，市图书馆职工代表1名，由市图书馆全馆选举产生）、政府代表3名（由政府相关部门委派：市发改委

淄博市图书馆第一届理事会第二次全体会议

1 名，市财政局 1 名，市人社局 1 名）、专家及读者代表 4 名（图书馆专家代表 1 名，社会团体 1 名，读者代表 2 名，由举办单位和市图书馆推选产生）。管理层作为理事会的执行机构，由事业单位行政负责人及其他主要管理人员组成。管理层对理事会负责，按照理事会决议定期向理事会报告工作，接受理事会监督。考虑服务事项涉及公众利益，市图书馆不设监事会，设专职监事 2 人（由举办单位推选产生）。12 月，市图书馆向市事业单位改革领导小组办公室上报含实施方案、领导小组、事业单位章程、各种制度、会议材料及总结在内的工作材料。12 月 9 日，淄博市事业单位改革领导小组办公室批复《淄博市图书馆法人治理结构建设试点工作实施方案》。12 月 22 日，淄博市图书馆第一届理事会第一次全体会议在淄博市图书馆召开。第一届理事会由李玉福、刘玉湘、姜艳平、孟芳、郭能勇、崔兴莹、陈刚、赵一兵、李玉祥、车新鹏、于春雷共 11 名成员组成，市文广新局任命为李玉福为淄博市图书馆第一届理事会理事长、刘玉湘为副理事长。理事会举手表决，全票通过了以刘玉湘、姜艳平为代表的 5 名管理层人员。王晓阳、孙风芹 2 人被任命为第一届理事会专职监事。会上讨论并通过《淄博市图书馆章程》，审议通过了《淄博市图书馆古籍书库安全管理制度》《淄博市图书馆中文图书采编部编目工作条例》等业务管理制度及《财务管理制度》《考勤管理制度》等行政管理制度。理事会审议了淄博市图书馆 2015 年工作总结，对市图书馆全馆一年来的工作给予了高度肯定。

2016 年 10 月，市图书馆第一届理事会召开第二次全体会议。任命新理事长，改选理事和监事。市文广新局任命副局长吴晓晖为淄博市图书馆理事会新一任理事长。分别改选一名理事、一名监事，

市文广新局计财科科长孙维玲被选为理事会理事，市文广新局文化科科长裴涛被选为理事会监事。本次理事会全会听取了市图书馆成立理事会以来工作情况报告及2017年重大建设项目及工作规划报告，并就相关报告进行了讨论表决。

2017年9月，淄博市图书馆申报《公共文化机构法人治理结构改革试点单位》。12月22日，召开了淄博市图书馆第一届理事会2017年工作会议。根据《淄博市图书馆章程》，市文广新局副局长曹丕祯被任命为淄博市图书馆理事会理事长。市图书馆党支部书记姜艳平汇报市图书馆新馆开放运行以来工作情况报告。副理事长、市图书馆馆长刘玉湘作市图书馆2018年重要工作安排的报告。与会理事对市图书馆2017年工作报告及2018年重点工作安排报告进行讨论表决。新任理事长曹丕祯及市事业单位监督管理局宋蕾科长分别讲话。

2019年8月16日，淄博市图书馆理事会2019年上半年工作会议召开。会上，市文广新局任命党委副书记张振香为市图书馆理事会新一任理事长。并改选2名理事，分别是徐宁、牟永波，改选1名监事，为市文广新局计财审科科长王晓阳。理事会副理事长、市图书馆馆长刘玉湘汇报了市图书馆2019年上半年各项工作及下半年创“三优”服务、城市书房建设、报告厅升级改造等重点建设项目和规划。市图书馆理事会理事、市图书馆党支部书记姜艳平作了关于修改《淄博市图书馆章程》的报告。市图书馆工作报告和《淄博市图书馆章程》修改报告经全体理事、监事表决，全票通过。

附录：

淄博市图书馆章程

第一章　总则

第一条　为规范本馆行为，确保公益目标的实现，根据《事业单位登记管理暂行条例》及其实施细则和国家有关法律法规及其他有关规定，制定本章程。

第二条　本馆名称是：淄博市图书馆。

第三条　本馆住所是：淄博市张店区联通路437号。

第四条　本馆经费来源是：全额财政拨款。

第五条　本馆开办资金为人民币3651.44万元。

第六条　本馆的举办单位是：淄博市文化和旅游局。

第七条　本馆的登记管理机关是：淄博市事业单位监督管理局。

第二章　宗旨和业务范围

第八条　本馆秉持读者第一、服务至上的服务理念，以搜集保存利用图书资料，促进社会经济文化发展为宗旨，以开展阅读推广活动，传递科学情报信息，开发民众智力资源，服务文化名城建设为使命，致力于建设全市知识信息中心、市民终身教育学校、淄博地方文献中心、地区图书馆中心馆和服务中枢以及高雅文化休闲中心，打造集优雅环境、优良设施、优质服务于一体的多功能现代化图书馆。

第九条 本馆业务范围包括：

（一）收集各类型文献信息资源，加大数字资源建设力度，开展特色文献信息资源建设，对各类型资源进行科学加工、整理、开发和管理，促进本地区资源共建共享。

（二）提供读者服务、各类型文献信息资源借阅、阅读指导、信息咨询、政府公开信息查询等公益服务，提供特殊群体服务。

（三）组织开展各类型读者阅读活动，履行社会教育职能。

（四）履行中心图书馆职能，探索和推动图书馆总分馆体系建设，开展流动服务，拓展服务内容和范围。

（五）开展文献信息资源共建共享，促进公共电子阅览室及数字图书馆推广工程的建设与发展。

（六）开展跨区域、跨系统图书馆间的协作和交流，开展基层辅导和培训，指导基层公共图书馆建设与发展，促进图书馆事业发展；开展市图书馆学会工作，促进全市图书馆工作者业务交流和学术研究。

（七）法律、法规规定的其他业务。

第三章 举办单位

第十条 举办单位的权利：

（一）核准本馆章程及章程修订方案；

（二）按照法律法规和规章制度，核准本馆管理和运行制度；

（三）组建本馆第一届理事会；

（四）向本馆理事会委派相关理事；

（五）提名或任免本馆的理事长，副理事长；

（六）提名本馆馆长、副馆长人选；

（七）批准理事会工作报告；

（八）监督、考核各项工作；

（九）审核章程草案和章程修改草案；

（十）行使法律法规规定的举办单位权利。

第四章 党的建设

第十一条 根据《党章》规定，经上级党组织批准，设立中共淄博市图书馆党支部。

第十二条 本馆党支部是党在市图书馆中的战斗堡垒，是党的全部工作和战斗力的基础，是党联系群众的桥梁和纽带，教育和管理党员最基本的学校。

第十三条 党支部发挥政治引领作用，组织保证作用，党员的先锋模范作用，服务群众作用。

第十四条 党支部是党的基础组织，担负直接教育党员、管理党员、监督党员和组织群众、宣传群众、凝聚群众、服务群众的职责。

第十五条 本馆党支部，设支部书记 1 名，副书记 1 名，其他支委会成员 3 名。

第五章 理事会

第一节 理事会的构成及职责

第十六条 本馆设立理事会作为决策机构和监督机构，理事会向举办单位报告工作。

理事会每届任期为 4 年。

第十七条 理事会由 11 名理事组成，其来源与名额、产生方式为：

举办单位和本馆代表 4 名，其中举办单位代表 1 名，由举办单位委派产生；本馆代表 3 名，其中主要党政负责人 2 名为当然理事，职工代表 1 名，由职工代表大会选举产生；政府代表 3 名；专家、读者代表 4 名，其中图书馆专家代表 1 名，社团代表 1 名，读者代表 2 名，由举办单位和本馆推选产生。

第十八条　理事会行使下列职权：

（一）审议和提出本馆章程的修改意见；

（二）审议本馆业务发展规划；

（三）审定本馆重大业务活动计划；

（四）拟定本馆内设机构或分支机构设置方案；

（五）审定本馆内部主要管理制度；

（六）选举产生专职监事人选；

（七）审议本馆馆长、副馆长人选；

（八）审议本馆财务预算和决算；

（九）监督管理层执行理事会决议；

（十）审议管理层工作报告并对管理层工作进行考评；

（十一）理事会届满前三个月内负责组建下届理事会，并报举办单位审核同意；

（十二）决定其他重大事项。

第二节　理事

第十九条　理事每届任期与理事会每届任期相同。任期届满，可以连选连任。

理事不因理事资格在本馆领取薪酬，因履行理事职责产生的交通、通讯等费用，可按有关规定列支。

第二十条　理事应具备履职的知识和能力，熟悉并遵守有关法律法规和国家政策，根据本馆的宗旨，忠实、诚信、勤勉地履行职责。

第二十一条　理事享有以下权利：

（一）出席理事会会议，享有发言权、提议权、表决权、选举权和被选举权；

（二）对理事会会议和本馆开展业务活动情况的知情权、建议权、监督权；

（三）理事会赋予的其他权利。

第二十二条　理事应当履行以下义务：

（一）遵守本馆章程及有关规定；

（二）遵守并执行理事会会议决议；

（三）按时参加理事会会议及相关活动；

（四）不擅自公开本馆涉密信息；

（五）不凭借理事身份，为本人或他人从本馆牟取不当利益；

（六）理事会规定的其他相关义务。

第二十三条　理事可以在任期内提出辞职。辞职应向理事会递交书面报告，经本馆理事会表决通过后，理事资格方可终止。委派产生的理事辞职须经委派方同意。

第二十四条　理事发生以下情形的，理事会应按程序终止其理事资格：

（一）无正当理由连续三次以上不参加理事会会议的；

（二）因本人身体健康和工作等原因，不能继续履行理事职责的；

（三）违反法律法规，被追究刑事责任的；

（四）法律法规和本章程规定的其他情形。

第二十五条　理事推选方或委派方提出更换理事的，经理事会表决通过后，按理事原产生方式及程序予以更换。

第二十六条　理事出现空缺，应及时按原产生方式及程序填补缺额。

第三节　理事长和副理事长

第二十七条　理事会设理事长和副理事长各1名，其产生方式为都由举办单位任命。

第二十八条　理事长行使下列职权：

（一）召集和主持理事会会议；

（二）确认理事会会议议题；

（三）督促和检查理事会决议的落实情况；

（四）理事会赋予的其他职权。

第二十九条　副理事长行使下列职权：

（一）协助理事长依法开展理事会工作；

（二）协助理事长抓好理事会内部事务，抓好日常工作；

（三）完成理事长临时交办的任务；

（四）受理事长委托代理行使理事长职责；

（五）理事长不能行使职权时，由副理事长代行其职权。

第四节　理事会会议

第三十条　理事会每年定期召开两次会议。理事会会议一般由理事长召集和主持，也可由全部理事三分之一以上的理事提议召开。

第三十一条　理事会会议程序：

（一）提议召开理事会会议，并确定会议议题；

（二）提前十个工作日将会议通知（时间、地点、议题等）及相关材料送达全体理事；

（三）就会议议题进行讨论；

（四）表决并形成理事会决议；

（五）制作会议记录。

第三十二条　理事会会议须有全部理事的三分之二以上出席方能召开。

第三十三条　理事会会议采取记名方式投票表决，每名理事享有一票表决权，理事会决议一般事项须经全部理事的半数以上通过。重大事项须经全部理事三分之二以上通过。

重大事项包括以下几项：

（一）业务发展规划；

（二）重大业务活动计划；

（三）机构设置方案；

（四）重大财务事项；

（五）章程修改。

理事会决议违反法律、法规和本馆章程规定的，在表决中投赞成票的理事承担相应责任，不赞成的不承担责任。

第三十四条　理事会会议应当有会议记录。出席会议的理事和记录人，应当在会议记录上签名。理事会会议记录应当作为本馆重要档案妥善保存。

第三十五条　理事会会议记录应当载明以下内容：

（一）出席会议的理事，列席人员，缺席人员及事由；

（二）会议的日期、地点；

（三）主要议题及议程；

（四）各位理事的发言要点；

（五）提交表决事项的表决结果；

（六）理事会认为应当载入会议记录的其他内容。

第五节　专职监事

第三十六条　本馆不设监事会，考虑服务事项涉及公众利益，设专职监事2人，其产生方式为由理事会选举产生。本馆理事不能兼任监事。

第三十七条　专职监事行使下列职权：

（一）监督理事会成员、管理层有无违反法律、法规、本章程及理事会决议的行为；

（二）监督管理层执行年度计划和发展规划；

（三）监督管理层执行理事会决议；

（四）监督本馆业务、人事、财务和资产管理状况；

（五）列席理事会会议，对所议事项提出质询和建议。

第六章　组织机构与管理体制

第三十八条　根据编办文件，本馆正式编制56人，内设少儿部（淄博市少年儿童图书馆）、特藏文献部（淄博市古籍保护中心）、信息技术部（全国文化信息资源共享工程淄博市支中心）、报刊阅览部、图书借阅部、读者服务部、阅读推广部、采编部、辅导研究部、办公室。

第三十九条　本馆管理层由行政负责人及其他主要管理人员组成，是理事会的执行机构。管理层实行馆长负责制。馆长是本馆法人。

第四十条　管理层履行下列职责：

（一）执行理事会决议；

（二）拟定和实施年度工作计划等日常业务管理；

（三）编制并组织实施经费预算等财务资产管理；

（四）工作人员管理；

（五）定期向理事会汇报工作；

（六）理事会赋予的其他职权；

（七）法律、法规和规章规定的其他职权。

第四十一条　本馆馆长的产生方式为举办单位提名，理事会审议，报有关部门备案；其他主要管理人员的产生方式为由馆长提名，报上级有关部门批准。

第四十二条　馆长行使下列职权：

（一）全面负责本馆业务工作；

（二）管理本馆的日常事务；

（三）负责本馆的业务、人事、财务、资产等管理；

（四）按照理事会决议主持开展工作；

（五）定期向举办单位汇报工作；

（六）在发生突发事件需要应急处置的情况下，对本馆事务行使符合法律、法规规定和单位利益的特别处置权，并及时向举办单位报告；

（七）法律法规和规章规定的其他职权。

第四十三条　馆长作为拟任法定代表人人选，经登记管理机关核准登记后，取得本馆法定代表人资格。

第四十四条　本馆部门中层干部作为管理层下属的执行层，按照管理层相关决定和部门任务，履行岗位职责。

第四十五条　本馆党组织根据中国共产党章程和有关规定履行职能。支持馆长独立负责地行使职权。

第四十六条　职工（代表）大会。

职工（代表）大会是职工依法参与本馆民主管理和监督的基本形式，是职工行使民主管理权力的机构，行使下列职权：

（一）听取章程草案和章程修正案的报告，提出意见和建议；

（二）听取本馆发展规划、改革方案以及其他重大问题解决方案的报告，提出意见和建议；

（三）听取馆长年度工作报告，提出意见和建议；

（四）按照规定和安排评议管理层干部；

（五）通过多种方式对本馆工作提出意见和建议，监督本章程、本馆规章制度和本馆决策的落实，提出整改意见和建议；

（六）讨论法律、法规、规章等规定的以及本馆和工会商定的其他相关事项。

听取章程草案和章程修正案的报告，提出意见和建议。

第七章　财务资产管理制度

第四十七条　本馆的合法资产受法律保护，任何单位、个人不得侵占、私分、挪用。

第四十八条　本馆的经费使用应符合本馆的宗旨和业务范围。

第四十九条　本馆执行国家统一的事业单位会计制度，依法接受税务、会计、审计等主管部门监督。

第五十条　本馆财务人员按照有关法律法规和会计制度的规定配备、管理。

第五十一条　本馆的人员工资、社保、福利待遇按照国家有关规定执行。

第五十二条　本馆执行《事业单位财务规则》《事业单位国有资产管理暂行办法》《会计法》及《淄博市图书馆财务管理制度》等规章及有关资产财务制度规定，依法接受有关主管部门监督。

第五十三条　理事会换届和行政负责人或法定代表人离任前，应当进行经济责任审计。

第八章　人事管理制度

第五十四条　本馆职工自觉遵守法律法规和本馆规章制度。

第五十五条　认真贯彻执行国家《事业单位人事管理条例》及《淄博市图书馆岗位聘用管理办法（试行）》等规章及有关人事管理制度规定，依法接受有关主管部门监督。

第九章　信息公开

第五十六条　本馆承诺按照国家法律法规和事业单位登记管理机关的规定，真实、完整、及时地披露以下信息：

（一）依法设立登记的信息；

（二）依法变更登记的信息；

（三）依法年度报告公开的信息；

（四）理事会认为需要公开的其他信息。

本馆对涉及人民群众切身利益、需要社会公众广泛知晓或者参与的等重大信息，应当及时、准确予以公开。

第十章　终止和剩余资产处理

第五十七条　本馆有以下情形之一，应当终止：

（一）经审批机关决定撤销；

（二）因合并、分立解散；

（三）因其他原因依法应当终止的。

第五十八条　本馆在申请注销登记前，理事会在举办单位和有关机关的指导下，成立清算组织，开展清算工作。清算期间不开展清算以外的活动。

第五十九条　清算工作结束，形成清算报告，经理事会通过，报举办单位审查同意，向事业单位登记管理机关申请注销登记。

第六十条　本馆终止后的剩余资产，在举办单位和有关机关的监督下，按照有关法律法规和本馆章程进行处置。

第十一章　章程修改条件和程序

第六十一条　本馆有下列情形之一的，应当修改章程：

（一）章程规定的事项与修改后的国家法律、行政法规的规定不符的；

（二）章程内容与实际情况不符的；

（三）理事会认为应当修改章程的其他情形。

第六十二条　理事会决议通过的章程修改案，经举办单位核准后，报登记管理机关核准备案。涉及事业单位法人登记事项的，须向登记管理机关申请变更登记。

涉及重大事项或多项条款修改的，采用章程整体性修改的方式；涉及某项条款修改的，采用在原章程后附加相关说明的方式。

第十二章　附则

第六十三条　本章程经理事会表决通过，经举办单位核准，报事业单位登记管理局登记。

第六十四条　本章程内容如与法律法规、行政规章及国家政策相抵触时，应以法律法规、行政规章及国家政策的规定为准。涉及事业单位法人登记事项的，以登记管理机关核准颁发的《事业单位法人证书》刊载内容为准。

第六十五条　本章程的解释权属于淄博市图书馆理事会。

第六十六条　本章程自事业单位登记管理机关核准备案之日起生效。

2019 年 8 月 16 日修订

第六节　安全保卫工作

市图书馆一直把安全工作作为各项工作的重中之重。搬迁新馆后，为加强安全保卫工作，2016年1月，市图书馆成立消防安全管理工作领导小组，馆长刘玉湘任组长，副馆长倪志坚为副组长，各部室负责人为成员，龚立军任领导小组办公室主任。进一步健全和完善各项消防安全制度，修订《淄博市图书馆消防安全管理规定》《淄博市图书馆灭火和应急疏散预案》《淄博市图书馆消防安全管理制度汇编》等安全制度。2016年5月，制定《淄博市图书馆反恐怖防范工作方案》，实行预防为主、预防与应急相结合的反恐怖防范工作原则。

6月17日，市图书馆组织疏散逃生和防火灭火演练，党支部书记姜艳平、副馆长倪志坚担任本次演练总指挥，全馆人员50余人参加演练。10月，成立2016年“消防安全宣传月”活动领导小组，馆长刘玉湘任组长，副馆长倪志坚任副组长，各部室负责人为成员，龚立军任领导小组办公室主任。制定《淄博市图书馆2016年消防安全宣传月系列活动实施方案》，此次活动主题是“消除火灾隐患，共建平安图书馆”。12月19日，市图书馆组织全体职工、物业保安及部分读者进行消防疏散演习。该次演习由副馆长倪志坚任总指挥，各部室负责人为指挥员。

2017年3月，市图书馆制定《淄博市图书馆“查身边隐患、保职工安全、促企业发展”活动2017年实施方案》，开展以“完善制度、巩固提升”为主题的“查保促”活动，推动健全完善安全生产工作制度，组织开展安全生产活动。4月，成立由馆长刘玉湘任组长，副馆长倪志坚任副组长，各部室负责人为成员的淄博市图书馆集中开展安全生产专项整治行动工作领导小组，龚立军任领导小组办公室主任，负责组织协调有关工作。制定《淄博市图书馆集中开展安全生产专项整治、百日攻坚治理行动实施方案》。5月，制定《淄博市图书馆消防疏散演练实施计划》和《淄博市图书馆应急疏散逃生预案》。5月10日，市图书馆与张店区消防大队一中队在市图书馆开展联合消防实战演练。5月25日，市图书馆成立安全生产月活动领导小组，馆长刘玉湘为组长，副馆长倪志坚为副组长，各部室负责人为成员，龚立军任办公室主任，并制定《淄博市图书馆安全生产月活动实施方案》。6月12日，市图书馆邀请专业机构举办逃生、灭火知识专题讲座，并进行了“使用干粉灭火器扑灭初起火灾”的实际演练。11月，市图书馆成立2017年“消防安全宣传月”活动领导小组，馆长刘玉湘为组长，副馆长倪志坚为副组长，各部室负责人为成员，龚立军任办公室主任。制定《淄博市图书馆“119消防安全宣传月”活动方案》。邀请居安防火专家进行消防知识宣传培训，讲解应急避险的知识和技能，学习自救和互救的方法和技巧，通过面对面的宣传培训，形成预防火灾的意识。12月，成立市淄博市图书馆今冬明春安全生产大检查工作领导小组，馆长刘玉湘任组长，其他班子成员为副组长，各部室负责人为成员，龚立军任办公室主任。制定《淄博市图书馆今冬明春安全生产大检查工作方案》。

2018年1月初，市图书馆成立了以馆长刘玉湘为组长，副馆长倪志坚为副组长，各部室负责人为成员的安全生产领导小组，形成“馆长—部室主任—各岗位”三级安全责任制。馆长与各部室负责人签订《2018年度淄博市图书馆部室安全责任书》，各部室负责人与本部室工作人员签订《2018年度淄博市图书馆部室工作人员安全责任书》。2月11日，市图书馆联合中土物业公司对全馆进行春节安全大检查，确保春节期间安全无事故，让市民在图书馆欢度一个祥和喜庆的春节。5月10日上午，市图书馆协同物业部门组织开展消防演练活动。市图书馆组织干部职工50余人参加，同时邀请淄博市消防支队、淄博市消防协会专家现场开展点评和指导。5 月 30 日，成立了以馆长刘玉湘为组长、副馆长倪志坚为副组长、各部室负责人为成员的安全生产月活动领导小组，龚立军兼任办公室主任。制定《淄博市图书馆安全生产月活动实施方案》，加强安全生产的宣传培训，观看事故和火灾警示教育片，组织举行应急预案消防演练等活动。

2018 年 8 月，市图书馆成立淄博市图书馆防汛抢险救援工作领导小组。馆长刘玉湘任馆长，其他班子成员任副组长，各部室负责人任成员。制定《淄博市图书馆汛期安全防范工作应急预案》。11 月 12 日，市图书馆邀请淄博消防协会对全馆职工进行消防安全专题培训，全馆共 50 余人受训。

2019 年 2 月 2 日，为将全省文化和旅游安全生产电视电话会议精神落到实处，市图书馆联合淄博市公共资源投资管理服务有限公司、中土物业文化中心管理处，从安全生产管理责任落实、制度建立和执行情况、风险管控、隐患排查、应急管理五个方面对全馆进行了一次全方位的安全大检查。6 月，市图书馆承办市文化和旅游局主办的安全生产现场宣传咨询日活动，活动形式有现场咨询、展览展示、发放宣传册页以及通过电子屏幕滚动播放安全生产宣传标语等，强化安全生产工作的重要性，牢固树立起全馆员工积极防范的安全观念。6—10 月，市图书馆开展迎接中华人民共和国成立 70 周年安全生产专项整治行动。成立专项整治行动工作领导小组，馆长刘玉湘为组长，其他班子成员为副组长，各部室负责人为成员。制定《淄博市图书馆迎接建国 70 周年安全生产专项整治行动工作方案》，馆长与各部室负责人签订《迎接建国 70 周年安全生产专项工作责任书》。11 月，市图书馆邀请安全专业机构对全馆职工和物业保安、保洁进行消防安全专题培训，组织观看警示片《安全生产 警钟长鸣 2》。

2020 年 4 月 29 日，市政府副市长盖卫星陪同省旅游安委会督导组莅临市图书馆开展五一假期疫情防控和安全管理工作督导检查

2020年1月23日，市图书馆召开新型冠状病毒感染肺炎疫情防控专题会议，成立了以馆长刘玉湘为组长、其他班子成员及各部室主任为成员的新冠肺炎疫情防控工作领导小组，制定了《淄博市图书馆新型冠状病毒感染肺炎疫情防控应急预案》。建立日报告制度，通过馆网站、移动图书馆、微信等开展疫情防控科普知识宣传。购置口罩、手套等防护用品，做好职工自我防护。建立馆领导24小时带班制度。召开动员大会，成立疫情防控复工复产工作领导小组，制定《有序恢复开馆工作方案》及《防疫工作应急预案》，于3月24日有序恢复开馆。4月29日，省旅游安委会督导组莅临市图书馆开展五一假期疫情防控和安全管理工作督导检查。市政府副市长盖卫星，市文化和旅游局党组书记、局长周茂松，市图书馆馆长刘玉湘，市图书馆党支部书记姜艳平，市文化和旅游局市场管理科科长裴涛等陪同检查。

5月26日，市图书馆与物业部门、淄博消防支队组织消防应急演练。

2021年3月10日，市图书馆从各服务窗口抽调精干力量，联合物业部门组织开展消防实战演练。通过此次实战演练，使图书馆职工对消防安全知识和设施有了更加深入、直观的认识，提高了消防安全意识，强化了消防安全责任观念，掌握了灭火器材的正确使用方法，为营造良好的安全阅读环境打下了基础。7月5日，市图书馆组织疏散逃生和防火灭火演练，全馆职工及物业部分保安、保洁等人员共60余人参加实战演练。

2022年2月1日大年初一，市文化和旅游局党组书记、局长宋爱香到市图书馆检查督导安全保卫工作。市图书馆党支部书记、馆长姜艳平陪同。

第三章　人物

人物分两部分，即人物传略、人物简介。人物传略收录曾在淄博市图书馆工作过、2013 年至 2022 年间去世的人物，且符合下列条件之一者：全国、全省文化系统先进工作者；市级以上劳动模范、先进工作者、明星服务员；担任过市图书馆副馆长及以上职务的负责人；具备副研究馆员以上专业技术职务者；在市图书馆工作过、曾任副县级以上职务者；市图书馆离休干部。人物简介收录 2013 年至 2022 年在市图书馆工作过、担任市图书馆中层正职以上职务或具有副高级以上专业技术职务，对市图书馆事业发展有一定贡献的人物。人物简介按姓氏笔画为序。

第一节　人物传略

朱文裕（1930.3—2015.8）　山东聊城茌平县人，中共党员，毕业于平原省立武训师范学校，中专学历，中国图书馆学会会员、副研究馆员。1946 年参加革命工作，曾先后在博平县、唐邑县任小学教员和县文化馆职员。1953 年调省文化干部训练班学习图书馆业务后分配至淄博筹建淄博市图书馆，开馆后任组长，主持阅览、宣传等工作。1957 年被评为市直机关青年社会主义建设积极分子，1960 年被评为市直文教卫生先进工作者。1960 年调市文化局任科长，1979 年调任市图书馆馆长兼党支部书记。

朱文裕是市图书馆筹建人之一。在担任市图书馆主要负责人期间，图书馆的各项工作都有较大发展，扩建馆舍面积 300 平方米，藏书由 15 万余册增加到 40 万余册，新开设了科技借阅室和大阅览室，增建了 4 楼儿童部，阅览座位由 30 余个增至 230 余个，读者由不足 3000 人发展到 15000 余人，年借阅量达 25 万余册次，举办各种报告会、讲座 500 余场。1984 年任调研员后积极参与文化商场筹建和经营管理，并兼任副总经理，商场经济效益显著，大大改善了办馆条件。

1990 年 12 月离休后加入淄博市老年书画学会和柳泉诗社，专攻行草书法和格律诗创作。曾任市老年书画学会常务理事和副秘书长、中华诗词学会会员、市老年书画学会柳泉诗社副秘书长。其书法作品多次参加本市书画展览获奖，其诗词作品被收入《华夏吟友》《当代诗词六百家代表作精选》和柳泉诗社出版之《晚晴诗词选》、《柳泉诗词》1—6 集。其《七律・纪念建党 80 周年》在淄博市纪念中国共产党建党 80 周年赛诗会上获一等奖。

第二节　人物简介

丁　雷　女，1968 年 7 月出生，淄博市周村区人，汉族，大学本科学历。1990 年 7 月毕业于山东大学图书馆学系图书馆学专业，分配到市图书馆工作，历任辅导采编部副主任、主任、馆长助理，现任市图书馆副馆长，研究馆员。中国图书馆学会会员，市图书馆学会秘书长。

工作以来，长期从事图书馆业务工作。担任

副馆长后，主要分管采编、技术、阅读推广、少儿等业务工作及学会工作。参与图书馆新馆筹备建设工作，策划组织全市公共图书馆业务竞赛、淄博市读书节等重大业务活动。在工作之余，积极进行业务研究，发表论文近 10 篇，其中《中文图书机读目录编制中易忽视的细节》发表在《图书馆学研究》2003 年第 9 期。获得的主要荣誉称号有：1991 年 6 月，山东省第二届公共图书馆业务竞赛一等奖；1997 年 12 月，山东省第三届公共图书馆业务竞赛二等奖；2001 年 9 月，山东省第四届公共图书馆业务竞赛二等奖；2006 年 9 月，山东省第五届公共图书馆业务竞赛优秀辅导奖；2008 年 9 月，山东省文化信息资源共享工程建设与服务先进个人；2011 年 9 月，山东省第六届公共图书馆业务竞赛优秀辅导奖；2012 年 6 月，淄博市妇女儿童工作先进个人；2014 年 4 月，中国图书馆学会优秀会员；2015 年 9 月，论文《赵执信手稿〈碧云仙师笔法录〉考略》获得淄博市社会科学优秀成果二等奖；2016 年 6 月，山东省图书馆学会 2010—2015 年度先进学会工作者；2018 年 4 月，振兴淄博劳动奖章。

刘玉湘 1964 年 7 月出生，山东省临朐县人，汉族，中共党员，研究馆员职称。1983 年 7 月至 1987 年 7 月在山东大学中文系学习，获汉语言文学专业学士学位。1987 年 7 月毕业后被分配至蒲松龄纪念馆工作，历任主任、馆长助理、副馆长，并兼任中国人文社科核心期刊《蒲松龄研究》季刊副主编、主编；蒲松龄研究会秘书长、副会长。在蒲松龄纪念馆工作期间，长期致力于该馆的业务工作，先后在陈列展览、资料征集、学刊编辑及学术研究方面做了大量工作。出版有《全译白话聊斋志异》等专著，并参与了《蒲松龄志》《淄博市志·聊斋文化》等学术专著的撰写，发表《从磨难曲的创作过程看蒲松龄创作思想的演变》等论文，主编《蒲松龄研究》30 期 300 余万字。

2006年8月，调至淄博市图书馆工作，任馆长、党支部副书记，并兼任山东省图书馆学会常务理事，淄博市图书馆学会理事长。

到市图书馆工作后，带领全馆职工，在队伍建设、读者服务工作、文献资源建设、全民阅读推广、古籍普查与保护及公共图书馆总分馆体系建设等方面都取得了显著成绩，很多工作在省内名列前茅。特别是自 2010 年起，全程参与了市图书馆新馆工程的规划设计及建设工作。新馆竣工后，又协调有关部门，积极争取新馆技术设备及资源建设经费，解决工作人员不足等现实问题，顺利实现新馆搬迁。新馆开放后，团结带领全馆职工，着重围绕着读者接待、资源建设、阅读推广、总分馆服务体系建设等工作持久发力，短短几年内将市图书馆新馆打造成全市文化新地标工程。市图书馆先后获得省级文明单位、国家一级图书馆、全国古籍重点保护单位、全民阅读示范基地、全国文化和旅游系统先进集体等荣誉称号。个人先后获得“山东省先进文化工作者”称号并立三等功；获“振兴淄博劳动奖章”等荣誉。出版有《白话聊斋志异》等专著，主编《淄博市图书馆志》《淄博市图书馆藏书画集》等。

2021 年 6 月，因年龄原因被免去馆长、党支部副书记职务，担任市图书馆副县级干部。

孙 凤 女，1977 年 9 月出生，淄博市淄川区人，汉族，中共党员，大学学历，副研究馆员。2000 年 7 月毕业于天津职业技术师范大学，通过事业单位考试招聘进入淄博市图书馆工作，先后在辅导采编部、信息技术部、读者服务部工作。曾任信息技术部副主任、团支部书记，现任市图书馆党支部委员、读者服务部主任。

自 2000 年 8 月从事图书馆工作，立足岗位职能，参与图书馆新馆建设预算工作，起草并参与制定了图书馆多项业务工作制度。将所学专业与实际工作相结合，创新服务方式，牵头持续开展“文明共携手 书香润淄博”——知识资源“五进”系列活动，并与同事首创开展图书馆线上直播阅读推广活动，发起成立淄博市公共图书馆文化助盲联盟等多项特色读者服务工作。主持、参与2项市图书馆优秀案例及研究课题，在省级以上刊物发表多篇论文并获省市级奖励。获得的主要荣誉称号有：山东省第五届公共图书馆业务竞赛信息技术利用项目三等奖、淄博市第三届公共图书馆业务竞赛一等奖、淄博市第四届公共图书馆业务竞赛个人全能二等奖、淄博市优秀共青团干部、淄博市优秀志愿者等。

朱桂红 女，1970年8月出生，山东聊城茌平县人，硕士研究生，中国图书馆学会会员，副研究馆员。1990年7月毕业于淄博师专，分配到淄博市图书馆，先后在办公室、文化商场、社科部、采编部、儿童部、阅览部和技术部工作。1998年6月通过自考取得山东大学本科学历和英语言文学学士学位。2004年1月至2005年7月留学英国利物浦约翰摩尔斯大学（LJMU），取得MBA学位。2000年任阅览部副主任，2009年任信息技术部主任，带领部室圆满完成了Interlib业务系统、网站、“淄博市民学习中心”、“e齐阅”小程序的建设及新馆搬迁设备及网络安装部署、各城市书房的设备配置及技术管理、业务系统及网站云迁移项目、文化部智慧图书馆体系建设在市馆的实施等任务，并举办了线上线下数字资源推广活动260余场。

2012年5月负责改版的单位网站在“淄博市首届优秀网站评选活动”中荣获“优秀网站”称号。2013年11月获“山东省第三届文化行业职业技能大赛”一等奖。2016年8月，被山东省文化厅授予“公共电子阅览室建设先进工作者”称号。2019年8月，在全国首届“图书馆杯全民英语口语风采展示活动”中荣获“英语口语金星”称号。2022年11月，为市图书馆报送的“打造全方位一体化服务的智慧图书馆”入选山东省“2022年新型智慧城市优秀案例扩面打榜活动”第二期上榜案例。

狄加全 1977年6月出生，黑龙江绥滨县人，汉族，中共党员，大学学历，副研究馆员。1995年12月入伍参加工作，2008年10月从部队转业到市图书馆工作（在市文化局帮助工作）；2017年5月任淄博文化开发总公司总经理；2019年7月任淄博书画院党支部书记、副院长；2022年7月任淄博市图书馆副馆长。

热爱图书馆工作，工作任劳任怨，认真钻研业务知识，积极组织开展各项业务活动，促进事业发展，在图书馆学、地方文献与古籍、书画与理论等领域多有探索研究。在省级以上期刊及报纸上发表了多篇专业论文，出版《公共图书馆地方文献的开发与利用研究》专著，多次获得上级部门的表彰奖励。

余冬青 女，1967年12月生，河北沧县人，中共党员，副研究馆员，在职硕士研究生毕业。1988年5月调入淄博市图书馆，先后任信息资料部副主任、阅览部主任、辅导研究部副主任。

参与《齐文化研究论文索引》《蒲学研究论文索引及专题汇编》《决策信息》《市外报刊评淄博》等专题文献的编辑；《图书馆职业精神的与时俱进》《图书馆立法综述》《中国图书馆学会推进智慧图书馆建设探索》等10余篇论文先后发表于《山东图书馆学刊》《新世纪图书馆》《山东理工大学学报》《新阅读》等，三次获淄博市社科成果三等奖；出版专著《新媒体视域下的图书馆宣传与服务创新》，主编《图书情报工作研究》；主持完成课题“全民阅读时代‘城市书房’赋能公共文化服务高质量发展研究”并获中国管理科学院教育研究所科研成果一等奖。负责市图书馆对外宣传及部分自媒体工作，十余年来有800余篇、近20万字工作报道发表于中国文明网、《图书馆报》、《大众日报》、《鲁中晨报》、《淄博晚报》、中国图书馆学会网站等媒体；主持运营的“淄博市图书馆官方微博”连续六年荣登“全国十大图书馆微博”榜单。1997年被中共淄博市委、市政府授予“明星服务员”称号，2010年获市文广新局“文化信息宣传工作先进个人”表彰。

辛 莉 女，1965年4月出生于淄博，1983年7月参加工作，副研究馆员，本科学历。曾在电脑部、办公室、财务科、经营部、少儿部、阅读推广部工作，曾任少儿部主任，现任阅读推广部主任。

在少儿部工作期间，坚持“读者第一，服务至上”的服务宗旨，充分发挥主观能动性，组织策划了一系列丰富多彩的少儿阅读推广活动。新馆开放以来，面对读者数量激增带来的一系列矛盾，耐心细致地做好读者服务工作，保证了新馆少儿部工作的有序衔接。

2016年4月负责阅读推广部的组建工作，在工作中积极开拓思路，与时俱进，和同事一道克服种种困难，先后组织策划各类阅读推广活动两千余场，涵盖讲座、培训、展览、优秀传统文化项目体验及省、市级大型赛事等。其中，“齐风”系列活动被山东省文化和旅游厅表彰为2017—2018年度冬春“文化惠民品牌活动”；阅读推广部被淄博市总工会评为“全市女职工建功立业标兵岗”；被共青团市委评选为“青年文明号”窗口；连续六年获省文化和旅游厅表彰的各类大型赛事优秀组织奖，本人荣获“全省公共图书馆首届全民阅读推广人”称号。

陈 雪 女，1982年2月出生，淄博市周村区人，汉族，中共党员，副研究馆员。2004年7月毕业于淮北煤炭师范学院（今淮北师范大学）电子信息科学与技术专业，2006年8月通过淄博市事业单位统一招考进入淄博市图书馆工作。2011年任淄博市图书馆团支部副书记，2019年任阅读推广部副主任。

入馆以来，历经采编部、电子阅览室、读者服务部、阅读推广部等多个业务部门，其间被借调至市文化局办公室、市文广新局行政许可科帮助工作。2016年代表市图书馆参加山东省第七届公共图书馆业务竞赛，获得图书馆业务知识项目二等奖、图书馆阅读服务项目三等奖。致力于阅读推广工作的研究与开展，策划举办多项大型阅读推广活动，在图书馆专业杂志发表论文多篇，多次获得省文化和旅游厅、省图书馆、市文化和旅游局表彰奖励。

杨长新 汉族，1970年7月生，淄博市淄川区人。大学学历，副研究馆员。现任淄博市图书馆图书借阅部主任。

1992年7月毕业于山东大学图书馆学系，同年进入淄博市图书馆工作至今，经历采编部、风帆读书社、阅览部、社科部、图书借阅部等多个专业岗位，从事资源建设和读者服务工作。在完成日常工作的同时，先后主持或参与多项重要业务建设，如风帆读书社、音像室、新书借阅室、24小时借阅区等服务功能区的筹建、馆藏文献资源回溯建库、新馆建设过程中的书库规划搬迁等，参与制定多项业务规范和服务制度，为市图书馆业务创新和制度建设做出贡献。其间，两次参加山东省公共图书馆业务竞赛，取得良好成绩。在工作实践的基础上，结合个人兴趣开展科研活动，对图书馆学、地方文化和地方文献有一定研究。先后撰写发表论文多篇，其中《“地方人士著述”搜集策略和书目建设路径》一文被中国图书馆学会学术年会推荐发表，主持“基于李约瑟《中国科学技术史》的山东古代科技文献挖掘研究”课题获得山东省文化和旅游厅科研立项。

孟 芳 女，1967年4月出生，淄博市周村区人，汉族。中共党员，大学学历。1986年入长春地质学院地质图书情报专业学习；1988年7月大专毕业分配到淄博市图书馆工作，1989年考入北京大学图书馆学大专起点函授班，1992年7月本科毕业并被授予文学学士学位。先后任淄博市图书馆少儿部主任、研究辅导部主任，副研究馆员。

在少儿部工作期间，坚持以“读者为本”的服务理念，工作中勤于思考，勇于创新，组织策划了一系列丰富多彩的少儿活动和读者阅读活动，撰写的论文《吸引孩子们到图书馆来》在山东省图书馆季刊上发表；在辅导部工作期间，多次到基层进行调研辅导，先后编写了《镇、村图书室建设及图书管理》等5个课件；撰写了《淄博市公共图书馆现状调查分析报告》等3篇调研报告；参与策划组织馆里举办的一系列大型活动、展览；策划组建了淄博市图书馆青少年志愿服务团队。

1995年在全市党员学党章知识竞赛中获二等奖，2001年在全省业务知识竞赛中获二等奖，连续多年年度工作考核被评为“优秀”等次。2007年被评为淄博市服务明星，2009年被淄博市人事局、文化局授予三等功。2021—2022年主持完成山东省文化和旅游研究课题一项，2022年主持完成山东省新时代文明实践社科普及“五为”志愿服务100项重点项目一项。

姜艳平 女，1968年7月出生，山东招远人，汉族，中共党员，大学学历，硕士学位，研究馆员。1990年毕业于山东大学图书馆学专业，毕业后就职于市图书馆（自1991年3月，在市文化局群众文化科帮助工作）；1994年11月，调市文化市场管理处；2000年3月调回市图书馆，历任馆长助理、副馆长（兼任工会主席）、党支部书记、馆长。其间，2007年在职取得山东大学中国古典文献学硕士学位。热爱图书馆事业，创新开展工作，参与组织举办“淄博市读书节”、“图书馆服务宣传周”、“全民读书月”、“读书朗诵大赛”、业务竞赛、评估定级、研讨交流等重大业务活动。探索图书馆学、古典文献、地方文献理论与实践研究，在省级以上刊物发表或获奖论文20余篇，完成1项省级课题，出版专著《历代名人咏淄博诗注析》，参与主编、撰著《淄博市图书馆藏书画集》《淄博市图书馆志》《历代诗咏淄博总汇》《淄博市图书馆藏古籍目录暨珍贵古籍图录》等。获得山东省第二届公共图书馆业务竞赛图书编目第一名，山东省“优秀图书馆工作者”“全省古籍保护工作先进个人”等荣誉。任职期间，市图书馆荣膺省级文明单位、省三八红旗集体、国家一级图书馆、全国古籍重点保护单位、全民阅读示范基地、全国文化和旅游系统先进集体等荣誉称号。

饶克俭 女，1967年4月生，汉族，安徽阜阳人，本科学历。现任淄博市图书馆特藏文献部主任、研究馆员。

1982年10月至今供职于淄博市图书馆，先后在社科部、采编部、阅览部、儿童部、信息资料部、特藏文献部等业务部室工作。

在采编部工作期间，为迎接1994年全省图书馆评估定级工作，组织完成了分类、题名目录的整理查错工作，并顺利通过验收。1998年作为主要业务骨干被派至省图书馆学习自动化管理系统（ILAS）的安装使用，通过学习，熟练掌握了该系统操作，为本馆全面开通业务自动化系统积累了实践经验。

在特藏文献部（信息资料部）工作期间，做好地方文献的征集、整理、利用等工作，组织各类书展、阅读推广活动等，收到较好的社会效益，2008年被山东省图书馆、山东省图书馆学会授予“全省地方文献工作先进个人”。2007年起主持淄博市古籍普查和保护工作，完成了全市多批次全国和山东省珍贵古籍名录的申报并进行《全国古籍联合目录——山东卷》的数据编目。主持编写《淄博市图书馆藏古籍目录暨珍贵古籍图录》由中华书局出版。获2009年、2010年、2013年山东省古籍保护中心“山东省古籍保护工作先进个人”，2011年、2014年山东省文化厅“山东省古籍保护工作先进个人”，2021年山东省文化和旅游厅“山东省古籍保护工作突出贡献个人”表彰。

姚秀穗 女，1981年11月出生，山东省淄博市人，汉族，本科学历，馆员，中国图书馆学会会员。2002年就职于淄博市图书馆，现任报刊阅览部主任，从事报刊整理工作近20年，始终工作在服务一线，具备丰富的报刊管理工作经验。

工作期间，先后在图书馆业务自动化管理系统(ILAS)连续出版物数据录入中，完成馆藏报刊目录的征订和录入工作。市图书馆搬迁新馆期间，完成馆藏期刊合订本数据的回溯建库工作，录入数据9万余条，上架报纸合订本11500余册。为了让读者拥有更好的阅读体验，阅览室期刊、报纸全部开架管理并定期提供期刊合订本供读者查阅。在市图书馆数字资源建设工作中，搜集并提供大量特色文献资料，经过加工整合后供读者线上查阅。积极参与馆内组织的各项活动，策划开展报刊阅读推广活动和专题期刊展20余场，大力宣传淄博特色文化,展示自然、社会科学优秀成果，吸引观展市民4000余人。在淄博市第三届图书馆业务竞赛中荣获团体一等奖，个人二等奖。结合读者服务工作的实践和认识，先后在《兰台内外》等专业学术期刊发表行业论文多篇。

赵　美　女，1979年1月出生，淄博市张店区人，汉族，中共党员，山东农业工程学院本科毕业。现任淄博市图书馆少儿部主任，馆员。中国图书馆学会会员，山东省图书馆学会会员。

长期在一线从事读者服务工作，始终坚持“为人找书，为书找人，希望每本书都有其读者，每个读者都有其书”的工作使命。带领少儿部在做好接待读者、借阅图书等工作的基础上，积极开展丰富多彩的“少儿阅读推广活动”和“社会教育活动”，并与学校联合成立“学校志愿活动服务基地”。担负起儿童阅读推广人的使命，尽自己所能让少年儿童热爱书籍，爱读书、读好书、善读书。

工作之余，积极进行业务研究，发表论文六篇。其中论文《浅议图书馆档案工作》被评为第二十二次淄博市社会科学优秀成果三等奖；论文《人本管理思想在图书馆管理创新中的实践探究》被评为第三十五次淄博市社会科学优秀成果二等奖；论文《数字图书馆与知识产权问题探讨》被评为山东省图书馆学会第十六次科学讨论征文三等奖。合著《少儿图书馆阅读推广研究》专著。参加山东省文化和旅游厅研究课题“公共图书馆阅读推广与中小学课堂教学深度融合研究”，并已结项。本人负责的未成年人志愿服务活动被山东省社会科学界联合会评为2022年山东省新时代文明实践社科普及“五为”志愿服务100项重点项目。2021年担任第十六届山东省读书朗诵大赛少儿评委。曾参加“全国图书馆前沿技术研讨班”“全国图书馆未成年人服务提升计划”“全省儿童阅读推广人培训班”等多项业务深造，成绩优异并获得多项荣誉证书。2016、2017、2021年度工作考核被评为“优秀”等次。

钱玉龙　籍贯淄博市博山区，1984年7月山东大学中文系毕业，先后就职于淄博市群众艺术馆和淄博市图书馆。其间，先后从事报纸编辑、教育培训及非物质文化遗产保护传承等工作，参与组织筹办淄博市民间剧团大展演、全市非物质文化遗产普查及文化名城讲坛等大型文化活动，负责首批国家级非物质文化遗产保护项目“孟姜女传说”和“聊斋俚曲”的申报工作，参与《淄博市民间故事大全》《淄博文学史》《淄博历代诗歌》及《淄博市图书馆志》的编辑、撰稿工作，发表诗歌、杂文、报告文学作品30余篇，曾获文化部群星奖论文奖及征文一、二等奖。

倪志坚　副研究馆员，1962年3月出生于淄博，1978年10月参加工作。1988年起从事图书资料管理，历任管理员、副主任、主任、副馆长。1986年至1989年在合肥工业大学行政管理专业学习，1989年至1991年在山东电视大学图书馆学专业学习，1993年至1996年在山东经济学院国际贸易专业学习。

先后在《黑龙江史志》《山东理工大学校刊》等杂志发表论文多篇，其中《树立现代图书馆理念 践行图书馆服务宣言》获得淄博市社会科学优秀成果三等奖。

在“以文补文”创收工作中为各级图书馆配置图书馆设备、办公设备取得了突出成绩；在分管阅读推广工作中，开展各类公益讲座、培训、专业研讨、专业比赛等活动，受到广大读者好评；在分管安全保卫工作中健全安保措施，主动防御，保一方平安，获得淄博市政府和淄博市公安局颁发的个人三等功奖励各一次。

龚立军 1970 年 8 月出生，淄博市周村区人，汉族，大专学历，中共党员，馆员职称。1990 年 10 月入伍，2003 年 10 月转业到市图书馆工作。2012 年 1 月任办公室副主任并主持工作；2018 年 3 月起，任淄博市图书馆工会副主席；2018 年 4 月起，增补为淄博市图书馆党支部委员；2019 年 7 月起，任淄博市图书馆办公室主任。现任市图书馆党支部组织委员、办公室主任、工会副主席。

自 2003 年转业至市图书馆以来，一直在办公室从事行政工作。组织开展党建、安全、文明创建、组织人事、信息、工会、老干、档案、信访和后勤服务管理等工作。在此期间，认真钻研理论和业务，撰写多篇论文并在省级以上刊物发表，其中一篇论文获淄博市社会科学优秀成果三等奖。制定和完善各项安全制度，对古籍库房和中心机房等重点安防部位组织安全技能培训。新馆搬迁期间，协调各部室搬迁，确保新馆按期正常开放。新馆开放后，协调物业做好新馆日常运行，一直保持安全无事故。被省公安厅表彰为 2022 年度全省安全成绩突出保卫先进个人。组织开展文明单位和文明城市创建工作。指导本单位档案搜集、整理、登记、鉴定、统计、装订和保管等工作。共组织整理文书档案 1798 卷，人事档案 360 余卷，合同档案 360 余份，照片档案 1000 余张，录像、光盘 158 盘，图书资料 2260 册。

黄　静 女，汉族，1971 年 4 月生，淄博市淄川区人。大学学历，副研究馆员。现任淄博市图书馆少儿部副主任，主持低幼阅览室工作。

1991 年 7 月毕业于淄博师范高等专科学校音乐教育专业，1994 年 7 月毕业于山东师范大学音乐教育专业。1991 年 8 月进入淄博市图书馆工作至今，历经经营部、特藏部、科技部、少儿部等多个业务部室，始终扎根于读者服务工作一线，爱岗敬业，体现出良好的道德品行和职业操守。工作中善于创新，卓有建树，2016 年 3 月，创建“彩虹”系列少儿阅读推广活动，策划、组织开展少儿阅读推广活动 2000 余场，参与人次 30 余万，为淄博市全民阅读工作和少儿阅读推广事业做出突出贡献。“彩虹”少儿阅读推广活动被淄博市妇联列为全市为妇女儿童办的十件实事之一，个人连续多年获评市级“优秀辅导员”称号，并荣立三等功。结合工作实践，开展业务研究，发表学术论文多篇。其中《试论公共图书馆基础藏书制度的建设》获山东省图书馆学会征文二等奖，《社会力量参与少儿阅读推广活动实践与思考》案例获中国图书馆学会阅读推广委员会推荐交流。主持的“乡土文化教育与少儿阅读推广融合发展”研究课题获山东省文化和旅游厅科研立项，并获山东省“泰山科技论坛”优秀案例。

谭　巍 女，现任采编部主任，副研究馆员。1991 年 7 月毕业于淄博师专生物系（山东理工大学生命科学学院前身），11 月入职到淄博市图书馆，后参加全国高等教育自学考试获得心理健康教育本科学历；1996—2009 年担任馆团支部书记，先后在阅览部、办公室、资料室、社科部、经营部、新馆建设办公室等多个科室工作，自 2009 年起担任采编部主任至今。

担任采编部主任期间，带领本科室工作人员着力完善馆藏结构和提高文献加工规范化水平，保质保量地完成馆藏资源建设工作。借新馆开放和图书加工外包转型的契机，整理出台了采编工作和外包工作的系列规章制度。2016 年通过培训和考试，获得联编中心颁发的上传数据资格认证证书，标志着淄博市图书馆具有了向全国图书馆联合编目中心上传书目的资格。参与了本馆 4 次全国公共图书馆评估定级工作，负责资源建设方面材料的统计与整理，并撰写了《淄博市图书馆馆藏发展政策》。

撰写的论文《公共图书馆编目数据外包问题探讨》获得“2015鲁豫皖赣新琼［六省（自治区）］图书馆学协会学术年会”征文一等奖；两次获得全省“资源共建共享先进个人”。申报的课题“公共图书馆纸质图书PDA采访模式绩效评价研究”获得2022年省文化和旅游厅立项。

第四章　荣誉

淄博市图书馆这十年期间牢牢把握新馆建成开放、“书香淄博建设”等重大发展机遇，以持续开展“创三优”服务活动为载体，以全新的场馆设施、服务面貌，开拓进取、创新发展，到馆人次、借阅册次、办证数量等均实现跨越式发展，无论是馆集体还是职工个人，都取得了显著的工作成绩，获得众多表彰奖励，先后受到国家人力资源和社会保障部、文化和旅游部、山东省文化和旅游厅、中共淄博市委、淄博市政府等机构的表彰和奖励。本章分集体和个人两部分择要予以简述。

第一节　集体荣誉

2013 年 4 月，市图书馆被省文化厅授予“第八届全省读书朗诵大赛”优秀组织奖；6 月，被省文化厅表彰为“山东省古籍保护工作先进单位”；10 月，被文化部授予市图书馆“一级图书馆”称号，被中国图书馆学会授予 2012 年“全民阅读”优秀组织奖。

2014 年 4 月，市图书馆被省文化厅授予“第九届全省读书朗诵大赛优秀组织奖”；5 月，被中国图书馆学会授予 2013 年“全民阅读”优秀组织奖；6 月，被省文化厅表彰为“山东省古籍保护工作先进单位”；12 月，被共青团淄博市委授予淄博市第二届志愿服务先进集体。

2015 年 4 月，被省文化厅授予“第十届全省读书朗诵大赛优秀组织奖”；6 月，被省文化厅表彰为“山东省古籍保护工作先进单位”；7 月，中国图书馆学会被授予市图书馆“全民阅读示范基地”称号。

2016 年 2 月，市图书馆被市事业单位考核委员会确定为 2015 年度事业单位绩效考核“A 级单位”。4 月，被省文化厅授予“第十一届全省读书朗诵大赛优秀组织奖”，被市总工会授予“振兴淄博劳动奖状”。6 月，被省文化厅评为“山东省古籍保护工作先进单位”，市图书馆学会被省图书馆学会授予“2010—2015 年度先进学会”荣誉称号；获市文化广电新闻出版局淄博市“第五届公共图书馆业务竞赛”团体一等奖。8 月，被省文化厅、省公安边防总队授予“公共电子阅览室建设先进单位”；9 月，获省文化厅“山东省第七届公共图书馆业务竞赛”团体三等奖。

2017 年 3 月，市图书馆被市事业单位考核委员会确定为 2016 年度事业单位绩效考核“A 级单位”；被省图书馆授予“全省图书馆文献资源共建共享”2012—2016 年度先进集体。4 月，被淄博市精神文明建设委员会授予 2016 年度市级文明单位，被省文化厅授予“第十二届全省读书朗诵大赛”优秀组织奖，被省新闻广电出版局评为全省第二届全民阅读示范基地。6 月，被省古籍保护中心评为 2016 年度“山东省古籍保护工作先进单位”。7 月，中共淄博市委授予市图书馆淄博“时代先锋”称号。9 月，被淄博市妇女儿童联合工作委员会评为实施妇女儿童“十三五”规划市级示范单位。12 月，被首届山东文化惠民消费季组委会办公室授予“最受欢迎的消费地标”。

2018 年 1 月，市图书馆被淄博市精神文明建设委员会授予 2017 年市级文明单位；3 月，被市事业单位绩效考核委员会授予 2017 年度事业单位绩效考核“A 级单位”；4 月，获省文化厅“第十三届全省读书朗诵大赛”优秀组织奖；5 月，市图书馆“稷下书院 · 齐风讲堂”项目获省文化厅 2017—2018 年度山东省冬春文化惠民品牌活动；6 月，市图书馆获省文化厅“山东省古籍保护工作先进单位”，获山东省图书馆学会“依法办馆 创新发展——新时代公共图书馆建设与服务”最佳组织奖；8 月，文化和旅游部授予市图书馆“一级图书馆”；9 月，获全省《中华人民共和国公共图书馆法》知识竞赛团体三等奖；12 月，被省委宣传部、省社科联联合授予“山东省社会科学普及教育基地”称号。

2019 年 1 月，市图书馆被淄博市精神文明建设委员会授予 2018 年市级文明单位，被市事业单位考核委员会授予 2018 年度市属事业单位绩效考核“优秀”等次。3 月，获省图书馆、省图书馆学会 2018“全省市级（副省级）公共图书馆绩效评价优秀单位”称号。4 月，获省文化和旅游厅“第十四届全省读书朗诵大赛”优秀组织奖。6 月，被省古籍保护中心授予 2018 年度“山东省古籍保护工作先进单位”称号。获省图书馆“2017—2018 年全省图书馆文献资源共建共享先进集体”称号。8 月，市图书馆获省图书馆、省图书馆学会“第二届全省少儿诗词诵读大赛”优秀组织奖；9 月，被市妇女联合会授予“淄博市亲子阅读基地”称号。

2020 年 1 月，省委宣传部、省社科联授予市图书馆“2018—2019 年度山东省社科普及先进单位”称号；被中共淄博市委、淄博市人民政府授予“担当作为、狠抓落实”先进集体，被山东省人力资源和社会保障厅、山东省文化和旅游厅评为“山东省文化和旅游系统先进集体”，获省图书馆、省图书馆学会“第二届全省青少年读书故事会”优秀组织奖。2 月，市图书馆被市精神文明建设委员会授予 2019 年度市级文明单位。3 月，获中国图书馆学会“2019 阅读推广星级单位”称号。4 月，被市事业单位考核委员会授予 2019 年度市属事业单位绩效考核“优秀”等次。6 月，获省文化和旅游厅“第十五届全省读书朗诵大赛”集体组织奖。7 月，被省图书馆学会授予 2019 年全省市、县（市、区）级公共图书馆绩效评价“优秀单位”称号。8 月，获省图书馆“2020 年山东少年马拉松阅读大赛”优秀组织奖。9 月，获省图书馆、省图书馆学会“第三届全省少儿诗词诵读大赛”先进集体。11 月，被山东省妇女联合会授予“山东省三八红旗集体”称号。12 月，市图书馆被省人力资源和社会保障厅、省文化和旅游厅联合授予“山东省文化和旅游系统先进集体”，被山东省文明委授予 2020 年度“省级文明单位”。

2021 年 3 月，市图书馆被省图书馆学会授予 2020 年全省市、县（市、区）级公共图书馆绩效评价“优秀单位”称号，被市事业单位考核委员会授予 2020 年度市属事业单位绩效考核“优秀”等次。获省图书馆、省图书馆学会“第三届全省青少年读书故事会”先进集体。5 月，获省图书馆、省图书馆学会全省首届中外绘本故事讲读大赛先进集体。6 月，被省文化厅表彰为 2019—2020 年度“山东省古籍保护工作先进单位”，被中共淄博市委授予“淄博市先进基层党组织”。8 月，获省文化和旅游厅“第十六届读书朗诵大赛”集体组织奖。9 月，获省文化和旅游厅“第八届公共图书馆业务竞赛”团体三等奖。11 月，人力资源社会保障部、文化和旅游部授予市图书馆“全国文化和旅游系统先进集体”称号。

2022 年 4 月，市图书馆被淄博市委办公室、市政府办公室授予“全市提升群众满意度表现突出的集体”称号。5 月，获省文化和旅游厅 2021 年度“山东省古籍保护工作突出贡献单位”；“文明共携手 书香润淄博”知识资源“五进”阅读推广服务荣获省文化和旅游厅“山东公共图书馆首届全民阅读推广品牌项目”；被省文化和旅游厅表彰为全省第十七届读书朗诵大赛先进集体；被市事业单位考核委员会授予 2021 年度市属事业单位绩效考核“优秀”等次。8 月，获省文化和旅游厅第五届全省少儿诗词诵读大赛优秀组织奖。

第二节　个人荣誉

十年时间，淄博市图书馆迎来新馆建成开放这一崭新的历史发展机遇，员工个人积极投身新馆各项业务建设，扎实做好读者服务，创造性开展工作，在各方面取得许多成绩，受到各级党委和政府及各业务主管部门的表彰奖励，赢得各种荣誉。为简明扼要，特以列表的形式对图书馆员工获得荣誉予以记录。

个人荣誉表

（按获奖时间排序）

获奖者	荣誉称号	授予时间	授予机关
黄　静	山东省图书馆学会第二十次科学讨论会征文三等奖	2013.5	山东省图书馆学会
王长鸣	2012 年度山东省古籍保护工作先进个人	2013.6	山东省文化厅
朱桂红	“山东省第三届文化行业职业技能大赛”一等奖	2013.11	山东省文化厅　山东省人力资源和社会保障部 山东省教育厅　山东省工商业联合会
黄　静	2013 年度图书馆志愿服务活动“优秀辅导员”	2014.4	淄博市文化广电新闻出版局、淄博市图书馆
黄　静	山东省图书馆学会第二十一次科学讨论会征文二等奖	2014.5	山东省图书馆学会
姜艳平	2013 年度山东省古籍保护工作先进个人	2014.6	山东省古籍保护中心
饶克俭	2013 年度山东省古籍保护工作先进个人	2014.6	山东省古籍保护中心
余冬青	2014 年鲁豫皖赣新图书馆学会学术年会征文三等奖	2014.8	山东省图书馆学会　河南省图书馆学会等
孙　凤	淄博市第二届十佳（优秀）志愿者	2014.12	共青团淄博市委　淄博市志愿者联合会
张文涛	2014 年度山东省艺术考级业务管理工作先进个人	2014.12	山东省艺术考级管理中心
张文涛	2014 年度全省“齐鲁农家沁书香”优秀农家书屋工作者	2015.2	山东省新闻出版广电局
高云喜	2014 年度全市高校文化单位安全保卫工作先进个人	2015.3	淄博市公安局
刘玉湘	2014 年度山东省古籍保护工作先进个人	2015.6	山东省文化厅
饶克俭	2014 年度山东省古籍保护工作先进个人	2015.6	山东省文化厅
姜艳平	淄博市社会科学优秀成果论文二等奖	2015.9	淄博市社会科学优秀成果评选委员会
丁　雷	淄博市社会科学优秀成果论文二等奖	2015.9	淄博市社会科学优秀成果评选委员会
谭　巍	2015 鲁豫皖赣新琼［六省（自治区）］图书馆学（协）会学术年会征文一等奖	2015.11	山东省图书馆学会　河南省图书馆学会 安徽省图书馆学会　江西省图书馆学会等
姜艳平	“解放思想 务实创新，全力为建设文化名城做贡献”征文一等奖	2015.12	淄博市文化广电新闻出版局
倪志坚	2015 年度全市高校文化单位安全保卫工作先进个人	2016.3	淄博市公安局

续表

获奖者	荣誉称号	授予时间	授予机关
陈　雪	现代书院建设与齐鲁优秀传统文化征文优秀奖	2016.3	山东省图书馆学会
孙　凤	淄博市优秀共青团干部	2016.4	共青团淄博市委
姜艳平	2015 年度山东省古籍保护工作先进个人	2016.6	山东省文化厅
王长鸣	2015 年度山东省古籍保护工作先进个人	2016.6	山东省文化厅
丁　雷	2010—2015 年度先进学会工作者	2016.6	山东省图书馆学会
吕春燕	淄博市第五届公共图书馆业务竞赛个人一等奖	2016.6	淄博市文化广电新闻出版局
朱桂红	2014—2015 年度全省公共电子阅览室建设先进工作者	2016.8	山东省文化厅
吕春燕	山东省第七届公共图书馆业务竞赛阅读服务项目三等奖	2016.9	山东省文化厅
吕春燕	山东省第七届公共图书馆业务竞赛业务知识项目二等奖	2016.9	山东省文化厅
陈　雪	山东省第七届公共图书馆业务竞赛图书馆业务知识二等奖	2016.9	山东省文化厅
陈　雪	山东省第七届公共图书馆业务竞赛图书馆阅读服务项目二等奖	2016.9	山东省文化厅
朱桂红	市直文化系统读书朗诵比赛三等奖	2016.9	淄博市文化广电新闻出版局委员会
谭　巍	全省图书馆文献资源共建共享（2012—2016）先进个人	2017.3	山东省图书馆　山东省图书馆学会
高　宁	2016 年度山东省古籍保护工作先进个人	2017.6	山东省古籍保护中心
张文涛	三等功	2018.02	淄博市公安局
丁　雷	振兴淄博劳动奖章	2018.4	淄博市总工会
董　娟	“依法办馆创新发展——新时代公共图书馆建设与服务”知识学习竞赛“研学之星”	2018.5	中国图书馆学会
高　宁	2017 年度山东省古籍保护工作先进个人	2018.6	山东省文化厅
吕春燕	淄博市《公共图书馆法》知识竞赛个人一等奖	2018.7	淄博市文化广电新闻出版局
廉　冰	淄博市《公共图书馆法》知识竞赛三等奖	2018.7	淄博市文化广电新闻出版局
董　娟	淄博市《公共图书馆法》知识竞赛个人一等奖	2018.7	淄博市文化广电新闻出版局
高　宁	淄博市《公共图书馆法》知识竞赛个人一等奖	2018.7	淄博市文化广电新闻出版局
刘肖霞	淄博市《公共图书馆法》知识竞赛个人二等奖	2018.7	淄博市文化广电新闻出版局
杨振瑜	淄博市《公共图书馆法》知识竞赛个人优秀奖	2018.7	淄博市文化广电新闻出版局
彭钰淇	淄博市《公共图书馆法》知识竞赛 个人三等奖	2018.7	淄博市文化广电新闻出版局
王长鸣	山东省《中华人民共和国公共图书馆法》知识竞赛个人一等奖	2018.9	山东省文化厅
代秀丽	山东省《中华人民共和国公共图书馆法》知识竞赛个人三等奖	2018.9	山东省文化厅
董　娟	全国首届“图书馆杯全民英语口语风采展示活动”（山东赛区）优秀组织奖	2019.1	山东省图书馆学会
代秀丽	三等功	2019.02	淄博市公安局
王长鸣	2018 年度山东省古籍保护工作先进个人	2019.6	山东省古籍保护中心
张　娟	全省图书馆文献资源共建共享（2017—2018）先进个人	2019.7	山东省图书馆
陈　雪	第二届全省少儿诗词诵读大赛阅读推广活动先进工作者	2019.8	山东省图书馆 山东省图书馆学会
朱桂红	全国首届“图书馆杯全民英语口语风采展示活动”馆员组“英语口语金星(一星)”	2019.8	中国图书馆学会阅读推广委员会

续表

获奖者	荣誉称号	授予时间	授予机关
陈　雪	全国首届“图书馆杯全民英语口语风采展示活动”馆员组“英语口语金星(一星)”	2019.8	中国图书馆学会阅读推广委员会
刘肖霞	全国首届“图书馆杯全民英语口语风采展示活动”馆员组“英语口语金星(一星)”	2019.8	中国图书馆学会阅读推广委员会
董　娟	全国首届“图书馆杯全民英语口语风采展示活动”“组织之星”	2019.8	中国图书馆学会阅读推广委员会
左文广	全国首届“图书馆杯全民英语口语风采展示活动”“组织之星”	2019.8	中国图书馆学会阅读推广委员会
董　娟	全国首届“图书馆杯全民英语口语风采展示活动”（山东赛区）优秀组织奖	2019.10	山东省图书馆学会
左文广	全国首届“图书馆杯全民英语口语风采展示活动”（山东赛区）优秀组织奖	2019.10	山东省图书馆学会
董　娟	2018—2019 年度山东省社科普及先进个人	2020.1	中共山东省委宣传部　山东省社会科学界联合会
刘玉湘	个人二等功	2020.2	山东省公安厅
孙　凤	“山东省图书馆学会第二十七次科学讨论会征文”三等奖	2020.5	山东省图书馆学会
廉　冰	“书香助力战‘疫’阅读通达未来”馆员业务能力提升知识竞赛活动“业务之星”	2020.8	中国图书馆学会
吕春燕	“书香助力战‘疫’阅读通达未来”馆员业务能力提升知识竞赛活动“业务之星”	2020.8	中国图书馆学会
丁　雷	“书香助力战‘疫’阅读通达未来”馆员业务能力提升知识竞赛活动“业务之星”	2020.8	中国图书馆学会
刘玉湘	“书香助力战‘疫’阅读通达未来”馆员业务能力提升知识竞赛活动“业务之星”	2020.8	中国图书馆学会
孟　芳	“书香助力战‘疫’阅读通达未来”馆员业务能力提升知识竞赛活动“业务之星”	2020.8	中国图书馆学会
董　娟	“书香助力战‘疫’阅读通达未来”馆员业务能力提升知识竞赛活动“业务之星”	2020.8	中国图书馆学会
王　琳	“书香助力战‘疫’阅读通达未来”馆员业务能力提升知识竞赛活动“业务之星”	2020.8	中国图书馆学会
李　蕾	“书香助力战‘疫’阅读通达未来”馆员业务能力提升知识竞赛活动“业务之星”	2020.8	中国图书馆学会
左文广	“书香助力战‘疫’阅读通达未来”馆员业务能力提升知识竞赛活动“业务之星”	2020.8	中国图书馆学会
陈　雪	全省图书馆青年论坛征文三等奖	2020.9	山东省图书馆学会
陈　雪	“齐文化法治思想论坛”征文三等奖	2020.10	山东省法学会
廉　冰	三等功	2021.02	淄博市公安局
陈　雪	第三届全省青少年读书故事会先进个人	2021.3	山东省图书馆　山东省图书馆学会
彭钰淇	第三届全省青少年读书故事会先进个人	2021.3	山东省图书馆　山东省图书馆学会
陈　雪	首届省会经济圈城市中小学生“书香妙笔”征文大赛先进个人	2021.4	山东省图书馆等
沈兰妮	第六届淄博市公共图书馆业务竞赛淄博市图书馆选拔赛三等奖	2021.4	淄博市图书馆
吕　洁	第六届淄博市公共图书馆业务竞赛淄博市图书馆选拔赛一等奖	2021.4	淄博市图书馆
吕春燕	第六届淄博市公共图书馆业务竞赛辅导一等奖	2021.5	淄博市文化和旅游局
杨振瑜	第六届淄博市公共图书馆业务竞赛一等奖	2021.5	淄博市文化和旅游局
高　宁	第六届淄博市公共图书馆业务竞赛一等奖	2021.5	淄博市文化和旅游局
刘肖霞	第六届淄博市公共图书馆业务竞赛辅导一等奖	2021.5	淄博市文化和旅游局
彭钰淇	第六届淄博市公共图书馆业务竞赛一等奖	2021.5	淄博市文化和旅游局
吕　洁	第六届淄博市公共图书馆业务竞赛一等奖	2021.5	淄博市文化和旅游局
姜艳平	2019—2020 年度山东省古籍保护工作先进个人	2021.6	山东省文化和旅游厅

续表

获奖者	荣誉称号	授予时间	授予机关
李　蕾	市直机关“学党史，悟思想，跟党走”党史知识竞赛优胜奖	2021.6	中共淄博市委市直机关工作委员会 中共淄博市委党史研究院 淄博市广播电视台
龚立军	2021 年度优秀共产党员	2021.7	淄博市文化和旅游局
张文涛	2021 年度优秀党务工作者	2021.7	淄博市文化和旅游局
左文广	2021 年度优秀共产党员	2021.7	淄博市文化和旅游局
丁　雷	第六届淄博市公共图书馆业务竞赛（线上竞赛）“业务之星”	2021.7	淄博市文化和旅游局
陈　雪	第六届淄博市公共图书馆业务竞赛（线上竞赛）“业务之星”	2021.7	淄博市文化和旅游局
吕春燕	第六届淄博市公共图书馆业务竞赛（线上竞赛）“业务之星”	2021.7	淄博市文化和旅游局
刘肖霞	第六届淄博市公共图书馆业务竞赛（线上竞赛）“业务之星”	2021.7	淄博市文化和旅游局
彭钰淇	第六届淄博市公共图书馆业务竞赛（线上竞赛）“业务之星”	2021.7	淄博市文化和旅游局
沈兰妮	第六届淄博市公共图书馆业务竞赛（线上竞赛）“业务之星”	2021.7	淄博市文化和旅游局
吕　洁	第六届淄博市公共图书馆业务竞赛（线上竞赛）“业务之星”	2021.7	淄博市文化和旅游局
李　蕾	全市庆祝中国共产党成立 100 周年党史知识竞赛三等奖	2021.7	中共淄博市委组织部 中共淄博市委宣传部等
吕　洁	山东省第八届公共图书馆业务竞赛图书馆业务知识与规范项目三等奖	2021.9	山东省文化和旅游厅
吕春燕	山东省第八届公共图书馆业务竞赛辅导老师三等奖	2021.9	山东省文化和旅游厅
李　蕾	山东省第八届公共图书馆业务竞赛辅导老师三等奖	2021.9	山东省文化和旅游厅
廉　冰	淄博市第三十四次社会科学优秀成果三等奖	2021.9	淄博市社会科学优秀成果等级评定委员会办公室
余冬青	主持课题“全民阅读时代‘城市书房’赋能公共文化服务高质量发展研究”获科研成果一等奖	2021.11	中国管理科学研究院教育科学研究所
孙　凤	“讲好黄河故事 传承优秀文化”山东沿黄河流域城市图书馆线上读书故事会活动 二等奖	2022.2	山东省图书馆
刘肖霞	“讲好黄河故事 传承优秀文化”山东沿黄河流域城市图书馆线上读书故事会活动 三等奖	2022.2	山东省图书馆
彭钰淇	“讲好黄河故事 传承优秀文化”山东沿黄河流域城市图书馆线上读书故事会活动 二等奖	2022.2	山东省图书馆
吕　洁	山东沿黄河流域城市图书馆线上读书故事会一等奖	2022.2	山东省图书馆
陈　雪	山东沿黄河流域城市图书馆线上读书故事会二等奖	2022.2	山东省图书馆
余冬青	论文《全民阅读时代城市书房的服务模式与机制创新探究》获第二十九次科学讨论会征文三等奖	2022.4	山东省图书馆学会
饶克俭	山东省古籍保护工作突出贡献个人	2022.5	山东省文化和旅游厅
孙　凤	淄博市“讲好黄河故事 传承优秀文化”线上读书故事会活动 馆员组一等奖	2022.5	淄博市文化和旅游局
陈　雪	淄博市“讲好黄河故事 传承优秀文化”线上读书故事会活动 馆员组二等奖	2022.5	淄博市文化和旅游局
刘肖霞	淄博市“讲好黄河故事 传承优秀文化”线上读书故事会活动 馆员组二等奖	2022.5	淄博市文化和旅游局

续表

获奖者	荣誉称号	授予时间	授予机关
彭钰淇	淄博市“讲好黄河故事 传承优秀文化”线上读书故事会活动 馆员组一等奖	2022.5	淄博市文化和旅游局
沈兰妮	淄博市“讲好黄河故事 传承优秀文化”线上读书故事会活动 馆员组三等奖	2022.5	淄博市文化和旅游局
陈　雪	第十七届全省读书朗诵大赛馆员组优胜奖	2022.5	山东省文化和旅游厅
李　蕾	“讲好黄河故事 传承优秀文化”山东沿黄河流域城市图书馆线上读书故事会二等奖	2022.5	山东省图书馆
李　蕾	第十七届山东省读书朗诵大赛三等奖	2022.5	山东省图书馆
陈　雪	第十三届淄博市读书朗诵大赛馆员组一等奖	2022.6	淄博市文化和旅游局
刘肖霞	第十三届淄博市读书朗诵大赛馆员组二等奖	2022.6	淄博市文化和旅游局
沈兰妮	市直文化和旅游系统“强国复兴有我”主题演讲比赛优秀奖	2022.6	淄博市文化和旅游局
吕　洁	市直文化和旅游系统“强国复兴有我”主题演讲比赛优秀奖	2022.6	淄博市文化和旅游局
辛　莉	山东省公共图书馆首届全民阅读推广人	2022.8	山东省文化和旅游厅
孙　凤	淄博市第三十五次社会科学优秀成果三等奖	2022.10	淄博市社会科学优秀成果等级评定委员会办公室
廉　冰	淄博市第三十五次社会科学优秀成果二等奖	2022.10	淄博市社会科学优秀成果等级评定委员会办公室
赵　美	淄博市第三十五次社会科学优秀成果等级评定中被评为二等成果	2022.10	淄博市社会科学优秀成果等级评定委员会
左文广	全省“爱读书、读好书、善读书”短视频大赛三等奖	2022.11	山东省委宣传部　山东省网信办 山东省文化和旅游厅　大众报业集团等
龚立军	全省高校文化单位成绩突出保卫个人	2022.12	山东省公安厅
赵锡环	2022年度山东省新时代岗位建功劳动竞赛标兵个人	2022.12	山东省总工会办公室
吕　洁	市直文化和旅游系统“二十大报告最能触动我的一句话”主题演讲比赛一等奖	2022.12	淄博市文化和旅游局
蒲艾琳	市直文化和旅游系统“二十大报告最能触动我的一句话”主题演讲比赛二等奖	2022.12	淄博市文化和旅游局

附　录

附录一

2013—2022年各类媒体对淄博市图书馆的宣传报道

序号	发表时间	题目（报道内容）	媒体名称	责任者
1	2013年4月7日	这个春天，尽情读书朗诵吧	《淄博晚报》	赵瑞雪 余冬青
2	2013年4月15日	春天读书季书香飘万家	《淄博晚报》	沙红翠 赵瑞雪 陈圆 马扬扬 杨忠奎
3	2013年4月15日	读书节大幕拉开	《淄博日报》	杨忠奎
4	2013年6月22日	1200册图书打开山里娃阅读之窗	《淄博晚报》	赵瑞雪 沙红翠
5	2013年10月1日	读书：这个假期忙“充电”	《淄博日报》	李阳
6	2013年10月12日	由市妇联、市图书馆联合开展的“捐建爱心书屋情暖妇女儿童”活动在沂源县举行	《淄博日报》	张巍
7	2013年11月22日	淄博市图书馆被评为一级图书馆	《齐鲁晚报》	余冬青
8	2013年11月29日	图书馆，品读六十年记忆	《淄博日报》	苏向阳 钱玉龙
9	2013年11月29日	淄博市图书馆举行建馆60周年庆祝大会	《淄博声屏报》	余冬青
10	2014年1月29日	我市图书馆春节不打烊	《淄博晚报》	谭晓娟 颜慧 廉冰 林玲
11	2014年2月7日	瑞雪点缀好读书	《淄博日报》	苏向阳
12	2014年3月28日	春天里来读书朗诵吧！	《淄博晚报》	赵瑞雪
13	2014年3月31日	新老选手读书朗诵热情高	《淄博晚报》	赵瑞雪 董娟
14	2014年4月12日	传承经典点燃梦想	《淄博声屏报》	余冬青 代秀丽
15	2014年4月12日	第五届淄博市读书朗诵大赛举行	《淄博日报》	余冬青
16	2014年4月14日	感受文化休闲新地标	《淄博晚报》	刘洪霞 沙红翠 赵瑞雪 孔晓文 余冬青 杨忠奎
17	2014年4月15日	周末，在图书馆等你！	《淄博晚报》	赵瑞雪
18	2014年4月21日	庆祝市图书馆建馆60周年征文颁奖笔会举行	《淄博日报》	余冬青
19	2014年4月21日	淄博选手全省读书朗诵大赛获佳绩	《淄博晚报》	赵瑞雪 余冬青
20	2014年4月23日	走进图书馆重温读书时光	《淄博晚报》	孔晓文 赵瑞雪 余冬青
21	2014年4月24日	市图书馆计划推广“总分馆制”	《齐鲁晚报》	
22	2014年4月25日	“第五届淄博市读书朗诵大赛”举行	《图书馆报》	余冬青 代秀丽
23	2014年7月16日	酷暑天，读书消夏图书馆	《淄博日报》	史章
24	2014年7月30日	“图书流通站”让文化在军营扎根	《淄博晚报》	赵瑞雪 余冬青
25	2014年7月31日	送书进军营——市图书馆文化拥军再结硕果	《山东商报》	余冬青
26	2014年8月1日	市图书馆送书进军营	《淄博日报》	余冬青

续表

序号	发表时间	题目（报道内容）	媒体名称	责任者
27	2014年8月13日	淄博市图书馆送书进军营	《大众日报》	程芃芃
28	2015年1月23日	30000册电子书手机免费读	《淄博晚报》	赵瑞雪 丁雷 余冬青
29	2015年1月23日	淄博市图书馆移动图书馆昨日上线3万册电子图书手机轻松看	《鲁中晨报》	张楠 丁雷
30	2015年4月3日	图书馆，读书伴你行	《淄博日报》	刘春霞 余冬青
31	2015年4月12日	500余人激情诵读	《淄博晚报》	赵瑞雪 余冬青 代秀丽
32	2015年4月20日	我市3选手全省朗诵大赛获佳绩	《淄博晚报》	赵瑞雪 丁雷 余冬青
33	2015年4月23日	图书馆开放日5项活动等您来	《淄博晚报》	赵瑞雪 丁雷
34	2015年8月8日	淄博市图书馆新馆计划年底开放	《鲁中晨报》	张楠 余冬青
35	2015年9月11日	15日起淄博市图书馆老馆搬迁新馆11月下旬试运行	大众网	赵瑞雪 余冬青
36	2015年9月11日	淄博市图书馆新馆11月下旬将试运行	《鲁中晨报》	张楠 余冬青
37	2015年9月15日	市图书馆书香淄博的精神家园	《淄博日报》	苏向阳 潘玉 余冬青 左文广
38	2015年9月15日	想让图书馆买什么书你说了算	《鲁中晨报》	张楠 余冬青 董娟
39	2015年9月16日	别了，图书馆老馆	《鲁中晨报》	张楠 余冬青
40	2015年9月28日	24小时自助图书馆可随时借阅	《鲁中晨报》	张楠 余冬青
41	2015年9月30日	国庆两种书香假期任你选	《淄博晚报》	赵瑞雪 余冬青 代秀丽 张丽萍
42	2015年11月8日	悦读	《淄博日报》	余冬青
43	2015年11月11日	新图书馆啥样记者提前探营	《鲁中晨报》	张楠 余冬青 左文广
44	2015年12月1日	淄博新图书馆即将开放	凤凰网山东	
45	2015年12月3日	探访淄博市图书馆新馆感受别样“书香”	大众网	王萍 边增雨 余冬青
46	2015年12月11日	新馆开放倒计时淄博市图书馆12月16日试运行，新馆抢先看	鲁中网	孙晨 荆睿 余冬青
47	2015年12月11日	淄博市图书馆新馆16日试运行开放7大窗口	大众网	王萍 边增雨
48	2015年12月12日	新图书馆掀开“红盖头”——淄博市图书馆新馆将于12月16日试运行	《淄博日报》	楚春霞 余冬青 左文广
49	2015年12月15日	明起可到市图书馆新馆看书啦	《齐鲁晚报》	
50	2015年12月15日	自助办借书证最快40秒到手	《齐鲁晚报》	余冬青
51	2015年12月16日	市图书馆今开馆	《淄博晚报》	赵瑞雪 余冬青
52	2015年12月17日	市图书馆开馆第一天办理800个借阅证，外借书籍5000册	《淄博晚报》	赵瑞雪 余冬青 左文广 代秀丽
53	2015年12月17日	图片报道：淄博市图书馆新馆开馆试运行	《淄博日报》	刘炳友 余冬青
54	2015年12月17日	新图书馆昨日开馆4000人借阅图书5000册	《鲁中晨报》	张楠 余冬青 左文广
55	2015年12月18日	淄博市图书馆新馆开馆试运行	人民网	
56	2015年12月19日	淄博图书馆新馆周末人气爆棚半日接待万名市民	鲁中网	姜雪颖 余冬青
57	2015年12月20日	1.4万人昨逛新图书馆	《鲁中晨报》	

续表

序号	发表时间	题目（报道内容）	媒体名称	责任者
58	2015年12月20日	首个周末图书馆爆满	《淄博晚报》	
59	2015年12月20日	淄博市图书馆两天接待3万人公共环境需共同维持	大众网	边增雨 余冬青
60	2015年12月21日	相约游书海	《齐鲁晚报》	余冬青
61	2015年12月21日	新图书馆首个周末迎三万市民	《齐鲁晚报》	余冬青
62	2015年12月21日	淄博市图书馆新馆周末迎来三万多读者	《淄博日报》	窦家峰 余冬青
63	2016年1月4日	淄博市图书馆新馆开始试运行	中国图书馆学会网站	
64	2016年1月7日	刘玉湘：建设文化共享空间打造高雅文化休闲中心	大众网·淄博	
65	2016年1月13日	全力推进文化名城建设提高群众文化生活满意度	《淄博晚报》	谭晓娟 左文广
66	2016年1月13日	我市图书馆荣获“全民阅读示范基地”称号	淄博社科网	
67	2016年2月3日	一起来读书　一起去健身	《淄博晚报》	谭晓娟 颜慧 余冬青 林玲 孙洁蓥
68	2016年2月6日	淄博市图书馆成立“稷下书院”	山东图书馆信息	
69	2016年2月8日	新春走基层：守护那一缕书香	山东新闻广播《89早新闻》	守鹏 余冬青
70	2016年3月9日	市民可以24小时自助借阅了	《淄博晚报》	谭晓娟 杨秋云 余冬青 左文广
71	2016年3月9日	市图新一批读者服务窗口即将开放	淄博人民广播电台《89早新闻》	守鹏 余冬青
72	2016年3月9日	淄博图书馆24小时不打烊，还有萌萌哒的娃娃专用阅览室	《鲁中晨报》	
73	2016年3月10日	淄博市图书馆15日新开6个窗口	大众网	邢凯萌 余冬青
74	2016年3月10日	淄博首家视障阅览室3月15日对外开放	大众网	
75	2016年3月18日	在家也能下载知网论文资料	大众网	张楠 余冬青 张文涛
76	2016年3月18日	市图书馆3大新体验等你来	《淄博晚报》	赵瑞雪 余冬青
77	2016年3月21日	市图书馆拓宽新媒体新技术新服务	《淄博日报》	余冬青
78	2016年3月25日	第九届淄博市读书节首个系列活动读书朗诵大赛开始报名啦	《淄博晚报》	赵瑞雪 余冬青
79	2016年4月8日	市图书馆8大活动很精彩	《淄博晚报》	赵瑞雪 余冬青
80	2016年4月10日	第七届淄博市读书朗诵大赛儿童组落幕 200余人参赛	大众网	王萍 余冬青
81	2016年4月12日	淄博换书大集今起收闲书	《淄博晚报》	沙红翠 丁雷 谭巍
82	2016年4月17日	第九届淄博市读书节开幕读书朗诵大赛决赛同步开战	大众网	李乐天 余冬青 代秀丽
83	2016年4月17日	淄博举行第七届读书朗诵大赛以书香为伴与文明同行	中国文明网	
84	2016年4月18日	阅读传承经典共建文化名城	《淄博晚报》	刘洪霞 沙红翠 赵瑞雪 孔晓文 陈圆 杨忠奎

续表

序号	发表时间	题目（报道内容）	媒体名称	责任者
85	2016 年 4 月 20 日	淄博市图书馆今天迎来首批视障读者，让盲人感受阅读的快乐	山东电视台《山东新闻联播》	
86	2016 年 4 月 21 日	23 名视障学生图书馆享阅读乐趣	《淄博晚报》	孔晓文 余冬青
87	2016 年 4 月 21 日	明日有场戏迷讲座	《淄博晚报》	赵瑞雪 余冬青
88	2016 年 4 月 21 日	来这儿！您选书，我买单！	《淄博晚报》 掌中淄博 APP	孔晓文 余冬青
89	2016 年 4 月 22 日	淄博市第七届读书朗诵大赛正式启动	《山东商报》	
90	2016 年 4 月 23 日	淄博启动“你选书，我买单”阅读推广活动	山东图书馆信息	
91	2016 年 4 月 24 日	想看什么书图书馆为你买	《鲁中晨报》	张楠 丁雷 余冬青
92	2016 年 4 月 24 日	快来市新华书店借新书吧第九届淄博市读书节之“您选书，我买单”活动正式启动	《淄博晚报》	赵瑞雪 孟书祥 张文涛
93	2016 年 5 月 31 日	明晚一起来认识淄博的星空	《淄博晚报》	赵瑞雪 左文广
94	2016 年 6 月 2 日	杨昌炽天文科科普讲座“当代夸父”开启奇妙星空之旅	《淄博晚报》	陈圆 左文广
95	2016 年 6 月 7 日	“在这里，遇见童年”儿童画展在淄博市图书馆举办	淄博文明网	余冬青 左文广
96	2016 年 6 月 15 日	淄博市图书馆系列公益讲座精彩纷呈	《鲁中晨报》	张楠 余冬青
97	2016 年 6 月 22 日	淄博市举办公共图书馆业务竞赛	《鲁中晨报》	
98	2016 年 7 月 9 日	传承国艺精粹，引领琴艺先锋——“稷下清音”古琴雅集圆满成功	《淄博晚报》	马金 左文广 刘如嫣
99	2016 年 7 月 19 日	留守儿童参观淄博市图书馆激发阅读热情	淄博文明网	余冬青 左文广
100	2016 年 8 月 12 日	“充电”加“消暑”，市图书馆一座难求	《齐鲁晚报》	樊舒瑜 余冬青
101	2016 年 8 月 16 日	相约淄博市图书馆，精彩纷呈过周末	淄博文明网	
102	2016 年 8 月 17 日	图书馆里一座难求淄博市图书馆：每天读者超过 5000 人次	《鲁中晨报》	
103	2016 年 8 月 29 日	这个暑假 30 万人次图书馆觅书香	《淄博晚报》	沙红翠 余冬青
104	2016 年 8 月 30 日	“趣味书法甲骨印象”第二期公益课堂圆满结束	淄博文明网	
105	2016 年 9 月 19 日	市图书馆开展“你选书，我买单”活动，每人可选三本书	《齐鲁晚报》	
106	2016 年 10 月 7 日	“十一”黄金周淄博市图书馆日平均人流量突增两倍之多	齐鲁壹点	
107	2016 年 10 月 16 日	300 幅作品聚焦读书的美丽身影	《淄博晚报》	沙红翠 辛丽 左文广
108	2016 年 10 月 17 日	淄博举办读书摄影大赛 300 幅作品聚焦全民阅读	中国文明网	
109	2016 年 11 月 1 日	淄博市图书馆提升城市文明形象多场大型公益讲座深受市民欢迎	《鲁中晨报》	曲心健 辛丽 左文广
110	2016 年 11 月 7 日	深化改革惠民生专栏：淄博市图书馆全力推进数字化阅读改革创新	淄博新闻广播 《89 早新闻》	
111	2016 年 11 月 14 日	冬日阅读如沐春风	中国文明网	
112	2016 年 11 月 17 日	书香润泽童年淄博市图书馆举办“彩虹少儿阅读推广活动”	中国文明网	

续表

序号	发表时间	题目（报道内容）	媒体名称	责任者
113	2016年11月29日	书香淄博阅读冬季——淄博图书馆2016全民读书月	齐鲁壹点	
114	2016年11月30日	2016全民读书月 9大主题近60项公益读书活动拉开大幕	淄博新闻网	余冬青 左文广
115	2016年11月30日	百余部家谱将展现“世家”文化传承 50余场系列活动邀请读者走进淄博市图书馆	《鲁中晨报》	张楠 余冬青
116	2016年11月30日	全民读书月，一起阅读吧！	《淄博晚报》	赵瑞雪 余冬青 左文广
117	2016年11月30日	淄博市图书馆百余部家谱将展现“世家”文化传承	中国文明网	
118	2016年12月1日	2016全民读书月拉开大幕	淄博电视台 《今晚18点》	
119	2016年12月5日	13个窗口流通图书110.35万册次	《淄博晚报》	赵瑞雪 余冬青
120	2016年12月5日	淄博市图书馆开馆一周年流通图书110.35万册次	中国文明网	
121	2016年12月5日	淄博市图书馆开馆一周年评选出15名优秀读者	齐鲁壹点	
122	2016年12月8日	书香淄博阅读冬季淄博图书馆2016全民读书月	中国文明网	
123	2016年12月11日	淄博市图书馆启动全民读书月活动	《鲁中晨报》	
124	2016年12月15日	百余部家谱助市民寻根问祖	《齐鲁晚报》	樊舒瑜
125	2016年12月16日	77姓氏206种家谱等您来寻根溯源！	《淄博晚报》	赵瑞雪 王长鸣 左文广
126	2016年12月16日	你了解你们家的家族历史吗？来这里查查你的家谱吧！	淄博电视台	
127	2016年12月17日	市图书馆征集家谱 77个姓氏206种家谱寻根溯源	中国文明网	
128	2016年12月18日	图书馆这些服务您会用吗？	《淄博晚报》	赵瑞雪 孙凤
129	2016年12月25日	营造书香让孩子爱上阅读	《淄博声屏报》	张铭 余冬青 董娟
130	2017年1月24日	书香相伴 欢度佳节	掌中淄博	谭晓娟 颜慧 余冬青
131	2017年1月31日	文化过节图书馆里闻书香	淄博二三事 淄博电视台 《淄博新闻》	
132	2017年2月8日	淄博市图书馆新春灯谜竞猜备好奖	《鲁中晨报》	张楠 丁雷
133	2017年2月8日	图书馆人气旺书香浓	齐鲁壹点 《鲁中晨报》	谭晓娟 颜慧 丁雷 余冬青
134	2017年2月11日	闹元宵猜灯谜	淄博人民广播电台	守鹏 余冬青
135	2017年3月7日	厉害了我的图书馆微信号	淄博新闻频道 掌中淄博 《淄博晚报》	谭晓娟 颜慧 丁雷 余冬青
136	2017年3月7日	淄博市图书馆迎来“小小志愿者”	《鲁中晨报》	曲心健 辛丽 左文广
137	2017年3月27日	来吧，做下一个朗诵者	《淄博晚报》	赵瑞雪 余冬青
138	2017年4月1日	500组选手报名成为“朗诵者”	《淄博晚报》	赵瑞雪 彭钰淇

续表

序号	发表时间	题目（报道内容）	媒体名称	责任者
139	2017 年 4 月 9 日	第十届淄博市读书节首个系列活动读书朗诵大赛昨日开赛	《淄博晚报》	赵瑞雪 余冬青 代秀丽
140	2017 年 4 月 11 日	缤纷四月天书香阅读季	《鲁中晨报》	张楠 余冬青 代秀丽
141	2017 年 4 月 11 日	书卷长流伴一生全民阅读氛围浓	淄博文明网	
142	2017 年 4 月 15 日	第八届淄博市读书朗读大赛报道	山东电视台少儿频道	
143	2017 年 4 月 16 日	快来看看吧！市图书馆 12 项主题活动让您爱上读书	《淄博晚报》	赵瑞雪 余冬青 左文广
144	2017 年 4 月 17 日	人间四月天　相约读书季	《淄博晚报》	沙红翠 赵瑞雪
145	2017 年 4 月 21 日	淄博市图书馆开通通借通还服务	今日头条 掌中淄博 淄博新闻网	赵瑞雪 丁雷
146	2017 年 4 月 23 日	第十届淄博市读书节又一重磅讲座 5 月 6 日开讲古诗词鉴赏大会	《淄博晚报》	赵瑞雪 余冬青 左文广
147	2017 年 4 月 23 日	迎接世界读书日——七大主题书刊展同时开幕	《淄博晚报》	余冬青 朱桂红 左文广
148	2017 年 4 月 24 日	全省读书朗诵大赛传来捷报 我市朗诵者斩获一等奖	《淄博晚报》	赵瑞雪 姜艳平
149	2017 年 4 月 24 日	世界读书日淄博图书馆推十余项主题读书活动	中国网·山东	冯晓晴 余冬青
150	2017 年 4 月 24 日	淄博市读书节图片报道	《淄博晚报》	赵瑞雪 余冬青
151	2017 年 4 月 25 日	400 余名图书馆人员齐聚淄博	《鲁中晨报》	张楠 余冬青 左文广
152	2017 年 4 月 25 日	图书馆界专家学者聚淄博全国公共图书馆评估定级工作展开	《淄博晚报》	谭晓娟 颜慧 余冬青 左文广
153	2017 年 5 月 5 日	市图书馆每一天都是“读书日”	《淄博声屏报》	张铭 余冬青 左文广
154	2017 年 5 月 22 日	第十届淄博市读书节又一经典读书讲座 24 日开讲	《淄博晚报》	赵瑞雪 辛丽
155	2017 年 5 月 24 日	淄博图书馆公益讲座进校园	淄博人民广播电台	守鹏 余冬青
156	2017 年 5 月 24 日	淄博市图书馆公益讲座首次进校园	《鲁中晨报》	张楠 余冬青 左文广
157	2017 年 6 月 14 日	我馆面向少年儿童开展“彩虹”系列少儿阅读推广活动	《淄博晚报》	高金霞
158	2017 年 6 月 14 日	信用记录关爱日淄博举办诚信文化大讲堂活动	中国文明网 《淄博日报》	刘峻峰 冯波
159	2017 年 6 月 16 日	一起来市图书馆“彩虹读书会”！父亲节感受“父爱如山”	《淄博晚报》	
160	2017 年 6 月 17 日	缤纷六月季让父爱融入书香	《淄博晚报》	颜慧 余冬青
161	2017 年 6 月 19 日	父亲节，淄博市图书馆七项主题活动推动书香家庭创建	中国文明网	
162	2017 年 6 月 19 日	在市图书馆迈出感知父爱第一步	《淄博晚报》	颜慧 赵美
163	2017 年 6 月 28 日	山东少儿频道小记者团联合市图书馆共同举行父亲节亲子观影活动	齐鲁网	
164	2017 年 6 月 30 日	市图书馆以绩效考核为抓手　打造“书香城市”名片	《淄博日报》	代秀丽
165	2017 年 7 月 7 日	今年暑假我在市图当馆员小助理	《淄博晚报》	谭晓娟 颜慧 赵美 董娟
166	2017 年 7 月 10 日	淄博图书馆暑期“文化大餐”来啦 142 场活动等你来	《齐鲁晚报》	樊舒瑜 余冬青
167	2017 年 7 月 11 日	静享书香	《齐鲁晚报》	樊舒瑜 余冬青
168	2017 年 7 月 12 日	虽然骄阳似火幸有书香相伴	《淄博晚报》	谭晓娟 杨飞 余冬青 左文广
169	2017 年 7 月 15 日	寓教于乐 图书馆成为避暑地“新宠”	淄博电视台 《今晚 18 点》	

续表

序号	发表时间	题目（报道内容）	媒体名称	责任者
170	2017年7月17日	第十届淄博市读书节系列活动之换书大集将于29日举行	《淄博晚报》	谭晓娟 颜慧 丁雷 谭巍
171	2017年7月27日	淄博人最爱读书原因竟然在这里	淄博电视台	
172	2017年7月30日	分享阅读交换快乐	《淄博晚报》	谭晓娟 颜慧 余东青 左文广
173	2017年8月10日	村居溢书香	《齐鲁晚报》	樊舒瑜 代秀丽 张文涛
174	2017年8月17日	拓宽文化服务半径的“淄博实践”	《中国文化报》	
175	2017年8月31日	“淄博市民学习中心”数字平台开通	《齐鲁晚报》	樊舒瑜 余冬青 张文涛
176	2017年8月31日	终于！淄博有了市民学习中心啦，快来看看吧！	淄博电视台	
177	2017年9月1日	“淄博市民学习中心”上线	《鲁中晨报》	张楠 余冬青 张文涛
178	2017年9月1日	淄博人有了高标准“网上图书馆”！足不出户查资料、听课程	大众网	
179	2017年9月1日	淄博走进全民免费终身学习时代	《淄博晚报》	杨秋云 余东青
180	2017年9月29日	“水墨清吟·郭立民国画作品巡展”在淄博市图书馆开展	大众网	邢凯萌 辛丽 张文涛
181	2017年9月29日	十一假期来淄博市图书馆欣赏书画和老报纸	《鲁中晨报》	张楠 辛丽 左文广
182	2017年9月29日	市图举办老报纸精品展	《淄博晚报》	谭晓娟 颜慧 彭钰淇
183	2017年10月1日	老报纸精品展亮相市图书馆	《淄博日报》 掌中淄博	楚春霞 张文涛
184	2017年10月1日	淄博“庆国庆、喜迎十九大老报纸精品展”开展	《齐鲁晚报》	樊舒瑜 余冬青
185	2017年10月6日	淄博市图书馆20余场系列活动迎“双节”	大众网	邢凯萌 余冬青
186	2017年10月10日	想看啥图书报刊你说了算	《鲁中晨报》	张楠 谭巍
187	2017年10月12日	淄博23名小演员倾情演绎老舍作品影视微剧	《鲁中晨报》	张楠 余冬青
188	2017年10月20日	周末来淄博市图书馆一起读书品茶	《鲁中晨报》	张楠 彭钰淇
189	2017年10月25日	淄博市图书馆本周有3场精彩公益讲座可免费参加	《鲁中晨报》	张楠 左文广
190	2017年11月3日	淄博市图书馆周末活动不断	《鲁中晨报》	张楠 陈雪
191	2017年11月10日	新馆新事新时代	《淄博日报》	苏向阳 余冬青
192	2017年11月10日	周末快到淄博市图书馆多项亲子活动等你来	《鲁中晨报》	张楠 余冬青
193	2017年11月24日	剪纸沙画本周末淄博市图书馆多项公益活动等你来	《鲁中晨报》	张楠 余冬青
194	2017年11月29日	淄博市图书馆推出“U书快借”服务	大众网	邢凯萌 张娟
195	2017年11月29日	淄博市图书馆推出“快递借书”服务免费送书到家	《齐鲁晚报》	樊舒瑜 张娟
196	2017年11月30日	读者网上购书淄博市图书馆来买单	大众网	张楠 张娟
197	2017年12月1日	淄博市图书馆新馆开放两周年暨2017全民读书月系列活动	大众网	邢凯萌 余冬青 陈雪
198	2017年12月5日	市图书馆百余场文化大餐惠民众	《淄博日报》	余冬青 陈雪
199	2017年12月6日	“齐风雅器”大型雅集活动本周末在市图书馆举行	《齐鲁晚报》	樊舒瑜 彭钰淇
200	2017年12月7日	“你选书，我买单”市民购书又有新优惠！	淄博手机台	
201	2017年12月7日	淄博市图书馆推出“U书快借”服务	淄博文明网	
202	2017年12月9日	全民读书月活动周末来图书馆免费听讲座学画画	《鲁中晨报》	张楠 陈雪

续表

序号	发表时间	题目（报道内容）	媒体名称	责任者
203	2017 年 12 月 13 日	淄博“齐风雅器”大型雅集活动成功举办	《齐鲁晚报》	樊舒瑜 余冬青
204	2017 年 12 月 14 日	周末来淄博市图书馆读书摄影沙画精彩活动尽情体验	《鲁中晨报》	张楠 余冬青
205	2017 年 12 月 23 日	王佑学山水画展举行 40 余幅画作亮相淄博市图书馆	大众网	孙晨 余冬青 左文广
206	2017 年 12 月 23 日	周末来市图书馆看画展吧	《鲁中晨报》	张楠 余冬青
207	2017 年 12 月 27 日	推动全民阅读打造书香之城	《淄博晚报》	谭晓娟 余冬青 左文广
208	2017 年 12 月 28 日	欣赏风琴音乐会体验儿童剧之美	《鲁中晨报》	张楠 左文广
209	2017 年 12 月 28 日	淄博书香浸润一座城	《淄博晚报》	谭晓娟
210	2017 年 12 月 29 日	市图书馆，淄博文化新地标	《淄博日报》 淄博新闻网 掌中淄博	苏向阳 马金 代秀丽
211	2017 年 12 月 31 日	继往开来谱华章——记淄博市图书馆新馆运行二周年	《淄博声屏报》	张铭 余冬青
212	2018 年 1 月 11 日	好消息！淄博市图书馆全文数据库阅读卡免费发放！	大众网	边增雨
213	2018 年 1 月 11 日	淄博市图书馆全文数据库阅读卡免费领	《鲁中晨报》	张楠 余冬青
214	2018 年 1 月 18 日	“馆员小助理”图书馆里过寒假	淄博电视台	
215	2018 年 1 月 18 日	淄博市图书馆招募 2018 年寒假“馆员小助理”	《鲁中晨报》	张楠 左文广
216	2018 年 1 月 23 日	淄博市图书馆“招聘”寒假馆员小助理	淄博电视台	
217	2018 年 1 月 26 日	图书馆招募学雷锋文化志愿者	《鲁中晨报》	张楠 余冬青 董娟
218	2018 年 1 月 31 日	春节期间，80 多项活动陪伴大家！来市图书馆过个文化年！	淄博电视台《淄博新闻》	
219	2018 年 1 月 31 日	淄博市图书馆元宵有奖猜谜活动原创谜语现开始征集	《齐鲁晚报》	樊舒瑜 丁雷
220	2018 年 2 月 1 日	市图书馆征集元宵节原创谜语	《淄博日报》	余冬青 左文广
221	2018 年 2 月 2 日	淄博市图书馆新春非遗作品展等你来参观	《鲁中晨报》	张楠 左文广
222	2018 年 2 月 3 日	多彩假期市图书馆活动丰富等你来	《淄博晚报》	颜慧 余冬青 左文广
223	2018 年 2 月 8 日	本周末淄博市图书馆多场阅读推广活动等你参加	《鲁中晨报》	张楠 余冬青
224	2018 年 2 月 9 日	书香中过寒假——市图书馆推出寒假少儿系列书展	《淄博晚报》	颜慧 赵美
225	2018 年 2 月 13 日	您买书　图书馆买单	《淄博日报》	苏向阳 余冬青 左文广
226	2018 年 2 月 17 日	各地群众欢欢喜喜过大年，民俗精彩 年味十足	央广网	
227	2018 年 2 月 22 日	读书充电徜徉书海	大众网	许炳棋 余冬青
228	2018 年 2 月 22 日	书香伴年味　图书馆里品书香	《淄博晚报》	颜慧 余冬青
229	2018 年 2 月 23 日	品着书香过大年	《淄博日报》	苏向阳 余冬青
230	2018 年 2 月 24 日	有奖竞猜淄博市图书馆将举办第二届元宵灯谜会	大众网	边增雨 丁雷
231	2018 年 2 月 26 日	淄博市图书馆将举办第二届元宵灯谜会	《淄博晚报》	颜慧 丁雷
232	2018 年 3 月 2 日	正月十五淄博市图书馆元宵灯谜会拉开帷幕	大众网	边增雨
233	2018 年 3 月 8 日	本周去淄博市图书馆学古琴看电影体验戏剧之美	《鲁中晨报》	张楠 余冬青
234	2018 年 3 月 8 日	第十一届淄博市读书节首个系列活动读书朗诵大赛开赛	《淄博晚报》	谭晓娟 颜慧 丁雷

续表

序号	发表时间	题目（报道内容）	媒体名称	责任者
235	2018 年 3 月 15 日	第十一届淄博市读书节首个活动备受关注	《淄博晚报》	赵瑞雪 陈雪
236	2018 年 3 月 16 日	来当读书会主讲人吧，图书馆阅读活动本周继续推广	《鲁中晨报》	张楠 余冬青
237	2018 年 3 月 22 日	近 700 组选手备战读书节朗诵大赛首场比赛	《淄博晚报》	赵瑞雪 陈雪
238	2018 年 3 月 22 日	美食、书法、古琴、瑜伽、画展淄博市图书馆等你来	《鲁中晨报》	李春梅 余冬青
239	2018 年 3 月 22 日	市图书馆与市特教中心“文明共建”活动启动	《淄博晚报》	颜慧 余冬青 左文广
240	2018 年 3 月 24 日	第十一届淄博市读书节期间又一项公益文化活动	《淄博晚报》	赵瑞雪 彭钰淇
241	2018 年 4 月 8 日	刘宝万布头画展在市图书馆展出	《淄博日报》	
242	2018 年 4 月 9 日	齐鲁文化小使者走进淄博市图书馆	山东卫视	
243	2018 年 4 月 11 日	第十一届淄博读书节期间这 13 项读书活动邀您来	淄博文明网	
244	2018 年 4 月 11 日	第十一届淄博读书节期间这 13 项读书活动邀您来	《淄博晚报》	赵瑞雪 丁雷 余冬青
245	2018 年 4 月 12 日	4 月“读书节”约起来！第 11 届“淄博市读书节”等你来！	淄博电视台 《淄博新闻》	
246	2018 年 4 月 15 日	春暖花开我们一起来读书	淄博电视台	
247	2018 年 4 月 15 日	读书大幕已开启，让我们一起读书吧！	《淄博晚报》	孔晓文 赵瑞雪 沙红翠 余冬青 代秀丽
248	2018 年 4 月 16 日	“一路阅读，一路书香”淄博市读书朗诵大赛举行	山东卫视	
249	2018 年 4 月 17 日	第十一届淄博市读书节又一重磅活动第三届淄博市换书大集	《淄博晚报》	赵瑞雪 谭巍
250	2018 年 4 月 17 日	孙玉明做客第十一届淄博市读书节之文化名城讲坛	《淄博晚报》	赵瑞雪 左文广
251	2018 年 4 月 20 日	第十一届淄博市读书节福利来啦	《淄博晚报》	赵瑞雪 杨振瑜
252	2018 年 4 月 21 日	市图书馆将举办少儿系列书展	《淄博晚报》	颜慧 赵美
253	2018 年 5 月 6 日	《帮您轻松使用图书馆》公益讲座周末开讲	山东新闻	颜慧 孙凤
254	2018 年 5 月 7 日	爱上传统文化从诗歌开始	《淄博晚报》	赵瑞雪
255	2018 年 5 月 7 日	母亲节，来为母吟诵吧	《淄博晚报》	赵瑞雪 陈雪
256	2018 年 5 月 7 日	淄博市首届青少年原创诗歌大会举行	《淄博晚报》	赵瑞雪
257	2018 年 5 月 9 日	听优秀母亲讲人生故事——“笑对人生”	《淄博晚报》	赵瑞雪 董娟
258	2018 年 5 月 10 日	800 台盲人听书机可免费借啦	《淄博晚报》	赵瑞雪 丁雷
259	2018 年 5 月 11 日	录音新闻淄博市图书馆 800 台盲人听书机可免费借	淄博人民广播电台	守鹏 余冬青
260	2018 年 5 月 17 日	市图书馆“彩虹”系列新活动又添新成员	《淄博晚报》	颜慧 董畅
261	2018 年 5 月 22 日	全国助残日淄博市残疾人数字阅读推广工程启动	《鲁中晨报》	邢凯萌 张慧敏 余冬青 王长鸣
262	2018 年 5 月 27 日	点赞！淄博市 6 家图书馆获评国家一级图书馆	大众网	
263	2018 年 5 月 27 日	淄博 6 图书馆获评国家一级图书馆	《鲁中晨报》	李波
264	2018 年 5 月 28 日	等您来！淄博市图书馆服务宣传周活动 28 日启动	大众网	边增雨 余冬青 左文广

续表

序号	发表时间	题目（报道内容）	媒体名称	责任者
265	2018 年 5 月 30 日	管仲时代淄博就开始搞大数据	《鲁中晨报》	李波 彭钰淇
266	2018 年 5 月 30 日	一路阅读　一路书香——市图书馆开展服务宣传周系列活动	《淄博晚报》	颜慧 余冬青 左文广
267	2018 年 6 月 1 日	淄博市图书馆可以用支付宝直接办理读者证啦	《鲁中晨报》	邢凯萌 张慧敏 孙凤
268	2018 年 6 月 11 日	淄博市图书馆“U 书快借”升级支付宝可办证借书	凤凰资讯	
269	2018 年 6 月 19 日	“我们的节日——端午节”	《淄博日报》	董畅
270	2018 年 7 月 7 日	图书馆开启暑假模式	淄博电视台《新视窗》	
271	2018 年 7 月 9 日	暑假哪里去？淄博市图书馆开始招募志愿者啦！	《大众日报》	
272	2018 年 7 月 13 日	暑期到来，淄博市图书馆亲子活动特色课程受追捧	淄博综合广播《89 早新闻》	
273	2018 年 7 月 27 日	暑期学习热——为进图书馆看书学生排长队	《鲁中晨报》	张培 余冬青
274	2018 年 8 月 1 日	凉爽舒适，一座难求！每天早上市民都在这里	淄博新闻频道	
275	2018 年 8 月 3 日	日均接待 4000 多人，淄博市图书馆人气爆棚！	大众网	
276	2018 年 8 月 19 日	淄博市少儿国学知识大赛 7 月开赛	《淄博晚报》	颜慧 董畅
277	2018 年 9 月 5 日	这个暑假淄博市图书馆入馆 20 余万人	《淄博晚报》	颜慧 余冬青
278	2018 年 9 月 7 日	淄博市有奖征集“城市书房”LOGO	《鲁中晨报》	李波 孟凡
279	2018 年 9 月 21 日	这个中秋好热闹　市图书馆活动多	《淄博晚报》	颜慧 董畅
280	2018 年 9 月 22 日	《农民工》“走进”淄博市图书馆	《鲁中晨报》	王兵
281	2018 年 9 月 27 日	国庆来“市图”　大家一起乐	《淄博晚报》	颜慧 董畅
282	2018 年 10 月 7 日	市图书馆的“前世今生”	淄博电视台《今晚 18 点》	
283	2018 年 10 月 8 日	节假日读书充电成时尚	《淄博日报》	潘玉 余冬青
284	2018 年 10 月 15 日	城市书房就要来了！我市 3 年内将建 10 家城市书房	《淄博晚报》	颜慧 余冬青
285	2018 年 10 月 18 日	你选报刊我买单市图书馆 2019 年报刊推荐活动启动	《淄博晚报》	颜慧 谭巍
286	2018 年 11 月 9 日	本周六来市图书馆学习墨法与画法，另有多项精彩阅读推广活动	《鲁中晨报》	张楠 余冬青
287	2018 年 11 月 19 日	淄博市第一届阅读马拉松挑战赛开始报名	《淄博晚报》	颜慧 彭钰淇
288	2018 年 11 月 21 日	全天 24 小时开放，市民自由阅读，我市第一家城市书房就要来了	淄博电视台《今晚 18 点》	
289	2018 年 11 月 23 日	淄博华光路“城市书房”，打造不打烊的“社区图书馆”	《鲁中晨报》	张继才 陈雪 彭钰淇
290	2018 年 12 月 3 日	畅享阅读　让书香润泽淄博	《淄博晚报》	颜慧 董娟 左文广
291	2018 年 12 月 4 日	公益讲座《如何让孩子爱上阅读》在淄博市图书馆召开	鲁中网	邢凯萌 张慧敏 盖殿秀
292	2018 年 12 月 4 日	明年元旦前后将添一家“城市书房”位于张店区实验小学南侧	《鲁中晨报》	张楠 陈雪 彭钰淇
293	2018 年 12 月 4 日	市图书馆流动服务车元旦前后运行	《齐鲁晚报》	樊舒瑜 余冬青

续表

序号	发表时间	题目（报道内容）	媒体名称	责任者
294	2018年12月5日	淄博市图书馆开展2018全民读书月系列活动	鲁中网	邢凯萌 张慧敏 董娟 左文广
295	2018年12月6日	淄博市图书流动服务车面向全市征集服务网点	齐鲁壹点	樊舒瑜 余冬青
296	2018年12月10日	书香浸城2018年淄博市图书馆全民读书月系列活动	大众网·淄博	胥孜婕 余冬青 赵美
297	2018年12月29日	24小时不打烊！淄博首家“城市书房”开门迎客	大众网·淄博	
298	2018年12月29日	淄博市首个城市书房开馆运行	齐鲁壹点 大众网	樊舒瑜 余冬青 左文广
299	2018年12月29日	我市首家城市书房今日启用	淄博电视台	
300	2018年12月29日	刚刚，淄博首家“城市书房”正式启用！	《淄博晚报》	颜慧 余冬青 左文广
301	2018年12月29日	淄博首家城市书房“掀盖头”	淄博文明网	颜慧 余冬青 左文广
302	2018年12月30日	关于城市书房的报道	山东电视台《山东新闻联播》	
303	2019年1月2日	淄博市首家城市书房正式开放	《鲁中晨报》	张楠 曹连东 余冬青
304	2019年1月2日	我市首家城市书房启用	淄博电视台	
305	2019年1月3日	淄博市第一家城市书房开馆运行	鲁中网《鲁中晨报》	邢凯萌 余冬青 左文广
306	2019年1月20日	读好书评好书 淄博市图书馆举办首届少儿微书评大赛	大众网·淄博	胥孜婕 余冬青 赵美
307	2019年1月22日	书香盈岁月新桃换旧符	大众网·淄博	胥孜婕 丁雷 王长鸣
308	2019年1月24日	淄博市图书馆邀您走进楹联文化世界	深度淄博	樊舒瑜 王长鸣
309	2019年1月28日	市图书馆举行2019迎新春送楹联文化惠民活动	《淄博日报》	潘玉 王长鸣
310	2019年1月29日	书香遇墨香新岁更添福	《淄博晚报》	颜慧 王长鸣
311	2019年1月29日	春节好去处图书馆里过大年	淄博综合广播	守鹏 余冬青
312	2019年1月30日	过年千万别窝在家里！来这里，既绿色又健康	淄博综合广播	
313	2019年2月2日	新春楹联元宵猜谜等你来	《淄博声屏报》	张铭 丁雷 王长鸣
314	2019年2月2日	元宵灯谜你来出	《淄博晚报》	颜慧 丁雷
315	2019年2月11日	春节不打烊假期“充电”忙	《淄博日报》	潘玉 王长鸣 许敏
316	2019年2月13日	2.6万市民图书馆欢度“文化年”	《淄博晚报》	颜慧 余冬青
317	2019年2月19日	这里有千余条灯谜等你来解，快点进来看看	《淄博晚报》	颜慧 左文广
318	2019年2月22日	记者眼中的淄博年	《淄博日报》	马金
319	2019年3月2日	淄博首家24小时“不打烊”城市书房今日开馆	《大众日报》客户端	张楠 孙锐 余冬青
320	2019年3月3日	淄博首家24小时城市书房开馆运行	《淄博日报》	潘玉 余冬青
321	2019年3月6日	淄博市图书馆与市直机关二幼签约携手共建	淄博文明网	
322	2019年3月25日	“山东省社会科学普及教育基地”在市图书馆揭牌	《淄博日报》	潘玉 张文涛
323	2019年3月28日	60秒！周末来释放您的朗诵魅力	淄博文明网	赵瑞雪 陈雪
324	2019年3月28日	“第十届淄博市读书朗诵大赛”30日开赛	《淄博晚报》	赵瑞雪 陈雪
325	2019年3月31日	600组选手歌颂祖国诵读春天	《淄博晚报》	赵瑞雪 廉冰 代秀丽

续表

序号	发表时间	题目（报道内容）	媒体名称	责任者
326	2019年4月9日	市图书馆获2018“全省市级（副省级）公共图书馆绩效评价”优秀单位	《淄博日报》	潘玉 代秀丽
327	2019年4月10日	春风送暖好读书	大众网淄博·海报新闻	胥孜婕 余冬青 左文广
328	2019年4月10日	读书节图书馆14项活动抢先看	《淄博晚报》 淄博文明网	赵瑞雪 余冬青
329	2019年4月11日	淄博5名朗诵选手省赛获佳绩	《淄博晚报》	赵瑞雪 姜艳平 张文涛
330	2019年4月11日	第十二届淄博市读书节周日开幕，一起去瞧瞧吧	《淄博晚报》	沙红翠
331	2019年4月11日	淄博人常去的这个地方竟藏着珍宝？！官宣来了！	《鲁中晨报》融媒体	
332	2019年4月14日	快来！全市200余场活动，各年龄段的市民都可参与	淄博电视台 《今晚18点》	
333	2019年4月14日	第十二届淄博市读书节启动暨第十届淄博市读书朗诵大赛颁奖典礼举行	掌中淄博	唐萍 廉冰 代秀丽
334	2019年4月14日	淄博市图书馆荣获2018“全省市级（副省级）公共图书馆绩效评价”优秀单位	淄博市人民政府网站	
335	2019年4月15日	全民阅读，这个春天你“阅”了吗？	《淄博晚报》	刘洪霞 沙红翠 赵瑞雪 廉冰 代秀丽
336	2019年4月16日	周末来参加第四届换书大集吧！	《淄博晚报》	赵瑞雪 谭巍
337	2019年4月19日	一抹灯光一缕书香	《鲁中晨报》	张欣
338	2019年4月19日	“文明共携手书香润淄博”知识资源“五进”活动首次进军营	淄博文明网	
339	2019年4月22日	晨报带你探寻淄博读书地	《鲁中晨报》	
340	2019年4月23日	世界读书日换书大集力促全民阅读	淄博综合广播	守鹏 余冬青
341	2019年4月23日	对淄博市图书馆换书大集活动的报道	山东电视台 《新闻联播》	
342	2019年4月23日	这个动作也许会是你今年最“帅”的一个！	淄博新闻频道 《今晚18点》	
343	2019年4月28日	淄博市图书馆将组建专家库为丰富馆藏资源支招	今日头条	
344	2019年4月29日	淄博市图书馆：“文明共携手书香润淄博”数字资源“五进”活动走进高铁淄博北站	淄博新闻网	姜乾相 孙凤
345	2019年4月29日	“齐金臻妙”金石全形拓艺术交流展在市图书馆举行	《淄博日报》	潘玉 余冬青
346	2019年5月7日	市图书馆面向社会公开征集服务网点	《齐鲁晚报》	樊舒瑜 张文涛
347	2019年5月7日	淄博流动图书馆服务点公开征集，满足这些条件可申请	齐鲁壹点	樊舒瑜 张文涛

续表

序号	发表时间	题目（报道内容）	媒体名称	责任者
348	2019年5月8日	淄博市图书馆图书流动服务车征集服务点	网易山东	张楠 余冬青
349	2019年5月8日	好消息！以后在你的小区就能从图书馆借书了	淄博电视台《今晚18点》	
350	2019年5月8日	图书馆图书流动服务车征集服务点即将投入运营提供借阅服务	《鲁中晨报》 鲁中网	张楠 余冬青
351	2019年5月8日	“流动图书馆”要来淄博啦淄博市图书馆图书流动服务车公开征集网点	大众网·淄博·海报新闻	胥孜婕 余冬青
352	2019年5月13日	淄博市图书馆面向全市征集图书流动服务车网点	《淄博日报》	潘玉 余冬青
353	2019年5月15日	山东淄博市图书馆图书流动服务车公开征集服务点	国家图书馆官方微博	
354	2019年5月20日	淄博有批原创诗人，平均年龄竟还不到18岁！	淄博电视台《今晚18点》	
355	2019年5月20日	近百名爱好者领略淄博诗词魅力	《淄博晚报》淄博文明网	赵瑞雪 姜艳平
356	2019年5月30日	城有书香气自华市图书馆官方微博上榜“全国十大”	《淄博晚报》	谭晓娟 颜慧 余冬青 左文广
357	2019年6月8日	我们的节日·端午弘扬传统文化重温传统习俗	淄博新闻	
358	2019年6月27日	市图书馆招募暑假“馆员小助理”	《淄博晚报》	颜慧 赵美
359	2019年7月3日	这个暑假，来图书馆当馆员小助理吧	《鲁中晨报》海报新闻 网易新闻 齐鲁壹点	张楠 余冬青
360	2019年7月6日	淄博大数据——淄博市图书馆	淄博电视台《新闻频道》	
361	2019年7月6日	我市第二届阅读马拉松挑战赛（青少年专场）开始报名	《淄博晚报》	颜慧 陈雪
362	2019年7月10日	一起来，诵读中华经典！ 第二届全省少儿诗词诵读大赛开始报名	《淄博晚报》	颜慧 彭钰淇
363	2019年7月18日	定了！淄博市图书流动服务车将于本周六正式投入运行	齐鲁壹点	樊舒瑜 左文广 彭钰淇
364	2019年7月18日	太方便啦！图书流动服务车上线，淄博人家门口就能借书还书	《鲁中晨报》	张楠 左文广 彭钰淇
365	2019年7月19日	首辆图书馆流动服务车明天开进社区	淄博电视台《新视窗》	
366	2019年7月20日	淄博首辆图书流动服务车昨日开进曦园家门口轻松借书	《鲁中晨报》	张楠 蒲泫奇 余冬青
367	2019年7月20日	录音新闻：淄博市首辆图书流动服务车正式投入运行	淄博综合广播	守鹏 王晓楠余 冬青
368	2019年7月20日	家门口就可以借还图书了！快看看你们小区有没有……	淄博电视台《今晚18点》	
369	2019年7月20日	淄博第一辆图书流动服务车今日正式投入运行	今日头条 齐鲁壹点 网易新闻 海报新闻《大众日报》客户端	张楠 蒲泫奇 余冬青
370	2019年7月20日	淄博市首辆图书流动服务车正式投入使用	山东电视台《新闻联播》	
371	2019年7月21日	市图书馆图书流动服务车正式投入运行	《淄博日报》	潘玉 余冬青

续表

序号	发表时间	题目（报道内容）	媒体名称	责任者
372	2019年7月22日	美滋滋地看书登上图书流动服务车	《淄博晚报》淄博新闻网 淄博文明网	颜慧 余冬青
373	2019年8月7日	这个夏天　图书馆里觅书香	《淄博晚报》	张丽
374	2019年8月9日	淄博今年内计划再建三所城市书房	大众网 海报新闻	胥孜婕 余冬青
375	2019年8月9日	书海里“解”暑气	《淄博日报》	潘玉 余冬青
376	2019年8月9日	图书馆邀您参与共建我市将再建3家“城市书房”	《淄博晚报》淄博文明网 淄博新闻网	颜慧 余冬青
377	2019年8月10日	市图书馆现征集城市书房中心城区合作方	《淄博日报》	潘玉　余冬青
378	2019年8月13日	来这里了解“碑帖源流”	《淄博晚报》	颜慧 姜艳平
379	2019年8月13日	市图书馆将举行首届淄博民间收藏古籍、碑帖鉴定活动	《淄博日报》	潘玉 姜艳平
380	2019年8月15日	淄博市第三家高标准城市书房落户淄博银泰城	《鲁中晨报》 齐鲁壹点 网易新闻 海报新闻 新锐大众	张楠 余冬青 左文广
381	2019年8月15日	免费开放！淄博将新打造一处“城市书房”，在你家旁边吗？	齐鲁壹点	樊舒瑜 余冬青
382	2019年8月15日	商圈感受静谧书香淄博第三家高标准城市书房将亮相	海报新闻	胥孜婕 余冬青 左文广
383	2019年8月16日	“万科·新都会”2019山东少年马拉松阅读大赛（淄博赛区）举办	鲁网	崔新孝
384	2019年8月16日	第二届全省少儿诗词诵读大赛淄博赛区决赛将举行	《淄博日报》	潘玉 丁雷
385	2019年8月16日	近距离感受传统文化的独特魅力	《淄博晚报》	颜慧 王长鸣
386	2019年8月19日	我市第三家高标准城市书房年底亮相银泰城	《淄博晚报》	颜慧 余冬青 左文广
387	2019年8月26日	第二届山东省少儿诗词诵读大赛淄博赛区圆满落幕	《鲁中晨报》网易新闻 掌握鲁中	张楠 代秀丽
388	2019年8月27日	我市第三家城市书房将落户淄博银泰城	《淄博日报》	余冬青 左文广
389	2019年8月27日	风雅存诗意　古韵有新声	《淄博晚报》	颜慧 代秀丽
390	2019年9月6日	第二届山东省少儿诗词诵读大赛淄博赛区决赛落幕	《淄博日报》	潘玉 代秀丽
391	2019年9月20日	市图书馆：书香滋养一座城	《淄博日报》	魏廷宝 潘玉
392	2019年9月21日	淄博地标！市图书馆的前世今生！	淄博电视台《今晚18点》	
393	2019年9月21日	淄博市图书馆市公安局分馆正式启用	《淄博晚报》	颜慧 张文涛
394	2019年9月23日	壮丽七十年奋斗新时代：阅读在这个城市触手可及	淄博综合广播	
395	2019年10月8日	书香伴国庆假期我在岗	《淄博日报》	潘玉 余冬青
396	2019年10月16日	淄博市图书馆放大招：微信能借书？还能送到手里？能！	淄博电视台科教频道	
397	2019年10月16日	淄博市图书馆开通微信办理借阅证功能	大众网·海报新闻	胡明
398	2019年10月16日	快来体验吧！淄博市图书馆开通微信办证，还增加了这些功能	齐鲁壹点	樊舒瑜 丁雷

续表

序号	发表时间	题目（报道内容）	媒体名称	责任者
399	2019年10月20日	市图书馆开通微信办证服务	《淄博日报》	潘玉 丁雷
400	2019年10月21日	让文明之花在这里盛放	淄博文明网	陈雪
401	2019年10月22日	打通公共文化服务最后一公里市图书馆流动服务车首次进校园	《淄博晚报》 淄博文明网	颜慧 孙凤
402	2019年11月26日	在67岁的淄博市图书馆里，御个寒都带着书香气	深度淄博	
403	2019年11月26日	我市城市书房又添新成员	《淄博晚报》	颜慧 张文涛
404	2019年12月3日	市图书馆全民读书月启动	《淄博晚报》	颜慧 丁雷 余冬青 左文广
405	2019年12月4日	山东淄博启动全民读书月活动书香浸润整座城	中国文明网	颜慧 丁雷 余冬青 左文广
406	2019年12月5日	讲好淄博故事传承优秀文化	《鲁中晨报》	张楠 陈雪
407	2019年12月5日	淄博首届青少年读书故事会选拔赛启动 6—15岁儿童可报名	齐鲁壹点	樊舒瑜 陈雪
408	2019年12月5日	淄博市图书馆全民读书月23个主题、百余场活动带你享暖冬盛宴	齐鲁壹点	樊舒瑜 余冬青 左文广
409	2019年12月6日	讲好淄博故事 传承优秀文化	《淄博晚报》	颜慧 陈雪
410	2019年12月9日	淄博市图书馆全民读书月启动 22个主题百余场活动助力全民阅读	鲁中网·海报新闻	张琦 余冬青 左文广
411	2019年12月16日	我市首条特色室内主题街区开街暨第三家城市书房揭牌	《淄博日报》淄博发布 淄博文明网	
412	2019年12月16日	生活弥漫书香云泰城市书房正式启用	《鲁中晨报》 鲁中网 网易新闻 齐鲁壹点 山东省图书馆学会网站	张楠 余冬青
413	2019年12月17日	投资120万装修改造！淄博又添一家24小时“不打烊”城市书房	齐鲁壹点	樊舒瑜 张文涛
414	2019年12月20日	80多万市民参与，11次被国家表彰，淄博这项工作值得点赞	淄博新闻频道 《今晚18点》	
415	2019年12月20日	我市第四家城市书房选址确定	《淄博日报》	潘玉 余冬青
416	2019年12月24日	首届全市青少年读书故事会开始报名	《淄博日报》	潘玉 陈雪
417	2019年12月31日	这些地方，让淄博夜晚充满了文化味儿！	淄博新闻频道 《今晚18点》	
418	2019年12月31日	淄博市图书馆举办2019年度优秀志愿者表彰暨迎新年联谊会	山东省图书馆学会 网站	
419	2020年3月2日	市图书馆开展支援疫情防控爱心捐款活动	《淄博晚报》 淄博文明网	颜慧 张文涛
420	2020年3月2日	献爱心战疫情 市图书馆开展支援疫情防控爱心捐款活动	《淄博晚报》	颜慧 张文涛

续表

序号	发表时间	题目（报道内容）	媒体名称	责任者
421	2020 年 3 月 4 日	淄博市图书馆公开征集抗击新冠肺炎疫情文献资料	《鲁中晨报》 今日头条 掌握鲁中 网易新闻	张楠 姜艳平 王长鸣
422	2020 年 3 月 4 日	淄博市图书馆现向社会各界征集抗击新冠肺炎疫情文献资料	齐鲁壹点	樊舒瑜 姜艳平 王长鸣
423	2020 年 3 月 7 日	第二届全省青少年读书故事会决赛我市选手斩获四个一等奖	《淄博晚报》	颜慧 陈雪
424	2020 年 3 月 9 日	市图书馆面向社会征集抗疫文献资料	《淄博日报》	姜艳平 王长鸣
425	2020 年 3 月 11 日	淄博市图书馆公开征集地方文献	《鲁中晨报》 今日头条 齐鲁壹点 淄博晚报	张楠 姜艳平 王长鸣
426	2020 年 3 月 15 日	市图书馆面向社会征集地方文献	《淄博日报》	姜艳平 王长鸣
427	2020 年 3 月 16 日	报名啦！第十三届淄博市读书节线上读书朗诵邀您为爱发声	《淄博晚报》	赵瑞雪 丁雷
428	2020 年 3 月 17 日	市图书馆“数字资源五进”首开网络直播课	《淄博晚报》	颜慧 孙凤
429	2020 年 3 月 18 日	一起见证同心战疫的故事	《鲁中晨报》 今日头条 掌握鲁中	张楠 丁雷
430	2020 年 3 月 30 日	大声诵读爱点亮读书节！	《淄博晚报》 掌中淄博	赵瑞雪 彭钰淇
431	2020 年 3 月 30 日	市图书馆有序恢复开放为读者提供书刊借还服务	《淄博日报》	潘玉
432	2020 年 4 月 1 日	您喜爱的书市图书馆来“买单”	《淄博晚报》 淄博新闻网	颜慧
433	2020 年 4 月 1 日	淄博耄耋老人刀笔镌刻战疫情！	《淄博晚报》	颜慧 姜艳平 王长鸣
434	2020 年 4 月 3 日	“‘图’说我身边的最美读书人”摄影作品征集活动来袭	《淄博日报》 博览新闻 APP	耿雪
435	2020 年 4 月 6 日	见证·抗“疫”丨三刻《感恩》，每一刀都饱含敬意	文旅中国 《中国文化报》	孙丛丛
436	2020 年 4 月 11 日	城市书房有序恢复开放	《淄博日报》	潘玉
437	2020 年 4 月 11 日	市图书馆面向社会征集图书流动服务车服务点	《淄博日报》	潘玉
438	2020 年 4 月 14 日	市图书馆“书香淄博”建设馆员论坛开讲	淄博文明网	
439	2020 年 4 月 23 日	【特稿】城有书香品自高	淄博广电头条	张铭
440	2020 年 4 月 23 日	春暖花开时，让书香浸润我们的城市！	淄博手机台	
441	2020 年 4 月 23 日	书香淄博·全民阅读暨第十三届淄博市读书节特刊	《淄博日报》山东省 图书馆学会网站	
442	2020 年 4 月 23 日	文润淄博　书香满城	《鲁中晨报》	

续表

序号	发表时间	题目（报道内容）	媒体名称	责任者
443	2020 年 4 月 24 日	第十三届淄博市读书节启动建“15 分钟阅读圈”与书为友	《鲁中晨报》 鲁中网	王莉莉 高阳
444	2020 年 4 月 24 日	书香淄博全民阅读——第十三届淄博市读书节启动	《鲁中晨报》	
445	2020 年 4 月 24 日	淄博市图书馆首届“阅读起跑线”启蒙阅读推广活动启动	《鲁中晨报》 网易新闻 今日头条	张楠 陈雪
446	2020 年 4 月 28 日	淄博市图书馆图书流动服务车 5 月排期表公布	《鲁中晨报》 今日头条 齐鲁壹点 网易新闻	张楠 路通
447	2020 年 5 月 14 日	第十三届淄博市读书节之读书朗诵大赛圆满落幕	《淄博晚报》	赵瑞雪 陈雪
448	2020 年 5 月 16 日	我市选手省读书朗诵大赛中获佳绩	《淄博晚报》	赵瑞雪 陈雪
449	2020 年 5 月 28 日	淄博市图书馆调整开放时间及范围恢复向 14 岁以下未成年人开放	《鲁中晨报》 齐鲁壹点 今日头条	张楠 张文涛
450	2020 年 5 月 30 日	“书香淄博”建设又添新亮点，张店天鸿万象城市书房开馆	《鲁中晨报》	张欣
451	2020 年 5 月 30 日	我市又添一城市书房，时尚而简约，家门口看书更方便啦！	《淄博晚报》	颜慧
452	2020 年 5 月 30 日	张店天鸿万象城市书房正式开馆	《山东商报》	
453	2020 年 5 月 30 日	淄博城市书房阵营迎“新军”张店人家门口看书更方便啦	趣游山东	杨玉峰 孙佳
454	2020 年 5 月 31 日	书香袭来！淄博新增一家“网红”书房！	山东省图书馆学会 网站	
455	2020 年 6 月 1 日	即日起，未成年人可以到市图书馆看书啦！开放时间有调整	淄博电视台 《今晚 18 点》	
456	2020 年 6 月 22 日	市图书馆：讲好普通话　传递好声音	《淄博日报》 淄博文明网	潘玉
457	2020 年 6 月 26 日	你爱上阅读了吗？	淄博电视台 《今晚 18 点》	
458	2020 年 6 月 27 日	淄博市图书馆社科普及周系列活动集锦	淄博社科网 今日头条	
459	2020 年 7 月 22 日	“风雅存诗意、古韵有新声”第三届全省少儿诗词诵读大赛即将开始	《鲁中晨报》 今日头条 齐鲁壹点 海报新闻	张欣 陈雪
460	2020 年 7 月 22 日	来！一起读《诗经》全省少儿诗词诵读大赛即将开始	《淄博晚报》	颜慧 陈雪
461	2020 年 7 月 28 日	@淄博家长们，第三届全省少儿诗词诵读大赛开始报名啦	齐鲁壹点	余冬青
462	2020 年 7 月 28 日	暑假，来图书馆当“馆员小助理”吧	《淄博晚报》	颜慧 赵美

续表

序号	发表时间	题目（报道内容）	媒体名称	责任者
463	2020 年 8 月 4 日	“风雅存诗意 古韵有新声”第三届全省少儿诗词诵读大赛开始报名	《淄博日报》	陈雪
464	2020 年 8 月 5 日	青春少年，一起来“奔跑”阅读	《淄博晚报》	颜慧 陈雪
465	2020 年 8 月 10 日	“齐文化知识系列线上竞答”活动即将开启	齐鲁壹点	余冬青 左文广
466	2020 年 8 月 12 日	文明阅读方能人人“悦”读	淄博文明网	王安君
467	2020 年 8 月 18 日	市图书馆开启“齐文化知识系列线上竞答”活动	《淄博日报》	潘玉 余冬青 左文广
468	2020 年 8 月 26 日	40 余市民体验传统印刷技艺魅力	《鲁中晨报》	徐晓会 王长鸣
469	2020 年 8 月 26 日	传习经典融古慧今	《淄博晚报》	颜慧 王长鸣
470	2020 年 8 月 29 日	淄博市图书馆流动服务车 9 月开进 8 个服务点	《鲁中晨报》 网易新闻	徐晓会 路通
471	2020 年 9 月 1 日	“第二届山东少年马拉松阅读大赛”圆满收官	《淄博晚报》	颜慧
472	2020 年 9 月 5 日	风雅存诗意古韵有新声	《淄博晚报》	颜慧 陈雪
473	2020 年 9 月 29 日	市图书馆接收重点作家、签约作家报送图书	《淄博日报》	李波
474	2020 年 9 月 29 日	淄博市图书馆图书流动服务车 10 月开进 8 个服务点	《鲁中晨报》 网易新闻 今日头条 海报新闻	徐晓会 路通
475	2020 年 10 月 15 日	周六，相约市图书馆 一起走进淄博古代文献世界	《淄博晚报》	颜慧 姜艳平
476	2020 年 10 月 16 日	想看什么报刊？市图书馆给你订	《淄博晚报》	颜慧 张娟
477	2020 年 10 月 16 日	“你选报刊 我买单”——淄博市图书馆邀你参加 2021 年报刊推荐活动	《鲁中晨报》 网易新闻 今日头条 海报新闻 齐鲁壹点	徐晓会张娟
478	2020 年 11 月 5 日	全省少儿诗词诵读大赛我市选手斩获佳绩	《淄博晚报》	颜慧 陈雪
479	2020 年 11 月 11 日	“书香小大使”阅读推广活动	《淄博晚报》	颜慧 赵美
480	2020 年 11 月 12 日	“淄博书房”在杭州“世界城市博物馆”建成开放	趣游山东	杨玉峰
481	2020 年 11 月 12 日	淄博市民代表到市图书馆开展“市民代表看文化新风貌”活动	山东省图书馆学会网站	
482	2020 年 11 月 14 日	“文明共携手书香润淄博”知识资源“五进”活动又进军营	山东省图书馆学会网站	
483	2020 年 11 月 20 日	淄博市图书馆一周精彩活动回顾	山东省图书馆学会网站	
484	2020 年 11 月 27 日	人民公园再添好去处	《鲁中晨报》	
485	2020 年 11 月 27 日	淄博人民公园也有图书馆了！今天开放	淄博二三事	
486	2020 年 11 月 29 日	市图书馆“优秀读者”评选活动启动	《淄博日报》	潘玉 孙凤

续表

序号	发表时间	题目（报道内容）	媒体名称	责任者
487	2020 年 12 月 1 日	书香润城再谱华章——淄博市图书馆新馆运行五周年开放工作纪实	大众网 海报新闻 山东省图书馆学会网站	王付蔷 余冬青 左文广
488	2020 年 12 月 2 日	书香润城再谱华章——写于淄博市图书馆新馆运行五周年之际	《鲁中晨报》 今日头条 网易新闻 齐鲁壹点 《淄博晚报》	徐晓会 余冬青 左文广
489	2020 年 12 月 26 日	淄博市图书馆举办新馆开放五周年工作总结暨表彰大会	《鲁中晨报》 网易新闻 齐鲁壹点 海报新闻 今日头条	徐晓会 余冬青 张文涛
490	2020 年 12 月 28 日	以书香润城享阅读之美	淄博声屏报	张铭 余冬青 左文广
491	2020 年 12 月 29 日	亮点工作丨淄博地方文献精品展暨淄博优秀文学作品展开展	山东省图书馆学会网站	
492	2021 年 1 月 13 日	今天，张店又添一家城市书房	《淄博晚报》	颜慧 余冬青
493	2021 年 1 月 13 日	为淄博城市文明“加油”丨有颜又有“料”凯悦城市书房开馆啦	趣游山东	杨玉峰 孙佳 李梦曲
494	2021 年 1 月 13 日	张店再添一处城市书房	《鲁中晨报》 今日头条 网易新闻 海报新闻	徐晓会 余冬青
495	2021 年 1 月 14 日	市图书馆凯悦城市书房开馆	《淄博日报》	潘玉 余冬青
496	2021 年 1 月 29 日	文化服务“两会”阅读助力发展	《淄博晚报》 山东省图书馆学会网站	颜慧 姜艳平 王长鸣
497	2021 年 1 月 29 日	淄博市图书馆系列活动悦享春节	《鲁中晨报》 网易新闻 今日头条	徐晓会
498	2021 年 1 月 31 日	许洪国《叩问“模糊字”》公益讲座在市图书馆开讲	《淄博日报》	潘玉
499	2021 年 2 月 4 日	新华书店城市书房今日开馆运营	《淄博日报》	潘玉 余冬青
500	2021 年 2 月 4 日	新华书店城市书房正式开馆	《鲁中晨报》 今日头条 网易新闻	徐晓会
501	2021 年 2 月 5 日	新华书店城市书房昨日开馆运营	凤凰网山东	颜慧 王润萱 余冬青 张文涛
502	2021 年 2 月 10 日	辛丑话牛——淄博市图书馆举办 2021 年迎新春文化特展	《鲁中晨报》	徐晓会
503	2021 年 2 月 15 日	图书管理员王安君守护一方书香乐土	《淄博晚报》《淄博日报》掌中淄博	颜慧
504	2021 年 3 月 16 日	“彩虹”阅读筑梦童心	《淄博日报》	潘玉 吕洁
505	2021 年 3 月 18 日	盼啊盼，读书朗诵大赛开始啦！	《淄博晚报》	赵瑞雪 陈雪

续表

序号	发表时间	题目（报道内容）	媒体名称	责任者
506	2021 年 3 月 26 日	第十二届淄博市读书朗诵大赛线上报名启动！快来读书朗诵吧	《淄博晚报》	赵瑞雪 陈雪
507	2021 年 3 月 30 日	淄博市图书馆流动服务车 4 月开进 12 个服务点	《鲁中晨报》 今日头条 网易新闻	徐晓会
508	2021 年 4 月 1 日	王春荣聊斋诗意画展今日开展	《淄博晚报》	颜慧
509	2021 年 4 月 1 日	王春荣聊斋诗意画展今日开展	《鲁中晨报》 海报新闻 今日头条 网易新闻	徐晓会
510	2021 年 4 月 8 日	传承红色基因弘扬淄博文化	《淄博晚报》	颜慧 王长鸣
511	2021 年 4 月 8 日	这个周末读书朗诵大赛激情开赛	《淄博晚报》	赵瑞雪 陈雪
512	2021 年 4 月 11 日	读书朗诵大赛首轮线下赛激情诵响	《淄博晚报》 掌中淄博	赵瑞雪 代秀丽
513	2021 年 4 月 12 日	第十四届淄博市读书节 首个系列活动读书朗诵大赛火热开赛	山东省图书馆学会网站	
514	2021 年 4 月 16 日	淄博市图书馆读书朗诵大赛首轮线下赛激情诵响	淄博文明网	
515	2021 年 4 月 19 日	读书朗诵 48 组选手今日“对决”	《淄博晚报》	赵瑞雪 余冬青
516	2021 年 4 月 24 日	第十四届淄博市读书节暨“百人千场”红色故事进社区活动启动	淄博广电头条	张铭 代秀丽 左文广
517	2021 年 4 月 25 日	一等奖！淄博选手再创佳绩！	《淄博晚报》	赵瑞雪 陈雪
518	2021 年 5 月 11 日	淄博市图书馆与淄博市齐英幼儿园合力助推儿童阅读	淄博文明网	
519	2021 年 5 月 19 日	传承红色基因拳拳之心再行善举	《淄博晚报》	颜慧 王长鸣
520	2021 年 5 月 21 日	我为残疾人群众办实事文化助盲点亮生活之光	中国残疾人联合会网站	
521	2021 年 5 月 26 日	第六届淄博市公共图书馆业务竞赛成功举办	《鲁中晨报》 网易新闻 今日头条	徐晓会 余冬青
522	2021 年 5 月 26 日	第六届淄博市公共图书馆业务竞赛举行	《淄博日报》	代秀丽
523	2021 年 5 月 31 日	淄博市图书馆“百人千场”红色革命故事进社区活动	山东省图书馆学会网站	
524	2021 年 6 月 1 日	第十六届全省读书朗诵大赛家庭组——淄博选手再创佳绩	淄博文明网	颜慧 陈雪
525	2021 年 6 月 2 日	图书进社区阅读零距离	齐点淄博	张铭 董娟
526	2021 年 6 月 11 日	市图书馆两部珍贵古籍分别入选入围“山东省古籍普查十大新发现”	中国山东网·淄博	
527	2021 年 7 月 14 日	淄博市又添一座城市书房	中国山东网·淄博	
528	2021 年 7 月 14 日	淄博市又添一座城市书房	全国党媒信息公共平台	颜慧 丁雷
529	2021 年 7 月 15 日	淄博市图书馆 2021 年暑期活动来啦	《鲁中晨报》 今日头条 网易新闻 齐点淄博	徐晓会 左文广
530	2021 年 7 月 29 日	第三届淄博市少儿诗词诵读大赛开始报名	《淄博晚报》 淄博文明网	颜慧 陈雪

续表

序号	发表时间	题目（报道内容）	媒体名称	责任者
531	2021 年 8 月 4 日	淄博籍大学生用奖学金为城市书房“添砖加瓦”	《鲁中晨报》	徐晓会 谭巍
532	2021 年 8 月 17 日	“好学”之城正青春	掌中淄博	
533	2021 年 8 月 17 日	淄博市图书馆公益性图书获奖精品图书展开展	《鲁中晨报》	徐晓会
534	2021 年 8 月 20 日	致敬红色经典赓续精神力量	《淄博晚报》	颜慧 陈雪
535	2021 年 8 月 23 日	淄博市选手省少年马拉松阅读大赛夺冠	博览新闻	耿雪 陈雪
536	2021 年 8 月 25 日	好学之城为梦想筑基	《淄博日报》	孙媛 孙郅凯
537	2021 年 8 月 28 日	第三届市少儿诗词诵读大赛落幕 22 组选手将代表我市参加省大赛	《淄博晚报》	颜慧 陈雪
538	2021 年 9 月 1 日	我市选手在第四届全省少儿诗词诵读大赛中再获佳绩	《淄博晚报》	颜慧 陈雪
539	2021 年 9 月 3 日	第一届淄博市“我最喜爱的一本书”中小学生征文比赛获奖名单	《淄博晚报》	颜慧 赵美
540	2021 年 9 月 23 日	市图书馆无障碍电影爱心放映“支前”影片《沂蒙六姐妹》	《淄博晚报》	颜慧 孙凤
541	2021 年 9 月 24 日	亮点工作丨欢乐中秋——淄博市图书馆中秋节活动精彩回顾	山东省图书馆学会网站	
542	2021 年 9 月 26 日	亮点工作丨“有声有色共享幸福生活”无障碍电影观影活动	山东省图书馆学会网站	
543	2021 年 9 月 29 日	文化名城讲坛——《葛剑雄先生谈读书之道》在淄博市图书馆开讲	《鲁中晨报》 网易新闻 今日头条	徐晓会
544	2021 年 9 月 30 日	让我们一起读书！《葛剑雄先生谈读书之道》在市图书馆精彩开讲	《淄博晚报》	颜慧 余冬青
545	2021 年 10 月 7 日	齐风讲堂·写意花鸟画公益讲座 10 月 11 日开讲	《淄博日报》	李倩
546	2021 年 10 月 11 日	市图书馆 2022 年报刊征订开始了邀请读者来“点菜”	《淄博晚报》	颜慧 谭巍
547	2021 年 10 月 15 日	淄博市举办“盲人节，送文艺进残疾人家庭”活动	《大众日报》淄博融媒体中心 鲁中网 山东省图书馆学会网站 海报新闻 齐点淄博	张艳 赵炟艺 张新
548	2021 年 10 月 19 日	“有解思维”看淄博⑬丨城市书房，“书香淄博”的诗意栖居	《鲁中晨报》	徐晓会
549	2021 年 10 月 27 日	城市书房书香润泽“好学淄博”	文明淄博 山东省图书馆学会网站	徐光莹 孟凡
550	2021 年 11 月 2 日	城市书房百姓家门口的图书馆	《淄博日报》	颜慧
551	2021 年 11 月 2 日	山东故事丨城市书房书香润泽“好学淄博”	学习强国 《淄博日报》	
552	2021 年 11 月 3 日	亮点工作丨淄博市图书馆开展“智慧图书馆建设与管理”专题培训	山东省图书馆学会网站	
553	2021 年 11 月 13 日	第三届全市青少年读书故事会开始报名啦！	《鲁中晨报》 网易新闻 今日头条	徐晓会 陈雪
554	2021 年 11 月 14 日	家门口免费“悦”读共享城市书香	《鲁中晨报》 山东省图书馆学会网站	康嵩 钱忆宁 张晓滢
555	2021 年 11 月 15 日	书香淄博又添新成员 高新区新空间城市书房开始试运行	《淄博晚报》	颜慧 丁雷

续表

序号	发表时间	题目（报道内容）	媒体名称	责任者
556	2021 年 11 月 29 日	书香润淄博阅享好时光——我市新型阅读空间建设推进成效显著	《淄博日报》	刘鑫 孟凡 商萍萍
557	2021 年 11 月 30 日	孙启玉捐赠《岜山村志》等著作	《淄博日报》 山东省图书馆学会网站 淄博政务督查	
558	2021 年 12 月 2 日	公共 / 山东淄博拟建设 50 家城市书房 + 新型公共文化空间	文旅中国	苏锐
559	2021 年 12 月 2 日	淄博市图书馆全民读书月启动，百余场活动助力打造“好学”之城	齐鲁壹点 《淄博晚报》	张晓光 左文广
560	2021 年 12 月 3 日	市图书馆让市民阅读有温度	《淄博日报》	徐光莹 余冬青
561	2021 年 12 月 3 日	让视障读者触摸有声有色的世界	《淄博日报》	张新
562	2021 年 12 月 6 日	淄博市公共阅读空间建设推进现场会召开	《淄博日报》 山东省图书馆学会网站 淄博政务督查	
563	2021 年 12 月 7 日	淄博市图书馆让市民阅读有温度	山东省图书馆学会网站	
564	2021 年 12 月 8 日	“共享”书籍 “漂流”书香——淄博市图书馆首推图书漂流柜	《淄博晚报》	颜慧 左文广
565	2021 年 12 月 10 日	亮点工作丨美丽家园——刘统爱风光摄影展开幕式成功举办	山东省图书馆学会网站	
566	2021 年 12 月 10 日	淄博首推图书漂流柜闲置图书可自由交换	山东省图书馆学会网站	
567	2021 年 12 月 11 日	讲述中西文化在淄博的碰撞与融合	《淄博晚报》	颜慧 陈雪
568	2021 年 12 月 22 日	全城征集“城市领读者”！全民阅读等你来报名！	《鲁中晨报》	徐晓会 陈雪
569	2021 年 12 月 24 日	市图书馆“城市领读者”全民阅读推广活动即将开展	《淄博晚报》	颜慧 陈雪
570	2021 年 12 月 27 日	小彩虹的 2021	《淄博日报》 山东省图书馆学会网站	黄静
571	2021 年 12 月 27 日	淄博加快建设“城市书房 +”新型公共阅读空间	海报新闻 山东省图书馆学会网站 今日头条	李玉娟 王子豪
572	2021 年 12 月 29 日	淄博晚报年终特稿丨我们的 2021	《淄博晚报》	伊茂林
573	2021 年 12 月 31 日	我市三家城市书房（书屋）入选 2021 年省“创新阅读空间”	中国网·山东	徐光莹
574	2022 年 1 月 1 日	我们的 2021——淄博市图书馆读者服务部	《淄博日报》	
575	2022 年 1 月 2 日	城市书房品书香假期生活新时尚	《淄博日报》	马金
576	2022 年 1 月 3 日	“诗和远方”向新而行	淄博新闻网	徐光莹
577	2022 年 1 月 5 日	淄博观察丨全方位多辐射“城市书网”形成	《大众日报》	王佳声 杨淑栋 刘磊
578	2022 年 1 月 7 日	亮点工作丨我们的 2021——淄博市图书馆阅读推广活动总结	山东省图书馆学会网站	

续表

序号	发表时间	题目（报道内容）	媒体名称	责任者
579	2022 年 1 月 14 日	2022 年寒假“实践助推阅读”活动开始招募“馆员小助理”	《鲁中晨报》	徐晓会 赵美
580	2022 年 1 月 20 日	淄博市图书馆 2022 年寒假新时代学雷锋文明实践志愿者开始招募	《鲁中晨报》	徐晓会 董娟
581	2022 年 1 月 24 日	亮点工作丨淄博市图书馆 2021 年阅读报告单新鲜出炉啦！	山东省图书馆学会网站	
582	2022 年 1 月 28 日	书香过大年精彩不打烊	博览新闻 APP 齐鲁壹点 齐点淄博	徐光莹 左文广
583	2022 年 1 月 29 日	“带一本好书回家过年”	博览新闻 APP	徐光莹
584	2022 年 2 月 2 日	龙腾虎“阅”迎新年	博览新闻 APP	徐光莹
585	2022 年 2 月 7 日	淄博市图书馆假期不“足额”，服务不“打折”	《大众日报》客户端 博览新闻 APP	杨淑栋
586	2022 年 2 月 8 日	亮点工作丨淄博市图书馆里过大年，活动精彩享不停	山东省图书馆学会网站	
587	2022 年 2 月 9 日	亮点工作丨我们的 2021——淄博市图书馆少儿读者服务篇	山东省图书馆学会网站	
588	2022 年 2 月 10 日	只为让更多孩子爱上“悦”读	博览新闻 APP	徐光莹
589	2022 年 2 月 11 日	全力建设以人民为中心的公共图书馆	博览新闻 APP	姜艳平
590	2022 年 2 月 26 日	“书香伴成长”少儿阅读推广活动走进校园	博览新闻 APP	徐光莹
591	2022 年 2 月 28 日	亮点工作丨淄博市图书馆图书进班级馆校融合发展开新篇	山东省图书馆学会网站	
592	2022 年 3 月 9 日	亮点工作丨文化进军营共建结硕果	山东省图书馆学会网站	
593	2022 年 3 月 14 日	两会“图”音丨丁雷为建设文化繁荣的新淄博建言献策	山东省图书馆学会网站	丁雷
594	2022 年 3 月 14 日	市图书馆推出丰富多彩的线上特色主题活动	博览新闻 APP	徐光莹 左文广
595	2022 年 3 月 16 日	亮点工作丨淄博市图书馆居家不寂寞，快来肆意“知识冲浪”	山东省图书馆学会网站 《大众日报》客户端 齐鲁壹点	
596	2022 年 3 月 21 日	市图书馆服务不打烊 线上书屋更精彩	淄博电视台 《今晚 18 点》	
597	2022 年 3 月 22 日	淄博市图书馆推出线上特色主题活动	《大众日报》	王佳声
598	2022 年 3 月 26 日	“疫”线风采丨异乡抗“疫”小记——淄博市图书馆赵美的抗疫之路	山东商报·速豹新闻	朱本银 姚胜君 赵美
599	2022 年 4 月 15 日	亮点工作丨淄博市图书馆荣获全市提升群众满意度工作先进集体	山东省图书馆学会网站	
600	2022 年 4 月 19 日	读书朗诵书香氤氲满淄博——第十二届淄博市读书朗诵大赛决赛落幕	《淄博晚报》	赵瑞雪 代秀丽
601	2022 年 4 月 21 日	市图书馆系列活动扮靓“读书节”	博览新闻 APP	耿雪 左文广
602	2022 年 4 月 22 日	书香淄博好学之城丨共迎第十五届淄博市读书节	齐鲁壹点 齐点淄博 《齐鲁晚报》	张晓光 左文广

续表

序号	发表时间	题目（报道内容）	媒体名称	责任者
603	2022 年 4 月 22 日	明天，让我们相约第十五届淄博市读书节　19 项大活动异彩纷呈	文明淄博 博览新闻 APP	于谦
604	2022 年 4 月 22 日	最美四月天再约读书节	博览新闻 APP	丁兆云
605	2022 年 4 月 23 日	书香淄博好学之城・媒体在行动丨城市书房让阅读触手可及	齐鲁壹点	樊舒瑜 孟凡
606	2022 年 4 月 26 日	公共 / 山东淄博启动“齐阅共读书香润城”读书节系列活动	文旅中国	苏锐
607	2022 年 4 月 26 日	世界读书日丨今天跟他们一起，读一本书，逐光而行！	鲁中网	
608	2022 年 4 月 28 日	点燃阅读激情 永续书香绵绵	《淄博日报》	耿雪
609	2022 年 5 月 10 日	市图书馆邀您一起探“阅”抽大奖	博览新闻 APP	耿雪 朱桂红
610	2022 年 5 月 12 日	淄博市图书馆推出无障碍服务阅读推广活动	博览新闻 APP	耿雪 孙凤
611	2022 年 5 月 13 日	“淄博人聊淄博书”开讲“周村进士的文化精神”	博览新闻 APP	耿雪 陈雪
612	2022 年 5 月 16 日	淄博市图书馆开展“互联网＋书香助残”服务活动	博览新闻 APP	耿雪 孙凤
613	2022 年 5 月 23 日	51 项精彩活动乐享“图书馆服务宣传周”	《鲁中晨报》	徐晓会 左文广
614	2022 年 5 月 26 日	淄博市图书馆举办名家名著知识问答挑战赛	博览新闻 APP	耿雪 朱桂红
615	2022 年 5 月 26 日	淄博市图书馆邀您来与名家一起朗诵	博览新闻 APP	耿雪 朱桂红
616	2022 年 5 月 27 日	“图书馆服务宣传周”来了！淄博市图书馆精彩活动邀您参加	齐点淄博	左文广
617	2022 年 5 月 27 日	亮点工作丨淄博市图书馆举办共建城市书房服务品质提升座谈会	山东省图书馆学会网站	
618	2022 年 5 月 31 日	“老”小区建起“新”书房	博览新闻 APP	耿雪
619	2022 年 5 月 31 日	温暖城市阅读快乐张店城中社区城市书房今天开馆	《鲁中晨报》	杨峰
620	2022 年 5 月 31 日	淄博再添城市书房！	齐鲁壹点	张晓光 余冬青 左文广
621	2022 年 6 月 2 日	城中社区城市书房暨淄博市图书馆城中分馆开馆运行	齐点淄博	张铭 余冬青 左文广
622	2022 年 6 月 3 日	文化赋能的“淄博实践”	博览新闻 APP	
623	2022 年 6 月 18 日	“淄博人聊淄博书”系列讲座开讲聊斋题咏	博览新闻 APP	耿雪
624	2022 年 6 月 21 日	品书中淄味，共赏聊斋题咏	博览新闻 APP	耿雪
625	2022 年 6 月 21 日	市社会科学优秀成果主题书展开展	博览新闻 APP	耿雪 王长鸣
626	2022 年 6 月 21 日	淄博市选手在全省读书朗诵大赛中获佳绩	博览新闻 APP	耿雪 陈雪
627	2022 年 6 月 22 日	视障读者红色经典诵读活动开始啦	博览新闻 APP	耿雪 孙凤
628	2022 年 6 月 23 日	国家级非遗传承人 24 日开讲五音戏	博览新闻 APP	耿雪 左文广
629	2022 年 7 月 9 日	淄博市首家淄图驿站揭牌运行	文旅淄博 《鲁中晨报》 齐点淄博	耿雪 董娟
630	2022 年 7 月 9 日	环齐盛湖自习室添丁淄图驿站——青荷书屋开放	《淄博日报》	
631	2022 年 7 月 11 日	书香暑期阅读相伴	淄博电视台《新视窗》	
632	2022 年 7 月 20 日	爱读书、读好书、善读书丨相约图书馆为美好而来	山东宣传	
633	2022 年 7 月 20 日	亮点工作丨 2022 年淄博市公共图书馆馆长联席会召开	山东省图书馆学会网站	

续表

序号	发表时间	题目（报道内容）	媒体名称	责任者
634	2022年8月9日	亮点工作丨淄博市图书馆多样亲子阅读活动点燃智慧之光	山东省图书馆学会网站	
635	2022年8月13日	淄博市图书馆微博蝉联全国十大图书馆微博	博览新闻APP	耿雪
636	2022年8月14日	“风雅存诗意·古韵有新声”少儿诗词诵读大赛决赛举办	博览新闻APP	耿雪 代秀丽
637	2022年8月14日	淄博市图书馆微博蝉联全国十大图书馆微博	淄博发布	
638	2022年8月15日	领略诗词风雅，弘扬诗词文化，这一大赛在淄博举办	《齐鲁晚报》官方APP	
639	2022年8月16日	第四届山东少年马拉松阅读大赛淄博赛区比赛结束	博览新闻APP	耿雪 陈雪
640	2022年8月17日	两个一等奖！全省少儿诗词诵读大赛淄博选手再创佳绩	博览新闻APP	耿雪 陈雪
641	2022年8月30日	公共丨山东淄博组织新型阅读空间现场观摩点评	文旅中国	苏锐
642	2022年8月30日	亮点工作丨淄博市新建新型公共阅读空间现场观摩点评活动举行	山东省图书馆学会网站	
643	2022年9月7日	书香邀月淄博市图书馆举办中秋节系列活动	齐点淄博 博览新闻APP 山东省图书馆学会网站 齐鲁壹点	耿雪 代秀丽
644	2022年9月10日	第二届全省绘本故事讲读大赛淄博选手创佳绩	博览新闻APP	耿雪 黄静
645	2022年9月14日	对接20余万种新书资源淄博市图书馆秋季购书邀你来选	博览新闻APP	耿雪 谭巍
646	2022年9月15日	淄博市图书馆传播乡土文化让孩子爱上阅读	博览新闻APP	耿雪
647	2022年9月16日	淄博市“书香小大使”视频大赛获奖名单公布	博览新闻APP	耿雪
648	2022年9月24日	“淄博人聊淄博书”今日线上共聊《淄博地方票》	博览新闻APP	耿雪 陈雪
649	2022年9月29日	“你选报刊我买单”淄博市图书馆邀你参加2023年报刊推荐活动	博览新闻APP	耿雪 谭巍
650	2022年10月2日	积极打造无障碍阅读环境淄博市图书馆让阅读有爱无“碍”	博览新闻APP	耿雪 孙凤
651	2022年10月3日	城市书房品书香	博览新闻APP	徐光莹
652	2022年10月3日	海报图品丨书香淄博耕读经典	海报新闻	
653	2022年10月5日	夜学淄博，好学之城！城市书房，就在市民家门口	齐点淄博 博览新闻APP 淄博发布 海报新闻	
654	2022年10月8日	淄博市图书馆多彩低幼活动扮靓国庆假期	博览新闻APP	耿雪 黄静
655	2022年10月12日	淄博赋能铸魂，文化濡养一座城	博览新闻APP	徐光莹
656	2022年10月12日	淄博市图书馆知识资源“五进”活动走进淄博市总工会	博览新闻APP 山东省图书馆学会网站	耿雪 孙凤
657	2022年10月14日	淄博市图书馆丰富活动展“稷下”风采	博览新闻APP	耿雪 陈雪

续表

序号	发表时间	题目（报道内容）	媒体名称	责任者
658	2022 年 10 月 16 日	淄博市“齐阅·城市领读者”读书会成功举办	齐点淄博 博览新闻 APP 淄博发布 海报新闻	张铭 陈雪
659	2022 年 10 月 17 日	淄博市总、市图文明共携手书香润淄博	《山东工人报》	夏雪 郭妍君
660	2022 年 10 月 18 日	云程发轫，踵事增华——山东图书馆事业这十年（第四篇）淄博市图书馆	山东省图书馆学会网站	
661	2022 年 10 月 20 日	秋光清朗满城书香 2022 年“淄博市读书月”启动	《鲁中晨报》	杨峰
662	2022 年 10 月 20 日	云程发轫踵事增华——淄博市图书馆十年发展成果丰硕	博览新闻 APP	耿雪 左文广 崔哲
663	2022 年 10 月 21 日	云程发轫踵事增华——淄博市图书馆十年发展成果丰硕	《淄博日报》	耿雪 左文广 崔哲
664	2022 年 11 月 1 日	高新区 MEMS 城市书房揭牌	博览新闻 APP	许珊珊 罗浩
665	2022 年 11 月 2 日	MEMS 城市书房暨淄博市图书馆高新区 MEMS 分馆开馆运行	鲁中网 海报新闻	邢凯萌 左文广 崔哲
666	2022 年 11 月 13 日	视频丨淄博在最好地段建最美书店最暖书房	《鲁中晨报》	马景阳 杨峰
667	2022 年 11 月 17 日	“毛毛虫”志愿服务基地落户淄博市图书馆	博览新闻 APP	耿雪 沈兰妮
668	2022 年 11 月 17 日	57 个案例入选！淄博新型智慧城市建设成果丰硕	博览新闻 APP	沙红翠 张磊
669	2022 年 11 月 20 日	淄博市图书馆志愿服务再添新丁	博览新闻 APP	耿雪 蒲艾琳
670	2022 年 11 月 22 日	淄博 2 家城市书房入选山东省“最美城市书房”	博览新闻 APP	耿雪
671	2022 年 11 月 23 日	淄博 2 家城市书房“山东最美”	《淄博日报》	耿雪
672	2022 年 12 月 2 日	国际残疾人日淄博市图书馆邀请残障读者看电影	博览新闻 APP	耿雪 孙凤
673	2022 年 12 月 4 日	书香淄博丨淄博市图书馆全民读书月启动近百场活动助力全民阅读	齐点淄博 博览新闻 APP 淄博发布 海报新闻	张铭 左文广
674	2022 年 12 月 4 日	淄博市第四届少儿微书评大赛开始啦	博览新闻	耿雪 赵美
675	2022 年 12 月 20 日	在古籍保护中积蓄文化力量淄博市古籍保护工作成果突出	博览新闻 APP	耿雪 王长鸣
676	2022 年 12 月 25 日	淄博市图书馆短视频荣获全省大奖	博览新闻 APP	耿雪 左文广

附录二

踵前绍绪　再谱华章

王颜山

《史记·萧相国世家》曰："何独先入收秦丞相御史律令图书藏之。沛公为汉王，以何为丞相……汉王所以具知天下阨塞、门户多少、强弱之处，民所疾苦者，以何具得秦图书也。"由此可知官藏图书律令典籍对于国家政权与社会文化极其重要之作用。图书典籍的著录编册与收藏使用同时表现着人文历史进程之中所蕴含的文化信息和巨大智慧。

重视图书收藏与资用则是一个民族和国家社会形态、文化传统的重要标志。回溯既往，稽考文物，就不难看出具有悠久文化传统的中华民族最晚即自殷商时期典藏甲骨卜辞之际已经有了国家图籍庋藏措施。逮至两周则更有了真正意义上的官方藏书机构，并使其在国家管理与制度礼仪之中发挥无可替代的巨大作用。此可谓笔始久远，数典可征。春秋时代晚期杰出思想家老子以楚士之资质曾任柱下史，掌管周王室文库图书；刘邦入咸阳，萧何则抢先收缴秦廷图书典籍与文书档案，为汉王逐鹿天下建立大汉政权提供战略参考。所以，老子不愧是一位古代学者型国家图书馆主管者，而汉相萧何则堪称谙熟政律并且具有文化前瞻意识的杰出政治家。

在中华民族传统文化的延续与发展之中，图书编著与收藏、文献研究与使用是一种恒久的文化血脉和品格。因此，于国家官方图书馆之外，以士大夫为主体的历代文人的图书收藏则更加显示中华人文的深厚积淀和文化精神的传递力量。

淄博一地，北望渤海，南接琅琊，东毗青潍，西连泉城；处海岱之脉冲，居齐鲁之中轴；拥齐都之地望，瞻湖河之广野；据丝织之要地，称物产之大域。历史古老，文化多元。崇文宣教之风世代沿袭，藏书乐读之习门庭传继，早于春秋战国时代所形成的齐文化统略便长期居于诸侯各国之领先地位。淄博乃齐都之所在，历史文化雍容自重。稷下学宫作为战国时期百家争鸣基地，海纳百川，胸襟博大，聚人才远及四海，集图书藏于石室。时至北朝文运未替，文人学者发乎才思，采捃经传，征借古典，著书立说，不断丰富充实着各类文献与名著之典藏。千年传承，以至明清。地方官守与社会文人亦大多具有著述藏书之文化习俗。他们不仅藏书资读，采征述文，更是作为一种文化情怀和文化形象寄托胸襟，展示格调。而且以此为文化资源与遗产教育子孙，辉光门庭。明清之际，博山大街孙氏家族的山雨楼、马行街赵氏家族的清止园与因园、王村西铺毕氏家族的石隐园万卷楼、桓台王氏家族的带经堂，以及清代中晚期博山钱氏三代相继在田庄藏书楼的珍本书籍收藏等等，均是数百年间淄博地区私家藏书的代表者。孝妇河流城前后出现的王士禛、蒲松龄与赵执信三位古代文化名人，以及以其为冠冕的千百地方文化人士，虽然身世不同，经历殊异，造诣高下，而与图书之夙缘却是文理归一，引领风尚。他们读学致用，著书传世，其学识宏富可谓胸藏万卷，腹笥文库也。

图书馆事业是国家教育、科学和文化事业的重要组成部分，在它的产生和发展之中无不与社会政治、经济以及科教文事业的盛衰沉浮息息相关，而且往往更与地域人文历史渊源保持着密切联系。古今中外无数历史事实共同显示着一种文化规律：国家安定，社会承平，经济发展与文教昌隆必然推动图书事业之兴盛。否则，即趋于衰颓与消解。百代以降，图书载述着历史与智慧，藏书显示着兴衰与世道。

然而，大到中国，小至鲁中，由国人兴办真正意义上的公共图书馆却于 19 世纪末 20 世纪初方才出现。依照定义概念而言，所谓公共图书馆是指由各级政府投资兴办，或由社会力量捐资兴办，并向社会公众开放的图书馆。因此，它乃是具有收集、整理、传播、研究与服务等功能的社会公益性文化教育设施。我国百年以来各地公共图书馆的出现与发展则明显地受到清末民初时期维新变法、开办洋务和废科举兴学校革新运动洪流的催发与推动，同时也始终映衬着各个地区的社会文明进程。民国早期推行于全国各处城镇的新办学校和民众教育活动，不断促进各区县公共图书馆机构的相继兴办和业务开展。

淄博地区的现代公共图书馆大多出现于 20 世纪 20 年代前后，而桓台、张店和沂源三地的图书馆（室）则建立于新中国成立前后的数年之内。位于周村的光被中学图书馆、地处博山的颜山中学图书馆更是淄博市校园图书馆的先声首起者。这些随着时局变化而常见起伏兴衰的公共图书馆在一定程度上为淄博城乡图书馆事业奠定了基础，充实着底蕴。它们的开办与活动更是全市性公共图书馆工作的先期实验，其发轫启始之文化意义不称而自彰也。

春霖肇乎气暖之时，大风起于青苹之末。新猷初定，文运先发。新中国各地城乡经历三年恢复，即将到来的社会主义经济文化建设如冬雪迅融，春潮涌动，淄博这座知名的工矿城市各种社会文化与教育设施的振复和新建已见捷足先登之势。1953 年暮秋之时，经过筹备的淄博市图书馆正式建成开放，它是新中国成立之后山东省政府批准筹建的第一批市（地）级公共图书馆之一。淄博市图书馆的建成开放标志着淄博市图书事业从此迈入新的历史时期。

岁月不居，青山未老。迄于今，淄博市图书馆已经走过 60 年的风雨历程。继往开来，春华秋实，在它的身后留驻一道清晰的文化轨迹和深深的足印。作为人文知识宝库和社会文明标志，淄博市图书馆三代群体踵前绍绪，共同努力，不断为淄博市的文化传播、科学普及、社会教育与信息集散做出了重大贡献。回首既往，瞻瞩前路，不禁使人情动于中，感慨系之。

淄博市图书馆自建立之时至 1976 年北迁张店新馆的 23 年之中，其馆址位于博山东圩秋谷北端范公祠内，其倚山之后院则是明代青州府别驾循吏魏怡之祠庙故址，这里一直是博山人文历史之标志性地处。它背屹荆山，高下错落，一泓清泉，渊深澄碧。图书馆的北邻即是著名的怡园景区，而其南邻又是清代著名诗人赵执信的因园礩庵之所在，可谓地望人文积淀深厚。以此便使淄博市图书馆于建立之初就已经先得风气，昭彰文脉。第一代图书馆业务人员干群同心，朝气蓬勃，积极投入工作，图书借阅、报刊阅览，面向基层，调研辅导，整理旧藏，保护古籍，邀聘文士，倡导读书。堪谓兢兢业业，益公无私，筚路蓝缕，处艰以贞，秉持道义，致力发展。业务水平不断提高，社会影响日益扩大，已是众目所望，读者归心。在嗣后十余年的工作历程之中虽有社会政治之干扰，斥绝文化之鼓噪与经济失策之影响，而图书工作却根基未损，勉称持常。然而，冬将至而草先霜，树欲静而风不止。“十年动乱”喧啾骤起，社会文化万马齐喑，淄博市图书馆各项工作无法避免空前破坏。馆舍关闭，下放合并，自毁馆藏，迁移幸余。可谓隳突摧败，钟漏并欹。

值此浩劫，淄博市图书馆有识之士慨同一气，专赴省市有司吁求恢复，还我本色，展示出图书工作者的道义良知与敬业精神。所幸者天不毁文，祚脉可复，淄博市图书馆一待结束偏拘收归市管，旋即重振工作开展业务。增扩项目，宣播文化，深入基层培训人才，再次表现一代图书馆工作者的事业信念与工作热情。

自淄博市图书馆迁入张店新馆之后，在拨乱反正重振文化的社会政治背景之下，各项工作全面进入新的发展阶段。伴随经济科技与文化教育之全面推进，其业务工作展示广阔领域与多元内容。严格管理，更新设施，在以往工作基础之上进一步查清馆藏，完善制度。突出科技服务，上下工作联通，增扩职能，充实藏书，发挥优势。同时，对馆内业务机构进行调整，不断强化服务意识；加强业务人员职能培训，抬升整体业务素质；注重图书馆学研究，制定目标，推动发展；狠抓思想建设，争创一流业绩；进行改革，探索新路。劳绩卓著，声名远播，屡获荣誉，跻身名馆之阵伍。

自20世纪90年代以来，淄博市图书馆努力加快业务工作的现代化步伐，应时而动，不落下驷。对馆藏图书资料进行统筹分类，统编卡码，科学编制馆藏目录体系，准确反映馆藏图书建设状况，力求发挥最大作用。淄博市图书工作的自动化建设则起步于1998年，筹谋资金，选购设备，培训人员，熟练技能，积极推进图书流通与新书编目自动化管理，并将原藏书目数据进行回溯建库。同时根据需要增设专业科室，扩大业务人员编制，努力适应工作之发展。此其间也，新一代图书馆工作者多出专学，资质益高。他们知学广博，业务干练，中青结合，取长补短，总体工作水平与群体实力自是雏凤清于老凤声，已非既往之可比。毋庸置疑，在不断抬升与发展的全市文化建设之中，淄博市图书馆作为重要文化阵地，无愧司职，惠文励学，深为社会各界所瞻望焉。

欣闻淄博市图书馆新馆即将落成并交付使用。唯此际焉，大启栋宇，莺迁新址，与时偕行，必将开创全市图书馆工作之新业绩。“嘤其鸣矣，求其友声。”我与全市各界及万千读者无不额手称庆，翘首以盼也。

60年之历程乃漫漫长路，60年之岁月又弹指一挥。人心与事业同步，意气同道义共存。淄博市图书馆三代工作群体同心同德，和衷共济，致力开拓，革故鼎新，不计得失，认真工作。喜文脉之长续，展晨光之熹微。抚看工作业绩，莫不浸润心血，崇文宣教勇于奉献已经成为文化精神与生命意识。持此矻矻，何功不克？唯此耿耿，积贤为道。

于55年之前，我曾以青少之龄有幸参加淄博市图书馆一段早期业务工作，为时虽难称长久而受益荷佩终身。实乃人生之举步，从文之开始。工读并进，以勤补拙，沉潜心性，增扩识能。所以，淄博市图书馆是我一生幸得文化初乳之地。在60年光阴序进之中，心系于斯，响往于斯，阳春德泽，未敢稍忘也。

淄博市图书馆于今年为迎接建馆60周年庆典，特纂修《淄博市图书馆志》一书。有关同志集汇才智进行工作，揭櫫记录，爬梳文档，搜集资料，厘订编次，此乃图书工作又一文举也，闻此功德不禁再增感奋焉。盛世修志，存史资政，实为文化之大要，典册之金石，功在当代，惠及后世。刘玉湘馆长、刘统爱同道以及馆内文友雅以业内视我，谬加推重，要我写一篇文字添置于馆志卷首。嘱命既出，使我深感惶恐。然而文谊邀约却之不恭。所以，意气所致，不避谫陋，勉为捉刀，略述梗概，喜得附骊之幸。此亦可谓佛祖拈花，迦叶微笑，妙谛自在，心灵相通者乎？

2013年6月

本文原为《淄博市图书馆志》序，题目为编者所加

附录三

淄博市图书馆新馆自运行以来，与时俱进，挖掘潜力，整合资源，在服务方式和服务内容上不断创新，市图书馆已成为市民心中的文化新地标。

市图书馆：书香淄博的精神家园

《淄博日报》记者　苏向阳　潘　玉
通讯员　余冬青　左文广

年终岁末，淄博市图书馆举办的全民读书月活动正在如火如荼地进行着，十四大主题、百余场（次）精彩纷呈、内容丰富的阅读推广活动将书香淄博的内涵和外延进一步挖深扩大。首届阅读马拉松挑战赛，让读者共读一本书，挑战阅读极限。2018 年 12 月至 2019 年 1 月，举办的淄博市图书馆首届少儿微书评大赛，通过书评展示方式给爱读书、爱评书的青少年提供交流分享的平台。除此之外，“续读名家诗词，铭记中华精髓”古诗词知识有奖问答活动，“乐”享经典，畅赢好礼有奖答题活动，2018 年 WCA 淄博魔方公开赛，淄博市图书馆第三期“21 天英语分级阅读训练营”等活动相继开展。

而这，只是这座具有 65 年辉煌历史的国家一级图书馆，为淄博市民提供“便捷、高效、舒适”的阅读服务所做的不懈努力的一个缩影……65 年来，尤其是 2015 年 12 月市图书馆新馆运行以来，与时俱进、挖掘潜力、整合资源，在服务方式和服务内容上不断创新，市图书馆已成为市民心中的文化新地标，书香淄博的精神家园。

城市书房
阅读融入市民生活

闲暇之余，到家门口的“城市书房”借本书、浏览近期报刊、与家人一起参与心仪的读者活动——享受阅读乐趣之余，为忙碌而浮躁的生活增添一份宁静……这样的美好愿景即将变为现实。经过前期精心筹备，淄博市两家高标准城市书房：紫园城市书房、万科城市书房将于 2019 年元旦前后投入运营，届时市民将在家门口享受到 24 小时图书馆服务。“城市书房”是为响应文化部、省政府、市政府及有关部门关于大力构建社会主义公共文化服务体系号召，打造淄博市公共图书馆总分馆服务网络，满足市民“便捷、高效、舒适”的阅读服务，由政府主导、社会力量参与共建的新型公共文化服务场所。此外，为打通公共文化服务最后一公里，淄博市图书馆图书流动服务车也即将投入运营。在迎来新馆运行三周年之际，淄博市图书馆为全市人民的文化生活再添一道亮丽风景。

光阴荏苒，岁月如歌。始建于 1953 年的淄博市图书馆是国家一级图书馆、全国古籍重点保护单位、全民阅读示范基地，是新中国成立后山东省首批设立的地市级公共图书馆之一。原址坐落于博山范公祠，1953 年 11 月 22 日正式建成开放，1976 年 9 月搬迁到张店区共青团西路 10 号。2003 年，市委、市政府决定建设新型的现代化市图书馆新馆，并将其列入“文化大市”建设一号工程。2010 年 10 月 29 日，淄博市文化中心奠基仪式举行，市图书馆新馆建设同时启动；2013 年 10 月，新馆竣工交付使用。2015 年 9 月 15 日，市图书馆关闭老馆，开始搬迁工作，11 月底搬迁结束，12 月 16 日新馆正式开放。今年，淄博市图书馆喜迎建馆六十五周年暨新馆运行三周年。

三年来，在市委、市政府及上级主管部门正确领导下，在全市社会各界人士关心支持下，围绕既定的五个建设目标，淄博市图书馆致力于把新馆打造成全市知识信息集散地、市民终身教育的学校、淄博地方文献宝库、地区图书馆服务中枢以及高雅的文化休闲中心，深入开展以创“优雅环境、优良资源、优质服务”为主要内容的“创三优”活动，为全市人民打造了一座温馨、典雅、舒适的多功能现代化公共文化服务新空间，取得了显著社会效益，新馆日益成为淄博人共同享有的心灵家园和知识殿堂。

与时俱进
打造市民学习中心

淄博市图书馆新馆建筑面积 23800 平方米，是一座体现淄博历史文化和现代城市品位的地标性建筑。空间设计上，采用现代化的开放理念，强调宽阔、安静、平和；环境营造上，突出典雅舒适，适宜读书、学习、研究的氛围，让读者开卷会心，聆听益智。统筹规划功能区建设，前后分三次共开放 21 个服务窗口，包括 2 个成人借阅室、2 个少儿借阅室、电子阅览室、报刊阅览室、特藏文献阅览室、低幼活动区、视听文献室、视障阅览室等。新开放的稷下书院（尼山书院）具备国学展览、地方文化窗口展示、传统文化项目互动体验等功能。

新馆的软硬件建设紧盯业界发展前沿，广泛采用了自动化、智能化、网络化和数字化设备及管理系统。在业务管理与服务中采用 Interlib 智能图书管理系统与 RFID 相关设备相结合，实现了读者自助办证、自助查询、自助借还等功能；采用大型电子触摸屏报刊阅读系统、电子图书借阅机等现代化设备。管理上采用图创大数据分析系统及服务数据实时显示系统；实现全馆无线网络全覆盖，为读者提供免费上网服务；开通手机移动图书馆，使读者畅享更为便捷、愉悦的数字阅读体验。在运营好官方网站的同时，新开通一个微信公众号、一个服务号及官方微博，利用现代化宣传手段向读者提供便捷的基本服务和海量数字资源服务。

新馆开放以来，始终把资源建设摆到重要位置，综合利用市财政拨付的新馆搬迁经费及上级免费开放补助经费 700 多万元，集中采购纸质图书 18 万余册，订购报纸 80 余种、期刊 1000 余种，使现有馆藏总量达到近 540 万册（件），其中纸质文献 110 余万册（件）。同时，加大数字资源建设力度，投入资金 389 万元，在续购、新购清华同方、读秀学术知识平台等十几个数据库的同时，新招标采购了淄博市民学习中心数字平台、同方全文数据库回溯等。截至目前，实现自有及试用数字资源 35TB，满足了读者不同需求。“淄博市民学习中心”数字平台的建成开放，实现了从资源型服务向学习型服务的转变。

做好传统借阅服务的同时，通过实行总分馆制、通借通还、馆际互借等服务方式，使图书馆的服务功能得到有效拓展，大大增强了公共馆的辐射力，淄博市图书馆已经成为全市重要的文献信息基地，是淄博市精神文明建设的重要窗口单位，多次受到国家、省、市有关部门的表彰和奖励，两度被文化部授予“全国文明图书馆”，被市委、市政府授予“红旗单位”“文明单位”，被省文化厅授予“先进单位”“先进集体”，在山东省文化厅组织举办的历届全省公共图书馆业务竞赛中均取得优良成绩，连续九年荣获山东省古籍保护工作先进单位，2016年获得山东省新闻出版局命名的“山东省全民阅读示范基地”。

原刊《淄博日报》2018年12月22日

附录四

图书馆不仅能丈量一个社会文明的尺度，也检测着一座城市的精神厚度，是一个城市文化发达的标志，走进图书馆，是了解一座城市的开始——

市图书馆：书香滋养一座城

《淄博日报》记者　魏廷宝　潘　玉
通讯员　余冬青

城市书房
都市文化新绿洲

9 月 16 日 8 点半，“小说迷”吴裕斌准时来到张店区紫园城市书房，刷身份证进门，找到喜欢看的书一待就是一上午。“这里的环境太好了，退休没事，刚好有个读书的地方，我天天来这里看书。”

近年，国家强调的加强公共文化服务体系建设的春风吹进了图书馆行业，张店区紫园城市书房、万科城市书房以及即将建成的淄博高新区云泰城市书房在中心城区相继出现。

城市书房建设是由淄博市文化和旅游局、淄博市图书馆推出的重点文化惠民工程之一。按照《中华人民共和国公共文化服务保障法》和《公共图书馆法》的有关精神，采取政府主导、积极吸纳社会力量参与的建设方针。由政府进行总体规划引导，由市图书馆负责配送图书、设备，由社会力量提供馆舍并负责运营。自去年起，市图书馆计划利用 3 年时间建成至少 10 家高品质、现代化的城市书房。

随着城市现代化进程的加快，公共图书馆的发展与布局已远远不能满足人们日益增长的文化需求，这种新的服务模式出现无疑是与公共文化服务精神内涵高度契合的一种有益探索，它满足了市民多元化精神文化需求，使公共文化资源能够惠及更多民众。

万科城市书房位于张店华光路大润发超市西邻远通大厦一楼，馆藏图书达七千多册。从今年 8 月服务数据来看，万科城市书房进馆人数达两万余人，借还书达两千余册。淄博市实验中学高二学生程奕飞是万科城市书房的“忠实粉丝”，他告诉记者，这里 24 小时自助式借阅服务，不受时间限制，能轻松享受书香阅读。家住莲池公园附近的居民王英，常与爱人在晚饭后散步来到万科城市书房。“自由取阅的城市书房，让整个社区都活跃起来，实现了图书在社会大众之间的阅读流动，让市民不出社区就能享受到高品质的阅读服务。”王英说。

淄博城市书房创新公共图书馆服务模式的有益尝试，成为一个积极探索和破题之举，引起社会广泛关注，得到市领导和有关部门的充分肯定。“城市书房将极富时代特征的‘共享精神’纳入现代公共文化服务体系的构建当中，通过创新服务职能、集中调配资源管理等方式，拓展图书馆的文化辐射功能，覆盖更为广阔的人群，将公共文化服务推送到城市的每一个角落，将城市书房打造成一个个城市文化的绿洲。”淄博市图书馆馆长刘玉湘说。

市图书馆
市民精神新驿站

9 月 15 日，人民日报文化政务微博榜显示，淄博市图书馆官方微博日榜位居全国榜首。

市图书馆自建馆以来，始终秉承“读者第一，服务至上”宗旨，坚持以创新引领服务，以服务赢得读者，不断提升服务效能和服务水平，狠抓馆藏资源建设，延长开放时间，提高服务质量，提升服务效能，持证读者数量连年攀升，书刊流通率不断提高。尤其新馆开放以来，服务环境、服务设施大幅改善，服务水平和服务能力更加优化、提升，持证读者剧增，外借册次、到馆人次、活动总量等均实现突破增长。新馆运行四年来，图书流通 400 多万册次，到馆人数 500 多万人次，办理新读者证 8 万余个，开展各类读者活动 5000 多场（次）。

新馆运行以来，市图书馆深入开展了创优雅环境、优良资源及优质服务的“创三优”服务活动，与时俱进、挖掘潜力、整合资源，在服务方式和服务内容上不断创新，有效推动了大众阅读活动的广泛开展，营造了全民阅读的浓厚氛围，打造了一大批文化服务品牌。“文化名城讲坛”及公益讲座在传承优秀传统文化、弘扬齐文化品牌、推进淄博文化名城建设方面影响广泛；连续举办了十一届的读书节更加深入人心，社会关注度越来越高；“齐风讲堂”“齐风读书会”等公益讲座，在弘扬人文精神、发展公共文化、丰富市民生活、提升城市品位等方面发挥了积极作用；“U 书快借”、支付宝办证借阅充分利用“互联网 +”技术向读者提供全新的服务模式；“换书大集”等活动盘活了读者手中闲置的图书资源；面向未成年人的“彩虹”系列少儿阅读推广活动在社会上反响热烈；稷下书院（尼山书院）传统文化体验系列活动成为弘扬中华优秀传统文化、展示淄博风土人情和文化艺术魅力的重要服务品牌。这些品牌的打造成为满足市民文化需求、提升城市文化气质的重要载体和文化高地。

今年是新中国成立 70 周年，市图书馆积极推动大众读书活动的广泛开展，先后举办淄博市第二届原创诗歌大会、“情系端午　礼赞祖国”诗词吟诵演唱会等大型活动，推出齐风系列讲堂、彩虹读书会、传统文化项目体验课、中外优秀电影展播等一系列“阅读 +”活动，各类公益讲座、中外优秀电影展播、书展丰富多彩。其中，“侯杨砚”传奇讲座、《分享西藏》摄影公益讲座、面向视障听障人士播放的无障碍电影，以及鲁派内画展、“齐金臻妙”金石全形拓艺术交流展、儿童主题画展等展览受到读者广泛好评。

活动为媒，读者受益。丰富多彩的系列活动全年连成串，天天不断线，市图书馆走出了一条以品牌促阅读、以服务赢读者、以口碑扩影响的阅读推广之路，受到社会各界和省市领导的一致好评。2013 年被文化部命名为国家一级图书馆，2017 年在第六次全国公共图书馆评估中，以优异成绩蝉联国家一级图书馆。在由山东省图书馆、山东省图书馆学会组织开展的 2018 全省市级（副省级）公共图书馆绩效评价考核中，淄博市图书馆以优异成绩被表彰为“全省市级（副省级）公共图书馆绩效评价优秀单位”。

文化高地
升华城市新气质

文化馨香，浸润淄博。今年以来，市图书馆以开展“创三优”服务活动为总抓手，上下同欲，精准服务，将新馆打造成硬件更硬、软件更优的市民文化新高地。

新馆的软硬件建设紧盯业界发展前沿，广泛采用了自动化、智能化、网络化和数字化设备及管理系统。在业务管理与服务中采用 Interlib 智能图书管理系统与 RFID 相关设备相结合，实现了读者自助办证、自助查询、自助借还等功能；采用大型电子触摸屏报刊阅读系统、电子图书借阅机等现代化设备；管理上采用图创大数据分析系统及服务数据实时显示系统；实现全馆无线网络全覆盖，为读者提供免费上网服务；开通手机移动图书馆，使读者畅享更为便捷、愉悦的数字阅读体验。在运营好官方网站的同时，开通一个微信公众号、一个服务号及官方微博，利用现代化宣传手段向读者提供便捷的基本服务和海量数字资源服务。

新馆开放以来，注重加大数字资源建设力度，投入资金在续购、新购清华同方、读秀学术知识平台等十几个数据库的同时，又建设了“淄博市民学习中心”数字平台，免费向全市市民开放，打造了一个高质量的网上数字图书馆，实现了从资源型服务向学习型服务的转变。

为充分发挥市古籍保护中心的职能，促进淄博市古籍保护工作规范开展，市图书馆上半年完成古籍和民国文献 1803 条 (16256 册) 普查数据的四次审校工作。提报普查数据 1944 条。提报省中心各区县调查数据 573 种 3923 册。开展“古籍保护与修复进校园”经典古籍抄写和雕版印刷体验活动，面向青少年宣传古籍保护理念，使古籍修复拓印技艺在学生中得到推广传承。围绕建设淄博地方文献宝库为目标，积极收集、整理、加工、开发利用地方特色文献，形成特色馆藏。数字化加工地方报纸 5000 版 (容量 28.3G)，地方图书 15000 页 (容量 17.4G)，地方文献新增 166 种，264 册。新征集家谱 100 种 253 册。

做好传统借阅服务的同时，通过实行总分馆制、通借通还、馆际互借等服务方式，使图书馆的服务功能得到有效拓展，极大地增强了公共图书馆的辐射力，淄博市图书馆已经成为全市重要的文献信息基地，是淄博市精神文明建设的重要窗口单位，多次受到国家、省、市有关部门的表彰和奖励，两度被文化部确定为“国家一级图书馆”，被中国图书馆学会命名为“全民阅读示范基地”，被市委、市政府授予“文明单位”，被省文化厅授予“先进单位”“先进集体”，在山东省文化厅组织举办的历届全省公共图书馆业务竞赛中均取得优良成绩，连续九年荣获山东省古籍保护工作先进单位，连续三年获市事业单位绩效考核 A 级单位。

书香浸润，滋养淄博。市图书馆将在新时代的征程上，步履铿锵，再铸辉煌。

原刊《淄博日报》2019 年 9 月 20 日

附录五

云程发轫 踵事增华
——淄博市图书馆十年发展成果丰硕

《淄博日报》记者 耿 雪
通讯员 左文广 崔 哲

“腹有诗书气自华。”一个被书香浸润的人是如此，一座被书香氤氲的城市亦是如此。书香给城市提升了格调、增添了气质，让城市变得美好而动人。

齐风烈烈，流传千年的齐文化无不彰显着这里人们对读书的追求和热爱。如今，大人孩子常去的打卡地便是图书馆。尤其是周末、节假日，遍布在各个区县、乡镇、街道的图书馆、城市书房迎接着一拨又一拨的粉丝，他们在阅读中追寻着生命的光彩、柔情与美妙。

十年凝眸回望，当下的淄博大地，公共图书馆事业获得长足发展，“全民阅读”蔚然成风，“书香淄博”融入百姓生活。

“问渠哪得清如许，为有源头活水来。”书香淄博和“好学”之城的打造，离不开相关部门和图书馆人的共同努力。设施建设、资源建设、业务建设等各项工作扎实推进，淄博市图书馆、周村区图书馆、高青县图书馆、博山区图书馆等新馆相继建成开放。这些场馆的位置均建于环境安静优美的地段，移步馆内，无不明净宽敞，书架上摆放着各种图书，读者们的指尖从上面划过，总能选出一本安静地阅读，尽享墨香氤氲，悠然自得。

十年上下求索，如今全市公共图书馆取得显著社会效益，呈现繁荣发展的良好势头。这离不开市图书馆运用“有解思维”，解决了“如何满足大众读书需求、如何破解图书馆的社会公益性和可持续发展、如何打通服务读者阅读‘最后一公里’”这三个关键问题。

“我们城中社区是老旧小区，距离市图书馆很远，孩子看书很不方便。如今城中社区城市书房的设立，使我们在家门口就能借阅图书。城市书房位于我们社区最好的地段，内部环境整洁、休闲，图书更新频繁，设施齐全。除了借阅图书，这里还开设了四点半课堂、假期托管公益课堂等，成为社区呵护下一代成长的‘爱心驿站’，为社区居民提供了互动阅读的知识空间。”说起城市书房建设，家住城中社区的居民张玲对其赞不绝口。

淄博市图书馆提供服务，社区、开发商提供场所的构建模式，满足了城乡居民多元需求，延伸了服务半径，为服务城乡居民阅读学习提供了有力保障。目前全市已建成 9 个总馆、39 家城市书房、120 处书香淄博“阅读吧”、122 处“乡村书房”，与其他基层服务点、图书流动服务车一起，织就亮丽的“城市书网”，实现通借通还，打通公共文化服务“最后一公里”。

书籍是进步的阶梯，是文明传承延续的载体。中华文明五千年一脉相承、历久弥新，源于中华民族对学习、阅读的推崇。读书已成为国家强盛的思想根基。如果去图书馆，你有哪些顾忌？借书忘记还怎么办？图书陈旧、找不到当下好书？抑或工作时间无法借阅？十年步履铿锵，淄博市图书馆恪守“读者第一，服务至上”办馆宗旨，通过多项服务让您放下顾虑，恣意徜徉书海。该馆设立图书流动服务车，方便读者就近还书；针对图书到期开设了短信提醒、续借服务；开展知识资源“五进”活动，走进每个邀约单位介绍图书馆资源和利用方法，重点介绍如何运用海量数字资源，推介在山东省内首创的“U书快借”服务、二维码借阅等特色服务；他们坚持“公益、平等、便捷”服务理念，开通“淄博市民学习中心”；通过创新开展“创三优”服务，不断挖掘潜力、整合资源，服务方式持续创新，开展你选报刊我买单等，建设了有“温度”有“人气”的图书馆。

截至目前，淄博市图书馆服务人次、流通册次、活动场次等均实现跨越式增长，累计新增持证读者12万人，图书流通册次达1000万册次，每年举办各类读者活动1000余场次。

以文化人，书香育人。为将图书馆建设成为传播思想、引领风尚、传承文化的“阵地”，成为广大读者接地气、聚人气、树正气的精神家园，增强与读者的“黏性”，淄博市各级公共图书馆坚持以“知识”成网，让书香致远。

十年勇毅前行，淄博市图书馆月月有精彩，周周有活动。“淄博市读书节”、“淄博市读书朗诵大赛”、“彩虹”系列少儿阅读推广活动、“文化名城”讲坛、“齐风”系列传统文化体验等精品活动深受读者喜爱。当地书画、文艺、文学爱好者和志愿者积极加入，以创作分享、知识普及、国学诵读等形式开阔了读者们的眼界，丰富了活动参与者的文化生活。

十年耕耘，硕果累累。淄博市图书馆先后荣获国家“一级图书馆”“全国古籍重点保护单位”“全民阅读示范基地”“全国文化和旅游系统先进集体”等荣誉称号，连年获得山东省公共图书馆绩效评价“优秀单位”，连续七年荣获淄博市事业单位绩效考核“A级单位”。

书香有痕，可醉黄昏，可温时光。在被书香浸润的淄博大地，袅袅升腾的不仅有烟火还有诗意与芬芳。淄博市各级公共图书馆将不断开拓进取，创新发展，建设全市知识信息集散地、市民终身教育学校、地方文献宝库、高雅文化休闲场所，充分实施文化赋能，全力打造多功能现代化智慧图书馆，助力建设文化繁荣的现代化新淄博。

原刊《淄博日报》2022年10月20日

后　记

2013年至2022年是淄博市图书馆历史上重要的十年。这十年里，市图书馆新馆工程竣工交付使用，2015年12月新馆开放试运行。至2017年，新馆全部服务窗口建成开放，实现满负荷运转，各项工作逐渐步入正轨。从老馆时期年接待读者不到20万人次，到新馆时期年接待读者、年图书借阅册次实现双过百万，市图书馆迎来历史上最好的发展时期。在读者接待、资源建设、阅读推广、古籍保护、总分馆体系建设等各方面都取得了显著成绩，在山东省图书馆、山东省图书馆学会历年进行的全省公共图书馆绩效考核中，都以优异成绩名列全省前茅。先后获省级文明单位称号，被文化和旅游部表彰为全国文旅系统先进单位。为了总结这十年的工作，以利于将来事业更好的发展，市图书馆决定编写《淄博市图书馆志2013—2022》。

本志为《淄博市图书馆志》（中国文史出版社2013年版）的续编。2022年，市图书馆就开始酝酿续修馆志。现任馆党支部书记、馆长姜艳平高度重视本项工作，多次召开馆务会安排部署，分派任务，督促进度。原馆长刘玉湘作为本志断限时间内市图书馆主要决策人和重大事件亲历者，拟写了本志篇章结构大纲，经数次讨论和征求意见后定稿。然后按照业务分工，将本志具体撰写任务分解到各部室。历经近一年时间，初稿完成，再由刘玉湘进行通稿、修改。为保证本志质量，市图书馆特聘原市史志办副主任、著名史志专家郭能勇先生为总顾问。郭能勇先生审定了全稿,在撰写过程中多次提出修改意见,对保证本志的质量和顺利出版居功至伟!

本志“大事记”、第一编“建制”及第六编“管理”由办公室撰稿，时任主任龚立军、副主任张文涛。第二编“馆藏文献建设”主要由采编部和特藏文献部撰稿，采编部时任主任谭巍、副主任张娟；特藏文献部时任主任饶克俭、副主任王长鸣。第三编“图书馆新媒体、新技术、新服务建设”主要由技术部、辅导研究部完成，技术部时任主任朱桂红、副主任吕春燕；辅导研究部时任主任孟芳、副主任余冬青。第四编“读者服务”主要由读者服务部、阅读推广部、少儿部撰写。读者服务部时任主任孙凤、副主任廉冰；阅读推广部时任主任辛莉、副主任陈雪；少儿部时任主任赵美、副主任黄静。第五编“业务辅导 业务竞赛 评估定级”主要由辅导研究部撰稿。另有多篇章节内容由其他部室完成，如外借部，时任主任杨长新、副主任刘浩；报刊阅览部，时任主任姚秀穗、副主任丁建波。附录“2013—2022年各类媒体对淄博市图书馆的宣传报道”由余冬青搜集整理。

本志的编纂出版是市图书馆全体工作人员共同努力的结果。由于编者水平所限，难免存在疏漏、错讹之处，欢迎各级领导、专家学者及图书馆界同仁批评指正。

编　者

2023年7月